U0913612

中国企业国际化发展报告

2012

张新民　林汉川　主编

对外经济贸易大学出版社
中国·北京

图书在版编目（CIP）数据

中国企业国际化发展报告.2012 / 张新民，林汉川主编. —北京：对外经济贸易大学出版社，2012
ISBN 978-7-5663-0408-7

Ⅰ.①中… Ⅱ.①张… ②林… Ⅲ.①企业经济-国际化-研究报告-中国-2012 Ⅳ.①F279.2

中国版本图书馆 CIP 数据核字（2012）第 170806 号

© 2012 年 对外经济贸易大学出版社出版发行

版权所有 翻印必究

中国企业国际化发展报告 2012

张新民 林汉川 主编
责任编辑：郭华良 汪 洋 李晨光 高 卓

对外经济贸易大学出版社
北京市朝阳区惠新东街 10 号 邮政编码：100029
邮购电话：010－64492338 发行部电话：010－64492342
网址：http://www.uibep.com E-mail：uibep@126.com

北京市山华苑印刷有限责任公司印装 新华书店北京发行所发行
成品尺寸：210mm×285mm 24 印张 519 千字
2012 年 8 月北京第 1 版 2012 年 8 月第 1 次印刷

ISBN 978-7-5663-0408-7
定价：150.00 元

本研究报告系：

对外经济贸易大学北京企业国际化经营研究基地的研究成果

对外经济贸易大学“211工程”第三期重大资助项目的研究成果（批准号：73800006）

《中国企业国际化发展报告2012》编委会名单

主　编：张新民　林汉川
副主编：雷光勇　王铁栋

编　委：
（以姓氏笔画为序）

马　双　王分棉　王铁栋
王首元　尹建华　吕东锴
关添元　李　锋　李　娟
闫实强　邱　红　张新民
张　婷　林汉川　林洲钰
郑明证　易　芳　武卫文
罗玉波　郭　巍　赵　敏
黄满盈　韩　斌　韩　晶
雷光勇　蓝庆新

前　言

这次出版的《中国企业国际化发展报告 2012》，是对外经济贸易大学北京企业国际化经营研究基地组织一批专家学者，对 2011 年期间中国企业国际化经营发展的最新动态和趋势的分析与总结，是对中国企业国际化经营战略与新的经营模式的探讨。同时，也是该基地精心组织、博采众长、集思广益而推出的最新年度研究成果。

当今中国企业国际化经营的发展，正处在经济全球化和全球金融危机进入深入治理和防范的国际大背景之下。一方面经济全球化和全球金融危机加剧了全球市场竞争，使贸易保护主义在一些国家抬头，给中国企业国际化经营战略带来许多新的棘手问题；另一方面，经济全球化和全球金融危机又给中国企业在全球范围内配置资源、促进中国企业“走出去”发展，推进国际区域经济合作提供了难得的战略机遇。因此，在新的国际形势下，如何抓住机遇，趋利避害，占领国外新市场、新资源，不失时机地实施中国企业国际化经营战略，是国家发展战略和建立开放经济的重要组成部分，是国家发展战略在全球的延伸和体现。

本年度研究报告编写的思路是：首先对 2011 年中国企业国际化经营及企业主要进出口排行榜发展状况进行总体评价；然后是对 2011 年期间中国企业国际化发展专题排行榜的专题研究，进而对 2011 年中国企业国际化经营中重要热点问题展开全方位分析与探索；最后是对 2011 年中国企业国际化发展中八个典型企业的案例研究。本年度研究报告致力于跟踪中国企业国际化经营的最新发展轨迹，重点讨论其中的热点专题问题，且所采用的数据直至 2011 年 12 月底，因而是最新的，这就更使本年度报告具有强烈的针对性、前沿性和时效性。

本报告由四篇二十一章内容组成。第一篇是 2011 年中国企业国际化发展态势及排行榜的总体研究，包括：2011 年中国企业国际化经营总体分析与评价，2011 年中国进出口企业 100 强排行榜及其评析，2011 年中国企业出口 100 强排行榜及其评析，2011 年中国民营企业出口 50 强排行榜及其评析。第二篇是 2011 年中国企业国际化发展专题排行榜的研究，包括：2011 年中国企业对外直接投资分省（市）排行榜及其评析，2011 年中国企业对外承包工程分省（市）排行榜及其评析，2011 年中国企业对外劳务分省（市）排行榜及其评析。第三篇是 2011 年中国企业国际化发展态势及排行榜的总体研究，其主要内容有：当前中国外商直接投资方式的变化及对策，中国 46 家中小企业赴美上市遭遇退市或停牌的调查与启示，2011 年国外对华贸易壁垒的新趋势、特点和应对措施，国际品牌新概念、成长驱动因素及其对中国发展国际知名品牌的启示，中小企业国际化经营环境影响因素研究，中国工业绿色转型的国际经验借鉴与发展策略研究。第四篇是 2011 年中国企业国际化发展典型企业案例研究，其主要内容有：中国石油化工集团公司提升国际竞争力战略的案例分析，中国石油天然气集团公司加速实施国际化发展战略的案例研究，中国船舶工业集团公司国际化发展的案例研究，中兴通讯股份有限公司国际化发展的案例研究，中国建筑股份有限公司国际化发展的案例研究，上海电气集团股份有限公司建设世界级企业的案例研究，上海纺织集团有限公司在转型中走向国际化的案例研究，中国广东省丝绸纺织集团有限公司国际化发展的案例研究。

本年度研究报告是对外经济贸易大学“211 工程”第三期重大资助项目的最终研究成果，也是对外经济贸易大学北京企业国际化经营研究基地和国际商学院的集体研究成果。整个研究报告由张新民、林汉川任主编，雷光勇、王铁栋任副主编，他们负责全书的设计、组织与统撰工作。具体参加本研究报告撰稿的成员有（以章节为序）：前言林汉川，第 1 章王铁栋，第 2 章林洲钰、林汉川，第 3 章武卫文、林汉川，第 4 章赵敏、林汉川，第 5 章尹建华、郑明证，第 6 章黄满盈，第 7 章罗玉波，第 8 章蓝庆新、韩晶，第 9 章郭巍、关添元、林汉川，第 10 章马双，第 11 章王分棉，第 12 章邱红，第 13 章蓝庆新，第 14 章李锋，第 15 章张婷，第 16 章韩斌，第 17 章易芳，第 18 章吕东锴，第 19 章李娟，第 20 章王首元，第 21 章闫实强，大事记马双。林汉川、王铁栋、王分棉、郭巍、赵敏等对全书初稿进行了加工编辑。

本年度研究报告在研究和撰写过程中，一直得到教育部社科司、商务部综合司、商务部对外投资与合作司、国家海关总署统计司、北京市社科规划办、北京市教委、对外经济贸易大学“211 工程”办公室与科研处的指导与关怀，特别是施建军、郑铁声、刘迎军、汤谷良、陈桂林、李明光、包益红、夏友富、王强、仇鸿伟、王永贵、鲁桐、卢进勇等同志，他们在本报告的各个关键问题上给予了大力支持与帮助，使得本研究报告能以内容充实、数据准确、资料丰富面世。同时，本研究报告还得到中国石油天然气集团、中国石油化工集团、中国船舶工业集团公司、中兴通讯、中国建筑集团、上海电气集团、上海纺织集团、中国广东丝纺集团等企业的热情支持，并特为本研究报告提供其开展企业国际化经营的案例。在此一并表示诚挚的感谢！

《中国企业国际化发展报告 2012》，是北京企业国际化经营研究基地第三次对中国企业国际化经营的发展现状、变化趋势、政策取向等问题展开比较系统的分析与评价。尽管参加编写的专家、学者及实际工作者都对自己撰写的内容进行了潜心研究，但由于新的问题迭出，加之时间紧迫、水平有限，因此，本研究报告中难免存在不妥之处，敬请各位专家读者批评指正。

编委会

2012 年 7 月

目　　录

第二篇　2011 年中国企业国际化发展专题排行榜的研究

第三篇　2011 年中国企业国际化发展态势及排行榜的总体研究

第四篇 2011 年中国企业国际化发展典型企业案例研究

第一篇

2011 年中国企业国际化发展态势及排行榜的总体研究

第一章

2011年中国企业国际化经营总体分析与评价

第一节 世界经济贸易宏观形势与中国经济宏观形势

一、世界经济贸易宏观形势

2011 年，世界经济延续了 2010 年的复苏态势，但受自主增长动力不足、主权债务危机深化、全球通胀压力加大、日本大地震、西亚北非局势动荡等多重因素影响，国际金融危机继续蔓延，世界经济复苏势头有所减弱。国际货币基金组织（IMF）最新发布的《世界经济展望》报告显示，2011 年世界经济增长 3.9%，较 2010 年下降 1.4 个百分点。其中，发达经济体增长 1.6%，新兴市场和发展中经济体增长 6.2%，分别减少 1.6 和 1.3 个百分点。

2011 年，国际贸易增速明显下滑。世界贸易组织（WTO）最新发布的统计数据显示，2011 年全球货物贸易量增长 5%，较 2010 年下降 8.8 个百分点。其中，发达经济体出口量增长 4.7%，低于全球平均增速；发展中经济体出口量增长 5.4%，其出口额占全球出口总额的 47%，创历史新高。2011 年，美国、欧元区出口规模占其 GDP 比重创新高。其中，美国出口额占其 GDP 比重达 14%，超过 2008 年水平创近年来新高；欧元区出口额占其 GDP 比重首次超过危机前水平，德国出口额占 GDP 比重达到 50.1%。由于世界经济复苏仍然充满风险，比如欧元区经济衰退深化、主权债务危机加剧、大宗商品价格大幅波动和地缘政治危机等，WTO 预计 2012 年世界货物出口量增长 3.7%，低于过去 20 年的平均水平。其中，发达经济体增长 2%，发展中经济体增长 5.6%。

尽管受到世界经济复苏放缓的拖累，但在发达国家带动下，2011 年全球对外直接投资（FDI）流入规模保持上升势头。据联合国贸发会议估计，2011 年全球 FDI 增长 16%，规模达到 1.66 万亿美元，超过危机前水平，但较 2007 年的峰值仍低 25%。其中，发达经济体增长 25%；发展中经济体下降 7%，发展中经济体和转型经济体 FDI 占全球份额从 31%降至 26%。2012 年，世界经济复苏的脆弱性、欧债危机和国际金融市场的不确定性，将进一步影响全球 FDI，一季度绿地投资和跨国并购规模双双下降，2012 年全球 FDI 投资前景谨慎乐观。

二、中国宏观经济形势

2011 年，中国国民经济呈现增长较快、价格趋稳、效益较好、民生改善的良好态势，实现了“十二五”时期良好开局。

1. 国民经济平稳较快增长。全年国内生产总值为 471 564 亿元，比上年增长 9.2%。分季度看，一季度同比增长 9.7%，二季度增长 9.5%，三季度增长 9.1%，四季度增长 8.9%。分产业看，第一产业增加值 47 712 亿元，比上年增长 4.5%；第二产业增加值 220 592 亿元，比上年增长 10.6%；第三产业增加值 203 260 亿元，比上年增长 8.9%。虽然中国经济增速逐季走低，但全年总体仍保持了平稳较快增长。

2. 农业生产稳定增长。全年全国粮食总产量达到5.7亿吨，比上年增产2 473万吨，增长4.5%，连续八年增产。全年棉花产量660万吨，增长10.7%；油料产量3 279万吨，增长1.5%；糖料产量12 520万吨，增长4.3%。全年猪牛羊禽肉产量7 803万吨，增长0.3%；禽蛋产量2 811万吨，增长1.8%；牛奶产量3 656万吨，增长2.2%。

3. 工业生产增长较快。全年全部工业增加值188 572亿元，比上年增长10.7%。其中规模以上工业增加值增长13.9%。规模以上工业中，国有及国有控股企业增长9.9%；集体企业增长9.3%；股份制企业增长15.8%；外商及港澳台商企业增长10.4%。分轻重工业看，轻工业增长13.0%；重工业增长14.3%。全年规模以上工业企业实现利润54 544亿元，比上年增长25.4%。

4. 固定资产投资保持较快增长。全年固定资产投资（不含农户）301 933亿元，比上年名义增长23.8%（扣除价格因素实际增长16.1%）。其中，国有及国有控股投资107 486亿元，增长11.1%。分产业看，第一产业投资6 792亿元，比上年增长25.0%；第二产业投资132 263亿元，增长27.3%；第三产业投资162 877亿元，增长21.1%。分地区看，东部地区投资比上年增长21.3%，中部地区增长28.8%，西部地区增长29.2%。

5. 对外经贸保持较快增长。全年货物进出口总额36 421亿美元，比上年增长22.5%。其中，出口18 986亿美元，增长20.3%；进口17 435亿美元，增长24.9%。进出口差额1 551亿美元，比上年减少264亿美元。全年非金融类对外投资额601亿美元，比上年增长1.8%。年末，国家外汇储备31 811亿美元，比上年末增加3 338亿美元。

6. 城乡消费保持稳定增长。全年社会消费品零售总额18.1万亿元，比上年名义增长17.1%（扣除价格因素实际增长11.6%）。其中，限额以上企业（单位）消费品零售额84 609亿元，比上年增长22.9%。限额以上企业（单位）商品零售额78 164亿元，增长23.2%。其中，汽车类增长14.6%，增速比上年回落20.2个百分点；家具类增长32.8%，回落4.4个百分点；家用电器和音像器材类增长21.6%，回落6.1个百分点。

7. 货币供应量平稳回落。12月末广义货币（M2）85.2万亿元，比上年末增长13.6%，增速比上年末回落6.1个百分点；狭义货币（M1）29.0万亿元，增长7.9%，回落13.3个百分点；流通中现金（M0）5.1万亿元，增长13.8%，回落2.9个百分点。全年金融机构人民币各项贷款余额54.8万亿元，新增人民币各项贷款7.5万亿元，比上年少增3 901亿元。人民币各项存款余额80.9万亿元，各项存款增加9.6万亿元，比上年少增2.3万亿元。

8. 物价过快上涨势头得到初步遏制。全年居民消费价格比上年上涨5.4%。其中，城市上涨5.3%，农村上涨5.8%。7月份居民消费价格同比涨幅达到高点6.5%后，涨幅连续回落。12月份，居民消费价格同比上涨4.1%，环比上涨0.3%。全年工业生产者出厂价格上涨6.0%，工业生产者购进价格上涨9.1%。

9. 居民收入和就业增长较快。全年城镇居民人均总收入23 979元。其中，城镇居民人均可支配收入21 810元，比上年名义增长14.1%，扣除价格因素，实际增长8.4%。

农村居民人均纯收入 6 977 元，比上年名义增长 17.9%，扣除价格因素，实际增长 11.4%。全年城乡居民收入比为 3.13∶1（以农村居民人均纯收入为 1，上年该比值为 3.23∶1）。全年农民工总量 25 278 万人，比上年增加 1 055 万人，增长 4.4%。外出农民工月均收入 2 049 元，比上年增长 21.2%。全年实现新增就业 1 221 万人，完成全年 900 万人目标任务的 136%，是实行积极就业政策九年来新增就业最多的一年。

第二节　2011 年中国企业对外贸易总体分析与评价

2011 年是中国“十二五”时期开局之年。世界经济延续了上年的复苏态势，但受自主增长动力不足、主权债务危机深化、全球通胀压力加大、日本大地震、西亚北非局势动荡等多重因素影响，世界经济复苏势头有所减弱，国际市场需求低迷。国际环境中的这些因素与国内要素成本上升、中小企业融资难等问题交织，使得中国外贸企业生产经营压力和风险明显上升，外贸稳定发展面临很大困难。针对这一形势，中国政府保持外贸政策基本稳定，多措并举稳定外贸增长，加快转方式调结构步伐，广大企业竞争力提高，开拓新兴市场力度加大，全年进出口规模再创新高，贸易大国地位巩固，外贸市场、产品、主体和区域结构优化，贸易顺差继续收窄，外贸发展质量效益提高。

一、外贸规模平稳较快增长，全年进出口高开低走

由于出口退税和加工贸易政策保持稳定，出口信贷和信用保险支持力度加大，跨境贸易人民币结算全面推广，贸易便利化水平不断提高，企业在巩固传统市场的同时积极开拓新兴市场，全年进出口总额 3.64 万亿美元，增长 22.5%（见图 1—1）。其中出口 1.9 万亿美元，增长 20.3%；进口 1.74 万亿美元，增长 24.9%。受全球经济复苏放缓影响，全年进出口增速高开低走态势较为明显，其中进口增速由 1 月份的 51.6%震荡回落到 12 月份的 11.8%，出口增速由 1 月份的 37.6%回落到 12 月份的 13.4%。

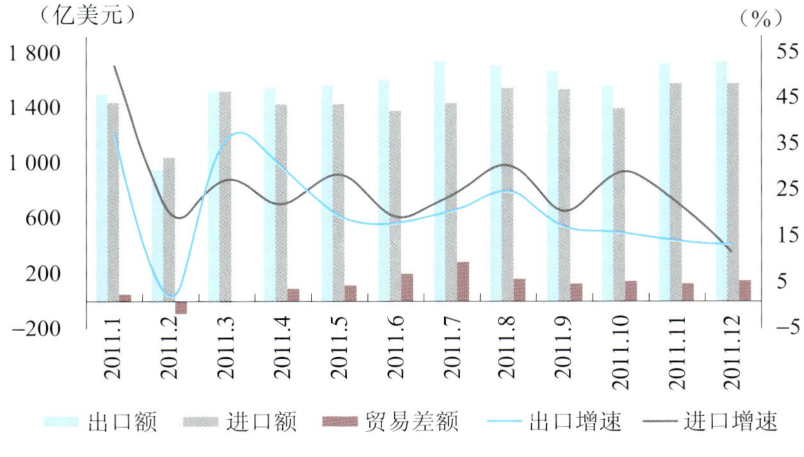

图 1—1　2011 年中国外贸月度进出口情况

数据来源：中国海关统计

二、传统优势继续巩固，外贸新优势逐步培育

在巩固传统比较优势的同时，通过加强外贸转型基地、国际营销网络建设及促进加工贸易转型升级等途径，积极转变外贸发展方式，大力培育以技术、品牌、质量和服务等为核心的外贸竞争新优势，不断优化外贸结构。从出口商品结构看，消费类产品出口增长仍然较快，传统劳动密集型产品附加值不断提高，通讯设备、医疗器械等产品出口快速增长，“两高一资”产品出口大幅下降。从贸易方式看，一般贸易进出口增长29.2%，占比52.8%，较上年提高2.7个百分点。加工贸易增长12.7%，占比35.9%，下降3个百分点（见图1—2）。从市场结构看，中国与新兴经济体贸易增长依然强劲，与南非、俄罗斯、巴西和东盟双边贸易增速分别高于整体增速54.2、20.2、12和1.4个百分点。欧、美、日和中国香港的市场占中国外贸份额45.1%，下降1.8个百分点（见表1—1）。从国内区域布局看，东部沿海十一省市进出口占比88.8%，外贸转型升级步伐加快。中西部地区外贸活力进一步显现，进出口占比11.2%，提高1.5个百分点（见表1—2）。从贸易主体看，外资企业进出口占比51.1%，降低2.8个百分点；民营企业占比28%，提高2.8个百分点；国有企业占比20.9%，与上年基本持平（见图1—3）。

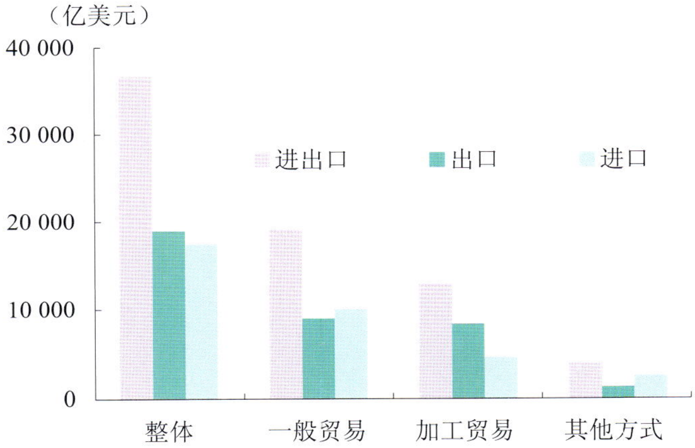

图1—2　2011年中国对外贸易构成（按贸易方式分）

资料来源：中国海关统计

表1—1　2011年中国与主要贸易伙伴贸易情况　（亿美元，%）

国家（地区）	金额			同比		
	进出口	出口	进口	进出口	出口	进口
全球	36 420.6	18 986.0	17 434.6	22.5	20.3	24.9
欧盟	5 672.1	3 560.2	2 111.9	18.3	14.4	25.4
美国	4 466.5	3 244.9	1 221.5	15.9	14.5	19.6
东盟	3 628.5	1 700.8	1 927.7	23.9	23.1	24.6
日本	3 428.9	1 483.0	1 945.9	15.1	22.5	10.1
中国香港	2 835.2	2 680.3	155.0	23.0	22.8	26.4
韩国	2 456.3	829.2	1 627.1	18.6	20.6	17.6

续表

国家（地区）	金额			同比		
	进出口	出口	进口	进出口	出口	进口
中国台湾	1 600.3	351.1	1 249.2	10.1	18.3	7.9
澳大利亚	1 166.3	339.1	827.2	32.0	24.6	35.3
巴西	842.0	318.4	523.6	34.5	30.2	37.3
俄罗斯联邦	792.5	389.0	403.5	42.7	31.4	55.6

资料来源：中国海关统计

表 1—2　中国东、中、西部外贸发展情况　（亿美元，%）

年份及分项 \ 区域		全国	东部十一省市		中部八省市		西部十二省市	
		金额	金额	占比	金额	占比	金额	占比
2000 年	进出口	4 743.0	4 368.2	92.1	203.1	4.3	171.7	3.6
	出口	2 492.0	2 268.8	91.0	124.0	5.0	99.3	4.0
	进口	2 250.9	2 099.4	93.3	79.1	3.5	72.4	3.2
2010 年	进出口	29 740.0	26 863.6	90.3	1 592.5	5.4	1 283.9	4.3
	出口	15 777.5	14 215.2	90.1	842.2	5.3	720.1	4.6
	进口	13 962.4	12 648.4	90.6	750.3	5.4	563.7	4.0
2011 年	进出口	36 420.6	32 347.0	88.8	2 233.7	6.1	1 839.8	5.1
	出口	18 986.0	16 749.3	88.2	1 157.4	6.1	1 079.3	5.7
	进口	17 434.6	15 597.7	89.5	1 076.4	6.2	760.5	4.4

资料来源：中国海关统计

注：东部十一省（市）包括北京市、天津市、河北省、辽宁省、上海市、江苏省、浙江省、福建省、山东省、广东省和海南省；中部八省市包括山西省、吉林省、黑龙江省、安徽省、江西省、河南省、湖北省和湖南省；西部十二省（市、自治区）包括内蒙古自治区、广西壮族自治区、四川省、重庆市、贵州省、云南省、西藏自治区、陕西省、甘肃省、青海省、宁夏回族自治区和新疆维吾尔自治区。

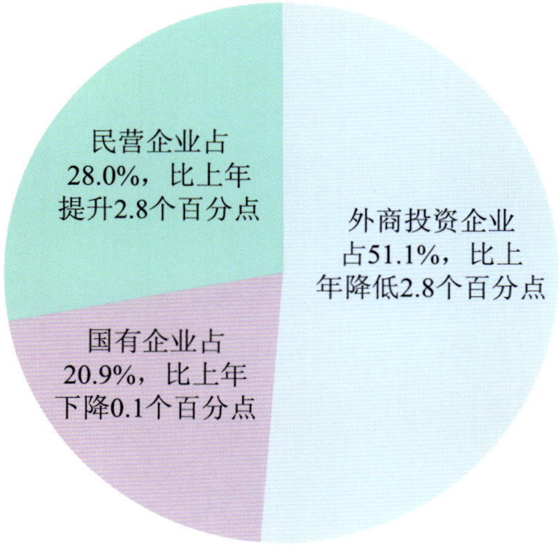

图 1—3　2011 年中国对外贸易构成（按企业性质分）

资料来源：中国海关统计

三、进口综合效应显现，贸易平衡状况继续改善

近年来，中国积极扩大内需，促进经济增长向依靠消费、投资、出口协调拉动转变，推进贸易投资自由化和便利化，不断加大进口促进政策力度，搭建更多平台拓宽进口渠道，促进贸易平衡发展，切实发挥进口对宏观经济平衡和结构调整的积极作用。随着促进进口各项政策措施的稳步落实及国内需求的稳定增长，原油、铁矿砂、纸浆、天然橡胶等产品进口数量都不同程度增长，缓解了国内能源资源的紧缺状况。此外，汽车、先进技术设备、关键零部件及部分消费品进口也不断增加。2011 年全年贸易顺差 1 551 亿美元，较上年下降 14.5%。外贸顺差规模连续三年下降，占中国国内生产总值的比重从 2009 年的 3.9%、2010 年的 3.1%降至 2011 年的 2.1%（见图 1—4）。

图 1—4　2009—2011 年月度贸易差额比较

资料来源：中国海关统计

四、外贸质量进一步提高，效益进一步增强

举办外贸商品质量提升年系列活动，开通“外贸商品质量服务平台”网站。开展对非洲出口打击假冒伪劣商品和保护知识产权专项治理，对非出口商品质量明显提升。推进出口农产品质量安全示范区建设，提升“中国制造”国际形象，提高出口商品质量和档次。据统计，2011 年，美国消费品安全委员会对中国商品召回次数同比下降 12.6%，欧盟对中国商品风险通报次数下降 28%。外贸增长呈现由价格和数量协调拉动的积极变化。在调结构等政策措施引导下，企业通过培育自主品牌、增加附加值等方式提高出口价格，消化成本能力增强，议价能力得到提高。全年出口商品价格平均上涨 10%，高于 2010 年 7.2 个百分点。

五、中国货物出口占全球比重持平，进口占全球比重上升

根据世界贸易组织统计，从贸易额看，2011 年中国货物出口额占全球比重 10.4%，与上年持平，连续三年居全球之首；进口额占 9.5%，比上年提高 0.4 个百分点，连续三

年全球第二。从贸易量看，2011 年中国货物贸易出口量增长 9.3%，全球第二，高出全球增速 4.3 个百分点；进口量增长 9.7%，全球第一，高出全球增速 4.8 个百分点。这充分说明，中国外贸的发展不仅对国内经济“十二五”良好开局发挥了重要作用，也继续为推动全球经济贸易平衡增长和世界经济复苏作出积极贡献。

六、2011 年中国服务贸易企业国际化经营再创新高

经历 2010 年较为强劲的恢复性增长之后，2011 年中国服务贸易继续保持增长势头。服务进出口总额首破 4 000 亿美元，再创历史新高；出口和进口继续稳居世界前列。

1. 服务出口增幅回落，进口保持较快增长

2011 年，中国服务出口和进口呈现出不同发展态势，进口增长明显快于出口。其中，服务出口 1 820.9 亿美元，由上年的增长 32.4%转为增长 7%；服务进口 2 370 亿美元，增幅由上年的 21.5%上升至 23.3%。

2. 服务贸易逆差规模显著扩大

2011 年，中国服务贸易逆差由上年的 219.3 亿美元扩大至 549.2 亿美元，同比增长 1.5 倍。逆差主要集中于运输服务、旅游、保险服务及专有权利使用和特许费等服务类别；其他商业服务、建筑服务、咨询、计算机和信息服务则实现较大数额顺差。

3. 出口和进口继续位居世界前列

2011 年，中国服务进出口总额继续位居世界第四位（前三位依次为美国、德国、英国），出口居世界第四位（前三位依次为美国、英国、德国），进口居世界第三位（前二位依次为美国、德国）。中国进出口以及出口、进口的世界排名与上年持平。

第三节　展望：从单一的比较优势到系统的竞争优势——中国企业竞争力的演进路径

随着对外开放的深化，中国经济深度地融入全球市场，中国企业经过了近三十年市场条件下的发展，已逐步成长壮大，在 2004 年中国的进出口贸易总额突破了万亿美元大关，2006 年中国的进出口贸易总额达 1.7 万亿美元，2007 年中国的进出口贸易总额将达 2.1 万亿美元，2008 年中国对外贸易进出口总值达 2.56 万亿美元，世界排名第三。回顾过去，1978 年中国的进出口总额仅为 206 亿美元。改革开放三十余年，中国的进出口贸易发展迅速，从千亿美元迈上万亿美元的台阶，仅仅用了 16 年，而日本用了 30 年，德国用了 25 年，美国用了 20 年。与此同时，中国已成为全世界吸收外资最多的国家之一，连续十六年居发展中国家之首。在 2000 年之后，中国的企业在对外投资中的角色越来越突出，尤其是跨国并购中，随着中国企业的竞争优势的增强，中国企业成为跨国并购的重要参与者之一。中国虽然是名副其实的贸易大国，但还不是贸易强国，中国企业在国际价值链的分工中仍然处于低端，总体竞争能力较弱，因而提升中国企业的竞争优势，是一个极具现实意义的重要问题。

一、竞争优势与价值链环节的成本分析、价值分析、资源分析与能力分析

哈佛教授迈克尔·波特（Michael E. Porter）在 1985 年提出价值链的概念以来，价值链便成为企业构建竞争优势的有力分析工具。迈克尔·波特将“价值链”定义为一个公司用于设计、生产营销、运输和支持其产品的所有活动。依照价值链概念，可以将企业的价值活动分为九类：内部后勤、生产经营、外部物流、市场销售和服务五类基本活动以及企业基础设施①、人力资源管理、技术开发和采购四类辅助活动②。后来，波特教授将价值链的基本活动分为上游活动、主要活动和下游活动，上游活动包括研发与投入物流，主要活动包括运营、营销与销售，下游活动包括产出物流与服务。辅助活动包括组织设计与控制、人力资源管理和技术运用与发展。

波特教授认为将企业作为一个整体无法识别竞争优势。竞争优势来源于企业在设计、生产、营销、交货等过程中所进行的相互分离的活动。这些活动中的每一种都对企业的相对成本有所贡献，并且奠定了差异化的基础③。但企业的总体竞争优势则源自企业整个活动的体系，而不同环节的整合则会实际地降低成本，或者增加差异化。企业价值链的功能之一，就是形成成本或差异化的竞争优势。

企业在评估自己与竞争对手的竞争优势的基础上确定自己的竞争战略，低成本的优势往往会采用成本领先战略，即价格竞争战略；而技术优势、设计特色、服务特色与质量的差异化往往会促使企业采用差异化战略。一般而言，差异化的产品与服务虽然会增加成本，但是实行差异化战略的企业往往能获得更高的利润。

在价值链的基础上进行成本分析、价值分析、能力分析和资源分析就可以更加清楚地认识到竞争优势的来源以及表现形式，也能够进一步寻找构建竞争优势的途径和方法。

（一）成本分析

成本分析的起点是确定企业的价值链，并把营业成本和资产分配到各种价值中去。进行各个环节成本分析的作用有二：一是检视各环节的成本现状；二是分析降低成本的可能性。分析成本的主要目的在于形成企业的成本优势，从而推动企业的成本领先战略。在全球化的背景下，利用规模经济、范围经济和生产要素的国家差异无疑是企业降低成本的最佳选择。

进入 20 世纪 90 年代后，西方跨国公司特别是全球 500 强企业纷纷调整其价值链中心，

---

① 波特认为企业的基础设施由大量活动组成，包括总体管理、计划、财务、会计、法律、政府事务和质量管理。参见 Porter，M. E. *The Competitive Advantage：Creating and Sustaining Superior Performance*. N. Y.：Free Press，1985：43.

② 波特开始认为技术开发属于辅助活动，由于技术变革本身会降低成本或者提高并转化为先发优势，因此研发环节通常被认为是获得高附加值的环节和价值链的主要环节。波特本人也非常重视创新和技术对价值链的影响，参见 Porter，M. E. *The Competitive Advantage：Creating and Sustaining Superior Performance*. N. Y.：Free Press，1985：38.

③ Porter，M. E. *The Competitive Advantage：Creating and Sustaining Superior Performance*. N. Y.：Free Press，1985：33.

将业务重点转向产业价值链下游市场的营销和服务环节以及上游的研发环节。跨国公司往往将生产制造环节转移至发展中国家，利用发展中国家的成本优势，大幅度降低自己的生产成本，而将价值链上游的研发与下游的市场营销与服务环节作为价值链的核心环节牢牢控制，并通过价值链各个环节的整合，形成竞争优势，最终获得高额利润①。

（二）价值分析

竞争优势归根结底来源于企业为客户创造的超过其成本的价值。对于企业来说，价值是客户愿意支付的价钱，而超额价值产生于低于对手的价格提供同等的效益，或者提供的独特的效益补偿高价而有余。

成本分析的范围通常限于企业内部，而价值的分析必须结合顾客的认知来进行，只有当顾客愿意付出价钱来购买企业的产品与服务时，企业的价值才能够兑现。顾客对于产品或者服务的价值是一个主观的感知过程，如果顾客认为所购买的产品或者服务的价值超过自己的付出成本，企业的产品与服务便会对顾客产生持续的吸引力，企业也就会拥有相对竞争对手的竞争优势。反之，如果顾客认为自己的付出成本超过购买产品或者服务的价值，企业的产品与服务便无法对顾客产生持续的吸引力，企业就不会产生相对竞争对手的竞争优势。虽然顾客的感知是一个主观因素，但企业可以通过调查、反馈等活动察觉顾客的主观感受，进行深入分析，也可以进一步作出相应的反应，形成一个良性的循环，从而保持企业的持续竞争优势。

顾客对于产品或者服务的价值认知主要包括质量、价格、性能、品牌、服务等因素，其中顾客对产品和服务的综合认知会影响顾客的购买决定，但顾客也会因对其中一项或者两项产生深刻印象而对自己的决定产生关键性的影响，因此企业必须对顾客感知价值中的关键因素加以了解，并对此作出迅速反应。一般来说，能够产生顾客认知的关键价值的环节就是企业价值链增值的关键环节。在现实中，企业价值链各环节的成本投入是不同的，顾客对于产品或服务的评价因素也是不同的。企业投入很多的环节未必能够得到顾客的认同，顾客认同的因素未必需要太大的投入。当前，市场的普遍特性是买方市场，顾客对于产品或服务的认知通常会决定企业的竞争地位。因此，结合企业价值链的不同环节的成本分析，比较企业价值链的单个环节的价值创造能力，分析哪个环节产生了最大的顾客价值，并形成良性的动态的循环，企业因此也会保持长久的竞争优势。

从价值链的主要活动来看，由于技术变革本身会降低成本或者提高并转化为先发优势，因此研发环节通常被认为是获得高附加值的环节；营销与销售环节由于更接近顾客，既是企业价值的实现环节，又是顾客需求的察觉与引导环节，加之市场竞争激烈，通常也被认为是获得高附加值的环节；投入物流的重要性会因原材料的性质不同而不同，比如石油等战略物资对于石化行业非常关键，是重要的增值环节，而由于近些年信息技术的迅速发展，产出物流也成为价值链中的重要增值环节；由于技术的迅速发展，服务环节的重要性也在提升；由于广大发展中国家提供了廉价的劳动力和优惠政策，生产运营

① 马春光．跨国公司产业价值链转型对中国制造企业的启示．管理世界，2004（12）．

环节的增值比重出现了越来越下降的趋势。

（三）能力分析

企业价值链的价值分析的主要目的是为了明确企业的价值来源，企业价值链的能力分析则是为了明确给企业带来价值的能力位于哪些环节。一般来说，企业的价值是由其核心能力带来的，核心能力带来的竞争优势表现在两方面：一是在企业价值链某一环节的核心竞争力所带来的竞争优势，比如技术优势、设计特色、产品质量和服务等；二是企业整合价值链带来的综合竞争优势。因此，企业价值链的能力分析也分为两部分，一是企业价值链关键环节的分析，即包含企业的核心竞争力的环节的分析；二是企业整合价值链的综合能力分析，即企业如何能够整合价值链整个环节优势，并形成系统优势的能力分析。

对于价值链关键环节的定位，就是要明确由于各环节包含的能力不同，其重要性不同，因而在竞争战略中的地位也不同。对于包含了核心竞争力的关键环节，企业应该视为价值链的战略环节，应该大力投入、培育和发展，因为这些环节是高附加值的增值来源；但对于非关键环节，由于不包含核心能力，不是高附加值的增值来源，可以考虑如何降低这些环节的成本，有时应当积极考虑外包。错误判断价值链不同环节的能力，可能会给企业带来灾难性的后果。20 世纪末开始，很多跨国公司将生产环节转移至发展中国家，甚至完全外包给发展中国家的厂商，但是仍然牢牢控制住研发、市场和销售等关键环节。许多发达国家的中小企业也将生产环节外包，自己掌控设计、市场和销售，获取高额的利润，承担了生产环节的发展中国家的厂商却只能得到微薄的利润。

企业整合价值链的综合能力分析，说的是企业如何能够整合价值链整个环节优势，并形成系统优势的能力分析。企业的竞争优势来自企业价值链的整体活动，价值链的静态布局固然重要，但价值链的动态整合更为关键。价值链所有环节的战略性整合不仅是竞争优势的逻辑起点，也是维持竞争优势的根本。由整个价值链所形成的综合优势远比建立于单一环节的优势更加持久，也更难模仿。

（四）资源分析

竞争优势是体现在价值链任何环节或者整个价值链的整合优势，这些优势使得跨国公司能在效率、质量、革新或服务领域做得比对手更出色。独特优势来源于相互作用的两个因素：资源与能力。资源作为投入到公司生产和服务过程中的资产，既包括建筑、设备等有形资产，也包括专利、商标、商誉、企业知识等无形资产，资源在合适的条件下便转化成为企业运用资源而生产出低成本或差别产品的核心能力。自 20 世纪末以来，出现了企业的无形资产的价值在形成竞争优势的作用远大于企业的有形资产的趋势，而在无形资产当中，知识的作用越来越突出。

德鲁克认为，知识已经变成了关键的资源，而且是竞争优势的主导来源，甚至可能是唯一的来源（Peter Drucker，1994）。在变动的经济环境中，唯一可确定的是环境充满了不确定因素，要掌握竞争优势必须先掌握知识。在市场变化、科技不断推陈出新、竞争者愈来愈多，以及产品生命周期愈来愈短的环境下，成功将属于能不断创造新知识、广布知识于组织当中、并快速吸收新科技与推出新产品的企业（Nonaka，1991）。因此，企业知识在价值链各环节的分析也变得越来越重要。

以资源作为竞争优势来源之一而与价值链的结合就是价值链的资源分析。价值链的资源分析的基础首先是企业内部不同资源的作用分析，其次是企业的关键资源在价值链上的分布，最后是企业资源在价值链中的整合。在价值链的分布中，研发环节包含的资源主要是技术等知识资源和人力资源，市场和销售是市场知识最密集的环节，完成企业的价值链的整合功能的关键知识位于辅助活动中。

二、基于价值链竞争优势的钻石模型

在对价值链进行了成本分析、价值分析、能力分析和资源分析以后，笔者总结了如下模型，作为分析竞争优势的工具，如图 1—5 所示。

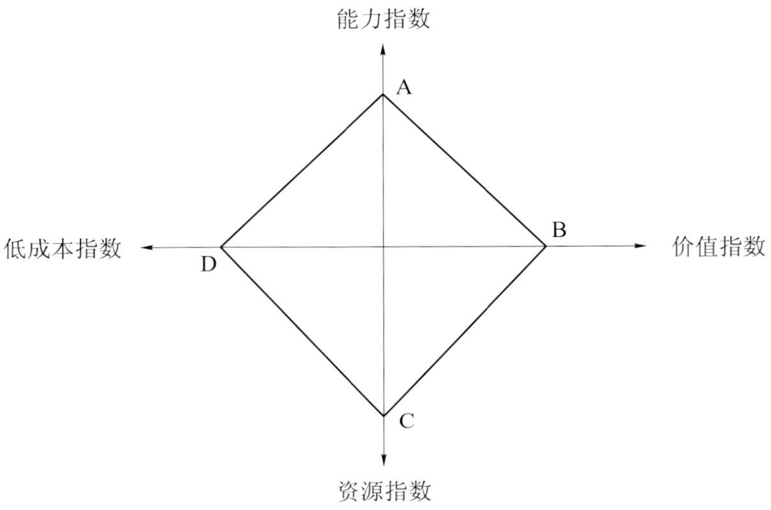

图 1—5　竞争优势构成模型

资料来源：根据相关资料整理

竞争优势的来源是企业的资源与核心能力，企业的核心能力与企业资源的动态整合会降低成本并创造价值，低成本指数是企业整合价值链降低成本的体现，企业的价值指数是企业整合价值链创造的价值的体现，企业的资源指数是企业内部有效资源的整体评价，企业的能力指数是企业整合内部资源以降低成本并创造价值的核心能力评价。四个指数中间的面积代表了企业的竞争优势的大小。其中，资源和能力指数代表的是企业长远的竞争优势的来源与体现，低成本指数和价值指数代表的是企业现在的盈利表现。不同的企业的四类评价指数不同，其竞争优势表现也不同，四个指数之间也是互相影响、互相作用的。企业的资源与能力是降低成本和创造价值的基础，但由企业的低成本和较高的价值带来的利润如果运用得当又会增强企业的资源积累和核心能力。企业的低成本会增加企业所创造的价值，而企业的高价值带来的高利润会给企业降低成本带来资金支持。企业的资源会增强企业的核心能力，企业的核心能力的增强会增加企业的资源（特别是企业的隐性的知识）。四者之间的关系如图 1—6 所示。

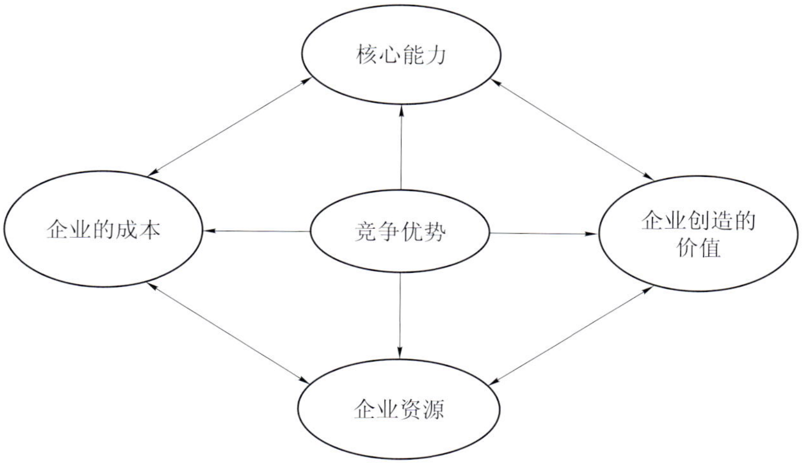

图 1—6　竞争优势构成因素的关系模型

资料来源：根据相关资料整理

从以上的模型来看，作为企业竞争优势的来源的两个根本性因素是能力和资源，能力与资源是竞争优势的两个隐性因素，企业的低成本或者所创造的价值只是企业的竞争优势的显性优势和表现形式。因此，在企业的价值链的优化中，企业应该强化价值链的核心能力与关键资源。如果企业不具备核心能力与异质性资源，企业的竞争优势便不会长久。

如果把四个指数简单地分为高低两种，四个指数高低的组合则会出现以下的排列，各自代表着竞争优势的不同状况，如表 1—3 所示。

表 1—3　　不同的竞争优势组合

序号	低成本指数	价值指数	能力指数	资源指数	基本含义	竞争战略的选择
1	高	低	低	低	具有成本优势	成本领先
2	低	高	低	低	现实中基本不存在	
3	低	低	高	低	仅有能力，尚无显性竞争优势	
4	低	低	低	高	存在一定资源积累，无显性竞争优势	
5	低	低	高	高	具有较强的隐性竞争优势，无显性竞争优势	
6	高	高	低	低	显性竞争优势明显，但不能持久	综合竞争战略组合
7	低	高	低	高	资源积累强，有价值创造的显性优势	差异化
8	低	高	高	低	价值创造的隐形显性优势明显	差异化
9	高	低	低	高	资源积累强，有低成本的显性优势	成本领先
10	高	低	高	低	控制成本的隐形显性优势明显	成本领先
11	高	高	高	低	显性竞争优势明显，能力强，缺乏资源积累	综合竞争战略组合
12	高	高	低	高	显性竞争优势明显，有较强资源积累，能力弱	综合竞争战略组合

续表

序号	低成本指数	价值指数	能力指数	资源指数	基本含义	竞争战略的选择
13	高	低	高	高	隐性竞争优势明显，价值创造优势不足	成本领先
14	低	高	高	高	隐性竞争优势强，成本优势弱	差异化
15	高	高	高	高	综合竞争优势	综合竞争战略组合
16	低	低	低	低	无竞争优势	

资料来源：根据相关资料整理

一般来说，企业的竞争优势大致可以归为以下四种基本状况：低成本导向的竞争优势（见图1—7）、能力导向的竞争优势（见图1—8）、资源导向的竞争优势（见图1—9）和综合竞争优势（见图1—10）。

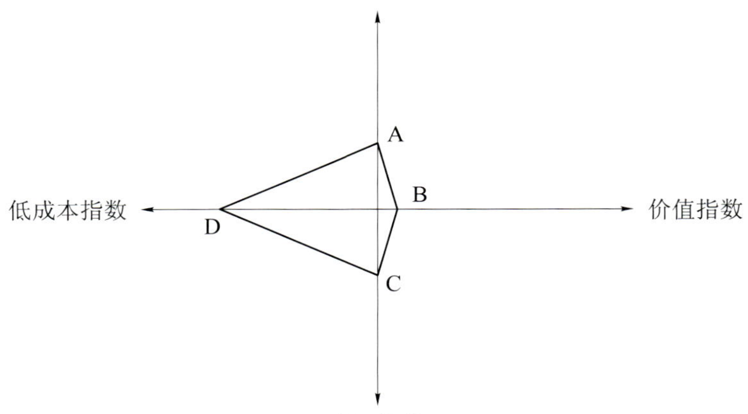

图1—7　低成本导向的竞争优势模型

资料来源：根据相关资料整理

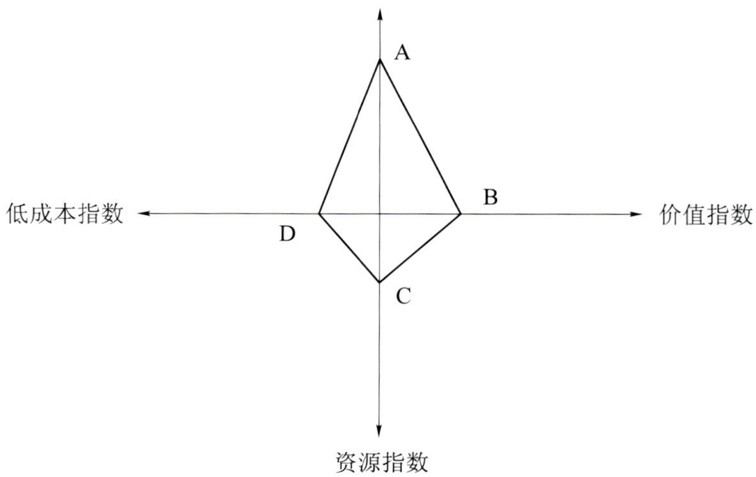

图1—8　能力导向的竞争优势模型

资料来源：根据相关资料整理

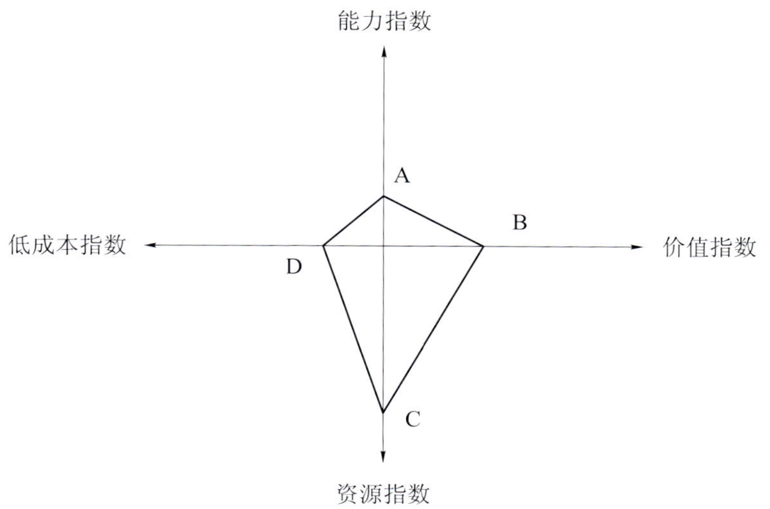

图 1－9　资源导向的竞争优势模型

资料来源：根据相关资料整理

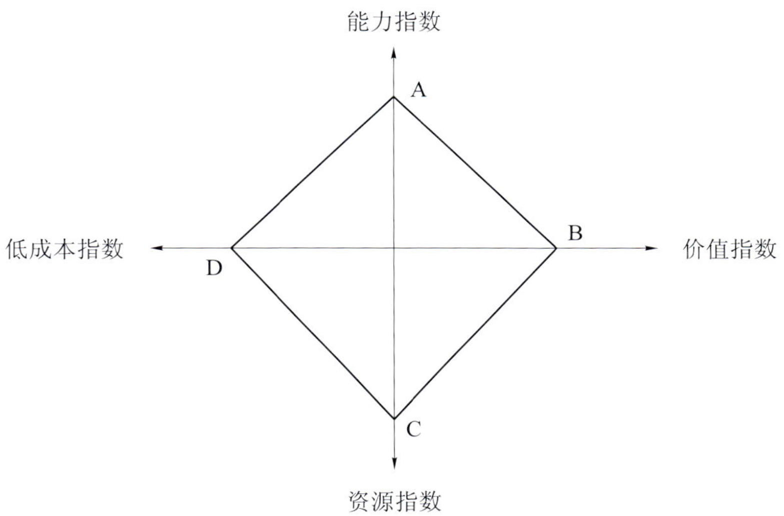

图 1－10　综合竞争优势

资料来源：根据相关资料整理

低成本导向的竞争优势的代表性企业一般出现在发展中国家，这类企业往往利用生产要素的比较优势逐步积累形成自己的低成本导向的竞争优势，其资源指数与能力指数往往较低，获取的企业价值也比较低，这类企业的竞争优势较弱，其产品与服务的替代性较强。

能力导向的竞争优势往往是由于企业的领导团队或者领导人的能力较强，企业在一定时期内形成了优于其竞争对手的竞争优势，因而会创造较高的企业价值，这种企业往往会在一定时期内具有较强的竞争能力，但如果不形成企业自身的资源积累，其竞争优势也会为竞争对手所替代。

资源导向性的竞争优势往往由于企业拥有较强的有形或者无形的资源积累（包括制度性的积累），其异质性资源构造了较强的市场进入门槛，其价值创造能力较强。由于资源的积累需要一定的时间，因而导致企业竞争优势比能力导向的竞争优势持久。

综合竞争优势是由于企业既有较强的能力，又有丰厚的资源，因而能够持续地降低成本并创造价值，其竞争优势表现为系统的综合竞争优势，能够给企业带来较高的利润，是比较理想的状态。

实际上，理想状态的综合竞争优势往往会表现在某一时间点上，除了以上四种基本的模式外，也会出现能力与资源指数高而价值指数低或者相反的情况。不同的竞争优势是可以互相转换的，尤其是在知识经济的背景下，较弱竞争优势的企业也可以转换为具有综合竞争优势的企业。

三、中国企业产业竞争力的现状分析

回顾中国市场经济三十余年的发展历程，中国企业从弱到强、从小到大，现在某些行业的企业已初步具备海外并购的条件，这种情况的出现是中国的国家竞争力不断提升的必然结果。市场经济制度的逐步确立，给了企业自由竞争不断发展的广阔制度空间，中国国内市场的巨大需求给了企业成长壮大的市场空间。经过三十余年的市场培育，中国出现了一批可以在世界市场上输出产品或跨国经营的大型企业，也出现了一大批参加国际价值链分工，承担某一环节的价值活动的中小企业。就参与中国对外贸易或跨国经营的大企业而言，虽行业差异很大，但中国企业在价值链的全球布局与整合上还是呈现出较为明显的阶段特征。

（一）从价值链的成本优势来看

中国的产品或者服务在成本上具有一定的优势。中国企业在生产与运营环节上的比较优势主要倚仗于劳动力成本的低廉、土地成本较低和能源供给价格较低等因素。来自生产力要素的运营与生产环节的比较优势使得原产地为中国的产品在全球市场上的份额不断增加。因此，中国企业在全球市场中，以加工制造为主的产品出口和以建筑、工程为主的企业具有较大的成本优势。由于很多中国产品采用单一的价格竞争策略，加之许多发达国家不承认中国的市场经济国家地位，中国产品在国际市场上非常容易遭受反倾销措施。遭受反倾销措施的产品范围广泛，从鞋类、纺织类产品、家具到家电、钢材、化工原料，等等，中国已经成为世界上反倾销和保障措施的最大受害国。中国产品在国际市场上遭受反倾销措施的主要原因与国际贸易保护主义盛行和中国企业应诉不力有关，但中国产品的价格竞争策略不当也是造成这一后果的内部原因。

（二）从价值创造的角度来看

中国企业的价值创造能力较差，在国际价值链的分工中，由于研发与设计能力较差，又比较缺乏跨国经营的市场知识，因此中国企业还处在价值链的低端，企业的获利能力较差，产品的可替代性较强。由于处于价值链的低端，中国企业并无研发优势，产品或服务的技术含量低，在性能、质量和服务上不能给消费者提供产品价值或服务价值。因此，在国际市场上采用价格竞争是中国企业不得已的选择，价格竞争直接导致产品利润微薄。但在华投资的外国企业利用投资中国得到的劳动力等生产成本低廉的优势，又享受税收上的优惠，因而在整合自己的高回报的研发设计、市场与销售环节中，却获得了高额的利润。由于中国大部分产品和服务的价值创造能力不强，因此其产品和服务面临着东南亚与东欧等新兴区域的产品的激烈竞争。伴随着出口征税、人民币升值、能源及劳动力成本上升等因素，中国目前的劳动成本已超过许多东南亚国家，中国企业在国际上面临的竞争压力也越来越大。

（三）从中国企业价值链的能力布局来看

中国企业在生产运营环节上具有一定的竞争能力，但其研发、市场和销售环节缺乏核心能力，尤其是研究与开发环节缺乏创新能力。在国际市场上，创新在形成企业的竞争优势中的作用越来越大。创新可以在新技术、新的产品设计、新的工艺流程等领域创造出为竞争对手无法取得的优势，当前技术的进展速度和激烈的竞争环境使得企业在创新上面临的压力越来越大，通过创新形成竞争优势的企业，一旦停止创新，终将被竞争者取代。中国企业在研发环节上的创新能力低下，使得中国企业在大多数行业中关键技术受制于人，因此无法取得领先的技术优势，也就无法使研发环节得到高额的附加值。经过三十余年的积累，中国在航天、生物工程、计算芯片等领域出现了可喜的突破，但总体而言，中国企业的研发环节与发达国家企业存在着较大差距。

（四）从价值链的资源积累来看

中国大部分企业的有形资产尚未形成全球布局，全球范围内的无形资源积累较少，尤其是缺乏在发达国家市场经营的关键知识。中国大多数企业的价值链布局局限于国内，而非全球布局，跨国经营仅停留在最初的对外贸易阶段，而产品在海外的销售渠道60%～70%掌握在国外厂商手中，除了下游渠道受制于人，同时无法掌握消费者或客户需求的详细信息，进而无法掌控市场变化，更不用说提出针对客户的产品设计创新与营销创新来完成价值链整个环节的整合了。只有少数企业积极探索在全球范围内进行价值链布局与整合，例如华为、TCL、海尔、万尚、中海油和中石油等。企业的价值链布局局限于国内使得中国企业无法将其组织能力与价值活动延伸到海外市场，无法获得海外经营的市场知识。但如果企业无法掌握海外市场的营销与销售环节的关键知识，则企业的竞争能力将大受限制。

总体而言，与西方跨国公司相比，中国企业价值链的能力与资源积累较为薄弱，各个环节的缺失或各环节所包含的能力与资源较少，总体整合效果也比较弱，总体表现属于低成本导向型的竞争优势，因而存在着较大的优化与提升空间。

四、中国企业产业竞争力升级转型的对策分析

新的世纪给古老的中国、伟大的民族带来了复兴的契机。随着知识成为企业最重要的资源与生产要素，学习能力会给企业带来源源不断的知识资源，几千年尊师重教、勤奋好学的中国人实现跨越式发展的内在优势与外部机会的结合将会给跨国经营的中国企

业带来持续的竞争优势来源。虽然中国与西方的跨国公司相比有着诸多的差距与不足，但积累跨国经营的知识，构建全球范围的竞争能力，将是中国企业跨国经营获取全球竞争优势的必然选择，中国企业可以尝试以下的方法与路径。

（一）实现价值链的全球布局，将企业不同环节的价值活动与区位优势结合起来

企业的价值链的活动应该与不同价值活动最佳区位优势结合起来，并且进行有机的整合，以获取低成本的优势。例如研发中心应该设在研发人才聚集的地方或者设在接近市场的地方，运营或生产中心应该设在劳动力成本较低的地区或者接近原料供应地等。当然，价值链的全球布局并不仅仅有益于低成本优势的形成。

（二）构建价值链中具有战略意义的高附加值环节，实现全球布局，构建中国企业在生产环节以外的差异化优势

现阶段，中国企业价值链除了在附加值较低的生产环节具有一定的优势外，在高附加值的研发、市场与销售环节上投入较少，所包含的相关能力与资源也较弱。中国企业强化生产环节以外的价值链其他环节的竞争优势，尤其是强化产品或服务的技术含量，是确立自身竞争优势的必然选择，也是获得高额利润、改变中国产品形象的上佳选择。

（三）培育中国企业研究与开发的核心能力，建立中国企业的技术优势

技术变革是竞争的主要动力之一，技术的革新改变着产业结构、影响着消费者的需求，企业可以通过技术革新降低生产成本，又可以增加产品与服务的差异化。中国的企业从总体来看，技术水平偏低，在主流市场或主流产品当中并没有多少自主的核心技术，如果企业不掌握核心技术，只能靠购买国外的过时技术来维持低水平的生产，或者成为国外产品的廉价加工工厂，只能在世界分工体系中处于末端，在产业价值链中居于从属地位。核心技术的缺乏是中国企业的软肋，对中国企业参与全球竞争是一块致命的硬伤。因此，通过学习、研究与开发，掌握核心技术，构建自身的技术优势，是中国企业一个不容回避的课题。

（四）将企业的组织能力向海外延伸，获取关键的市场知识，培育全球化的中国品牌

随着全球化市场的竞争日趋激烈，顾客价值成为获得竞争优势的出发点，获取关键的市场知识应该成为中国企业价值链优化的着眼点之一。市场和服务环节既是中国企业在海外市场的弱项，也是中国企业容易进行价值链延伸的环节，通过并购、新设、联盟和服务合同等多种形式，强化中国企业跨国经营的市场与销售环节，更快地接近消费者，快速作出市场反应，从而增加中国企业的竞争优势。

（五）整合价值链各环节，形成综合竞争优势

从系统的观点来看，在价值链的各个环节进行战略性整合，不仅是形成竞争优势的关键，也是保持竞争优势的根本所在。在企业价值链中，研发、投入物流、生产与运营、营销与销售、产出物流与服务各环节的价值活动是互相作用、互相影响的，比如服务环节的活动可以收集分析客户的信息与需求，及时掌握市场变化，进而加强企业在研发与产品改善上的能力。价值链的全球布局与整合，可以形成企业的关键资源的积累并建立核心能力，从而形成企业的系统竞争优势，关键知识与核心能力在价值链上的分配环节

比较模糊，因而也很难被模仿，竞争者除非能成功地赶上整个系统，否则很难从模仿中获益。因此，整合价值链各环节，形成综合竞争优势，应该成为中国企业的必然选择。

五、展望

改革开放三十余年，中国企业的竞争力的演化路径就是从单一的低成本比较优势向系统的竞争优势的升级：企业的竞争优势来自企业价值链的整体活动，价值链的静态布局固然重要，但价值链的动态整合更为关键。价值链所有环节的战略性整合不仅是竞争优势的逻辑起点，也是维持竞争优势的根本。由整个价值链所形成的综合优势远比建立在单一环节的优势更加持久，也更难模仿。假设在某一行业的最佳企业的各种活动的指数为 1，则其总体表现为 1×1×1×1×1=1，而其他竞争者的表现可能 1×0.9×0.9×1.2×0.9=0.85；或者 0.9×0.9×0.9×0.9×0.9=0.59。由此可见，企业价值链的总体的整合非常重要，某一环节的劣势则可能明显影响到企业的整体竞争优势。

权变的观点认为没有一个普遍的通用的模式，管理者的作用就是在不同的形势下决定最有效的方法。虽然优化价值链的基本路径是从低成本导向的竞争优势向综合竞争优势转化，但进行跨国经营的企业情况千差万别，故而没有一条放之四海而皆准的中国企业优化价值链的策略。在培育本企业的核心竞争力、积累企业的关键知识、构建动态的全球竞争优势的原则下，中国企业的跨国经营之道也应是多元的，虽然这是一个长期的艰苦的历程，但也是充满光明与希望的民族复兴之路。

参考文献

[1] Ikujiro Nonaka. The Knowledge-Creating Company. Harvard Business Review，Nov 1，1991.

[2] John B. Cullen， K. Praveen Parbotteeah. Multinational Management：A Strategic Approach. Mason：South-Western，2005.

[3] Peter F. Drucker. The Coming of the New Organization. Harvard Business Review，January-February，1988.

[4] Porter，M. E. On Competition. Boston：Harvard Business School Press，1998.

[5] Porter，M. E. The Competitive Advantage：Creating and Sustaining Superior Performance. N. Y.：Free Press，1985.

[6] Prahalad C. K.， Hamel Gary. The Core Competence of the Corporation. Harvard Business Review，1990，68（3）：79—91.

[7] 商务部综合司．中国对外贸易形势报告（2012 年春季）．商务部网站．

第二章

2011年中国进出口企业100强排行榜及其评析

第一节　中国进出口企业 100 强排行榜

本部分内容根据中国商务部综合司公布的中国企业进出口排名数据，获得中国企业进出口 100 强名单。进出口企业 100 强兼顾了进口和出口两个方面，其成长变化既从一个侧面反映出中国对外贸易的发展，也从另一角度折射出中国企业国际化进程的动态演进特征。本文从多个角度分析中国企业进出口 100 强相关特征，探索进出口 100 强企业的变动规律，得出有益的经验启示。

一、2011 年中国企业进出口 100 强企业排行榜

根据商务部综合司公布的数据，2011 年中国进出口企业 100 强进出口总额为 8 274 亿美元，占中国全年进出口总额的 22.72%，其中，出口合计 3 330 亿美元，进口合计 4 944 亿美元，出口与进口的比例为 40.25%：59.75%。2011 年中国进出口企业 100 强入选标准为 30 亿美元。2011 年中国进出口 100 强企业名单如表 2—1 所示。

表 2—1　2011 年中国进出口 100 强企业名单　（亿美元）

排名	企业名称	地区	进出口	出口	进口
1	中国石油化工股份有限公司	央企	1 119	47	1 072
2	中国石油天然气集团公司	央企	620	51	569
3	富泰华工业（深圳）有限公司	深圳	469	276	194
4	达丰（上海）电脑有限公司	上海	402	335	66
5	中国中化集团公司	央企	224	38	186
6	深圳华为公司	深圳	188	136	52
7	鸿富锦精密工业（深圳）有限公司	深圳	148	76	73
8	中国第一汽车集团	央企	144	5	138
9	中国海洋石油总公司	央企	126	14	111
10	宝山钢铁股份有限公司	上海	116	25	91
11	鸿富锦精密电子（成都）有限公司	四川	112	75	37
12	昌硕科技（上海）有限公司	上海	107	89	18
13	中国机械工业集团公司	央企	103	54	49
14	鸿富锦精密电子（烟台）有限公司	山东	101	60	40
15	仁宝信息技术（昆山）有限公司	江苏	99	89	10
16	中粮集团有限公司	央企	88	13	75
17	深圳中兴公司	深圳	87	52	35
18	鸿富锦精密电子（郑州）有限公司	河南	86	50	36
19	惠州三星电子有限公司	广东	84	43	41
20	诺基亚（中国）投资有限公司	北京	83	68	15

续表

排名	企 业 名 称	地区	进出口	出口	进口
21	名硕电脑（苏州）有限公司	江苏	82	58	24
22	宝马（中国）汽车贸易有限公司	北京	81	0	81
23	珠海振戎公司	央企	81	0	81
24	伟创力制造（珠海）有限公司	广东	76	41	35
25	天津三星通信技术有限公司	天津	75	40	36
26	中国远洋运输（集团）总公司	央企	74	39	36
27	中国五矿集团公司	央企	74	24	49
28	江苏沙钢集团有限公司	江苏	73	12	61
29	纬新资通（昆山）有限公司	江苏	68	60	8
30	中国船舶工业贸易公司	央企	67	55	12
31	大连西太平洋石油化工有限公司	大连	67	16	51
32	乐金显示（广州）有限公司	广东	64	20	44
33	苏州三星电子电脑有限公司	江苏	63	49	13
34	梅赛德斯一奔驰（中国）汽车销售有限公司	北京	62	0	62
35	中国通用技术（集团）控股有限责任公司	央企	62	17	45
36	江苏汇鸿国际集团有限公司	江苏	60	41	19
37	中国中钢集团公司	央企	60	8	52
38	英特尔产品（成都）有限公司	四川	59	16	43
39	鸿富泰精密电子（烟台）有限公司	山东	58	39	19
40	群康科技（深圳）有限公司	深圳	56	32	23
41	富华杰工业（深圳）有限公司	深圳	54	29	25
42	英源达科技有限公司	上海	53	46	7
43	河北钢铁集团有限公司	河北	52	0	52
44	上海纺织（集团）有限公司	上海	51	38	13
45	苏州三星电子液晶显示器有限公司	江苏	51	9	41
46	中国国际海运集装箱（集团）股份有限公司	央企	50	41	9
47	浙江省国贸集团	浙江	50	40	9
48	北京索爱音天移动通信有限公司	北京	49	29	20
49	中国首钢国际贸易工程公司	北京	49	9	40
50	鸿富锦精密工业（武汉）有限公司	湖北	49	31	17
51	广东省丝绸纺织集团有限公司	广东	48	44	5
52	友达光电（厦门）有限公司	厦门	47	18	28
53	威宏电子（上海）有限公司	上海	46	27	20
54	友达光电（苏州）有限公司	江苏	46	19	27

续表

排名	企 业 名 称	地区	进出口	出口	进口
55	金川集团有限公司	甘肃	46	2	44
56	中国航空工业集团公司	央企	44	27	17
57	中建材集团进出口公司	央企	44	8	36
58	纬创资通（中山）有限公司	广东	44	25	19
59	三星电子（苏州）半导体有限公司	江苏	43	1	42
60	中国电子进出口总公司	央企	43	32	11
61	美的集团有限公司	广东	43	40	3
62	东莞三星视界有限公司	广东	43	23	19
63	中国中信集团公司	央企	42	10	33
64	武钢集团国际经济贸易总公司	湖北	41	5	35
65	晟碟半导体（上海）有限公司	上海	41	22	19
66	鞍钢集团国际经济贸易公司	辽宁	40	14	26
67	摩托罗拉移动技术（中国）有限公司	天津	40	31	9
68	上海浦东国际机场进出口有限公司	上海	40	14	26
69	中国工艺（集团）公司	央企	39	9	31
70	日照钢铁控股集团有限公司	山东	39	9	30
71	英顺达科技有限公司	上海	39	35	4
72	浙江省物产集团	浙江	39	10	29
73	本溪钢铁集团	辽宁	38	18	21
74	厦门国贸控股有限公司	厦门	38	9	29
75	东风汽车公司	央企	38	5	33
76	东方国际（集团）有限公司	上海	38	28	10
77	江西铜业集团公司	江西	38	1	37
78	铜陵有色金属（集团）公司	安徽	36	2	34
79	仁宝电子科技（昆山）有限公司	江苏	36	32	4
80	黑龙江联合石油化工有限公司	黑龙江	36	0	36
81	冠捷电子（福建）有限公司	福建	36	31	5
82	鹏智科技（深圳）有限公司	深圳	36	21	14
83	长城国际系统科技（深圳）有限公司	深圳	35	35	0
84	无锡尚德太阳能电力有限公司	江苏	35	28	7
85	达富电脑（常熟）有限公司	江苏	35	28	7
86	星科金朋（上海）有限公司	上海	35	18	17
87	仁宝资讯工业（昆山）有限公司	江苏	35	32	3
88	捷普电子（广州）有限公司	广东	35	18	17

续表

排名	企 业 名 称	地区	进出口	出口	进口
89	广东省东莞机械进出口有限公司	广东	34	19	15
90	中国烟草国际有限公司	央企	34	9	25
91	希捷科技（苏州）有限公司	江苏	34	23	11
92	乐金飞利浦液晶显示（南京）有限公司	江苏	33	15	18
93	马鞍山钢铁股份有限公司	安徽	33	3	30
94	厦门建发股份有限公司	厦门	32	11	21
95	松日信息科技（深圳）有限公司	深圳	32	17	15
96	丰田汽车（中国）投资有限公司	北京	32	0	32
97	无锡夏普电子元器件有限公司	江苏	32	13	18
98	大连船舶重工集团有限公司	大连	30	27	4
99	宁波奇美电子有限公司	宁波	30	10	20
100	日月光封装测试（上海）有限公司	上海	30	17	13

资料来源：中国商务部综合司

二、地域特征

表2—2给出了2011年中国进出口100强企业按地区分类的特征。不同地区企业在进出口总额和结构方面呈现出明显的差异性。2011年进出口100强企业数量在地域分布上呈现出明显的地域聚集性（见表2—2）。东部地区入选企业的进出口总额、所占比例、企业数量和平均进出口额都要高于中西部地区。东部地区企业占绝对多数，达90家，中部企业7家，西部企业3家。这在很大程度上反映出中国进出口企业的总体分布特征。数据显示，进出口100强企业东部地区企业的进出口额为7 742亿美元，其中出口3 145亿美元，进口4 597亿美元，平均每家进出口额为86亿美元。进出口100强企业中部地区企业的进出口额为317亿美元，其中出口92亿美元，进口225亿美元，平均每家企业进出口额为45亿美元。西部地区企业的进出口额为216亿美元，其中出口92亿美元，进口124亿美元，平均每家企业进出口额为72亿美元。2011年中国进出口100强中西部地区的企业出现进口大于出口的贸易结构。

表2—2　2011年中国进出口100强企业按地区类型分类　（亿美元，%）

区域	进出口	所占比例	出口	进口	企业数量（家）	平均进出口额
东部	7 742	93.57	3 145	4 597	90	86
中部	317	3.83	92	225	7	45
西部	216	2.61	92	124	3	72

资料来源：中国商务部综合司

表 2—3 给出了 2011 年中国进出口 100 强企业按省（市）分类的特征。不同省（市）企业在进出口总额和结构方面呈现出明显的差异性。在企业的省（市）来源上，广东、上海、江苏、北京和山东的企业数量排名前五。进出口 100 强企业广东地区企业数量达到 18 家，进出口额为 1 575 亿美元，所占比例为 19.04%，其中出口 948 亿美元，进口 627 亿美元，平均每家企业进出口额为 88 亿美元。进出口 100 强企业上海地区企业数量达到 12 家，进出口额为 997 亿美元，所占比例为 12.05%，其中出口 692 亿美元，进口 305 亿美元，平均每家企业进出口额为 83 亿美元。进出口 100 强企业江苏地区企业数量达到 16 家，进出口额为 823 亿美元，所占比例为 9.95%，其中出口 510 亿美元，进口 314 亿美元，平均每家企业进出口额为 51 亿美元。进出口 100 强企业北京地区企业数量达到 6 家，进出口额为 356 亿美元，所占比例为 4.30%，其中出口 105 亿美元，进口 251 亿美元，平均每家企业进出口额为 59 亿美元。进出口 100 强企业山东地区企业数量达到 3 家，进出口额为 198 亿美元，所占比例为 2.39%，其中出口 107 亿美元，进口 90 亿美元，平均每家企业进出口额为 66 亿美元。进出口 100 强企业中，中央企业是一个特殊的群体，企业数量达到 21 家，进出口额为 3 176 亿美元，其中出口 507 亿美元，进口 2 670 亿美元，平均每家企业进出口额为 151 亿美元。

从总体上看，中国东、中、西部地区企业平均进出口额差异较为明显，东部地区企业平均专利产出高于中西部地区企业。相对于中西部地区，中国东部地区的经济规模更大，庞大的市场需求推动了东部企业进出口活动的发展。从具体的省份分布来看，中国企业进出口 100 强的分布呈现出从东部到中西部阶梯递减的格局。这表明区域环境、市场规模等因素对中国企业进出口 100 强的地区分布具有重要影响。

表 2—3　　2011 年中国进出口 100 强企业按省（市）分类　　（亿美元，%）

省（市）	进出口	所占比例	出口	进口	企业数量（家）	平均进出口额
央企	3 176	38.39	507	2 670	21	151
广东	1 575	19.04	948	627	18	88
上海	997	12.05	692	305	12	83
江苏	823	9.95	510	314	16	51
北京	356	4.30	105	251	6	59
山东	198	2.39	107	90	3	66
辽宁	176	2.13	74	102	4	44
四川	171	2.07	91	80	2	86
福建	153	1.85	70	83	4	38
浙江	119	1.44	61	58	3	40
天津	115	1.39	70	45	2	58
湖北	89	1.08	37	53	2	45
河南	86	1.04	50	36	1	86

续表

省（市）	进出口	所占比例	出口	进口	企业数量（家）	平均进出口额
安徽	69	0.83	5	64	2	35
河北	52	0.63	0	52	1	52
甘肃	46	0.56	2	44	1	46
江西	38	0.46	1	37	1	38
黑龙江	36	0.44	0	36	1	36

资料来源：中国商务部综合司

三、所有制结构

表2—4给出了2011年中国进出口100强企业按所有制分类的特征。不同所有制企业在进出口总额和结构方面呈现出明显的差异性。在所有制结构方面，中国进出口100强企业中国有企业的企业数量、进出口总额和所占比例都领先于其他类型企业。数据显示，进出口100强企业中的国有企业数量达到43家，进出口总额为4 245亿美元，所占比例为51.30%，其中出口912亿美元，进口3 333亿美元，平均每家企业进出口额为99亿美元。这些国有企业呈现出进口大于出口的态势。进出口100强企业中的民营企业数量达到6家，进出口总额为412亿美元，所占比例为4.98%，其中出口245亿美元，进口167亿美元，平均每家企业进出口额为69亿美元。这些民营企业呈现出出口大于进口的态势。进出口100强企业中的港澳台企业数量达到25家，进出口总额为2 262亿美元，所占比例为27.34%，其中出口1 475亿美元，进口787亿美元，平均每家企业进出口额为90亿美元。这些港澳台企业呈现出出口大于进口的态势。进出口100强企业中的外资企业数量达到26家，进出口总额为1 356亿美元，所占比例为16.39%，其中出口699亿美元，进口657亿美元，平均每家企业进出口额为52亿美元。这些外资企业呈现出出口略大于进口的态势。

表2—4　2011年中国进出口100强企业按所有制类型分类　（亿美元,%）

所有制类型	进出口	所占比例	出口	进口	企业数量（家）	平均进出口额
国有企业	4 245	51.30	912	3 333	43	99
民营企业	412	4.98	245	167	6	69
港澳台企业	2 262	27.34	1 475	787	25	90
外资企业	1 356	16.39	699	657	26	52

资料来源：中国商务部综合司

四、行业结构

表2—5给出了2011年中国进出口100强企业按行业分类的特征。不同行业企业在

进出口总额和结构方面呈现出明显的差异性。“通信设备、计算机及其他电子设备制造业”行业中企业进出口总额达到 3 724 亿美元，其中出口 2 399 亿美元，进口 1 325 亿美元，入选的行业企业数量为 50 家，平均每家企业进出口额为 74 亿美元。“石油加工业”行业中企业进出口总额达到 1 968 亿美元，其中出口 129 亿美元，进口 1 839 亿美元，入选的行业企业数量为 5 家，平均每家企业进出口额为 394 亿美元。“商务服务业”行业中企业进出口总额达到 909 亿美元，其中出口 297 亿美元，进口 612 亿美元，入选的行业企业数量为 18 家，平均每家企业进出口额为 51 亿美元。“金属冶炼业”行业中企业进出口总额达到 544 亿美元，其中出口 95 亿美元，进口 449 亿美元，入选的行业企业数量为 10 家，平均每家企业进出口额为 54 亿美元。“专用设备业”行业中企业进出口总额达到 244 亿美元，其中出口 126 亿美元，进口 118 亿美元，入选的行业企业数量为 4 家，平均每家企业进出口额为 61 亿美元。“化学原料及化学制品业”行业中企业进出口总额达到 224 亿美元，其中出口 38 亿美元，进口 186 亿美元，入选的行业企业数量为 1 家，平均每家企业进出口额为 224 亿美元。“交通运输、仓储业”行业中企业进出口总额达到 165 亿美元，其中出口 94 亿美元，进口 71 亿美元，入选的行业企业数量为 3 家，平均每家企业进出口额为 55 亿美元。“机械设备业”行业中企业进出口总额达到 144 亿美元，其中出口 5 亿美元，进口 138 亿美元，入选的行业企业数量为 1 家，平均每家企业进出口额为 144 亿美元。“农副食品加工业”行业中企业进出口总额达到 122 亿美元，其中出口 21 亿美元，进口 101 亿美元，入选的行业企业数量为 2 家，平均每家企业进出口额为 61 亿美元。“交通运输设备制造业”行业中企业进出口总额达到 100 亿美元，其中出口 32 亿美元，进口 68 亿美元，入选的行业企业数量为 3 家，平均每家企业进出口额为 33 亿美元。“纺织业”行业中企业进出口总额达到 99 亿美元，其中出口 82 亿美元，进口 17 亿美元，入选的行业企业数量为 2 家，平均每家企业进出口额为 50 亿美元。“建筑业”行业中企业进出口总额达到 32 亿美元，其中出口 11 亿美元，进口 21 亿美元，入选的行业企业数量为 1 家，平均每家企业进出口额为 32 亿美元。

表 2—5　2011 年中国进出口 100 强企业按行业类型分类　（亿美元，%）

行业类型	进出口	所占比例	出口	进口	企业数量（家）	平均进出口额
通信设备、计算机及其他电子设备制造业	3 724	45.01	2 399	1 325	50	74
石油加工业	1 968	23.79	129	1 839	5	394
商务服务业	909	10.99	297	612	18	51
金属冶炼业	544	6.57	95	449	10	54
专用设备业	244	2.95	126	118	4	61
化学原料及化学制品业	224	2.71	38	186	1	224
交通运输、仓储业	165	1.99	94	71	3	55
机械设备业	144	1.74	5	138	1	144
农副食品加工业	122	1.47	21	101	2	61

续表

行业类型	进出口	所占比例	出口	进口	企业数量（家）	平均进出口额
交通运输设备制造业	100	1.21	32	68	3	33
纺织业	99	1.20	82	17	2	50
建筑业	32	0.39	11	21	1	32

资料来源： 中国商务部综合司

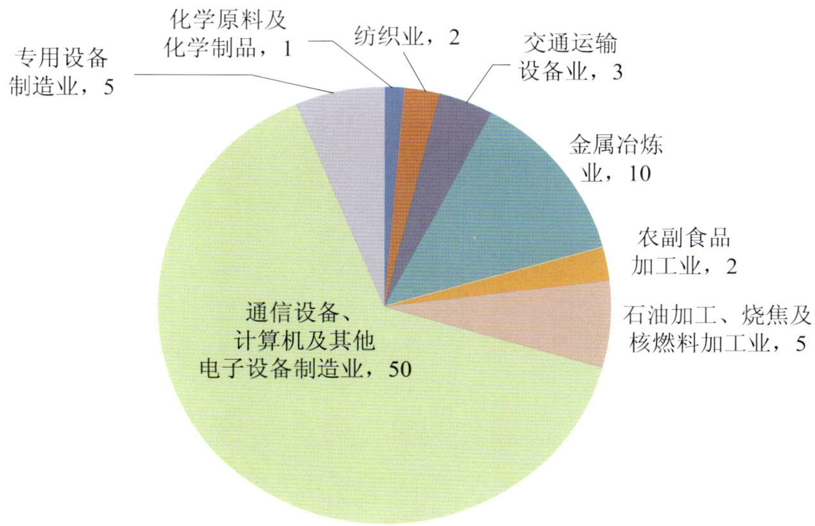

图 2—1　2011 年中国进出口 100 强企业行业分布图（家）

资料来源： 中国商务部综合司

第二节　进出口企业 100 强排行榜典型企业分析

一、进出口绝对额典型企业评析

2011 年中国进出口企业 100 强前 10 名分别是中国石油化工股份有限公司、中国石油天然气集团公司、富泰华工业（深圳）有限公司、达丰（上海）电脑有限公司、中国中化集团公司、深圳华为公司、鸿富锦精密工业（深圳）有限公司、中国第一汽车集团、中国海洋石油总公司、宝山钢铁股份有限公司（见表 2—6）。2011 年进出口企业 100 强前 10 名中，深圳华为公司、中国海洋石油总公司为新入榜企业。在 2007—2011 年，连续 5 年位居中国进出口企业 100 强前 10 名的企业一共有 5 家，分别是中国石油化工股份有限公司、中国石油天然气集团公司、达丰（上海）电脑有限公司、中国中化集团公司、鸿富锦精密工业（深圳）有限公司。

在这 5 家企业中，有 3 家企业是国有企业，分别是：中国石油化工股份有限公司、中国石油天然气集团公司和中国中化集团公司。中国石化集团公司主营业务范围包括：

实业投资及投资管理；石油、天然气的勘探等领域。中国石油天然气集团公司是由中央直接管理的国有特大型央企。中国中化集团公司简称中化集团，为国有大型骨干中央企业，已 21 次入围《财富》全球 500 强，2011 年名列第 168 位。中化集团主业分布在能源、农业、化工、地产、金融五大领域，是中国四大国家石油公司之一，最大的农业投入品（化肥、种子、农药）一体化经营企业。而鸿富锦精密工业（深圳）有限公司和达丰电脑（上海）有限公司都是台资企业。鸿富锦精密工业（深圳）有限公司于 1998 年 3 月在深圳市投资 1 200 万美元建立，是专业从事电脑、通讯、消费电子、数位内容、汽车零组件、通路等 6C 产业的高新科技企业。达丰电脑（上海）有限公司作为台湾广达集团的全资子公司，引入台湾广达总部先进的运营模式，主要以生产笔记本电脑为主，兼顾伺服器、手机、液晶显示器、液晶电视、汽车导航仪等 IT 产品的生产。

表 2—6　2007—2011 年中国进出口 100 强企业前 10 名

排名	2011 年	2010 年	2009 年	2008 年	2007 年
1	中国石油化工股份有限公司	中国石油化工股份有限公司	中国石油化工股份有限公司	中国石油化工股份有限公司	中国石化国际事业有限公司
2	中国石油天然气集团公司	达丰（上海）电脑有限公司	中国石油天然气集团公司	鸿富锦精密工业（深圳）有限公司	鸿富锦精密工业（深圳）有限公司
3	富泰华工业（深圳）有限公司	中国石油天然气集团公司	达丰（上海）电脑有限公司	中国石油天然气集团公司	达丰（上海）电脑有限公司
4	达丰（上海）电脑有限公司	富泰华工业（深圳）有限公司	鸿富锦精密工业（深圳）有限公司	达丰（上海）电脑有限公司	中国石油天然气集团公司
5	中国中化集团公司	中国中化集团公司	富泰华工业（深圳）有限公司	中国中化集团公司	名硕电脑（苏州）有限公司
6	深圳华为公司	鸿富锦精密工业（深圳）有限公司	中国中化集团公司	名硕电脑（苏州）有限公司	中国中化集团公司
7	鸿富锦精密工业（深圳）有限公司	仁宝信息技术（昆山）有限公司	诺基亚（中国）投资有限公司	诺基亚（中国）投资有限公司	诺基亚（中国）投资有限公司
8	中国第一汽车集团	中国第一汽车集团	仁宝信息技术（昆山）有限公司	华为技术有限公司	友达光电（苏州）有限公司
9	中国海洋石油总公司	诺基亚（中国）投资有限公司	华为技术有限公司	珠海振戎公司	宝山钢铁股份有限公司
10	宝山钢铁股份有限公司	华为技术有限公司	鸿富锦精密电子（烟台）有限公司	伟创力制造（珠海）有限公司	群康科技（深圳）有限公司

资料来源：中国商务部综合司

二、典型所有制企业分析

江苏沙钢集团有限公司（简称“沙钢”）建厂30年来，定位国际先进水平，坚持科技领航、自主创新，企业实现了持续、快速、高效发展。沙钢集团是江苏省重点企业集团、国家特大型工业企业、全国最大的民营钢铁企业。集团总部位于江苏省张家港市。沙钢集团坚持走创新发展之路，不断优化产品结构，深化节能减排，发展循环经济，企业实现了持续、稳健、高效发展。2009年营收总额14 631 303万元，全国民企500强排名第一位。沙钢是1975年依靠45万元自筹资金创办的钢铁企业。改革开放30多年来，沙钢坚持科技创新、管理创新和机制创新，在市场经济大潮中搏击前进。沙钢拥有集烧结、焦化、炼铁、炼钢、连铸、连轧及相应配套公辅设施于一体的650万吨钢板生产线一条（其中热卷板450万吨、特宽厚板200万吨），国际先进水平的100吨、90吨、75吨超高功率电炉炼钢、连铸生产线五条，平立交替、无扭控冷全连续高速线材生产线五条，全连续切分轧制带肋钢筋生产线六条，以及同韩国浦项合资的冷轧不锈钢生产线二条和热镀锌钢板生产线一条。具有年生产铁1 000万吨、钢1 500万吨、材1 500万吨、不锈钢薄板40万吨、镀锌板15万吨的生产能力。是国内最大的电炉钢和优特钢材生产基地。目前沙钢集团拥有总资产1 700亿元，职工4万余名，年生产能力炼铁2 900万吨、炼钢3 500万吨、轧材3 300万吨。沙钢集团国际化的关键因素有以下几点。

（一）控制上游资源

随着企业规模的不断扩张，最大限度地锁定上游资源，确保长期稳定供给，成为沙钢国际化战略的着力点。近年来，沙钢大力拓展海外资源市场，先后与巴西、澳大利亚三大矿山集团签订长期合作战略协议，确保每年2 080万吨铁矿石的稳定供给。合资参股澳大利亚矿山开发项目，建立了每年650万吨铁矿石供应基地，还与英国一家公司合资收购澳大利亚ABM矿山项目，获得8亿吨优质铁精粉储备。沙钢建立海外资源基地的一系列举措，有效保障了资源供应，降低了生产成本，提高了企业规避市场风险的能力。

（二）建立全球营销体系

沙钢先后与国外20多家客户和7个国际代理商建立长期稳定的战略营销关系，特别是不断拓展钢铁产业发达国家的销售市场，螺纹钢、高速线材大量销往美国、加拿大、日本、韩国及中国台湾等国家和地区，金属制品优质线材出口量连年稳居全国第一，赢得了较高的销售收益和良好的市场声誉。

（三）与上游矿山建立战略联盟

沙钢积极实施“走出去”发展战略，拓展国外资源基地建设，最大限度地锁定上游铁矿石等资源，保证企业高效稳健发展。2004年，沙钢同武钢、马钢、唐钢等联合行动，与澳大利亚的必和必拓、伊藤忠澳大利亚矿产和能源公司及三井铁矿等公司合作组建铁矿合营企业，开采西澳洲皮尔巴拉地区津巴布铁矿。该项目投资额为1 574万美元，沙钢每年可获得承购额度250万吨，期限25年。项目自2005年10月份正式启动以来，经营情况良好，沙钢每年获得超过合同规定的铁矿石供应额。还先后与巴西CVRD、澳大利亚 BHP、哈默斯利三大矿山集团签订了长期合作战略协议，每年有 2 000 万吨左右的铁矿石资源稳定供给；合资参股澳大利亚 BHP 项目，每年锁定 650 万吨铁矿石的供应额度。

（四）抓住战略机遇，开展国际化

2008 年，当全球金融风暴发生之际，沙钢又抓住国际矿山价格低迷的时机，在已收购 3 亿吨矿山的基础上，又购得澳洲一座铁矿山的开采权。通过参股、合作、收购等多种形式的投资，目前沙钢已拥有逾 10 亿吨铁矿石资源的战略储量，进一步锁定了资源供给，提高了企业规避市场风险的能力，还大幅降低了原料成本，成为企业可持续发展的重要保障。根据规划，沙钢将进一步开展国际合资、合作，目标是 5 年内铁矿石自给率达到 50%以上，并进入企业成本的受控范围。

（五）沙钢还加强与矿山、船东和港口合作，打造通江达海物流大平台，增强企业物流能力，降低进口矿等成本

依托区位优势，加强沙钢集团海力公司的长江码头建设，目前年吞吐能力达到 8 000 多吨，共建有 3～15 万吨级的泊位 17 个，多数大型码头泊位获准对外开放，进口铁矿石等原料在码头卸载后，可立即通过皮带输送机直接进入厂区，完全省去汽运、火运等中转驳运环节，大大降低了物流成本。沙钢集团树立国际化的经营理念，在过去几年时间里，与世界一流船务公司、铁矿石贸易商、铁矿石供应商、钢铁企业建立了广泛的、密切的、多元化的航运业务往来和合作，走出了中国民营钢铁企业发展国际航运的新路子。

（六）打造完整的物流体系

沙钢加强与宁波北仑港、青岛港、日照港、连云港港等沿海港口的合作，克服长江口船舶吃水限制，好望角和巴拿马型船舶减载后可直航到达沙钢海力码头，50%以上的进口铁矿实现了从国外直航进厂，节省了中转成本和原料转运损耗。近年来，沙钢还加强与国际船东的合作，与美国、挪威、日本等国际航运巨头签订中长期 COA（Contract of Affreightment）运输合同，同时加强与世界五大散货船公司之一的韩国 STX 泛洋船公司长期战略合作，基本锁定铁矿石运输价格，以规避运价变化频繁的市场风险，可节省大量运输成本。据悉，目前沙钢正在与中远公司等开展业务合作，筹建自己的船务公司，进一步打造稳定可靠的物流平台。

三、行业典型企业评析

如今华为投资控股有限公司（以下简称“华为”）已经成为了全球移动通信设备市场的巨头之一，其全球市场份额达到 15%，仅次于爱立信（33%）和诺基亚一西门子（21%）。华为是一家总部位于中国深圳市的生产销售电信设备的员工持股的民营科技公司，于 1988 年成立，是电信网络解决方案供应商。华为的主要营业范围是交换，传输，无线和数据通信类电信产品，在电信领域为世界各地的客户提供网络设备、服务和解决方案。2011 年，华为销售收入达到了 1 825 亿人民币（约合 324 亿美元），同比增长 11.7%。净利润达到 116 亿人民币（约合 18.5 亿美元），如表 2—7 所示。

表 2—7　　华为技术有限公司近年财务指标　　（百万元人民币，%）

财务指标	2011 年	2010 年	2009 年	2008 年	2007 年
销售收入	203 929	182 548	146 607	123 080	92 155
营业利润	18 582	30 676	22 241	17 076	9 270
营业利润率	9.1	16.8	15.2	13.9	10.1
净利润	11 647	24 716	19 001	7 891	12 641
经营活动现金流	17 826	31 555	24 188	4 561	5 197
现金与短期投资	62 342	55 458	38 214	24 133	19 023
运营资本	56 681	60 899	43 286	25 921	28 228
总资产	193 283	178 984	148 968	119 286	89 562
总借款	20 327	12 959	16 115	17 148	5 700
所有者权益	66 228	69 400	52 741	37 886	36 639
资产负债率	65.7	61.2	64.6	68.2	59.1

资料来源：华为公司 2011 年财务报表

华为始终把发展世界先进通讯制造技术作为企业的核心竞争力。具体特点如下：研发投入比例居世界前列。华为 20 多年来在技术研发上投入大笔资金，持续提升围绕客户需求进行创新的能力。华为每年坚持以不少于销售收入 10%的费用投入研发，并将研发投入中的 10%用于预研，对新技术、新领域进行持续不断的研究和跟踪。华为研发投入比例远高于世界 500 强企业研发投入比 3%～5%的平均水平。在全球经济不景气的大背景下，华为仍然持续加大研发投入，2009 年研发费用达到人民币 133.4 亿元人民币，同比增加 27.4%。华为作为 IT 生产企业，其产品属于知识密集型产品，研发需要庞大的资本投入，在海外拓展市场过程中也需要一定的资本支持。通过对接资本市场，培育高学历的人才团队，为华为的海外扩张道路提供了强大的支持。华为公司国际化的关键因素有以下几点。

（一）持之以恒的创新投入

在《华为基本法》中有这样的规定，每年的研发经费不能低于销售收入的 10%。而在华为的所有员工中，有 44%～48%的人员是研发人员，充裕的资金和人员给华为自主创新的国际化道路提供了最基本的保障。

（二）有效的知识产权管理体系

凭借在知识产权领域的长期积累，截至 2010 年 12 月底，华为中国专利累计申请 31 869 件，已授权专利 17 963 件，其中海外授权 3 258 件。华为在国外已授权专利中，欧美授权专利比重约为 83%。

（三）高效的组织管理体系

2008 年，华为将各大片区拆分成 20 多个地区部，使指挥作战中心进一步向一线转移。当前，华为已经成长为一个全球化公司。截至 2010 年，华为在海外设立了 22 个地区部，100 多个分支机构，在美国、印度、瑞典、俄罗斯及中国等地设立了 17 个研究所，还在全球设立了 36 个培训中心，其产品与解决方案应用于全球 100 多个国家和地区。

（四）开展国际合作，全球组织资源

2006 年，华为与世界一流通信设备制造企业摩托罗拉合作，在上海成立联合研发中心，开发 UMTS 技术，2007 年成为欧洲所有顶级运营商的合作伙伴，并推出基于全 IP 网络的移动固定融合（FMC）解决方案战略，2008 年，华为在移动设备市场领域排名全球第三，并被《商业周刊》评为全球十大最有影响力的公司。

第三节　100 强排行榜变化率的动态评析

一、中国企业进出口 100 强总额的变动

表 2—8 给出了 2007 年到 2011 年中国进出口 100 强企业进出口总额的变化特征。100 强的进出口总额在 2009 年出现小幅下跌后，在 2010 年和 2011 年逐年上升，到 2011 年，100 强进出口总额达到 8 275 亿美元，较上年增幅达 19.9%。其中，出口 3 329 亿美元，较上年增幅达 11.56%；进口 4 946 亿美元，较上年增幅达 26.27%。这表明，2011 年中国进出口 100 强企业的进口增幅超过了出口增幅。2007 年到 2011 年，中国进出口 100 强企业的进口始终大于出口。

表 2—8　2007—2011 年中国进出口 100 强企业进出口数额变动　（亿美元）

年份	总额	出口	进口
2007 年	5 377	2 611	2 766
2008 年	6 356	2 921	3 435
2009 年	5 288	2 543	2 745
2010 年	6 901	2 984	3 917
2011 年	8 275	3 329	4 946

资料来源：中国商务部综合司

二、入选标准的波动

表 2—9 给出了 2007—2011 年中国进出口 100 强企业进出口数额的描述性统计结果。100 强企业的进出口入选标准（最小值）在 2009 年出现小幅下跌后，在 2010 年和 2011 年逐年上升，到 2011 年，100 强企业进出口入选标准达到 30 亿美元，较上年增幅达 20%。100 强企业的进出口最大值在 2009 年出现小幅下跌后，在 2010 年和 2011 年逐年上升，到 2011 年，100 强企业进出口最大值达到 1 119 亿美元，较上年增幅达 31.18%。

表 2—9　　2007—2011 年中国进出口 100 强企业进出口数额　　（亿美元）

年份	最大值	中位数	最小值
2007	494	32	19
2008	839	37	23
2009	552	33	19
2010	853	44	25
2011	1 119	48	30

资料来源：中国商务部综合司

三、排名新旧更替情况

表 2—10 给出了 2011 年中国进出口 100 强企业新入围企业名单。新旧更替进一步加快，强者愈强。2009 年国际市场竞争更趋激烈，优胜劣汰的自然法则在外贸领域中也表现得淋漓尽致。2011 年，100 强中新入围企业达 9 家，更新率为 9%。新入榜的企业排名较为靠后。其中，东部地区有 8 家，中部地区有 1 家。

表 2—10　　2011 年中国进出口 100 强企业新入围企业名单　　（亿美元）

排名	企业名称	进出口	出口	进口	地区
67	摩托罗拉移动技术（中国）有限公司	40	31	9	天津
53	威宏电子（上海）有限公司	46	27	20	上海
62	东莞三星视界有限公司	43	23	19	广东
82	鹏智科技（深圳）有限公司	36	21	14	深圳
94	厦门建发股份有限公司	32	11	21	福建
97	无锡夏普电子元器件有限公司	32	13	18	江苏
91	希捷科技（苏州）有限公司	34	23	11	江苏
73	本溪钢铁集团	38	18	21	辽宁
93	马鞍山钢铁股份有限公司	33	3	30	安徽

资料来源：中国商务部综合司

四、内部差异：前 10 名

表 2—11 给出了 2011 年中国进出口 100 强企业前 10 名企业名单。2011 年中国进出口企业 100 强前 10 名的进出口合计为 2 016 亿美元。在前 10 名的企业中，大型国企有 6 家，分别是中国石油化工股份有限公司、中国石油天然气集团公司、中国中化集团公司、中国第一汽车集团、中国海洋石油总公司、宝山钢铁股份有限公司。港澳台企业有 3 家，分别为富泰华工业（深圳）有限公司、达丰（上海）电脑有限公司、鸿富锦精密工业（深圳）有限公司。民营企业有 1 家，是深圳华为公司。在行业分布上，资源、制造类企业占了多数。

表 2—11　　2011 年中国进出口 100 强企业前 10 名　　（亿美元）

企业名称	进出口	出口	进口	排名
中国石油化工股份有限公司	1 119	47	1 072	1
中国石油天然气集团公司	620	51	569	2
富泰华工业（深圳）有限公司	469	276	194	3
达丰（上海）电脑有限公司	402	335	66	4
中国中化集团公司	224	38	186	5
深圳华为公司	188	136	52	6
鸿富锦精密工业（深圳）有限公司	148	76	73	7
中国第一汽车集团	144	5	138	8
中国海洋石油总公司	126	14	111	9
宝山钢铁股份有限公司	116	25	91	10

资料来源：中国商务部综合司

五、2011 年中国企业进出口 100 强总额增长前 10 名

表 2—12 给出了 2011 年中国企业进出口额前 100 强进出口数额增长最快的 10 家名单。在 2011 年的进出口 100 强企业中，中国国际海运集装箱（集团）股份有限公司的进出口额增长最快，增幅达 64.31%。昌硕科技（上海）有限公司和中国石油天然气集团公司分列 2、3 位，增长率达到 53.29%和 52.79%。在进出口总额增长前 10 名企业中，有 4 家企业出口大于进口，分别是中国国际海运集装箱（集团）股份有限公司、昌硕科技（上海）有限公司、鸿富锦精密工业（武汉）有限公司、天津三星通信技术有限公司。其余 6 家呈现出进口大于出口的结构。

表 2—12　　2011 年中国企业进出口额前 100 强进出口数额增长最快的 10 家　　（亿美元，%）

企业名称	进出口	出口	进口	增长率
中国国际海运集装箱（集团）股份有限公司	50	41	9	64.31
昌硕科技（上海）有限公司	107	89	18	53.29
中国石油天然气集团公司	620	51	569	52.79
鸿富锦精密工业（武汉）有限公司	49	31	17	49.38
天津三星通信技术有限公司	75	40	36	45.62
浙江省物产集团	39	10	29	42.88
厦门国贸控股有限公司	38	9	29	36.48
宝马（中国）汽车贸易有限公司	81	0	81	35.19
河北钢铁集团有限公司	52	0	52	34.79
日照钢铁控股集团有限公司	39	9	30	34.75

资料来源：中国商务部综合司

第四节　结论和建议

中国进出口 100 强上榜企业为其他企业实施国际化提供了有益的参照和借鉴。通过总结其成功经验，对于其他企业拓展海外业务具有重要的启示。

一、结论

作为中国进出口企业的领先群体，中国进出口 100 强企业的发展方向和经营特点在一定程度上代表未来一段时间中国企业“走出去”的一些特点，研究其发展方向，对于从总体上把握中国企业进出口的经营状况，更好地推动中国企业“走出去”，提高国际竞争力，具有重要的借鉴意义。

（一）总体趋势

在 2012 年，随着全球经济的复苏以及中国对外贸易状况的好转，中国进出口 100 强的总体规模还将继续上升。100 强企业的入围门槛还会继续提高。入选企业的排名变动，在一定程度上受到所在行业变动的影响。在 2012 年，企业的名单在总体上还将保持基本的稳定。外资企业还将占据相当一部分名额，而中国本土企业，特别是本土民营企业将进一步崛起，其经营规模和经营范围将稳步扩大，成为进出口 100 强榜单上一个更加突出的企业群体。

（二）行业趋势

在行业趋势方面，随着越来越多的企业“走出去”开展国际业务，将会有更多的新兴行业，进入进出口 100 强榜单，例如物流行业、工程承包行业的企业都是十分有希望的行业企业。纵观入选企业，跨行业经营已经成为一个显著特征，通过跨行业的经营，企业可以借助规模效应提升企业竞争力。而 100 强榜单上的传统行业，比如电子设备制造企业将会保持一定的稳定性。

（三）企业趋势

随着中国民营经济的快速崛起，将会有越来越多的民营企业进入进出口 100 强榜单。民营经济作为中国企业的重要组成部分，其发展将会改变中国企业的竞争格局，从而对中国企业国际化进程产生重要影响。另外，入选进出口 100 强企业名单对于企业而言，具有一定新闻效应，将会是企业对外宣传的品牌之一。在调研中，我们发现，把入选中国进出口 100 强企业作为宣传点的企业十分有限，大部分企业还没有意识到进入到这一企业群体中的意义。因此，利用进出口 100 强企业名单的宣传效应，挖掘其新闻价值，帮助企业更好地走向世界，具有重要意义。

二、建议

（一）应当发挥大型企业在推动产业升级和抵御行业风险中的带动作用，推动产业结构升级

在推进产业结构调整和升级过程中，中国国有经济改革应整合产业中的优势企业资源，

着力培育实力雄厚、竞争力强的大型企业，使其可以成为跨地区、跨行业、跨所有制和跨国经营的大企业集团。一方面，继续通过实施和完善“抓大放小”的战略，形成一批有影响力的大企业，改善部分行业特别是一些资源性行业中存在的企业“小、散、乱、弱”的局面，促进中国工业企业组织结构的优化；另一方面，通过大企业的发展进一步带动产业结构升级，形成新的经济增长点，并为基础设施、基础产业建设提供资金积累和技术装备。

（二）鼓励企业“走出去”，在参与全球竞争过程中获取新的技术和生产经验，在更大市场范围内配置资源，学习国际先进技术，吸纳海外高素质人才，增强企业的技术创新能力

引导企业防范风险，提升效益。在适当时候，引导企业在国外建立分支机构，通过独资和合资等多种形式在国外开展业务，拓展国际化的广度，加大国际化的深度。加大对台资企业的支持力度。随着两岸关系的改善，两岸的经济关系将会进一步密切，会有越来越多的台资企业进入到中国大陆投资市场。台资企业在诸多领域拥有技术等优势。有必要出台更多的鼓励政策，鼓励台资企业在大陆的发展。鼓励中西部地区的企业开展国际化业务。降低中西部地区企业的进出口成本，提升中西部企业在进出口业务的竞争力。

（三）加大对重点行业和民营企业的支持力度

支持有比较优势的行业（例如电子、机械等行业）企业进出口业务的开展。鼓励这些行业的企业通过进出口做大做强，加深国际化的程度。同时培育新兴行业的企业开展进出口业务，创新业务模式，带动更多的企业进入国际化的领域。民营企业进出口业务的规模仍然较小，蕴藏着发展的巨大潜力。其主要的业务领域较少，制约了民营企业在进出口方面的发展。商务服务业、制造业、交通运输仓储业是100强民营企业经营的主要行业。在其他领域，民营企业也具有相当优势，如何把民营企业潜在的竞争优势发挥出来，成为一个重要问题。民营企业在进出口业务中仍然存在诸多障碍。培育一批大的企业集群应成为发展方向。民营企业的规模小，可以借助行业协会的平台优势，通过培育企业集群，建立企业合作网络，提升企业抗风险能力，形成企业的进出口竞争优势。出台有力的扶持政策，为民营企业进出口业务的开展创造有利的经营环境和条件。建立民营企业进出口信息的网络平台，为民营企业开展进出口业务提供信息支持，帮助更多的民营企业发现和开拓海外市场。鼓励更多的民营企业在条件成熟时，通过多种形式“走出去”，加速国际化的进程。

参考文献

[1] 沈蓉，李园．沙钢首开民营钢企国际航运业务．现代物流报，2009.

[2] 陈黎明．沙钢实施经贸国际化发展战略．世界金属导报，2009.

[3] 徐山瀑，沈和，徐行，韦伊，张毓鸿．传统产业高新化 民族企业国际化——江苏沙钢集团有限公司发展调查　江苏省委省政府专题调研组．群众，2009.

[4] 姜照华，李佳．华为的国际化的自主创新模式．第七届中国科技政策与管理学术年会论文集，2011.

[5] 刘建丽．华为国际化突围的内部支撑要素剖析．中国经贸导刊，2011.

[6] 姚婧姣，谢玉梅．华为与思科国际化路径比较分析．江南大学学报，2010.

第三章

2011年中国企业出口100强排行榜及其评析

第一节 2011 年中国企业出口 100 强排行榜

中国商务部对外投资和经济合作司根据每年各个企业的出口金额列出中国企业出口排名，本章内容将针对 2011 年中国企业出口 100 强作为分析样本，旨在较为全面地透析过去一年中中国出口型企业的出口业绩表现。表 3—1 为 2011 年公布的中国企业出口 100 强排行榜。

表 3—1　2011 年中国企业出口 100 强排行榜　（美元）

排名	企 业 名 称	出口额
1	达丰（上海）电脑有限公司	33 536 315 612
2	富泰华工业（深圳）有限公司	27 566 546 063
3	深圳华为公司	13 596 013 314
4	昌硕科技（上海）有限公司	8 898 965 812
5	仁宝信息技术（昆山）有限公司	8 861 675 677
6	鸿富锦精密工业（深圳）有限公司	7 576 285 431
7	鸿富锦精密电子（成都）有限公司	7 497 729 053
8	诺基亚（中国）投资有限公司	6 759 794 451
9	鸿富锦精密电子（烟台）有限公司	6 019 370 827
10	纬新资通（昆山）有限公司	5 961 461 030
11	名硕电脑（苏州）有限公司	5 825 199 643
12	中国船舶工业贸易公司	5 481 428 889
13	中国机械工业集团公司	5 385 413 392
14	深圳中兴公司	5 153 352 600
15	中国石油天然气集团公司	5 123 881 941
16	鸿富锦精密电子（郑州）有限公司	4 971 833 948
17	苏州三星电子电脑有限公司	4 940 507 990
18	中国石油化工股份有限公司	4 703 964 110
19	英源达科技有限公司	4 566 899 106
20	广东省丝绸纺织集团有限公司	4 365 021 974
21	惠州三星电子有限公司	4 299 266 483
22	中国国际海运集装箱（集团）股份有限公司	4 148 753 228
23	伟创力制造（珠海）有限公司	4 147 778 366
24	江苏汇鸿国际集团有限公司	4 085 893 965
25	浙江省国贸集团	4 033 807 291
26	美的集团有限公司	4 006 274 938
27	天津三星通信技术有限公司	3 952 084 659

续表

排名	企 业 名 称	出口额
28	中国远洋运输（集团）总公司	3 868 690 081
29	鸿富泰精密电子（烟台）有限公司	3 865 495 804
30	中国中化集团公司	3 840 891 567
31	上海纺织（集团）有限公司	3 803 229 345
32	长城国际系统科技（深圳）有限公司	3 537 913 700
33	英顺达科技有限公司	3 532 613 760
34	群康科技（深圳）有限公司	3 240 339 607
35	仁宝电子科技（昆山）有限公司	3 240 184 765
36	仁宝资讯工业（昆山）有限公司	3 191 226 586
37	中国电子进出口总公司	3 190 222 476
38	鸿富锦精密工业（武汉）有限公司	3 111 222 017
39	摩托罗拉移动技术（中国）有限公司	3 090 692 659
40	冠捷电子（福建）有限公司	3 073 430 488
41	北京索爱普天移动通信有限公司	2 915 574 921
42	富华杰工业（深圳）有限公司	2 900 306 158
43	无锡尚德太阳能电力有限公司	2 796 095 251
44	达富电脑（常熟）有限公司	2 795 500 556
45	东方国际（集团）有限公司	2 756 335 069
46	中国航空工业集团公司	2 749 528 501
47	大连船舶重工集团有限公司	2 661 910 654
48	威宏电子（上海）有限公司	2 655 853 302
49	纬创资通（中山）有限公司	2 521 044 783
50	宝山钢铁股份有限公司	2 488 518 657
51	联想信息产品（深圳）有限公司	2 462 239 310
52	中国五矿集团公司	2 431 961 951
53	东莞三星视界有限公司	2 329 171 152
54	希捷科技（苏州）有限公司	2 277 059 799
55	江苏国泰国际集团有限公司	2 210 172 400
56	珠海格力电器股份有限公司	2 192 091 417
57	晟碟半导体（上海）有限公司	2 187 813 908
58	鹏智科技（深圳）有限公司	2 129 333 544
59	纬创资通（昆山）有限公司	2 066 235 388
60	海太半导体（无锡）有限公司	2 051 810 801
61	乐金显示（广州）有限公司	2 034 165 725

续表

排名	企 业 名 称	出口额
62	广东省广新控股集团有限公司	1 988 831 663
63	广东省东莞机械进出口有限公司	1 940 373 511
64	友达光电（苏州）有限公司	1 906 198 983
65	达丰（重庆）电脑有限公司	1 898 931 508
66	常州天合光能有限公司	1 896 168 896
67	安徽国贸集团	1 894 164 998
68	友达光电（厦门）有限公司	1 843 874 055
69	捷普电子（广州）有限公司	1 819 819 020
70	江苏舜天国际集团公司	1 814 662 453
71	江苏新时代造船有限公司	1 796 224 619
72	伟创力电脑（苏州）有限公司	1 790 531 954
73	星科金朋（上海）有限公司	1 781 292 358
74	本溪钢铁集团	1 757 112 178
75	中国港湾建设（集团）总公司	1 712 598 602
76	中国通用技术（集团）控股有限责任公司	1 669 135 271
77	松日信息科技（深圳）有限公司	1 668 322 125
78	中国长江航运集团对外经济技术合作总公司	1 666 994 077
79	富士施乐高科技（深圳）有限公司	1 665 397 950
80	上海电气集团股份有限公司	1 659 855 956
81	日月光封装测试（上海）有限公司	1 651 388 934
82	TCL 集团股份有限公司	1 647 665 965
83	英利集团	1 629 869 957
84	大连西太平洋石油化工有限公司	1 616 553 155
85	苏州佳世达电通有限公司	1 590 585 203
86	英特尔产品（成都）有限公司	1 578 091 742
87	鸿富锦精密电子（重庆）有限公司	1 563 547 461
88	广州盛科电子有限公司	1 530 049 866
89	珠海三美电机有限公司	1 518 780 122
90	深圳开发微电子有限公司	1 511 401 638
91	苏州进出口（集团）有限公司	1 510 398 542
92	海尔集团公司	1 502 021 342
93	乐金飞利浦液晶显示（南京）有限公司	1 483 801 849
94	恩斯迈电子（深圳）有限公司	1 454 065 720
95	苏州乐轩科技有限公司	1 444 952 488

续表

排名	企 业 名 称	出口额
96	烟台中集来福士海洋工程有限公司	1 431 517 556
97	中国海洋石油总公司	1 429 489 880
98	佳能珠海有限公司	1 405 959 781
99	佳能（苏州）有限公司	1 404 175 944
100	上海浦东国际机场进出口有限公司	1 383 269 259

资料来源：根据中国商务部综合司网站资料整理

在2011年中国企业出口100强中，第一次入围100强的企业有13家，其更新率为13%，较2010年下降了6个百分点。另外84家企业在2010年就已位列出口百名榜单，连续两年保持在全国企业中的出口优势，其中的67家企业连续三年位列中国企业出口前100强，连续四年进入出口100强排行榜的企业有58家，连续五年进入企业出口100强的企业有52家。后文中将会进行详细分析。

（一）2011年中国企业出口100强整体态势

2011年中国企业出口100强出口总额达到3 661.22亿美元，比2010年增长了11.88%（见图3—1）。比起金融危机后的出口迅速恢复期，2011年出口增长速度有所放缓。

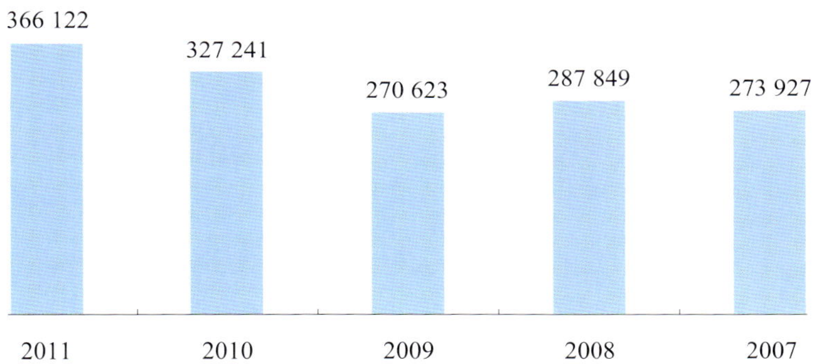

图3—1 2007—2011年中国企业出口100强出口总额（百万美元）

资料来源：根据中国商务部综合司网站资料整理

2011年中国企业出口第100名的出口额为13.83亿美元，较2010年的12.25亿美元增长了12.86%。与2009年的9.75亿美元相比，2011年的企业出口百强榜门槛提高了41.84%，达到了近年来的最高水平（见图3—2）。因此，出口百强榜的门槛亦体现出2011年中国大型出口企业出口实力日益增强的特点。

2011年中国出口企业100强的出口总额为3 661.22亿美元，占中国全年出口总额的19.28%。而在2010年，中国出口企业100强的出口总额为3 272.41亿美元，占当年全国出口总额的20.74%（见表3—2）。出口百强榜的平均出口额也有大幅增长，由2010年的平均出口32.72亿美元增长了11.88%，增长至2011年的平均36.61亿美元。最近

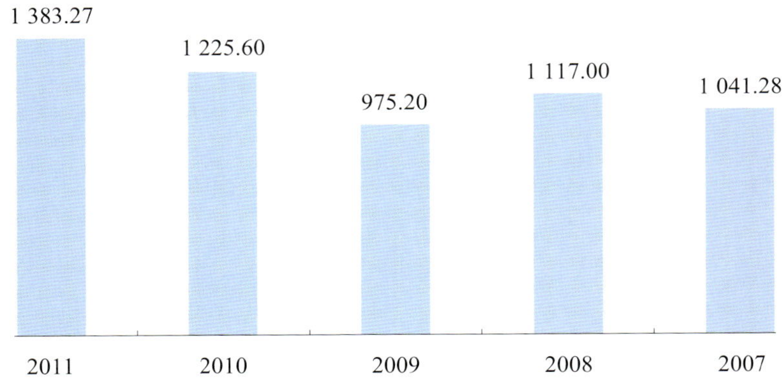

图 3—2　2007—2011 年中国企业出口第 100 强出口额（百万美元）

资料来源：根据中国商务部综合司网站资料整理

几年中国企业出口 100 强出口总额占全国企业出口总额的百分比没有明显趋势性变化，今年下跌至 19.28%。出口百强榜的平均出口额在 2010 年达到最高值。

表 3—2　2007—2011 年中国企业出口 100 强整体情况　（百万美元，%）

年份	中国出口总额	100 强出口总额	100 强出口额占总额百分比	100 强平均出口额	比上年变化率
2011	1 898 600	366 122	19.28	3 661.22	11.88
2010	1 577 932	327 241	20.74	3 272.41	20.92
2009	1 201 660	270 623	22.52	2 706.23	−5.98
2008	1 430 548	287 849	20.12	2 878.49	5.08
2007	1 218 000	273 926.5	22.49	2 739.26	—

尽管 2011 年出口百强的平均出口额比上年增长了 11.88%，但 2011 年中国出口总额攀升了 20.32%，比起宏观整体趋势，出口百强的平均出口增长幅度并没有整体表现明显。这种情况是由于中国中小企业的出口增长迅速，出口额相对分散而造成的。

（二）所有制结构

在 2011 年中国企业出口 100 强的企业中，港澳台商投资企业有 27 家，外商投资企业有 31 家，国有企业有 29 家，民营企业有 2 家，其他类型企业（有限责任公司、股份有限公司和集体所有制公司等其他公司）有 11 家，出口 100 强企业所有制构成如图 3—3 所示。

纵观 2007 年到 2011 年中国企业出口 100 强企业的所有制组成结构，外商投资企业连续五年都是出口百强榜上数目最多的企业，2011 年数量略有减少，降至 31 家；入榜的国有企业在过去一年中有少许增长，至 2011 年增长至 29 家，五年来一直是出口 100 强中第二多的企业种类；入榜的港澳台商投资企业数量有明显增加，为 27 家，稳定保持在所有企业种类的第三名；其他类型企业比 2010 年减少了 2 家，有 11 家企业在 2011 年进入出口企业 100 强；民营企业能够进入出口 100 强的企业每年只有 1 到 2 家，与其他种类的企业相比，具有较大规模出口能力的民营企业还是比较少的（见图 3—4）。

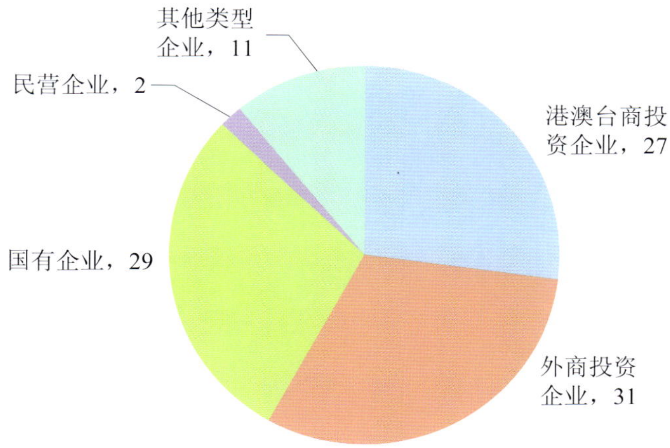

图 3—3　2011 年中国企业出口 100 强所有制构成图（家）

资料来源：根据中国商务部综合司网站资料整理

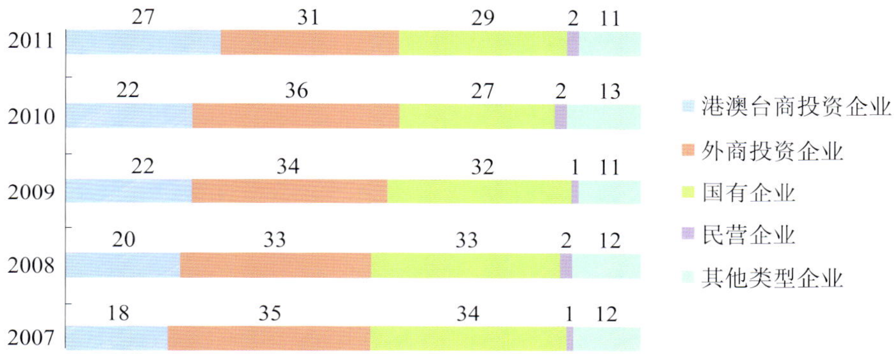

图 3—4　2007—2011 年中国企业出口 100 强不同所有制企业个数（家）

资料来源：根据中国商务部综合司网站资料整理

2011 年中国企业出口 100 强中不同所有制类型的企业表现亦不尽相同。平均出口额最高的企业种类为港澳台商投资企业，平均出口额最低的企业种类为民营企业；同时，外商投资企业是 2011 年平均出口增长率最高的企业种类，平均出口增长率最低的企业种类为民营企业（见表 3—3）。

表 3—3　　2011 年中国企业出口 100 强所有制情况　　（美元，%）

所有制类型	个数	出口总额	占 100 强总额的百分比	平均出口额	最大涨幅	最小涨幅	平均涨幅
港澳台商投资企业	27	155 562 247 197	42.49	5 761 564 711	193.56	−38.35	23.04
外商投资企业	31	80 867 397 830	22.09	2 608 625 736	238.99	−21.92	28.53
国有企业	29	83 463 609 761	22.80	2 878 055 509	136.50	−28.65	21.87
民营企业	2	4 736 468 762	1.29	2 368 234 381	13.72	3.93	8.83
其他类型企业	11	41 492 748 926	11.33	3 772 068 084	87.83	−18.86	25.19

入榜的27家港澳台商投资企业全部为通信设备、计算机及其他电子设备制造企业。这些企业全部位于广东、浙江、上海、江苏及山东等东部沿海地区和城市。在出口排名中，排行榜前10名的企业中有8家是港澳台商企业。近几年，港澳台商投资企业的数量在逐年增多，2011年已经达到了27家入榜企业，仅比国有企业少2家，但其出口总额占到了百强出口企业总额的42.49%，其平均出口额达到57.62亿美元，是其他所有制企业的两到三倍。相较于2010年，港澳台商投资企业在2011年的出口额增长迅速，平均增长率达到23.04%，高于市场平均水平。

外商投资企业数量为所有类型企业中最多的，达到了31个，但其出口总额并未达到百强出口企业的三分之一，2011年仅占到22.09%。外商投资企业的平均出口额还未及港澳台商投资企业的一半，只是略高于民营企业的平均水平，低于其他类型的企业。相较于2010年，外商投资企业在2011年增速可观，达到了28.53%，是平均涨幅最高的企业类型。

国有企业占据了出口百强榜单的29家，其出口额占100家企业出口总额的22.80%。相比较出口百强平均出口额，国有企业平均出口额28.78亿美元略微落后于平均水平。

2011年中国企业出口100强中的民营企业仍然是无锡尚德太阳能电力有限公司和广东省东莞机械进出口有限公司，分别位居第43名和63名。无锡尚德长期稳居于百强榜中，东莞机械进出口有限公司最近几年保持稳定的增长，逐渐稳定了在百强出口企业的地位。无锡尚德的出口增加速度骤然放缓，2010年增长了84.89%，而至2011年，出口增长率仅为3.93%。

其他类型企业包括股份有限公司、有限责任公司、集体企业等。在出口百强榜中有11家，其出口额占百强出口总额的11.33%，其平均出口额接近于出口100强的总平均出口额。其他类型企业在2011年出口贸易中出口额增长率为25.19%，略高于市场整体水平。

（三）区域结构

2011年中国企业出口100强遍布15个省市和地区，其中广东省28家，江苏省23家，隶属中央的企业13家，上海市有13家，山东省有4家，福建省有2家，北京市有2家，浙江省有1家，天津市有2家，辽宁省有3家，湖北省2家，四川省2家，重庆市2家，安徽省、河北省和河南省各1家（见图3—5）。

2007—2011年进入出口百强榜的企业地域分布大致保持稳定。比起2010年，广东省2011年入榜企业持平，仍为28家，占据了百强榜第一的位置。28家入榜的广东企业中，有13家位于深圳市。2011年江苏省比起2010年入榜企业减少了2家，为23家，占据了100家企业里四分之一的数量。中央公司2011年数量保持稳定，总体趋势是逐渐减少，已经由2007年的18家逐渐减少到2011年的13家。上海市有13家企业进入了出口百强榜，近几年来入榜企业数量略微有些波动，总体保持稳定。山东省入榜企业4家，与前几年维持一致水平，其中有1家企业位于青岛市。福建省有2家企业入围2011年出口百强榜，其中有1家位于厦门市。北京市2011年仍然有2家企业进入出口100强榜单，与

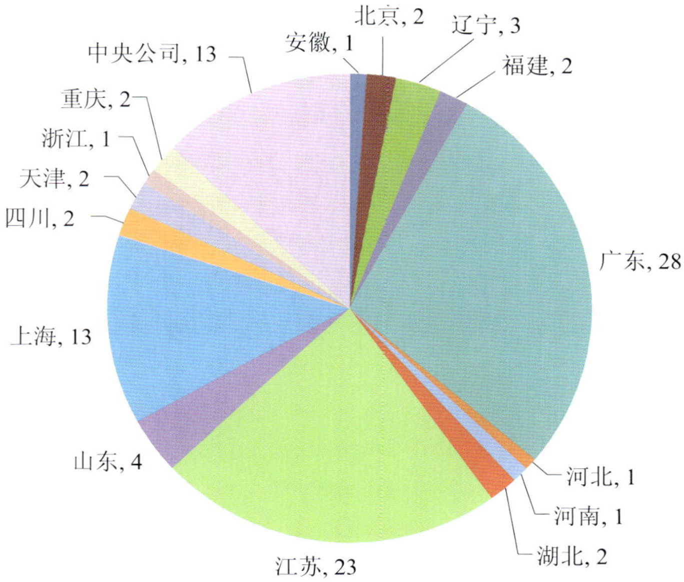

图 3—5　2011 年中国企业出口 100 强的企业所属地域构成（家）

资料来源：根据中国商务部综合司网站资料整理

2010 年持平。浙江省 2011 年仅有 1 家企业入榜，低于 2007 年的 5 家，浙江省的大型出口企业逐渐落后于其他省份。辽宁省 2011 年有 3 家企业进入出口 100 强，其中 2 家位于大连市。天津市 2011 年有 2 家企业入榜，比上年减少了 2 家，近五年来天津市每年都有 2～4 家企业能够入榜。安徽省五年来都只有 1 家企业能够进入出口 100 强，安徽国贸集团为当地出口龙头的竞争态势没有被其他企业改变或超越。河北省 2009 年开始有 1 家企业，即保定天威英利新能源有限公司入榜，2011 年该企业仍是河北省唯一进入出口百强榜的企业。2011 年湖北省比起 2009 年，入榜企业增长到 2 家，除了长江航运集团对外经济技术合作总公司之外，由于鸿富锦精密工业在武汉建立了分公司，该公司第一次上榜就排到出口百强榜的第 57 位。四川省从 2008 年起有企业能够入榜，英特尔产品（成都）有限公司成为最近三年来唯一入榜的四川企业，2011 年四川省有 2 家企业进入了出口企业 100 强排行榜，新进入企业为鸿富锦精密电子（成都）有限公司。2011 年河南省第一次有企业进入了出口企业 100 强排行榜，这家企业是鸿富锦精密电子（郑州）有限公司。重庆市有 2 家企业进入了出口企业 100 强，它们是达丰（重庆）电脑有限公司和鸿富锦精密电子（重庆）有限公司（见图 3—6）。

2011 年中国企业出口 100 强中，不同地域之间的企业亦有差别。来自上海的企业平均出口额最高，达到 545 403 万美元；河南的企业居第二；而河北的企业平均出口额则最低。进入企业出口 100 强中的天津企业在 2011 年平均增长率最高，达到 86.49%，而四川企业则是出口百强榜中平均增长率最低的省市，出口额在 2011 年减少了 15.87%（见表 3—4）。

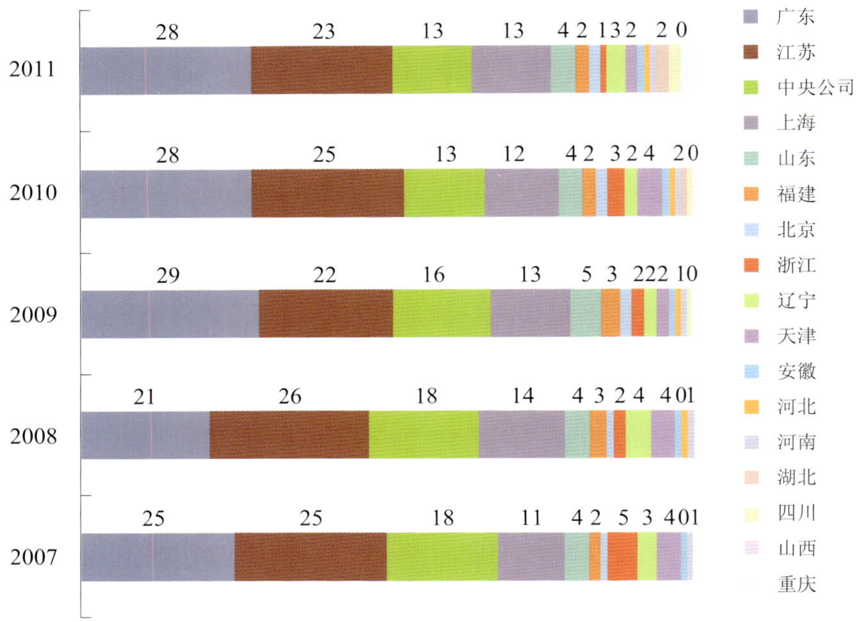

图 3—6　2007—2011 年中国企业出口 100 强的企业所属地域构成变化（家）

资料来源：根据中国商务部综合司网站资料整理

表 3—4　　2011 年中国企业出口 100 强所属地域情况　　（美元，%）

地区	个数	出口总额	占 100 强总额的百分比	平均出口额	最大涨幅	最小涨幅	平均涨幅
安徽	1	1 894 164 998	0.52	1 894 164 998	18.29	18.29	18.29
北京	2	9 675 369 372	2.64	4 837 684 686	8.09	—21.92	—6.92
辽宁	3	6 035 575 987	1.65	2 011 858 662	8.73	8.67	8.70
福建	2	4 917 304 543	1.34	2 458 652 272	6.64	—8.90	—1.13
广东	28	112 207 811 926	30.65	4 007 421 855	238.99	—28.68	30.37
河北	1	1 629 869 957	0.45	1 629 869 957	0.46	0.46	0.46
湖北	2	4 778 216 094	1.31	2 389 108 047	74.27	16.64	45.45
河南	1	4 971 833 948	1.36	4 971 833 948	—	—	—
江苏	23	66 940 724 782	18.28	2 910 466 295	85.00	—38.35	15.21
山东	4	12 818 405 529	3.50	3 204 601 382	117.07	—24.79	23.70
上海	13	70 902 351 078	19.37	5 454 027 006	170.96	—22.05	33.61
四川	2	9 075 820 795	2.48	4 537 910 398	—15.87	—15.87	—15.87
天津	2	7 042 777 318	1.92	3 521 388 659	132.48	40.50	86.49
浙江	1	4 033 807 291	1.10	4 033 807 291	11.18	11.18	11.18
中央公司	13	45 735 959 889	12.49	3 518 150 761	136.50	—28.65	22.84
重庆	2	3 462 478 969	0.95	1 731 239 485	—	—	—

2011年中国企业出口100强在广东分布了28家，其出口总额在百强中占到了30.65%，平均出口额略高于百强平均出口额，为400 742万美元。在2011年，广东省28家出口百强企业出口额平均增长了30.37%，其涨幅大于100强的平均涨幅，可见广东省的大型出口企业在2011年的国际贸易中优势愈发明显。

江苏省有23家企业进入了2011年出口企业百强榜，其出口总额占到百强出口总额的18.28%，平均出口额增长率为15.21%。江苏省入榜企业分布在制造业和商务服务业两个大行业内，企业性质多为港澳台商投资企业、外商投资企业，以及国有企业。2010年出口额涨势喜人的光伏新能源企业，除了常州天合光能有限公司仍保持较高的出口额增长态势，其余企业皆表现不佳，江苏林洋新能源有限公司已退出了企业出口100强榜单。

中央公司入榜企业与上年持平，有13家，其出口总额占百强出口总额的12.49%，平均出口额增长22.84%，都是接近平均水平。中国国际海运集装箱（集团）股份有限公司在2011年继续保持良好的增长态势，出口额增长了87.83%。中国五矿集团公司在2011年出口业绩也相当喜人，出口额同上年相比增长了136.5%。中国港湾建设（集团）总公司和中国海洋石油总公司2011年的出口额有较大幅度的下降。

上海市有13家企业进入了2011年出口百强榜，其平均出口额远高于百强平均水平，上海市入榜企业出口总额占百强总额的19.37%。2011年上海入榜企业出口额平均增长了33.61%，显著高于平均水平。不同于其他出口强省，上海入榜企业所涉及的行业范围相对比较广泛，并不局限于通信设备、计算机及其他电子设备制造业，还包括专用设备制造业、纺织业、金属冶炼等制造业范围，除此之外，还包括商务服务业，信息传输、计算机服务和软件业。多元化的出口结构使得上海的出口型企业表现一直比较平稳。

山东省有4家企业进入2011年出口百强榜。其平均出口额为320 460万美元，略高于百强平均水平，平均增长了23.70%，增长率水平与整体情况基本保持一致。比起上年，4家企业表现稳定，烟台中集来福士海洋工程有限公司第一次进入了企业出口100强排行榜。

天津市在2011年有2家企业进入企业出口100强。其平均出口额为352 139万美元，比2011年平均增长了86.49%。上年入榜的摩托罗拉（中国）电子有限公司和飞思卡尔半导体（中国）有限公司2011年退出了企业出口100强榜单。

2011年只有1家浙江省企业进入了出口百强榜。其平均出口额为403 381万美元，略高于百强平均水平。比起2010年，浙江省2011年企业出口额的平均涨幅为11.18%，接近平均水平。唯一入榜的企业为浙江省国贸集团。

2011年北京市有2家企业进入了出口企业100强，分别是诺基亚（中国）投资有限公司和北京索爱普天移动通信有限公司。北京市入榜企业的平均出口额达到483 768万美元，比2010年，平均出口额下降了6.92%，这是北京市入榜企业平均增长率连续下降的第二年。

福建省有2家企业进入了2011年出口百强榜。入榜的企业为友达光电和冠捷电子。福建省入榜企业平均出口额为245 865万美元，略低于百强平均水平，与上年相比，2011年出口额平均减少了1.13%。

辽宁省有3家企业进入了2011年中国企业出口100强，其平均出口额为201 186万美元，比上年出口额平均增长了8.7%。除了位于大连市的大连船舶重工集团有限公司和大连西太平洋石油化工有限公司再次进入出口企业100强的榜单，2011年新入榜的还有本溪钢铁集团。

2011年有2家湖北省企业进入出口百强榜，平均出口额为238 911万美元，低于百强平均水平。比起2010年，湖北省2家企业的出口额平均增长了45.45%，高于平均水平。

四川省有2家企业进入了2011年出口百强榜，其平均出口额为453 791万美元。除了英特尔产品（成都）有限公司进入榜单之外，鸿富锦精密电子（成都）有限公司第一次进入出口企业100强，就排到了第七名的好成绩。

河北省有1家企业进入了2011年出口百强榜，仍然是英利集团，其出口额为162 987万美元，增长幅度非常微弱，2011年企业出口额排名由64名跌落至第83名。

安徽省亦有1家企业进入了2011年出口企业100强，即安徽国贸集团，出口额为189 416万美元，比上年出口额增加了18.29%，在百强榜中的排名由2010年的66名下降到2011年的67名，排名连续几年都很稳定。

河南省有1家企业进入了2011年企业出口100强排行榜，这家企业是鸿富锦精密电子（郑州）有限公司，第一次入榜就排在第16名，该企业是富士康在中原布局分公司的典型代表。

重庆市在2011年第一次拥有进入出口百强的企业，它们是达丰（重庆）电脑有限公司和鸿富锦精密电子（重庆）有限公司，都是港澳台商企业在重庆投资建设的通信设备、计算机及其他电子设备制造业企业。

纵观2011年企业出口100强的地域分布，各个省份的分布态势几乎没有太大改变，广东、江苏、上海等地依然保持了极强的出口竞争力。中国企业出口100强大多分布于东部沿海城市和地区的经济技术开发区、高新技术开发区，以及重要的沿海港口城市和地区，这些地区集中了许多的港澳台商投资企业和外商投资企业。而像辽宁、天津、北京、湖北等地，除了大型港澳台商投资企业或外商投资企业在当地新建了分公司，这些地区的入榜企业几乎每年都保持一致，这些省市地区的出口龙头企业在短时间内很难被其他企业代替，优势会维持相当长的时间。而河南、重庆、四川等中西部省份的城市相继建设起港澳台商企业投资的生产基地，这意味着中国通信设备、计算机等电子设备制造业的生产力在未来几年内将会逐渐进行中西部转移。这是劳动力市场供求关系以及企业战略选择的综合结果。

（四）行业结构

2011年中国企业出口100强的企业分布在6个不同行业，其中，制造业企业以绝对优势占据了百强榜的四分之三，有76家制造型出口企业进入了出口百强榜，此外，从事商务服务类的企业有14家排名第二，采矿业企业有4家，交通运输、仓储类企业有2家，信息传输、计算机服务和软件业有3家，建筑业有1家（见图3—7）。

根据往年数据，中国企业出口100强企业的所属行业构成较为稳定。制造业企业在

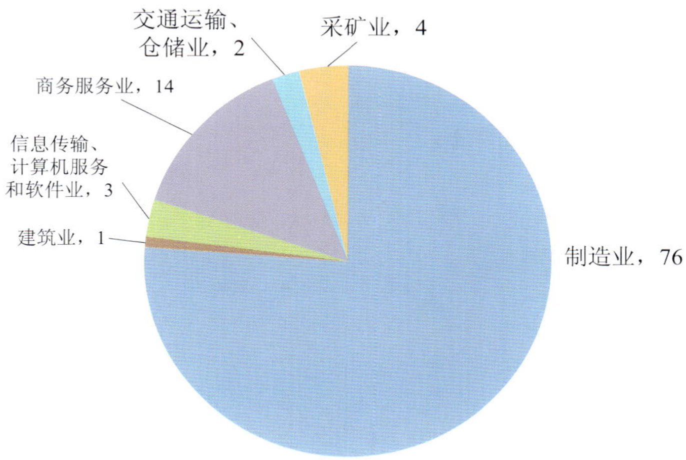

图 3—7　2011 年中国企业出口 100 强所属的行业构成（家）

资料来源：根据中国商务部综合司网站资料整理

过去 5 年中一直保持出口额远远领先于其他行业的绝对优势，入榜企业历年都有 70 余家，2011 年更是达到了最高值，有 76 家企业。采矿类企业在 2009 年变动较为明显，有 3 家企业跌出了出口额的前 100 名，2011 年维持了 3 家企业的竞争格局。商务服务业企业近年来维持在 13～14 家企业进入出口百强榜。2009 有 2 家企业主营的是电力、煤气及水的生产和供应服务，而从 2010 年起已没有此类企业进入出口百强榜。此外几种类型的行业在出口百强榜中的企业数目变动极小，非常稳定（见图 3—8）。

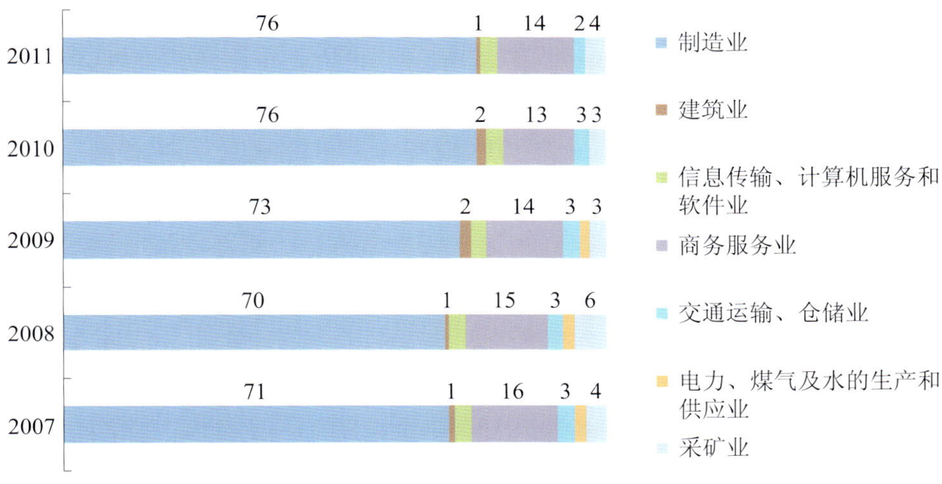

图 3—8　2007—2011 年中国企业出口 100 强所属的行业构成变化（家）

资料来源：根据中国商务部综合司网站资料整理

根据 2011 年中国企业出口 100 强所属行业的具体数据，平均出口额最高的行业为信息传输、计算机服务和软件业，平均出口额最低的行业为建筑业；就 2011 年出口额变化率而言，增长最快的行业是采矿业，出口额平均增长幅度最小的行业是建筑业（见表 3—5）。

表 3-5 2011 年中国企业出口 100 强所属行业情况 （美元，%）

行业种类	个数	出口总额	占 100 强总额的百分比	平均出口额	最大涨幅	最小涨幅	平均涨幅
制造业	76	288 075 912 698	78.68	3 790 472 536	238.99	−38.35	26.68
建筑业	1	1 712 598 602	0.47	1 712 598 602	−28.65	−28.65	−28.65
信息传输、计算机服务和软件业	3	20 400 754 848	5.57	6 800 251 616	73.26	−15.21	23.42
商务服务业	14	35 625 689 864	9.73	2 544 692 133	38.94	−8.95	16.59
交通运输、仓储业	2	6 618 218 582	1.81	3 309 109 291	43.53	−1.95	20.79
采矿业	4	13 689 297 882	3.74	3 422 324 471	136.50	−28.16	27.50

资料来源：根据中国商务部综合司网站资料整理

制造业在 2011 年有 76 家企业进入了出口企业 100 强的排行榜，其出口额占到了出口 100 强的 78.68%，平均出口额亦高于出口 100 强的平均水平。2011 年制造类入榜企业出口额平均增长了 26.68%，高于百强企业出口额的平均变化率。由于制造类企业占到出口 100 强的总数愈来愈多，制造类企业出口情况基本能够反映整体的 100 强在该年度的变化情况。

2011 年企业出口 100 强中有 14 家企业从事商务服务业，其出口总额占到出口 100 强出口额的 9.73%，平均出口额为 254 469 万美元，低于出口 100 强平均水平。

信息传输、计算机服务和软件业维持了往年入榜 3 家的竞争格局。该行业的入榜企业平均出口额达到 680 025 万美元，远高于其他行业，是平均出口额最高的行业。2011 年，该行业入榜企业出口额平均上升了 23.42%，高于百强平均水平。近年来该行业出口额维持稳定增长的态势，体现了信息传输、计算机服务和软件类行业具有稳定增长及较大的未来发展潜力。

采矿业在 2011 年有 4 家企业入榜，皆为中央直属的国有企业，分别是中国石油天然气集团公司、中国石油化工股份有限公司、中国海洋石油总公司和中国五矿集团公司。2011 年采矿业入榜企业出口额平均增长了 27.50%。

在 2011 年企业出口 100 强中有 2 家企业从事交通运输、仓储业，分别是中国远洋运输（集团）总公司和中国航空工业集团公司。该行业入榜企业 2011 年平均出口额为 330 911 万美元，略低于出口 100 强平均水平，出口额比上年平均增长了 20.79%。

从事建筑业的企业在 2011 年仅剩 1 家进入出口 100 强，是中国港湾建设（集团）总公司。2011 年其名次由 2010 年的 44 名跌落至出口 100 强的 75 名。2011 年其出口额为 171 260 万美元，低于百强平均水平，比 2010 年出口额减少了 28.65%。

（五）制造业结构分析

制造业是能够集中体现一国生产力水平的行业。2011 年中国企业出口 100 强中，有 76 家企业属于制造业企业，当之无愧地成为出口企业中的领头产业。制造业按照生产活动可以归为多种类型，图 3—9 展示了 2011 年中国企业出口 100 强中制造业企业的分类和构成情况。

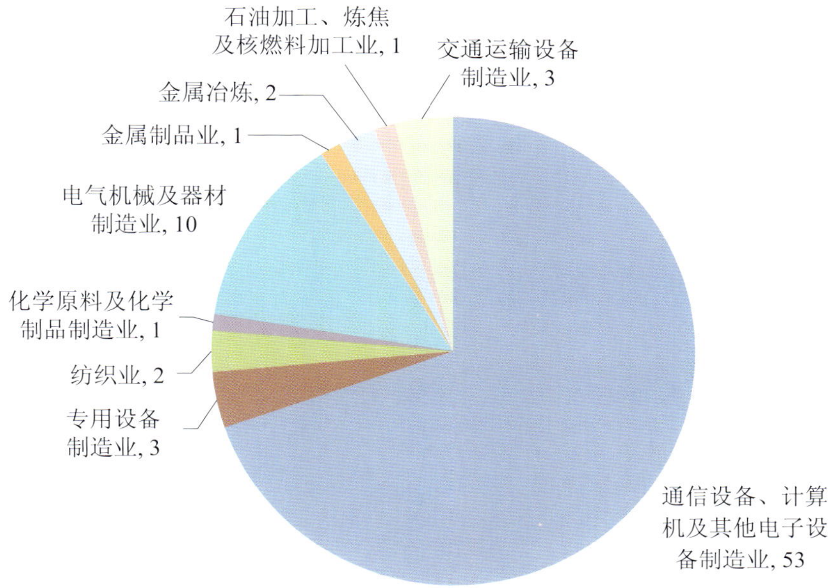

图 3—9　2011 年中国企业出口 100 强中制造业企业的分类和构成（家）

资料来源：根据中国商务部综合司网站资料整理

从图 3—9 中可以看出，在所有进入出口 100 强的制造业企业中，通信设备、计算机及其他电子设备制造业以 53 家的数量领先于其他种类制造业企业。在图 3—10 中也可看出在过去五年中，从事通信设备、计算机及其他电子设备制造的企业优势明显，至 2010 年已有超过一半的出口 100 强企业都是该类型制造业企业；电气机械及器材制造业成为排名第二的入围制造业企业，2011 年入围企业数又增 1 家达到了 10 家；专用设备制造业在 2011 年有 3 家企业进入了企业出口 100 强；金属冶炼行业的企业在近年维持着 1～2 家的入围水平。此外，其他几种类型的制造业企业几年来都保持稳定水平，交通运输设备制造业入围企业近年逐渐增加，2010 年已有 3 家进入了出口企业 100 强；纺织业在过去五年中维持 2 家进入百强榜的水平；化学原料及化学制品制造业，金属制品业，石油加工、炼焦及核燃料加工业都仅有 1 家企业连年进入百强榜；农副食品加工业 2011 年已没有企业进入出口 100 强；印刷业和记录媒介的复制行业在 2010 年已没有企业入选出口企业 100 强；工艺品及其他制造业在 2007 年仍有 1 家企业上榜，此后四年都没能在出口企业 100 强中看到该行业的企业。（见图 3—10）

同 2011 年一样，在所有类型的制造业企业中，入榜企业平均出口额最高的依然是通信设备、计算机及其他电子设备制造业，2011 年达到了 435 196 万美元；平均出口额最低的是石油加工、炼焦及核燃料加工业，平均出口额不到通信设备行业的一半。2011 年出口额平均增幅最大的行业仍然是金属制品业，出口平均增长了 87.83%之多；出口额平均跌幅最大的是专用设备制造业，也是 2011 年唯一出口额呈负增长的行业（见表 3—6）。

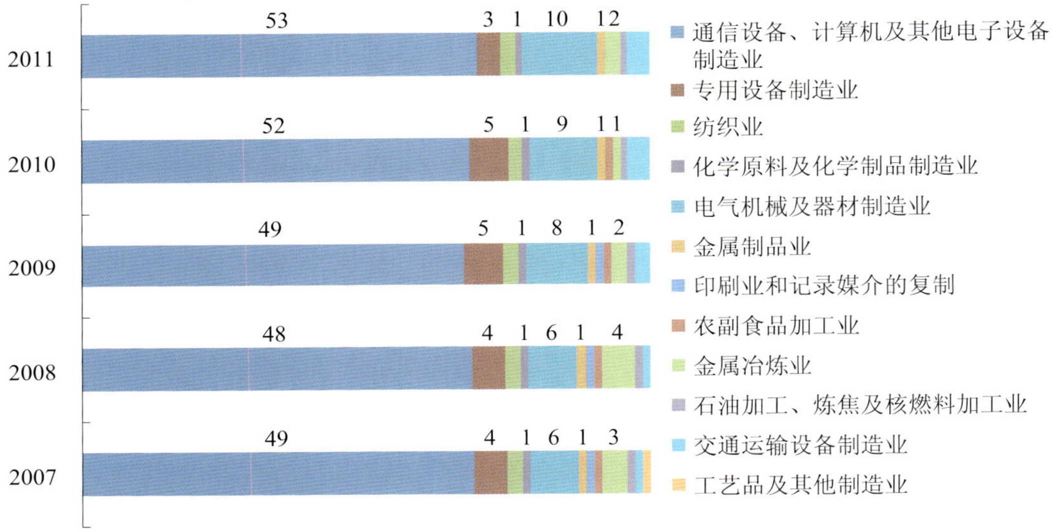

图 3—10 2007—2011 年中国企业出口 100 强制造业企业的构成情况（家）

资料来源：根据中国商务部综合司网站资料整理

表 3—6 2011 年中国企业出口 100 强制造业企业分类的情况 （美元，%）

制造业	个数	出口总额	占制造业总额的百分比	平均出口额	最大涨幅	最小涨幅	平均涨幅
通信设备、计算机及其他电子设备制造业	53	230 653 886 882	63.00	4 351 960 130	238.99	—38.35	25.40
专用设备制造业	3	9 218 516 551	2.52	3 072 838 850	10.67	—13.14	—1.44
纺织业	2	8 168 251 319	2.23	4 084 125 660	19.95	17.27	18.61
化学原料及化学制品制造业	1	3 840 891 567	1.05	3 840 891 567	21.40	21.40	21.40
电气机械及器材制造业	10	20 293 776 332	5.54	2 029 377 633	122.41	—13.84	30.09
金属制品业	1	4 148 753 228	1.13	4 148 753 228	87.83	87.83	87.83
金属冶炼业	2	4 245 630 835	1.16	2 122 815 418	37.45	37.45	37.45
石油加工、炼焦及核燃料加工业	1	1 616 553 155	0.44	1 616 553 155	8.73	8.73	8.73
交通运输设备制造业	3	5 889 652 829	1.61	1 963 217 610	117.07	8.67	52.93

资料来源：根据中国商务部综合司网站资料整理

通信设备、计算机及其他电子设备制造业是入榜企业数量最多、平均出口额最大的制造业种类。在 2011 年进入企业出口 100 强的 53 家企业中，有 27 家港澳台商投资企业，24 家外商投资企业，2 家其他类型企业。可见，大多数该类型制造业企业都是港澳台商及外商在华投资修建的生产加工工厂，产品通过出口的方式销往世界各地。除了外商投资企业和港澳台商投资企业之外，长城国际系统科技（深圳）有限公司和联想信息产品（深圳）有限公司成为中国高新技术企业的代表，分别位列出口100强的第32名和51名。

2011年出口企业100强中有3家企业从事专用设备的生产，其出口额在所有制造业出口总额中占2.52%，该种类的制造企业的平均出口额低于百强平均水平，亦低于上年水平。3家入围企业中有1家为国有企业，即中国机械工业集团，其余2家皆为外商投资企业，全部为专业大型半导体生产商。2011年，专用设备制造业入榜企业出口额平均减少了1.44%。

从2007到2011年，2家纺织制造业企业连年保持入选企业出口100强，它们分别是广东省丝绸纺织集团有限公司和上海纺织（集团）有限公司，2011年其出口额排名分别是第20名和第31名，比起往年的排名没有太大的变动。在2011年，两家纺织制造企业平均出口额为408 413万美元，略高于百强平均水平，比起2010年出口额平均增长了18.61%，进步非常明显。

化学原料及化学制品制造业在历年里唯一进入出口百强榜的企业是中国中化集团。2011年，该集团出口额同比上升了21.4%，出口排名仍然保持为2010年的第30名。

电气机械及器材制造业在2011年有10家企业进入了出口企业100强，其中上海电气集团股份有限公司为第一次入榜。虽然从事电气机械及器材制造的企业数量较多，但这些企业的平均出口额都不高，仅有202 938万美元，但比起2010年出口额平均增长了30.09%，增长前景非常可观。排名最靠前的美的集团有限公司由2009年的第45名提升到2010年的第27名，在2011年排名第26名，一直保持持续进步的趋势。

金属制品业仅有1家企业入围企业出口100强，为中国国际海运集装箱（集团）股份有限公司，该公司主要生产货运集装箱产品。2010年，中国国际海运集装箱公司出口额终止了连年下跌，出口额上升了113.86%，成为2010年出口100强企业中出口额增幅最大的企业之一，排名亦从2009年的第92名上升至2010年的第47名。2011年该企业出口额较上年增长了87.83%，排名上升到第22名。

金属冶炼业在2011年入榜出口100强的企业有2家，除了宝山钢铁股份有限公司之外，本溪钢铁集团第一次进入了企业出口百强榜。2011年两家企业的平均出口额为212 282万美元，出口额比百强平均水平低。

石油加工、炼焦及核燃料加工业连续五年入围企业为大连西太平洋石油化工有限公司，2008年到2011年的出口排名分别是第50名、第64名、第70名和第84名。该企业2011年出口额为161 655万美元，比2010年增长了8.73%左右。

交通运输设备制造业在2011年有3家企业进入企业出口100强。在2011年，该3家企业平均出口额为196 322万美元，比2010年增长了52.93%。

第二节　2007—2011年中国企业出口变化率排名及分析

一、中国企业出口100强2007—2011年变化率

2007—2011五年时间跨越了金融危机前后，根据2007到2011年五年的出口企业100

强出口数据、对应排名，可以看出在过去五年中，金融危机对中国大型出口企业带来的影响和挑战，在后危机时代中国企业出口转型的轨迹。本节将针对 2011 年的出口变化率，以及五年间的出口综合情况进行分析，并对典型的企业进行评述。表 3—7 罗列了 2011 年中国出口企业 100 强的变化率及近五年来的排名和变化率。

表 3—7　中国企业出口 100 强 2007—2011 年变化率　(%)

企业名称	2011 排名	2010 排名	2009 排名	2008 排名	2007 排名	2011—2010	2011—2007
达丰（上海）电脑有限公司	1	1	1	2	2	4.77	50.76
富泰华工业（深圳）有限公司	2	2	4	—	—	34.38	—
深圳华为公司	3	6	7	5	7	73.26	191.69
昌硕科技（上海）有限公司	4	12	18	33	46	59.90	370.52
仁宝信息技术（昆山）有限公司	5	3	3	7	13	−38.35	133.80
鸿富锦精密工业（深圳）有限公司	6	4	2	1	1	−23.78	−67.29
鸿富锦精密电子（成都）有限公司	7	—	—	—	—	—	—
诺基亚（中国）投资有限公司	8	5	5	3	4	−21.92	−18.66
鸿富锦精密电子（烟台）有限公司	9	9	11	14	19	−6.25	76.89
纬新资通（昆山）有限公司	10	7	6	9	39	−17.64	160.59
名硕电脑（苏州）有限公司	11	11	8	4	3	4.14	−55.96
中国船舶工业贸易公司	12	10	9	11	21	−8.95	65.81
中国机械工业集团公司	13	14	16	12	14	10.67	42.68
深圳中兴公司	14	15	20	28	37	12.23	113.08
中国石油天然气集团公司	15	19	10	8	10	28.54	31.33
鸿富锦精密电子（郑州）有限公司	16	—	—	—	—	—	—
苏州三星电子电脑有限公司	17	23	43	85	93	35.21	343.90
中国石油化工股份有限公司	18	8	14	24	—	−28.16	—
英源达科技有限公司	19	24	13	22	—	25.52	—
广东省丝绸纺织集团有限公司	20	22	25	21	34	17.27	77.36
惠州三星电子有限公司	21	21	19	25	129	15.04	399.43
中国国际海运集装箱（集团）股份有限公司	22	47	92	23	17	87.83	14.08
伟创力制造（珠海）有限公司	23	18	28	15	26	3.22	33.20
江苏汇鸿国际集团有限公司	24	26	70	74	74	14.24	215.67

续表

企业名称	2011 排名	2010 排名	2009 排名	2008 排名	2007 排名	2011—2010	2011—2007
浙江省国贸集团	25	25	23	19	18	11.18	15.10
美的集团有限公司	26	27	45	37	33	19.29	58.51
天津三星通信技术有限公司	27	35	30	29	15	40.50	5.76
中国远洋运输（集团）总公司	28	38	34	67	92	43.53	247.58
鸿富泰精密电子（烟台）有限公司	29	13	17	17	19	−24.79	13.60
中国中化集团公司	30	30	36	10	12	21.40	1.26
上海纺织（集团）有限公司	31	29	37	40	38	19.95	63.18
长城国际系统科技（深圳）有限公司	32	31	29	35	31	13.12	33.73
英顺达科技有限公司	33	17	12	6	6	−22.05	−37.44
群康科技（深圳）有限公司	34	16	15	13	9	−28.68	−19.35
仁宝电子科技（昆山）有限公司	35	20	39	84	65	−14.37	112.44
仁宝资讯工业（昆山）有限公司	36	42	22	26	5	28.71	−46.35
中国电子进出口总公司	37	46	44	55	53	38.94	85.20
鸿富锦精密工业（武汉）有限公司	38	57	—	—	—	74.27	—
摩托罗拉移动技术（中国）有限公司	39	89	—	—	—	132.48	—
冠捷电子（福建）有限公司	40	33	27	18	22	6.64	−6.72
北京索爱普天移动通信有限公司	41	37	24	20	11	8.09	−23.38
富华杰工业（深圳）有限公司	42	34	—	—	—	1.65	—
无锡尚德太阳能电力有限公司	43	39	61	62	82	3.93	125.35
达富电脑（常熟）有限公司	44	28	41	63	105	−16.66	179.87
东方国际（集团）有限公司	45	40	38	27	24	7.87	−13.26
中国航空工业集团公司	46	36	35	39	—	−1.95	—
大连船舶重工集团有限公司	47	43	42	71	70	8.67	86.16
威宏电子（上海）有限公司	48	130	—	—	—	170.96	—
纬创资通（中山）有限公司	49	45	49	134	185	6.24	312.62
宝山钢铁股份有限公司	50	56	83	45	41	37.45	13.80
联想信息产品（深圳）有限公司	51	32	26	16	8	−18.86	−45.32

续表

企业名称	2011 排名	2010 排名	2009 排名	2008 排名	2007 排名	2011—2010	2011—2007
中国五矿集团公司	52	127	—	41	44	136.50	19.71
东莞三星视界有限公司	53	202	—	—	—	238.99	—
希捷科技（苏州）有限公司	54	97	113	108	87	85.00	93.83
江苏国泰国际集团有限公司	55	59	80	86	79	25.16	76.75
珠海格力电器股份有限公司	56	83	—	—	—	60.48	—
晟碟半导体（上海）有限公司	57	55	62	138	—	18.77	—
鹏智科技（深圳）有限公司	58	196	—	—	—	193.56	—
纬创资通（昆山）有限公司	59	95	158	110	139	66.03	151.72
海太半导体（无锡）有限公司	60	48	—	—	—	−1.86	—
乐金显示（广州）有限公司	61	49	—	—	—	−0.85	—
广东省广新控股集团有限公司	62	60	51	44	28	13.66	−32.20
广东省东莞机械进出口有限公司	63	61	63	103	107	13.72	95.24
友达光电（苏州）有限公司	64	58	56	31	20	7.53	−42.98
达丰（重庆）电脑有限公司	65	—	—	—	—	—	—
常州天合光能有限公司	66	69	—	—	—	24.48	—
安徽国贸集团	67	66	69	64	63	18.29	23.94
友达光电（厦门）有限公司	68	51	58	97	160	−8.90	162.04
捷普电子（广州）有限公司	69	77	—	—	—	27.27	—
江苏舜天国际集团公司	70	74	—	—	—	25.54	—
江苏新时代造船有限公司	71	85	97	189	—	33.06	—
伟创力电脑（苏州）有限公司	72	—	—	—	—	—	—
星科金朋（上海）有限公司	73	50	47	90	58	−13.14	11.08
本溪钢铁集团	74	—	—	—	—	—	
中国港湾建设（集团）总公司	75	44	31	43	71	−28.65	22.70
中国通用技术（集团）控股有限责任公司	76	88	76	147	123	24.05	85.07
松日信息科技（深圳）有限公司	77	75	—	—	—	15.60	—
中国长江航运集团对外经济技术合作总公司	78	78	77	145	158	16.64	135.00
富士施乐高科技（深圳）有限公司	79	84	84	99	96	22.76	52.74
上海电气集团股份有限公司	80	189	—	—	—	122.41	—

续表

企业名称	2011 排名	2010 排名	2009 排名	2008 排名	2007 排名	2011—2010	2011—2007
日月光封装测试（上海）有限公司	81	53	—	—	—	−15.21	—
TCL 集团股份有限公司	82	71	66	92	88	11.77	42.61
英利集团	83	64	—	—	—	0.46	—
大连西太平洋石油化工有限公司	84	70	64	50	57	8.73	−2.60
苏州佳世达电通有限公司	85	72	79	56	47	8.24	−15.72
英特尔产品（成都）有限公司	86	54	32	78	131	−15.87	87.01
鸿富锦精密电子（重庆）有限公司	87	—	—	—	—	—	—
广州盛科电子有限公司	88	120	—	—	—	40.84	—
珠海三美电机有限公司	89	141	55	87	95	63.14	38.40
深圳开发微电子有限公司	90	67	127	113	98	−3.40	41.64
苏州进出口（集团）有限公司	91	87	89	100	85	12.19	24.26
海尔集团公司	92	82	54	59	51	8.80	−14.60
乐金飞利浦液晶显示（南京）有限公司	93	79	—	—	—	4.90	—
恩斯迈电子（深圳）有限公司	94	99	93	91	59	18.30	−9.08
苏州乐轩科技有限公司	95	63	87			−13.84	
烟台中集来福士海洋工程有限公司	96	205	—	—	—	117.07	—
中国海洋石油总公司	97	52	57	36	61	−26.86	−9.64
佳能珠海有限公司	98	92	—	—	—	10.21	—
佳能（苏州）有限公司	99	151	—	—	—	58.91	—
上海浦东国际机场进出口有限公司	100	108	128	73	126	19.73	55.34

资料来源：根据中国商务部综合司网站资料整理

二、2011 年出口额增长前 10 名和后 10 名

在所有进入出口百强榜的企业中，本报告根据 100 家企业在 2011 年出口额的增长幅度，整理出了增长率的前 10 名和后 10 名，并对这 20 家企业进行归类和分析。表 3—8 为 2011 年中国企业出口 100 强中出口额增长速度最快的 10 家企业，表 3—9 为 2011 年中国企业出口 100 强中出口额下降最多的 10 家企业。

表 3—8　　2011 年中国企业出口 100 强增长率前 10 名　　（美元，%）

企业名称	2011 出口额	2011 排名	2010 出口额	2010 排名	2011—2010 变化率
东莞三星视界有限公司	2 329 171 152	53	687 083 141	202	238.99
鹏智科技（深圳）有限公司	2 129 333 544	58	725 352 426	196	193.56
威宏电子（上海）有限公司	2 655 853 302	48	980 152 959	130	170.96
中国五矿集团公司	2 431 961 951	52	1 028 314 256	127	136.50
摩托罗拉移动技术（中国）有限公司	3 090 692 659	39	1 329 427 538	89	132.48
上海电气集团股份有限公司	1 659 855 956	80	746 316 409	189	122.41
烟台中集来福士海洋工程有限公司	1 431 517 556	96	659 469 436	205	117.07
中国国际海运集装箱（集团）股份有限公司	4 148 753 228	22	2 208 757 673	47	87.83
希捷科技（苏州）有限公司	2 277 059 799	54	1 230 855 544	97	85.00
鸿富锦精密工业（武汉）有限公司	3 111 222 017	38	1 785 290 969	57	74.27

资料来源：根据中国商务部综合司网站资料整理

由于 2010 年贸易状况逐渐恢复至金融危机之前的水平，2010 年进入中国企业出口 100 强的企业中，大多数企业的出口额增长迅速。而至 2011 年后，企业普遍出口额增长速度放缓。将 2011 年出口额增长率进行排序，结果显示增长最快的 10 家企业中有 4 家在 2010 年就已进入出口百强榜，另有 4 家企业在 2010 年进入了出口前 200 名，还有 2 家企业 2010 出口额排在全国前 300 名。2011 年出口额增长速度最快的企业是东莞三星视界有限公司，较 2010 年出口额增长了 238.99%。

出口额增长速度最快的 10 家企业中除了中国五矿集团公司是从事采矿业之外，其余 9 家都是制造业企业，其中 6 家为通信设备、计算机及其他电子设备制造企业，1 家从事电气机械及器材制造，1 家从事交通运输设备制造业，还有 1 家属于金属制品业。

从所属地域上看，2011 年出口额增长最快的 10 家企业有 2 家位于上海市，2 家位于广东省，2 家属于中央企业，其余，天津市、山东省、江苏省和湖北省各 1 家。

2011 年出口增加额最多的企业是东莞三星视界有限公司。三星视界公司是世界上最大的显像管生产商，目前已成为世界超一流的显像管及综合 DISPLAY 制造商。三星视界公司在中国区域设有天津、深圳、东莞、上海等工厂。东莞三星视界有限公司成立于 1997 年 12 月，2002 年 1 月搬入新工厂后，由原来的“来料加工”转型为“独立法人”企业。主要产品有 LCD 单色和彩色液晶显示屏，电子枪和“锂离子”电池。产品质量和生产效率在世界同行业中处于领先地位。

2011 年出口额增长速度第二快的企业是鹏智科技（深圳）有限公司，属于富士康科技集团 iDPBG（数字产品事业群）（Digital Product Business Group）的一个事业处。主要生产经营数字多媒体消费性产品，音、视频解码设备，五金制品，塑料制品，精密模具等。目前上市的产品主要为数字音乐随身听，后续进而从音乐发展到图像和影像，迈向行动音乐和影音的世界。已与国际顶尖客户结成策略联盟，持续合作开发未来一系列数字多媒体电子消费产品，现在主要供应欧美市场，是客户在亚太区唯一的合作制造公司。在中国深圳、台北以及美国、欧洲等地建有研发及制造基地。

同样出口额增长速度飞快的威宏电子（上海）有限公司也是第一次进入榜单。该企业是2007年01月22日在香港注册的一家台商独资企业。其母公司HTC是全球最大的WINDOWSCE－BASED手持产品的原始设计厂家。在全球微软平台掌上计算机型手机、智能手机与掌上计算机产品中，其产品占有45％的市场份额，位居《数字时代》杂志公布的2005年台湾科技100强名单之首，美国《商业周刊》评选的全球科技100强中，该公司也以68.2％的营收成长率，列名最快速成长第10名。2008年度营收额约47.67亿美元且荣登美国《商业周刊》2008全球科技100强第10名。作为全球最先进的智能手机设计大厂，该公司多年来持续研发符合全球消费者需求的智能型掌上装置。

表3—9　　2011年中国企业出口100强增长率后10名　　（美元，％）

企业名称	2011出口额	2011排名	2010出口额	2010排名	2010—2011变化率
仁宝信息技术（昆山）有限公司	8 861 675 677	5	14 375 211 139	3	—38.35
群康科技（深圳）有限公司	3 240 339 607	34	4 543 502 796	16	—28.68
中国港湾建设（集团）总公司	1 712 598 602	75	2 400 401 757	44	—28.65
中国石油化工股份有限公司	4 703 964 110	18	6 548 145 758	8	—28.16
中国海洋石油总公司	1 429 489 880	97	1 954 487 715	52	—26.86
鸿富泰精密电子（烟台）有限公司	3 865 495 804	29	5 139 901 632	13	—24.79
鸿富锦精密工业（深圳）有限公司	7 576 285 431	6	9 940 096 162	4	—23.78
英顺达科技有限公司	3 532 613 760	33	4 532 137 495	17	—22.05
诺基亚（中国）投资有限公司	6 759 794 451	8	8 657 152 874	5	—21.92
联想信息产品（深圳）有限公司	2 462 239 310	51	3 034 654 988	32	—18.86

资料来源：根据中国商务部综合司网站资料整理

尽管多数企业在2011年出口额都呈现正增长的状态，但在很多因素的影响下，仍有许多企业的出口额在2011年出现了减少。将2011年出口额增长率进行排序会发现，出口额下降速度最快的10家企业有2家从2009年出口百强榜的前50名跌落至后50名。名次下跌最少的是仁宝信息技术（昆山）有限公司，尽管2011年其出口额比上年下降了38.35％，但其名次只是从第3名下降至第5名。名次下降幅度最大的企业是中国海洋石油总公司，名次下跌幅度达到45名。2011年出口额负增长率最明显的企业是仁宝信息技术（昆山）有限公司，较2010年出口额下降了三分之一之多，减少了38.35％。

出口额减少速度最快的10家企业中有2家从事的是采矿业，1家建筑业企业，其余7家都是从事制造业的企业，全部为通信设备、计算机及其他电子设备制造企业。

从所属地域上看，2010年出口额下降最快的10家企业地理位置分布比较分散，3家为中央企业，3家企业位于深圳，江苏、上海、北京、山东各1家。

从这10家企业的所有制结构上，可以看出1家属于外商投资企业，5家属于港澳台商投资企业，3家国有企业，1家有限责任公司。随着鸿富锦精密工业（武汉）有限公司等内陆企业出口额的迅速增长，鸿富泰精密电子（烟台）有限公司及鸿富锦精密工业（深圳）有限公司此类东部沿海城市的企业出口比重会相应减轻。

三、2007—2011年出口额增长前10名和后10名

2007到2011年有52家企业是连续5年保持企业出口100强地位的，在对比过去5年的出口表现，我们可以用这52家企业做一个小样本，用以比较过去几年中这些企业在国际化参与中的综合表现情况。

表3—10是过去5年中出口额增长幅度最大的10家企业；表3—11是过去5年中出口额下降幅度最大的10家企业。

表3—10　2007—2011年中国企业出口100强5年中出口额增长最快的10家企业　（美元，%）

企业名称	2011年出口额	2011年排名	2007年出口额	2007年排名	2007—2011年变化率
昌硕科技（上海）有限公司	8 898 965 812	4	1 891 300 000	46	370.52
苏州三星电子电脑有限公司	4 940 507 990	17	1 112 990 000	93	343.90
中国远洋运输（集团）总公司	3 868 690 081	28	1 113 020 000	92	247.58
江苏汇鸿国际集团有限公司	4 085 893 965	24	1 294 370 000	74	215.67
深圳华为公司	13 596 013 314	3	4 661 090 000	7	191.69
纬新资通（昆山）有限公司	5 961 461 030	10	2 287 710 000	39	160.59
仁宝信息技术（昆山）有限公司	8 861 675 677	5	3 790 310 000	13	133.80
无锡尚德太阳能电力有限公司	2 796 095 251	43	1 240 780 000	82	125.35
深圳中兴公司	5 153 352 600	14	2 418 530 000	37	113.08
仁宝电子科技（昆山）有限公司	5 961 461 030	10	2 287 710 000	39	160.59

资料来源：根据中国商务部综合司网站资料整理

如表3—10所示，2007—2011年出口额变化率可以反映这段时间内出口额增长速度最快的10家企业，这些企业的出口额都翻了一番多。经过了2008年的金融危机，2009年金融危机之后全球市场需求量骤减的考验，这10家企业的出口额仍然能够实现将近翻番的增长，可见其出口增长的特点是既稳定又迅速。

从所有制结构方面看，出口额增长既快又稳的这10家企业中，有4家是港澳台商投资企业，2家国有企业，2家股份有限公司，1家民营企业，还有1家为外商投资企业。

从行业上看，过去5年中出口额增长最大的10家企业有2家从事信息传输、计算机服务和软件业，1家从事交通运输、仓储业，1家从事商务服务业，剩下6家都是从事制

造业的企业，其中，5 家从事的是通信设备、计算机及其他电子设备制造业，1 家从事电气机械及器材制造业。

从地域分布上看，10 家企业中有 6 家位于江苏省，2 家位于广东省深圳市，1 家是中央企业，1 家企业位于上海市。江苏省的企业参与国际贸易竞争非常活跃，除了港澳台商投资企业、外商投资企业在江苏建厂的大规模生产扩张之外，江苏本土也拥有非常活跃的新兴行业企业，无锡尚德太阳能电力有限公司凭借先进的技术、雄厚的研发实力水平、快速增长的市场需求、迅速扩张的生产规模等有利条件，出口增幅显著，成为光伏产业最具代表性的企业之一。

表 3—11　2007—2011 年中国企业出口 100 强 5 年中出口额下降最快的 10 家企业　(美元,%)

企业名称	2011 年出口额	2011 年排名	2007 年出口额	2007 年排名	2007—2011 年变化率
鸿富锦精密工业（深圳）有限公司	7 576 285 431	6	23 161 130 000	1	−67.29
名硕电脑（苏州）有限公司	5 825 199 643	11	13 227 290 000	3	−55.96
仁宝资讯工业（昆山）有限公司	3 191 226 586	36	5 948 330 000	5	−46.35
联想信息产品（深圳）有限公司	2 462 239 310	51	4 503 350 000	8	−45.32
友达光电（苏州）有限公司	1 906 198 983	64	3 342 920 000	20	−42.98
英顺达科技有限公司	3 532 613 760	33	5 646 610 000	6	−37.44
广东省广新控股集团有限公司	1 988 831 663	62	2 933 260 000	28	−32.20
北京索爱普天移动通信有限公司	2 915 574 921	41	3 805 100 000	11	−23.38
群康科技（深圳）有限公司	3 240 339 607	34	4 017 980 000	9	−19.35
诺基亚（中国）投资有限公司	6 759 794 451	8	8 310 180 000	4	−18.66

资料来源：根据中国商务部综合司网站资料整理

由于我们评价的是连续 5 年都进入出口企业 100 强的企业中出口额下跌最多的企业，所以表 3—11 所示的这些企业的出口额下降率并不算高，有许多出口额下降幅度很大的企业早已跌出了出口企业 100 强榜单，并不在我们统计之内。

在过去 5 年中，出口额下降速度最快的 10 家企业中有 1 家为商务服务业，其他 9 家皆为制造业企业，全部从事的是通信设备、计算机及其他电子设备制造业。10 家企业的所有制结构也比较分散，其中有 4 家企业属于港澳台商投资企业，4 家为外商投资企业，1 家为国有企业，1 家为股份有限公司。

近年来出口额下降最快的企业是台商投资企业鸿富锦精密工业（深圳）有限公司，该公司系富士康企业集团于 1998 年 3 月在深圳市投资 1 200 万美元建立。富士康科技集团是专业从事电脑、通讯、消费电子、数位内容、汽车零组件、通路等 6C 产业的高新科技企业。自 1974 年在台湾建立，特别是 1988 年在深圳地区建厂以来，富士康迅速发展壮大，拥有 60 余万员工及全球顶尖 IT 客户群，为全球最大的电子产业专业制造商。随着中国给予外商投资企业、港澳台商投资企业的优惠政策逐渐减少，对这些成本领先企业的吸引力也逐年下降，再加上水涨船高的人力成本，越来越多的外商投资及港澳台商投资企业在考虑代工工厂的迁移问题。富士康在深圳等东部地区的公司出口额下降不仅是企业的战略转型，也充分说明了中国制造业决不能过度依赖“代工”出口，这种依靠低成本带来的出口创汇随着经济的发展、时间的推移是难以持续的，这些世界代工厂商巨头，随时会因为成本问题而撤离。

表 3—12　　2007—2011 年中国企业出口 100 强中连续五年出口额正增长的企业　　（美元，%）

企业名称	2011 排名	2009 排名	2007 排名	2011—2010 变化率	2010—2009 变化率	2009—2008 变化率	2008—2007 变化率	2007—2011 变化率
中国石油天然气集团公司	15	10	10	28.54	−24.46	2.80	31.57	31.33
TCL 集团股份有限公司	82	66	88	11.77	6.91	2.05	16.94	42.61
大连船舶重工集团有限公司	47	42	70	8.67	19.85	23.00	16.21	86.16
深圳中兴公司	14	20	37	12.23	28.21	10.94	33.48	113.08
深圳华为公司	3	7	7	73.26	12.27	7.03	40.11	191.69
中国远洋运输（集团）总公司	28	34	92	43.53	18.12%	36.39	50.33	247.58
苏州三星电子电脑有限公司	17	43	93	35.21	85.01	36.34	30.15	343.90
昌硕科技（上海）有限公司	4	18	46	59.90	42.99	37.71	49.44	370.52

资料来源：根据中国商务部综合司网站资料整理

在连续五年进入中国出口企业 100 强的 52 家企业中，每年都能实现出口额正增长的企业有 8 家。这些企业在 2007 年就已经名列出口企业 100 强，此后每一年的出口额都有正向的增加，并没有在金融危机期间受到较大影响，而在金融危机结束之后的国际贸易中也始终保持稳定增长的出口活力。这样的企业除了稳定的经营和谨慎的风险管控之外，还依赖于行业增长提供的机会以及国外需求量的维持稳定。

这 8 家出口额连续正增长的企业有 4 家从事制造业，其中 2 家从事通信设备、计算机及其他电子设备制造业，1 家从事交通运输设备制造业，1 家从事电气机械及器材制造业生产。除了制造业以外，还有 2 家从事的是信息传输、计算机服务和软件业，1 家从事的是交通运输、仓储业，还有 1 家从事采矿业业务。

这些出口额连续正增长的企业所属的所有制结构比较分散，这些企业中有 1 家是港澳台商投资企业，3 家为股份有限公司，3 家国有企业，1 家外商投资企业。其中，2 家国有企业中 1 家是做生产交通运输设备的，还有 1 家是做交通运输、仓储业务的。尽管 2 家都是国有企业，但船舶制造、海外运输的出口额增长不仅是由于海外市场需求的稳定，更体现出中国企业拥有制造实力，这些都是中国未来国际贸易的重要发展方向。

表 3—13　　连续四年出口额负增长，2011 年出口额正增长的企业　　（美元，%）

企业名称	2011 排名	2009 排名	2007 排名	2011—2010 变化率	2010—2009 变化率	2009—2008 变化率	2008—2007 变化率	2007—2011 变化率
名硕电脑（苏州）有限公司	11	8	3	4.14	−11.88	−21.29	−39.03	−55.96
仁宝资讯工业（昆山）有限公司	36	22	5	28.71	−21.27	−5.70	−43.86	−46.35
北京索爱普天移动通信有限公司	41	24	11	8.09	−13.14	−17.88	−0.61	−23.38

资料来源：根据中国商务部综合司网站资料整理

过去五年中连续入榜，并且每年的出口额都在逐步递减的企业没有。而前四年出口额连续下降，2011 年出口额出现上升的企业共有 3 家。这些企业全部都是制造型企业，全部是从事通信设备、计算机及其他电子设备制造业的企业，其中有 2 家是外商投资企业，有 1 家为港澳台商投资企业。连续四年出口额下降的另一家企业，中粮集团在 2011 年已跌出出口百强榜单。

第三节　结论和建议

在过去的 2011 年里，中国出口情况总体步入正轨，多数企业都放缓了 2010 年快速成长的步伐。

加工类企业逐渐向中部和海外转移。尽管目前中国东部地区的出口企业在排行榜中所占的比例较大，但是许多港澳台商投资的代工企业逐渐减少位于东部的企业产能，通过向中西部省份城市进行投资来转移产能，享受当地政府给予的优惠政策，还有更低的人力成本。除了中西部地区之外，这些代工企业还瞄向了东南亚国家，从而追求持续时间更久的低成本效应。

在最近几年的出口表现中，外商投资企业的出口额受到的影响颇为严重；国有企业在国际贸易竞争中入榜的企业数目越来越少，一部分是该行业的国际需求减少所导致，另一方面，民营资本、港澳台商、外商投资企业在许多行业都非常活跃，带给国有企业的竞争压力比较大。

出口结构呈现出优化趋势。制造类企业仍然是大型出口企业中最主要的组成部分。除了历年来表现最为突出的港澳台商、外商投资的信息设备、计算机及其他电子设备制造型企业，本土电气机械及器材制造企业的逐渐崛起成为新兴行业发展的典型，在国际贸易竞争中逐渐占领一席之地。

由于近十年来出口贸易的迅速发展，中国拥有了庞大的外汇储备，但是国际货币市场的波动使得外汇储备的价值受到威胁，目前还没有非常科学合理的投资方法来消化，因此顺差逐渐减少是一个必然趋势。未来中国企业国际化发展不能盲目追求扩大出口额，而应该在自主创新、品牌构建等有更多附加值的发展战略上多下工夫。

首先，优化出口贸易的区域分布。对于中国东部地区的企业，未来要在自主品牌上做创新，提高产品和服务的价值。而对于国际贸易欠发达的中西部地区，则应尽量将一些劳动密集型产业转移过去，促进当地经济的协调发展。

其次，贸易主体应该更加多元化。目前在中国企业出口 100 强中，民营企业寥寥无几，而民营企业在新兴产业的自主创新能力是非常强大的。加大对民营企业的扶持力度，尤其是高新技术、新能源等领域的民营企业发展，可以加快产业转型，进一步提高中国产品在国际市场的竞争力。

最后，优化出口市场结构。中国出口市场目前过度依赖于欧洲和美国市场，而美元和欧元的汇率波动将会大范围影响到中国企业在国际贸易中的表现。只有大力发展其他新兴市场，特别是中国周边地区和国家的贸易市场，将对稳定中国对外贸易发展起到积极的作用。比如，中国一东盟自由贸易区可以有力促进中国广西、云南等省份的外贸发展；东北亚经济圈促进了中国与日本、韩国、俄罗斯地区的贸易往来；还有一些边境小额贸易，通过一些优惠政策可以提升中国新疆、内蒙古等地区的经贸发展水平。

参考文献

[1] 孔群喜．影响外商投资企业出口的决定因素——江苏省高新技术企业的例证．国际贸易问题，2011（7）：145—153.

[2] 李予阳，亢舒．中国对外贸易结构发生积极变化．经济日报，2011—09—21（3）.

[3] 张建清，魏伟．国际金融危机对中国各地区出口贸易的影响分析——基于贸易结构的视角．国际贸易问题，2011（2）：3—11.

第四章

2011 年中国民营企业出口 50 强排行榜及其评析

第一节　2011 年中国民营企业出口 50 强排行榜及总体评价

一、2011 年中国民营企业出口 50 强排行榜

2011 年是“十二五”的开局之年。在国内物价上涨压力较大、国际经济持续动荡的背景下，党中央、国务院坚持既定宏观调控方针，提高前瞻性和针对性，在控物价、稳增长和调结构中寻求平衡，既有效遏制了物价过快上涨，又保持了经济平稳较快发展，同时民营经济也成为国民经济最具活力的增长推动力，并在外贸出口领域发挥重要作用。民营企业积极推进结构升级，加速培育以技术、品牌、质量、服务为核心竞争力的新优势，在出口贸易方面取得可喜成绩。2011 年，中国民营企业数量持续增加，企业规模快速扩张，盈利能力全面提升，社会贡献更为突出，出口贸易量质齐升。

根据中国商务部综合司公布的中国企业进出口数据，2011 年中国民营企业出口 50 强的名单如表 4—1 所示。

表 4—1　2011 中国民营企业出口 50 强名单　（万美元）

2011 排名	企　业　名　称	出口额
1	深圳华为公司	1 359 601
2	广东省丝绸纺织集团有限公司	436 502
3	无锡尚德太阳能电力有限公司	279 610
4	联想信息产品（深圳）有限公司	246 224
5	广东省东莞机械进出口有限公司	194 037
6	英利集团	162 987
7	海尔集团公司	150 202
8	江苏天元船舶进出口有限公司	127 358
9	江苏沙钢集团有限公司	122 104
10	韩华新能源（启东）有限公司	120 171
11	深圳光汇石油集团股份有限公司	115 932
12	营口千祥贸易有限公司	107 295
13	晶科进出口有限公司	92 645
14	上海东浩新贸易有限公司	89 308
15	东莞市黄江镇引进公司	88 731
16	江苏三房巷集团有限公司	86 452
17	佛山市工艺总厂有限公司	85 636
18	金海重工股份有限公司	82 478
19	青岛即发集团股份控股有限公司	79 882
20	深圳市年富实业发展有限公司	79 510

续表

2011 排名	企 业 名 称	出口额
21	中国农业生产资料集团公司	78 397
22	深圳市天鹰速递有限公司	76 549
23	长城汽车股份有限公司	76 548
24	中基宁波集团股份有限公司	75 365
25	深圳市安盛华钟表有限公司	74 991
26	新疆海腾国际贸易有限公司	74 053
27	苏州三星电子家电有限公司	73 083
28	深圳市金宝丰珠宝首饰有限公司	71 991
29	宁波海田国际贸易有限公司	68 450
30	扬帆集团股份有限公司	62 974
31	魏桥纺织股份有限公司	62 395
32	从化东麟钻石有限公司	62 011
33	广州番禺对外贸易有限公司	61 549
34	江苏熔盛重工有限公司	57 209
35	东莞市鼎鑫贸易有限公司	55 808
36	深圳市兆驰股份有限公司	54 002
37	深圳市光明新区经济发展有限公司	50 936
38	江阴兴澄特种钢铁有限公司	49 144
39	世成电子（深圳）有限公司	48 268
40	广东宏远集团有限公司	42 603
41	豪威半导体（上海）有限责任公司	36 775
42	东莞市岭南进出口有限公司	33 151
43	北京飞机维修工程有限公司	30 889
44	太阳纸业有限公司	23 478
45	浙江恒逸集团有限公司	19 132
46	江苏恒力化纤股份有限公司	18 338
47	三一重工股份有限公司	18 127
48	江苏省华贸进出口有限公司	13 022
49	唐山国丰钢铁有限公司	9 004
50	山东泰山钢铁集团有限公司	7 722

资料来源：根据中国商务部综合司网站资料整理

在 2011 年中国民营企业出口 50 强中，新入围的企业有 24 家，更新率为 48%，较 2010 年 42%的更新率提高了 6 个百分点。另外 26 家企业在 2010 年就已经位列出口 50 强榜单，连续两年保持全国民营企业中的出口优势。

二、2011 年中国民营企业出口 50 强排行榜的总体评价

（一）中国民营企业出口 50 强的总体情况

2011 年世界经济形势复杂、国际市场需求低迷，在国内外环境复杂的情况下，中国民营企业出口贸易仍取得了骄人的成绩。

根据中国商务部综合司公布的数据，2011 年中国民营企业出口 50 强出口总额为 559.86 亿美元，比 2010 年上升了 57.66%，保持了较快增长，如图 4—1 所示。

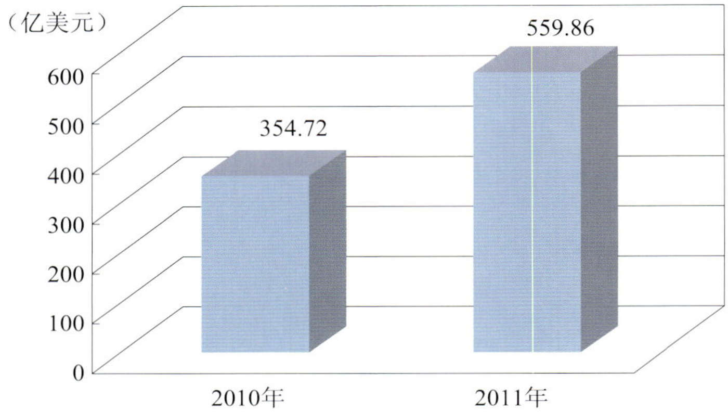

图 4—1 2010—2011 年中国民营企业出口 50 强的出口总额

资料来源：根据中国商务部综合司网站资料整理

2011 年中国民营企业出口 50 强的出口额占中国全年出口总额的 7.99%，占民营企业出口总额的 9.81%，较之 2009 年的 2.03%与 8.19%有较大幅度提升。（见图 4—2）

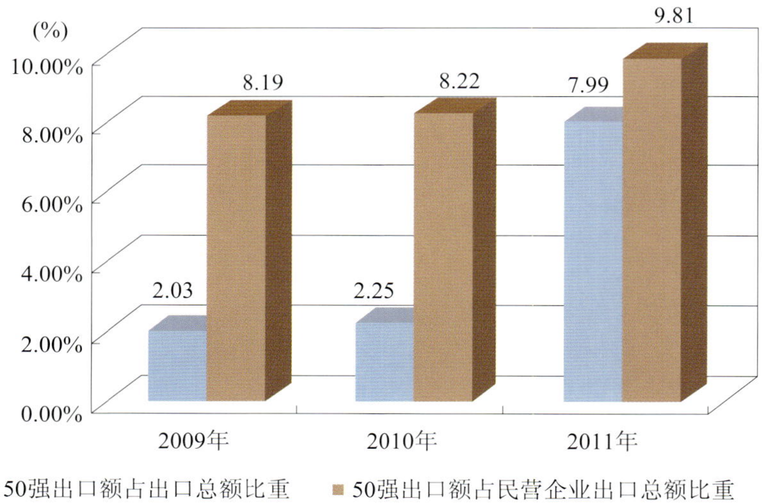

图 4—2 2009—2011 年中国民营企业出口 50 强的出口占比

资料来源：根据中国商务部综合司网站资料整理

（二）中国民营企业出口 50 强的区域结构分析

2011 年中国民营企业出口 50 强企业中，不同地域之间的企业亦有差别。如图 4—3

所示，2011年中国民营企业出口50强分布在全国11个省市和地区，其中广东省20家，江苏省10家，浙江省、山东省各5家，河北省3家，上海市2家，新疆维吾尔自治区、辽宁省、北京市、湖南省、江西省各1家。

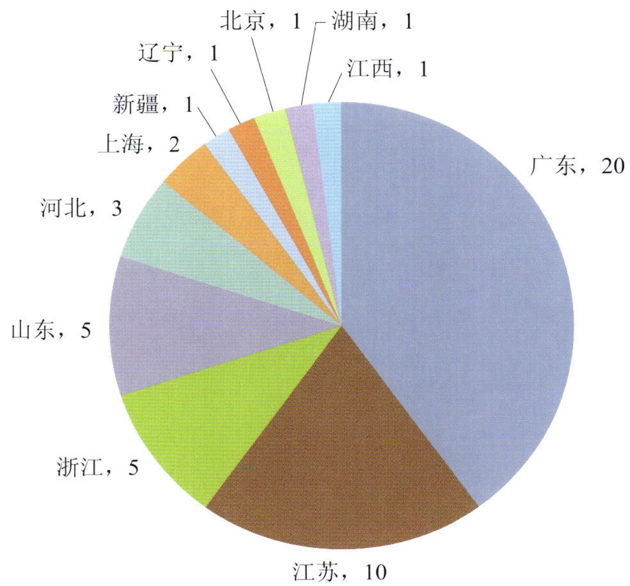

图4—3　2011年中国民营企业出口50强的区域分布（家）

资料来源：根据中国商务部综合司网站资料整理

2011年出口50强的民营企业仍然主要分布在民营经济比较发达的沿海和内陆边境地区，涵盖东部、中部与西部地区的11个省市自治区（见表4—2）。其中东部7省有44家企业入围，占整体的88%，出口额为515.93亿美元，占50强总出口额的92.25%，比2010年的87.96%提高近5个百分点。中部有3省入围5家企业，占整体数量的10%，出口额为35.93亿美元，占总额的6.42%，比2010年的3.54%提高近3个百分点；西部仅新疆自治区入围1家企业，占整体数量的2%，出口额为7.41亿美元，占总额的1.32%，西部入围民营企业情况，从数量、出口额、出口额占比等方面均有较大幅度下滑。

表4—2　2011年与2010年中国民营企业出口50强的区域分布与变动情况　（亿美元，%）

区域	序号	省市（自治区）	年份	企业数	数量变更	占当年总体比例	出口额	占总额比例
东部	1	广东	2011	20	上升	20	331.64	59.30
			2010	19		19	185.67	52.34
	2	江苏	2011	10	上升	10	94.65	16.92
			2010	4		4	31.71	8.94
	3	浙江	2011	5	降	5	30.84	5.51
			2010	7		7	40.32	11.37

续表

区域	序号	省市（自治区）	年份	企业数	数量变更	占当年总体比例	出口额	占总额比例
东部	4	山东	2011	5	上升	5	32.37	5.79
			2010	4		4	26.11	7.36
	5	上海	2011	2	新晋	2	12.61	2.25
			2010	0		0	0.00	0.00
	6	辽宁	2011	1	下降	1	10.73	1.92
			2010	2		2	9.98	2.81
	7	北京	2011	1	持平	1	3.09	0.55
			2010	1		1	5.11	1.44
	8	福建	2011	0	退出	0	0.00	0.00
			2010	3		3	13.12	3.70
合计	—	—	2011	44	上升	44	515.93	92.25
			2010	40		40	312.02	87.96
中部	9	河北	2011	3	新晋	3	24.85	4.44
			2010	0		0	0.00	0.00
	10	湖南	2011	1	新晋	1	1.81	0.32
			2010	0		0	0.00	0.00
	11	江西	2011	1	持平	1	9.26	1.66
			2010	1		1	4.01	1.13
	12	黑龙江	2011	0	退出	0	0.00	0.00
			2010	1		1	4.49	1.27
	13	吉林	2011	0	退出	0	0.00	0.00
			2010	1		1	4.05	1.14
合计	—	—	2011	5	上升	5	35.93	6.42
			2010	3		3	12.55	3.54
西部	14	新疆	2011	1	下降	1	7.41	1.32
			2010	5		5	22.23	6.27
	15	重庆	2011	0	退出	0	0.00	0.00
			2010	1		1	4.22	1.19
	16	四川	2011	0	退出	0	0.00	0.00
			2010	1		1	3.70	1.04
合计	—	—	2011	1	下降	1	7.41	1.32
			2010	7		7	30.15	8.50

资料来源：根据中国商务部综合司网站资料整理

由表4—2可见，中国民营企业出口50强的区域分布不平衡情况日益加剧。与2010年相比，东部省区入围出口50强的民营企业增加了4家，出口额由312.02亿美元增至515.93亿美元，增幅达65.35%。中部地区入围企业增加了2家，出口额由12.55亿美元增至35.93亿美元，增幅高达186%。而西部地区省份的入围企业数则由2010年的7家下降为1家，出口额由2010年的30.15亿美元降至7.41亿美元，跌幅75%。这种变化既反映出不同区域民营企业面临的出口环境变动程度与性质的差异，也和不同企业在应对复杂的出口环境时拥有的整体资源与能力约束有关，间接体现了不同区域民营经济发展的基础水平。

2011年中国民营企业出口50强在广东省有20家，比2010年增加了1家（见表4—3）。其出口总额在出口50强中所占的比例为59.30%，相比2010年上涨7个百分点，并持续占据出口总额的绝对优势地位。在广东省2011年入围的20家民营企业中，有14家企业为2010年上榜企业，有6家企业为新晋企业。广东省大型出口民营企业相比其他省市数量众多，并且行业覆盖面广，因此，民营企业出口50强中广东省的企业数据基本可以反映出总体样本的一些特征。在排行榜中，广东省大多数民营企业表现较为稳定，其中深圳华为公司更是以绝对优势占据民营企业出口额榜首位置。在连续两年上榜的企业中，广东省丝绸纺织集团有限公司表现较好，从2010年的42位上升至2011年的第2位，而2010年排名靠前的深圳市意大隆珠宝首饰有限公司（2010年排名11位）、深圳市海普瑞药业股份有限公司（2010年排名第17位）等跌幅较大，未能上榜2011年民营企业出口50强榜单。此外，广东省有6家新晋入榜并位居前列的民营企业，分别是联想信息产品（深圳）有限公司、深圳光汇石油集团股份有限公司、深圳市天鹰速递有限公司、深圳市金宝丰珠宝首饰有限公司、从化东麟钻石有限公司和东莞市岭南进出口有限公司。

表4—3　　2011年广东省上榜企业出口及排名情况　　（万美元）

2010排名	2011排名	企业名称	出口额
1	1	深圳华为公司	1 359 601
42	2	广东省丝绸纺织集团有限公司	436 502
	4	联想信息产品（深圳）有限公司	246 224
2	5	广东省东莞机械进出口有限公司	194 037
	11	深圳光汇石油集团股份有限公司	115 932
12	15	东莞市黄江镇引进公司	88 731
10	17	佛山市工艺总厂有限公司	85 636
21	20	深圳市年富实业发展有限公司	79 510
25	21	中国农业生产资料集团公司	78 397
	22	深圳市天鹰速递有限公司	76 549
13	25	深圳市安盛华钟表有限公司	74 991
	28	深圳市金宝丰珠宝首饰有限公司	71 991

续表

2010 排名	2011 排名	企　业　名　称	出口额
	32	从化东麟钻石有限公司	62 011
14	33	广州番禺对外贸易有限公司	61 549
49	35	东莞市鼎鑫贸易有限公司	55 808
43	36	深圳市兆驰股份有限公司	54 002
20	37	深圳市光明新区经济发展有限公司	50 936
46	39	世成电子（深圳）有限公司	48 268
4	40	广东宏远集团有限公司	42 603
	42	东莞市岭南进出口有限公司	33 151

资料来源：根据中国商务部综合司网站资料整理

江苏省在2011年中国民营企业出口50强中有10家企业上榜，相比2010年增加了6家，上涨势头迅猛（见表4—4）。50强中江苏民营企业的平均出口额达到9.465亿美元，仅次于广东省位列第二，较2010年的7.93亿美元有较大幅度上涨。其中，江苏天元船舶进出口有限公司、江苏沙钢集团有限公司和苏州三星电子家电有限公司已连续两年跻身50强，分别位列第8、9和27位。无锡尚德太阳能电力有限公司表现不俗，为2011年民营企业出口50强的新晋企业，排名位列第3位。相比其他省份，江苏民营企业在出口规模、出口增长率上都表现不凡。

表4—4　**2011年江苏省上榜企业出口及排名情况**　（万美元）

2010 排名	2011 排名	企　业　名　称	出口额
	3	无锡尚德太阳能电力有限公司	279 610
7	8	江苏天元船舶进出口有限公司	127 358
5	9	江苏沙钢集团有限公司	122 104
	10	韩华新能源（启东）有限公司	120 171
	16	江苏三房巷集团有限公司	86 452
8	27	苏州三星电子家电有限公司	73 083
	34	江苏熔盛重工有限公司	57 209
	38	江阴兴澄特种钢铁有限公司	49 144
	46	江苏恒力化纤股份有限公司	18 338
	48	江苏省华贸进出口有限公司	13 022

资料来源：根据中国商务部综合司网站资料整理

浙江省2011年有5家企业上榜，相较2010年上榜企业数量有所下降（见表4—5）。2011年浙江省上榜企业出口总额30.84亿美元，平均出口额6.168亿美元。在上榜企业中，金海重工股份有限公司、中基宁波集团股份有限公司和宁波海田国际贸易有限公司连续两年跻身 50 强，但位次有所下降。

表 4—5　　2011 年浙江省上榜企业出口及排名情况　　（万美元）

2010 排名	2011 排名	企　业　名　称	出口额
3	18	金海重工股份有限公司	82 478
15	24	中基宁波集团股份有限公司	75 365
19	29	宁波海田国际贸易有限公司	68 450
	30	扬帆集团股份有限公司	62 974
	45	浙江恒逸集团有限公司	19 132

资料来源：根据中国商务部综合司网站资料整理

山东省有 5 家企业上榜，较 2010 年增加 1 家（见表 4—6）。其上榜企业出口额从 2010 年的 26.11 亿美元升至 2011 年的 32.37 亿美元，占 50 强出口总额比重为 5.79%，较 2010 年略有下降。连续两年上榜的 3 家企业中，青岛即发集团股份控股有限公司位次从 2010 年的第 27 位上升至 2011 年的第 19 位，表现出色。山东民营企业中表现最为优异的仍为海尔集团公司，2011 年出口 50 强中排名第 7 位。

表 4—6　　2011 年山东省上榜企业出口及排名情况　　（万美元）

2010 排名	2011 排名	企业名称	出口额
6	7	海尔集团公司	150 202
27	19	青岛即发集团股份控股有限公司	79 882
9	31	魏桥纺织股份有限公司	62 395
	44	太阳纸业有限公司	23 478
	50	山东泰山钢铁集团有限公司	7 722

资料来源：根据中国商务部综合司网站资料整理

河北省为中部地区新晋入围民营企业出口 50 强省区。河北省 2011 年入围 3 家民营企业，分别为英利集团、长城汽车股份有限公司和唐山国丰钢铁有限公司，其中英利集团位列 50 强的第 6 位，表现突出。河北省入围的 3 家企业 2011 年完成出口额 24.85 亿美元，平均出口额为 8.28 亿美元。

上海市同样为 2011 年新晋入围民营企业出口 50 强的地区。上海市 2011 年入围 2 家民营企业，分别为上海东浩新贸易有限公司和豪威半导体（上海）有限责任公司，其中上海东浩新贸易有限公司位列 50 强的第 14 位，位次靠前。上海市入围的 2 家企业 2011 年完成出口额 12.61 亿美元，平均出口额为 6.3 亿美元。

来自北京市的北京飞机维修工程有限公司在 2011 年进入民营企业出口 50 强名单，是北京唯一一家入榜的企业，2011 年完成出口额 3.09 亿美元。此外，辽宁、湖南、江西、新疆各有 1 家民营企业进入 2011 年民营企业出口 50 强榜单。其中，北京、辽宁属东部地区，湖南、江西属于中部地区，而新疆则为西部地区唯一入榜省区，且入围企业由2010年的5家降为2011年的1家，西部地区2011年出口表现平平，出现萎缩趋势，表明在世界经济缓慢复苏的形势下，西部地区民营企业由于地理位置不占优势并且自身应变能力与运营机制的缺陷问题，不敌增长势头强劲的东部和中部地区。而中部地区2011年表现较为优异，入围企业从2010年的3家上升至5家，出口额由12.55亿美元猛增至35.93亿美元，出口占比提高至6.42%。

广东企业、江苏企业、浙江企业和山东企业在过去几年中都表现出极强的出口竞争力。从地域分布上看，中国民营企业出口50强多分布于东部沿海城市和地区，尤其在各地的经济技术开发区、高新技术开发区和沿海港口城市集中了许多出口型民营企业。一方面，地理位置优越，位处沿海地区为出口型民营企业从事相关生产经营和销售活动节省了运输成本，提供了出口便利；另一方面，东部沿海城市物资充裕，很容易满足相关经营生产活动所需供给；此外，经济技术开发区的外商投资企业可以享受当地政府提供的鼓励性税收减免、优惠提供工业用地等优惠政策，此类地区往往地域开阔，设施齐全，可以促进当地经济发展并带动当地居民就业。

（三）中国民营企业出口50强的行业结构分析

根据《国民经济行业分类与代码》的行业分类标准，结合中国民营企业出口50强企业的具体情况进行相应调整，将行业分为农业、金属、非金属、轻工、电子设备制造、机械设备、房地产、能源、运输仓储和贸易等10行业类别，如表4—7所示。

表4—7　行业分类方法

序号	行　　业	简　　称
1	农业	农业
2	金属冶炼、加工、金属制品制造	金属
3	非金属矿采选、化学原料及化学产品制造业	非金属
4	日用消费品、工艺品等轻工产品制造	轻工
5	家用电器及数码制品、通信设备制造、计算机及其他电子设备制造	电子设备制造
6	通用专用设备、交通运输电子机械及器材制造	机械设备
7	房地产开发经营、物业管理、中介服务等	房地产
8	石油天然气煤炭等能源行业	能源
9	交通运输、仓储和邮政业	运输仓储
10	批发和零售业	贸易

资料来源：《国民经济行业分类与代码》

2011年中国民营企业出口50强所属行业如表4—8所示。

表4—8　中国民营企业出口50强所属行业类别

2011排名	企　业　名　称	行　　业
1	深圳华为公司	电子设备制造
2	广东省丝绸纺织集团有限公司	贸易

续表

2011排名	企 业 名 称	行 业
3	无锡尚德太阳能电力有限公司	机械设备
4	联想信息产品（深圳）有限公司	电子设备制造
5	广东省东莞机械进出口有限公司	贸易
6	英利集团	机械设备
7	海尔集团公司	贸易
8	江苏天元船舶进出口有限公司	贸易
9	江苏沙钢集团有限公司	金属
10	韩华新能源（启东）有限公司	能源
11	深圳光汇石油集团股份有限公司	能源
12	营口千祥贸易有限公司	贸易
13	晶科进出口有限公司	贸易
14	上海东浩新贸易有限公司	贸易
15	东莞市黄江镇引进公司	贸易
16	江苏三房巷集团有限公司	轻工
17	佛山市工艺总厂有限公司	轻工
18	金海重工股份有限公司	机械设备
19	青岛即发集团股份控股有限公司	轻工
20	深圳市年富实业发展有限公司	运输仓储
21	中国农业生产资料集团公司	农业
22	深圳市天鹰速递有限公司	运输仓储
23	长城汽车股份有限公司	机械设备
24	中基宁波集团股份有限公司	贸易
25	深圳市安盛华钟表有限公司	轻工
26	新疆海腾国际贸易有限公司	贸易
27	苏州三星电子家电有限公司	电子设备制造
28	深圳市金宝丰珠宝首饰有限公司	非金属
29	宁波海田国际贸易有限公司	贸易
30	扬帆集团股份有限公司	机械设备
31	魏桥纺织股份有限公司	轻工
32	从化东麟钻石有限公司	轻工
33	广州番禺对外贸易有限公司	贸易
34	江苏熔盛重工有限公司	机械设备
35	东莞市鼎鑫贸易有限公司	贸易
36	深圳市兆驰股份有限公司	电子设备制造

续表

2011 排名	企业名称	行业
37	深圳市光明新区经济发展有限公司	房地产
38	江阴兴澄特种钢铁有限公司	金属
39	世成电子（深圳）有限公司	电子设备制造
40	广东宏远集团有限公司	房地产
41	豪威半导体（上海）有限责任公司	电子设备制造
42	东莞市岭南进出口有限公司	贸易
43	北京飞机维修工程有限公司	运输仓储
44	太阳纸业有限公司	轻工
45	浙江恒逸集团有限公司	非金属
46	江苏恒力化纤股份有限公司	非金属
47	三一重工股份有限公司	机械设备
48	江苏省华贸进出口有限公司	贸易
49	唐山国丰钢铁有限公司	金属
50	山东泰山钢铁集团有限公司	金属

资料来源：根据中国商务部综合司网站资料整理

按照表 4—7 的标准，2011 年中国民营企业出口 50 强的行业分布状况如图 4—4 所示。

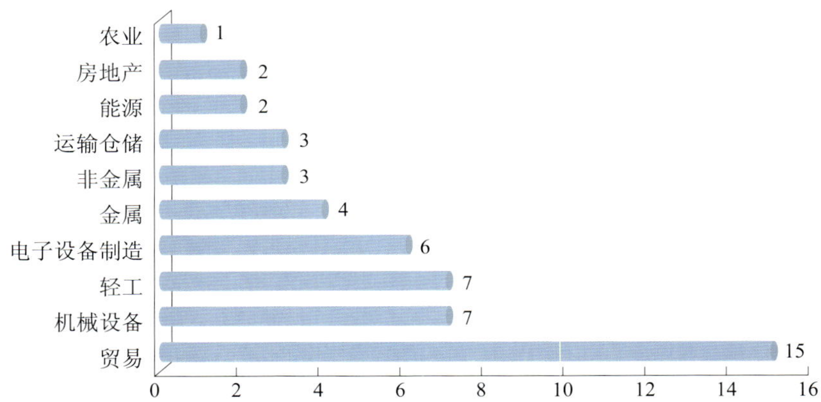

图 4—4 2011 年中国民营企业出口 50 强行业分布图（家）

资料来源：根据中国商务部综合司网站资料整理

从行业特征来看，2011 年贸易行业入围企业 15 家，数量占比 30%，出口额达 1 667 477 万美元，占 50 强出口总额比重达 29.82%，但与 2010 年对比情况来看，贸易行业 2010 年上榜企业为 30 家，2011 年降为 15 家，降幅较大，但龙头老大地位并未动摇（见表 4—9）。贸易行业的绝对优势也反映出中国出口型民营企业的现状。在绝大多数的贸易型民营企业中，其出口业务多会涉及服装、纺织、机电、五金、金属制品、塑料、家具、文体用品与食品等产品类型，而这类产品主要依靠价格优势来占领国际市场，在缺乏技术含量与自有品牌的情况下容易受到外部环境变动的冲击。因此，民营企业优化产业结构、加强技术创新能力、提高自主知识产权水平、提高附加值水平及抗风险能力显得尤为重要。

表 4—9　　2011 年与 2010 年中国民营企业出口 50 强的行业分布与变动情况　　（万美元，%）

行　业	2011 年	2010 年	数量占比	出口额	出口额占 50 强比重
贸易	15	30	30	1 667 477	29.82
机械设备	7	4	14	739 933	13.23
轻工	7	5	14	474 845	8.49
电子设备制造	6	3	12	1 817 952	32.51
金属	4	0	8	187 973	3.36
非金属	3	2	6	109 461	1.96
运输仓储	3	3	6	186 949	3.34
能源	2	1	4	236 103	4.22
房地产	2	2	4	93 539	1.67
农业	1	1	2	78 397	1.40

资料来源：根据中国商务部综合司网站资料整理

机械设备和轻工行业 2011 年各有 7 家企业上榜，其出口额分别为 739 933 万美元和 474 845 万美元，占民营企业出口 50 强出口总额比重分别为 13.23%和 8.49%。从上榜数量来看，机械设备和轻工行业仅次于贸易行业位居第二。机械设备行业入围企业较 2010 年增加 3 家，轻工行业较 2010 年增加 2 家，出口额也有较大幅度提升。机械设备行业的无锡尚德太阳能电力有限公司在 50 强中排名第 3 位，为 2011 年新晋入围企业，发展势头强劲。轻工行业的江苏三房巷集团有限公司同样为 2011 年新晋入围企业，位列第 16 位，说明轻工行业的民营企业出口同样处于上升态势。

电子设备制造行业 2011 年异军突起，2011 年入围 6 家企业，完成出口额 1 817 952 万美元，占民营企业出口 50 强出口额比重达 32.51%，超过贸易行业居于榜首。电子设备制造行业的入围企业较 2010 年增加 3 家，出口额实现大幅提高，2011 年平均出口额达 302 992 万美元，远高于贸易行业平均出口额 111 163 万美元的水平。在电子设备制造行业涌现出一批优秀的民营企业，以深圳华为公司为典型代表。深圳华为公司出口额雄踞民营出口 50 强榜首，仅 2011 年完成 1 359 601 万美元出口额。关注研发能力的不断提升、国际化步骤有条不紊进行的华为，已然成为中国民营企业出口的佼佼者。电子设备制造行业的快速发展也体现出中国民营企业向高科技、高附加值领域的拓展。从中国整体出口情况来看，外商投资企业在电子设备制造行业近几年一枝独秀，成为中国出口贸易的生力军。从中国民营企业出口 50 强在电子设备制造行业的优异表现来看，民营企业已开始在该行业站稳脚跟并成长壮大，说明以深圳华为公司为典型代表的中国民营企业正在逐步打破加工、代工的产业链低端模式水平，向高端产业链水平进军。

与此同时，金属、非金属和能源行业在入围企业数量和出口额方面均较 2010 年有大幅度提高，其中金属行业属于 2011 年新晋行业，有 4 家企业入围，分别为江苏沙钢集团有限公司、江阴兴澄特种钢铁有限公司、唐山国丰钢铁有限公司和山东泰山钢铁集团有限公司，完成出口额 187 973 万美元，说明民营金属行业企业出口发展迅速。非金属和能源行业 2011 年也分别有 3 家和 2 家企业入围，分别完成出口额 109 461 万美元和 236 103万美元。

运输仓储、房地产、农业三个行业 2011 年入围企业数量与 2010 年持平，分别为 3 家、2 家和 1 家，2011 年完成出口额分别为 186 949 万美元、93 539 万美元和 78 397 万美元。其中，运输仓储行业排名首位的深圳市年富实业发展有限公司连续三年荣登 50 强榜单，房地产行业入围的深圳市光明新区经济发展有限公司和广东宏远集团有限公司同样连续三年入围 50 强，农业行业入围的中国农业生产资料集团公司连续两年入围 50 强。这三个行业的入围企业发展都相对稳定，属于该行业领域的传统领先企业。

第二节　2011 年中国民营企业出口 50 强的典型企业研究

民营经济代表着最具活力、最具成长力的企业群体，同时也是抗风险能力较弱的群体。因此，在中国民营企业出口 50 强的榜单中，各年入围企业的轮换率相对较高。民营企业应积极调整结构、促发展，转变发展方式，优化其在国际出口贸易中产业链的位置，向高端、高附加值方向进军。2011 年中国民营企业出口 50 强榜单中涌现出一批表现优异的企业，下面将按照不同区域分布、不同行业的企业，挑选 50 强中的典型民营企业进行分析。

一、出口前 10 强典型企业分析

2011 年中国民营企业出口 50 强中的前 10 名分别是深圳华为公司、广东省丝绸纺织集团有限公司、无锡尚德太阳能电力有限公司、联想信息产品（深圳）有限公司、广东省东莞机械进出口有限公司、英利集团、海尔集团公司、江苏天元船舶进出口有限公司、江苏沙钢集团有限公司和韩华新能源（启东）有限公司。

下面对 2011 年中国民营企业出口 10 强中的典型企业深圳华为公司和广东省丝绸纺织集团有限公司进行重点分析。

（一）深圳华为公司

深圳华为公司排名 2011 年中国民营企业出口 50 强榜首，在信息传输、计算机服务和软件行业中是不可多得的佼佼者。2011 年，深圳华为公司完成出口额 1 359 601 万美元，占 50 强出口总额比重高达 24.31%，贡献了近四分之一的出口额。与 2010 年的 784 734 万美元的出口额相比，华为 2011 年实现了高达 73.26%的增幅。深圳华为公司在

出口贸易中一枝独秀，成绩斐然。

深圳华为公司是全球领先的电信解决方案供应商，其主要经营范围是交换、传输，无线和数据通信类电信产品，并且在电信领域为世界各地的客户提供网络设备、服务和解决方案。目前，华为的产品已遍布全球100多个国家，服务全球运营商的90%和全球人口的三分之一。2010年，华为跻身全球第二大设备商，国际市场早已成为华为销售的主要来源。华为在海外设立了22个地区部、100多个分支机构、17个研究所、36个培训中心。

华为在过去多年一直坚持将不少于销售收入的10%用于研发投入，在众多新技术核心应用领域都先于其他竞争者成功推出了解决方案。深圳华为公司作为中国代表性科技企业，其国际化程度已远超其他同类竞争者。关注研发能力的不断提升、国际化步骤有条不紊地进行着的华为，正在大步跨入世界顶尖企业的行列，为探索在本土企业国际化道路上的民族企业起到了示范和榜样作用。

（二）广东省丝绸纺织集团有限公司

广东省丝绸纺织集团有限公司是国内最大的丝绸纺织企业之一，集团集贸、工、农、研发和资本运营为一体，主要涉及茧丝绸、纺织服装产品等领域的生产和经营，自营和代理各类商品及技术的进出口，在国内外建立了系统的销售网络和稳定的客户群，出口市场达179个国家和地区，成为广东省授权经营和重点扶持发展的大型企业。集团拥有国内外全资、控股企业上百家，建立了农业生产基地，形成了出口商品从接单、设计、制样、生产到销售出口的完整产业链，并拥有“silique”（丝丽）、“庄姿妮”等国家商务部重点培育和发展的出口名牌、广东省著名商标以及“宝路”、“圣甸奴”、“羊城”、“英佳”等自有知识产权品牌。

广东省丝绸纺织集团有限公司连续三年跻身中国民营企业出口50强榜单，并从2010的第42位一跃成为2011年的第二位，实现出口额436 502万美元，占50强出口总额比重达7.8%，其出口贸易表现出强劲发展势头。出口市场达179个国家和地区，居全国丝绸纺织企业出口第一位。

二、区域领先的典型企业分析

（一）山东出口领先企业——海尔集团公司（东部地区）

海尔集团在2011年中国民营企业出口50强排名中位列第7位，完成出口额150 202万美元，占50强出口总额比重达2.69%，是山东地区表现最为优异的民营企业。2011年11月15日，世界权威市场调查机构欧睿国际（Euromonitor）发布最新的全球家用电器市场调查结果显示，海尔在大型家电市场的品牌占有率提升至7.8%，第三次蝉联全球第一。海尔同时拥有“全球大型家电第一品牌、全球冰箱第一品牌、全球冰箱第一制造商、全球洗衣机第一品牌、全球酒柜第一品牌与第一制造商、全球冷柜第一品牌与第一制造商”共8项殊荣。海尔旗下产品的全球份额也节节攀升。2011年，海尔冰箱的品牌和制造商零售全球份额分别为13.7%和16.5%，海尔洗衣机的品牌零售量全球份额为

10.9%，海尔酒柜的品牌和制造商零售全球份额为 16.1%，海尔冷柜的品牌与制造商零售全球份额为 16.7%和 16.8%。截至 2011 年 6 月份，海尔专利累计申请量达到 11 315 项，其中发明专利 3 666 项，稳居中国家电企业榜首。

海尔集团于 1984 年创立于青岛。创业以来，海尔坚持以用户需求为中心的创新体系驱动企业持续健康发展，从一家资不抵债、濒临倒闭的集体小厂发展成为全球最大的家用电器制造商之一。2011 年，海尔集团全球营业额 1 509 亿元人民币，在全球 17 个国家拥有 8 万多名员工，海尔的用户遍布世界 100 多个国家和地区。

海尔集团是全球领先的整套家电解决方案提供商和虚实融合通路商，在白色家电领域，海尔是世界白色家电第一品牌。在流通渠道领域，海尔构筑全流程用户体验驱动的虚实网融合竞争优势。在互联网时代，海尔实施两个战略转型：企业转型，从“卖产品”转变为“卖服务”；商业模式转型，从传统商业模式转型为人单合一双赢模式。2007 年至 2011 年，海尔利润复合增长率为 38%，是收入增幅的 2 倍多，现金周转天数（CCC）为负的 10 天。

（二）湖南出口领先企业——三一重工股份有限公司（中部地区）

三一重工业集团有限公司成立于 1994 年 11 月 22 日，其前身是由梁稳根、唐修国、毛中吾和袁金华等四人于 1989 年 6 月筹资创立的湖南省涟源市焊接材料厂。三一重工于 2003 年 7 月 3 日上市；2005 年 6 月 10 日，三一重工成为首家股权分置改革成功并实现全流通的企业，被载入中国资本市场史册。

在国内，三一重工建有遍布全国的 100 多个营销、服务机构，拥有 56 个服务网点仓库、6 条 800 绿色服务通道。其自营的机制、完善的网络、独特的理念，将星级服务和超值服务贯穿于产品的售前、售中、售后全过程。在全球，三一建有 12 个海外子公司，业务覆盖达 150 个国家和地区，产品出口到 110 多个国家和地区。目前，三一已在印度、美国相继投资建设工程机械研发制造基地。

2011 年，三一重工股份有限公司完成出口额 18 127 万美元，入围中国民营企业出口 50 强榜单，位列第 47 位，是湖南省唯一入围的民营企业，同时也是 2011 年新晋入围企业，发展势头强劲。

（三）新疆出口领先企业——新疆海腾国际贸易有限公司（西部地区）

新疆海腾国际贸易有限公司是 2011 年唯一入围中国民营企业出口 50 强的新疆地区企业，也是唯一入围的西部地区企业。2011 年，新疆海腾国际贸易有限公司完成出口额 74 053 万美元，位列 50 强榜单的第 26 位，较 2010 年的 37 位提升 11 个位次，是新疆地区贸易行业的代表企业。

新疆海腾国际贸易有限公司成立于 2009 年 6 月，是一家具有一般进出口贸易、边境小额贸易、旅游购物、国际货运代理、一般纳税人资质的民营外贸流通企业。公司经营范围包括钢材、建材、机械设备、机电产品、化工产品、装饰装潢材料、木材、棉花、农业产品、日用百货、汽车配件、家用电器、服装鞋帽、通信器材、电脑及耗材的销售，目前已发展成一家涉及进出口贸易、国际货运代理、仓储、运输、代理采购等一条龙服务的大型进出口贸易及物流企业。

三、行业领先的典型企业分析

（一）金属行业出口领先企业——江苏沙钢集团有限公司

江苏沙钢集团有限公司是金属行业的典型代表，在2011年金属行业入围的4家民营企业中，江苏沙钢排名首位，2011年完成出口额122 104万美元，在中国民营企业出口50强中排名第9位，出口额占50强比重达2.18%。

江苏沙钢集团有限公司前身是1975年靠45万元自筹资金创办的钢铁企业，集团总部位于江苏省张家港市，现拥有总资产821亿元，主要工艺装备均达国际先进水平，形成了年产铁2 230万吨、钢2 720万吨、材2 390万吨，其中不锈钢板100万吨的生产能力，是国内最大的电炉钢和优特钢材生产基地、江苏省重点企业集团、国家特大型工业企业、中国最大的民营钢铁企业。

2011年，全年共完成炼铁2 689万吨，炼钢3 192万吨，轧材3 107万吨，销售收入2 075亿元，利税104亿元。在2011年《财富》世界500强排行榜中位列第366位，比2010年上升50个名次，世界500强上榜企业中中国大陆只有两家民营企业，即华为公司（第351位）和江苏沙钢集团（第366位）。

（二）农业行业出口领先企业——中国农业生产资料集团公司

中国农业生产资料集团公司是中华全国供销合作总社直属的全国性集生产、流通、服务于一体的专业经营化肥、农药、农膜等农业生产资料的大型企业。总资产300亿元人民币，集团经营规模达720亿元，实现化肥销售超2 600万吨，卓立于中国农资流通行业之首，机构网络和业务覆盖全国。在国内主要农业用肥大省设有18个大型仓库作为物流中转，库容100多万吨，货场30多万平方米，有5条铁路专用线，2座万吨级码头，现有员工2 000多人。中国农资集团具有化肥进口代理经营权，在新加坡、香港等地设有境外窗口公司，是多家国际农资供应商在国内的独家代理，是国际化肥协会（IFA）和美国化肥协会（TFI）的会员单位，年进出口化肥等各类农资商品500万吨。

中国农业生产资料集团公司是农业行业民营企业的典型代表。2011年，中国农资集团完成出口额78 397万美元，位列2011年中国民营企业出口50强榜单第21位，是农业行业唯一入选民营企业，并且连续两年跻身50强名单，是出口表现稳健的民营企业。

（三）运输仓储行业出口领先企业——深圳市年富实业发展有限公司

深圳市年富实业发展有限公司成立于2000年8月，注册资金1.45亿元，是一家以投资兴办实业、提供物流与供应链服务为主的综合性民营企业，公司旗下拥有深圳市年富供应链股份有限公司和深圳市年富物流有限公司两家子公司。目前，年富在深圳和香港设立了运营中心，在北京、上海、广州、武汉、南昌等全国多个一线和二线城市建立了分支机构，并在香港和福田保税区拥有自己的仓储配送基地。截止到2011年年底，年富实业的总资产为45亿元人民币。经过多年的发展，年富已逐步形成了自己独特的一体化供应链服务模式和专业化服务优势。

深圳市年富实业发展有限公司是仓储运输行业中民营企业的典型代表，2011 年完成出口额 79 510 万美元，在中国民营企业出口 50 强中排名第 20 位，在仓储运输行业入围的 3 家民营企业中排名第一，并且连续三年跻身 50 强榜单，较 2011 年的第 21 位上升 1 个位次，在出口业务上表现稳健。

四、新晋典型企业分析

无锡尚德太阳能电力有限公司为 2011 年中国民营企业出口 50 强的新晋企业，2011 年完成出口额 279 610 万美元，占 50 强出口总额比重达 5%，位列 50 强的第 3 位。作为新晋榜单企业，在 50 强中排名第 3 位，在江苏省上榜民营企业中排名居首，表现十分出色。

无锡尚德太阳能电力有限公司由施正荣于 2001 年 1 月建立，是一家集研发、生产、销售于一体的外商独资高新技术光伏企业，也是中国首家通过 TüV、IEC、CE 和 UL 等国际权威认证的光伏企业，主要从事晶体硅太阳电池、组件、光伏系统工程、光伏应用产品的研究、制造、销售和售后服务。全球分支机构遍及北京、上海、旧金山、东京、慕尼黑、罗马、马德里、沙夫豪森、首尔、悉尼等重要城市，目前拥有 5 个生产基地，分别位于无锡、洛阳、青海、日本长野及上海。无锡尚德太阳能电力有限公司于 2005 年 12 月首次公开上市，成为第一个在纽约股票交易市场成功上市的中国民营企业。

五、连续三年上榜典型企业分析

广东省东莞机械进出口有限公司成立于 1984 年，是以贸易为龙头，国际加工制造业为基础的综合性外贸公司，主要经营机械及其零部件、电子电器、仪器仪表、轻工制品、五金建材、家具、纺织服装等各类商品及技术的进出口业务，并经营进料加工和“三来一补”业务，开展合资、合作经营，下辖八个业务部、四个工业园区，拥有十多家自办来料加工企业和合资合作企业。经过近二十年的不懈努力，公司积累了丰富的贸易经验，树立了良好的商业信誉，与世界上主要国家和地区的客户建立了贸易合作关系，近几年始终排名中国出口额最大的 200 强企业之前列。2011 年公司出口额为 194 037 万美元，较 2010 年出口额增长 13.72%，位列 2011 年中国民营企业出口 50 强的第 5 位，居于贸易行业入榜企业第二位，仅次于广东省丝绸纺织集团有限公司，并且已连续四年位居民营企业出口榜前 10 强，是一家稳健发展的大型贸易行业民营企业。

第三节　2008—2011 年中国民营企业出口 50 强变化特征分析

一、2008—2011 年中国民营企业出口 50 强总额变动分析与前十名出口总额变动分析

从表 4—10 来看，2008—2011 年中国民营企业出口 50 强出口总额基本呈稳步增长态

势。除 2009 年因受金融危机影响出现负增长外，其他几年出口总额增长迅速，2011 年实现出口总额 5 592 628 万美元，较 2010 年增长 57.66%。前 10 名民营企业出口额则呈现出快速增长态势，2011 年前 10 强实现出口总额 3 198 796 万美元，与 2010 年相比，增长率高达 88.10%。从增长比率来看，出口前 10 名的企业在金融危机期间具有更高的抗风险能力，2009 年 50 强出口总额下降 12.63%，而前 10 名的出口总额仅下降 3.66%，2011 年前 10 名出口总额增长率则远高于 50 强总体水平。从前 10 名出口额占比情况来看，前 10 名的出口额为 50 强贡献了二分之一的份额。这表明，作为前 10 名的民营企业，其市场占有率、应对风险的能力及企业地位相对较稳固，受市场冲击的影响较其他中小型民营企业来说较小，并且多采取稳定型增长的模式，因此在面对金融危机带来的影响方面表现较好。从数据来看，2011 年民营企业出口贸易发展的前景不断转好，民营企业在世界经济的曲折复苏中寻求突破口的能力值得肯定。

表 4—10　2008—2011 年中国民营企业出口 50 强出口额对比分析表　（万美元，%）

出口额及占比	2008 年	2009 年	2010 年	2011 年
前 10 名出口额	1 371 920	1 321 648	1 700 603	3 198 796
增长比率	—	−3.66	28.67	88.10
50 强出口总额	2 792 952	2 440 100	3 547 214	5 592 628
增长比率	—	−12.63	45.37	57.66
前 10 名出口额占比	49.12	54.16	47.94	57.2

资料来源：根据中国商务部综合司网站资料整理

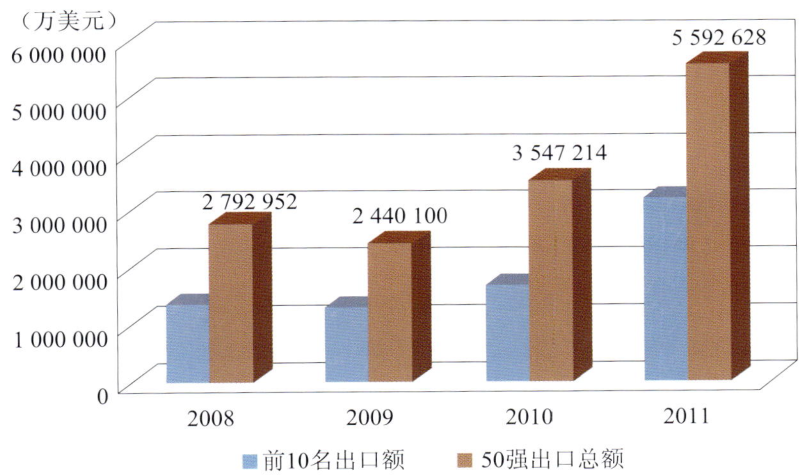

图 4—5　2008—2010 中国民营企业出口 50 强出口变动图
资料来源：根据中国商务部综合司网站资料整理

二、连续三年入选中国民营企业出口 50 强的企业特征分析

在 2011 年入围的中国民营企业出口 50 强中，有 9 家企业连续三年进入中国民营企

业出口 50 强的榜单，如表 4－11 所示。

表 4－11　2009—2011 年连续三年入榜中国民营企业出口 50 强的企业　（万美元，%）

2010 排名	2011 排名	企业名称	2009 出口额	2010 出口额	2011 出口额	2009—2010 变化率	2010—2011 变化率	地区
1	1	深圳华为公司	698 985	784 734	1 359 601	12.27	73.26	广东
42	2	广东省丝绸纺织集团有限公司	26 345	37 913	436 502	43.91	1 051	广东
2	5	广东省东莞机械进出口有限公司	143 212	170 629	194 037	19.14	13.72	广东
7	8	江苏天元船舶进出口有限公司	23 860	88 008	127 358	268.85	44.71	江苏
21	20	深圳市年富实业发展有限公司	37 463	52 237	79 510	39.44	52.21	广东
14	33	广州番禺对外贸易有限公司	29 327	56 995	61 549	94.34	7.99	广东
49	35	东莞市鼎鑫贸易有限公司	52 922	34 998	55 808	－33.87	59.46	广东
20	37	深圳市光明新区经济发展有限公司	46 091	53 452	50 936	15.97	－4.71	广东
4	40	广东宏远集团有限公司	65 985	113 505	42 603	72.02	－62.47	广东

资料来源：根据中国商务部综合司网站资料整理

2009—2011 年，共有 9 家企业连续三年入围中国民营企业出口 50 强榜单，分别为：深圳华为公司、广东省丝绸纺织集团有限公司、广东省东莞机械进出口有限公司、江苏天元船舶进出口有限公司、深圳市年富实业发展有限公司、广州番禺对外贸易有限公司、东莞市鼎鑫贸易有限公司、深圳市光明新区经济发展有限公司和广东宏远集团有限公司。这 9 家企业中，只有江苏天元船舶进出口有限公司是江苏省企业，其余 8 家均为广东省民营企业。这 9 家企业全部分布在东部沿海城市和地区，一方面是因为东部沿海优越的地理条件为企业从事生产经营货物及物资运输提供了便利条件，节约了生产成本，另一方面也是因为东部沿海地区物资丰富，国家政策优厚，高新技术发展迅速这些有利条件促进了相关产业的发展。中国民营企业出口贸易呈现出明显的“东强西弱”格局态势，且广东省民营企业出口贸易处于独霸地位。

广东省丝绸纺织集团有限公司在近三年出口贸易中表现优异，2009—2011 年实现平均增长率 547.62%，2011 年实现出口额 436 502 万美元，较 2010 年的 37 913 万美元的出口额实现 1 051.33%的增长率。在中国民营企业出口 50 强排名中，广东省丝绸纺织集团有限公司从 2010 年的第 42 位迅速攀升至第 2 位，出口额仅次于深圳华为公司，出口贸易实现爆发式增长，成为 2011 年民营企业出口贸易中的一匹黑马。

在 9 家连续三年入围的企业中，深圳市光明新区经济发展有限公司和广东宏远集团有限公司 2010—2011 年出口变化率出现负增长，2011 年出口额也出现下降态势，其中深圳市光明新区经济发展有限公司 2011 年排名第 37 位，较 2010 年下降 17 个位次，其 2011 年出口额增长率为－4.71%，而广东宏远集团有限公司的排名由 2010 年的第 4 位下降到2011年的第40位，2011年出口下降62.47%，跌幅较大。2家企业均属于广东地区的房地产行业，说明受世界经济发展放缓、外围经济不景气的影响，房地产行业的出口贸易面临较为严峻的形势。

从行业分布来看，9家企业中有5家属于贸易行业民营企业，1家属于电子设备制造行业，1家属于运输仓储行业，2家出现负增长的企业属于房地产行业。虽然电子设备制造行业仅有1家企业连续三年跻身50强榜单，但入榜企业深圳华为公司出口额雄踞50强榜首，且三年间增速较高，尤其是2011年实现在73.26%的增长率。说明电子设备制造行业在出口贸易中异军突起，发展迅速，相较于出口的传统行业——贸易行业，电子设备制造行业增长迅猛，前景可期。

三、新晋中国民营企业出口50强的企业分析

表4—12列出了2011年新晋中国民营企业出口50强的企业名单。2011年50强榜单中出现24家新晋企业，更新率高达48%，说明市场竞争激烈，而民营企业相较于国企、央企等政策性扶持企业，其稳定性、抗风险能力相对较弱，但同时也说明民营企业充满活力，成长速度惊人。

表4—12　2011年新晋中国民营企业50强的企业名单　（万美元）

企业名称	2011排名	出口额	地区	行业
无锡尚德太阳能电力有限公司	3	279 610	江苏	机械设备
联想信息产品（深圳）有限公司	4	246 224	广东	电子设备制造
英利集团	6	162 987	河北	机械设备
韩华新能源（启东）有限公司	10	120 171	江苏	能源
深圳光汇石油集团股份有限公司	11	115 932	广东	能源
上海东浩新贸易有限公司	14	89 308	上海	贸易
江苏三房巷集团有限公司	16	86 452	江苏	轻工
深圳市天鹰速递有限公司	22	76 549	广东	运输仓储
长城汽车股份有限公司	23	76 548	河北	机械设备
深圳市金宝丰珠宝首饰有限公司	28	71 991	广东	非金属
扬帆集团股份有限公司	30	62 974	浙江	机械设备
从化东麟钻石有限公司	32	62 011	广东	轻工
江苏熔盛重工有限公司	34	57 209	江苏	机械设备
江阴兴澄特种钢铁有限公司	38	49 144	江苏	金属
豪威半导体（上海）有限责任公司	41	36 775	上海	电子设备制造
东莞市岭南进出口有限公司	42	33 151	广东	贸易
北京飞机维修工程有限公司	43	30 889	北京	运输仓储
太阳纸业有限公司	44	23 478	山东	轻工
浙江恒逸集团有限公司	45	19 132	浙江	非金属

续表

企业名称	2011 排名	出口额	地区	行　业
江苏恒力化纤股份有限公司	46	18 338	江苏	非金属
三一重工股份有限公司	47	18 127	湖南	机械设备
江苏省华贸进出口有限公司	48	13 022	江苏	贸易
唐山国丰钢铁有限公司	49	9 004	河北	金属
山东泰山钢铁集团有限公司	50	7 722	山东	金属

资料来源：根据中国商务部综合司网站资料整理

在新晋的 24 家民营企业中，有 6 家分布于机械设备制造行业，非金属、轻工、金属、贸易行业各有 3 家企业，电子设备制造、能源和仓储运输则各有 2 家企业（见图 4—6）。从行业分布来看，24 家新晋企业分布较广，涉及 10 个行业中的 8 个行业，仅农业和房地产两个行业没有新晋企业。其中，贸易行业在中国民营企业出口 50 强中占有 15 个席位，但只有 3 家企业为新晋企业，说明贸易行业作为出口贸易领域的传统行业，发展较为稳定。而对于加工贸易型行业来说，该行业属于劳动密集型行业，受 2011 年资金不足、原材料和劳动力成本上涨、世界经济放缓、外围需求萎缩影响较大，抗风险能力相对较弱。而机械设备制造行业中的光伏领域，以及电子设备制造行业的企业则表现出强劲发展势头。

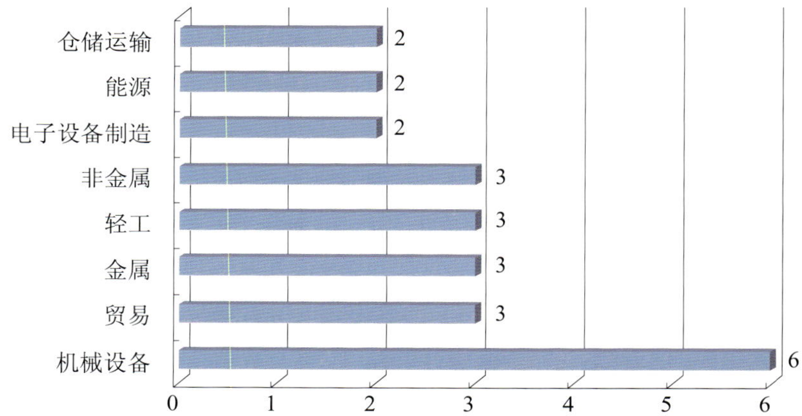

图 4—6　2011 年新晋企业行业分布（家）

资料来源：根据中国商务部综合司网站资料整理

从区域结构来看，新晋的 24 家民营企业有 20 家地处东部地区，4 家地处西部。中国的民营企业出口贸易表现出明显的“东强西弱”格局，东部企业无论在户数、经营规模还是在注册资金上都占很大优势。再加上改革开放之后，中国对东部沿海地区实施特殊经济政策，鼓励东部沿海地区民营企业扩大出口，发展外向型经济，这样必然会促使东部出口贸易的发展。

从产业链条来看，中国民营企业在成立之初多处于产业链下游，从事与民生直接相关的服务型贸易和轻工业品制造型行业，而从2011年新晋企业来看，贸易、轻工等行业所属企业数量较往年有所下降，而在产业链和价值链上游的能源行业、机械设备行业、金属行业等领域所属企业出现增多态势，这也说明中国民营企业出口贸易领域正在从产业链低端向高端发展延伸，出口贸易结构有所改善，产业结构出现优化态势，产业链升级及产业转型初现成效，但民营企业的产业链转型升级仍然任重而道远。

第四节　结论和建议

一、结论

（一）经营环境总体改善，出口贸易稳健增长

2011年国际国内经济形势复杂，而中国民营企业出口50强表现突出，实现出口贸易总额559.26亿美元，较2010年增长57.66%。但民营企业出口贸易环境中还存在许多困难和矛盾，从国际市场来看，全球经济复苏步伐放缓，发达国家经济体复苏乏力，欧债危机回天乏术，国外需求受限，贸易保护主义依然存在，这都给民营企业的出口增加了不确定性。从国内来看，国内原材料市场价格上升、通货膨胀预期强烈、人民币升值风险等不确定因素影响加大，民营企业出口面临成本高、税费高、融资难和招工难的困局。

（二）企业竞争激烈，生存发展艰难

中国民营企业多处于产业链低端，尤其是一些依靠代工生产模式经营的中小型民营企业。目前中国正处于调结构的攻坚阶段，这势必给创新能力弱、管理水平不高的民营企业带来压力。中国民营企业虽然数量增长较快，但普遍存续时间较短，结构调整和转型升级意愿增强，但科技、管理和人才等制成基础不够。这使得民营企业在出口贸易中的竞争十分激烈。2011年入选的民营企业出口50强都是规模相对较大、经营状况较稳定的企业，但新晋企业的比例仍然高达48%，由此可见，中国民营企业的生存条件非常艰难，面对的风险和不确定性很大。并且在经济全球化的背景下，生产要素在世界范围内自由流动，一国经济的波动势必会给全球经济造成影响，国外需求锐减、国内竞争加剧，双重压力会迫使一些民营企业退出市场。

（三）"东强西弱"格局日益凸显，中西部地区出口环境亟待改善

东部沿海开放城市尤其是各地的经济技术开发区、高新技术开发区和沿海港口城市集中了众多出口型民营企业，东部沿海以优越的地理位置和充裕的沿海资源以及政策扶持与鼓励政策为民营企业的出口贸易创造了良好的条件，而中西部地区则表现较弱。从2011年民营企业出口50强的表现来看，东强西弱的格局日益凸显，东部地区的出口额占50强比重高达92.25%，而西部地区占比则仅为1.32%，东、中、西部地区出口格局不平衡性加剧，政府应加大对中西部地区民营企业尤其是民营企业出口贸易的扶持力度。

（四）产业和产品结构逐步优化，行业分布趋于合理

进入出口50强的中国民营企业经营领域由早期的贸易加工等领域逐步延伸到电子设

备制造、高端机械设备制造、现代农业等领域，逐渐改变了以技术含量低、劳动密集型为主要特征的经营方式。虽然传统贸易行业仍是民营企业出口贸易的典型行业，而2011年电子设备制造行业、机械设备制造行业、新能源等领域发展迅猛，产业结构逐步优化，行业分布渐趋合理。当今时代，以信息技术为代表的高新技术产品成为市场的活跃点，也是推动中国出口贸易增长的新亮点，民营企业通过改变经营模式，可以更好参与到世界经济的竞争。

二、政策建议

（一）政府积极转变贸易增长方式，改善出口贸易环境

虽然中国民营企业出口贸易结构趋于优化，但仍存在众多不足之处，贸易结构仍不尽合理、大而不强的问题仍有待解决，高消耗、高污染、低收益的方式未能实现根本性转变。政府要把推动产业结构升级作为国家战略，鼓励具有自主知识产权和自由品牌产品的出口，促进加工贸易转型升级，加快培育以技术、品牌、质量、服务为核心竞争力的新优势，实现由“中国制造”向“中国创造”的跨越。与此同时，政府应积极应对国际贸易摩擦，提高自身谈判能力和国际地位，为中国贸易尤其是民营企业出口贸易创造公平、良好的贸易环境，建立统一、透明的涉外经济法律体系，整顿外贸秩序，建立贸易摩擦的预警机制。

（二）政府应加大民营企业、中小企业政策倾斜力度，解决融资困境

民营企业面临严重的融资难、融资贵等问题，这严重束缚了民营企业的正常发展。政府应建立有效的中小企业信用担保机构，设立转向中小企业提供贷款的政策性、地方性中小金融机构。适当发展风险投资业，为民营企业引入风险资本。通过财政出资逐步建立具有一定规模的风险投资机构，吸引并鼓励民间资本流向风险投资业。引导民营企业向优势产业集聚，形成具有专业化分工、配套齐全的集群，通过集聚战略建立合理的产业布局结构，壮大民营企业整体规模竞争力，推动民营企业“走出去”步伐。

（三）民营企业应加强品牌建设，转变经济增长方式

民营企业尤其是出口型民营企业必须意识到自身发展的局限和不足，鼓励技术创新，利用科技突破加快经济增长方式的转变，培育自主品牌，提升“中国制造”的产品品牌形象，形成新的竞争优势。民营企业要延长加工贸易国内增值链，推动加工贸易从组装加工向研发、设计、核心元器件制造、物流等高附加值环节升级，建立境外营销网络，把出口产品价值链延伸到境外营销网络和零售终端。

（四）开拓新兴市场，关注海外资源

民营企业应充分利用国际国内两种资源、两个市场，主动积极地与国际市场接轨，在包括大洋洲、北美、欧洲、日韩等重大国家和地区开拓业务，并积极开拓海外市场，引进先进人才、技术，在“走出去”的指导方针下，不断提高自身的法律意识、全球意识和市场抗风险能力。积极融入到全球化的进程中，不断拓展市场，扩大发展空间。同时，民营企业应该在产业链升级、优化产品结构、增加产品的科技含量等方面加大投入，

从而改变对外需求度过高的局面。

参考文献

[1] 戴翔．中国出口市场选择与贸易转型升级——基于分类市场的比较研究．世界经济研究，2011（6）．

[2] 刘钻石，张娟．中国出口贸易技术水平的地区比较分析．世界经济研究，2011（1）．

[3] 霍伟东，刘涛．出口贸易增长方式的比较研究——基于对广东与江苏出口贸易发展差异的实证分析．经济学家，2011（3）．

[4] 王烨冰．促进民营企业出口发展之对策．商场现代化，2009（3）．

[5] 崔鸽．民营中小型出口企业的国际竞争力探析．中国商贸，2012（10）．

[6] 吴晔，汤洪宇，陈雪芬．浙江省民营企业开拓国际市场研究．中小企业科技，2007（5）．

第二篇

2011年中国企业国际化发展专题排行榜的研究

第五章

2011年中国企业对外直接投资分省（市）排行榜及其评析

全球跨国直接投资的发展推动了新领域中国际生产要素的转移，高科技含量、高附加值制造及研发环节转移和服务外包成为新一轮世界经济结构调整和国际直接投资增长的引擎。商务部的统计数据显示，2011 年，中国境内投资者共对全球 132 个国家和地区的 3 391 家境外企业进行了非金融类对外直接投资，累计实现直接投资 600.7 亿美元，同比增长 1.8%，占当年全球总流量的 4%，有 69 家中国企业跻身于世界 500 强之列。然而，与前些年相比，2011 年中国不仅对外投资增幅很小，利用外资增幅也不是很大，是这几年比较低的（沈丹阳，2012）。造成这种现象的原因是多方面的，初步分析，最主要的原因是由于全球经济复苏步伐放缓，一些主要的发达经济体，比如美国、欧盟经济增长乏力，企业投资决策更加谨慎，全球跨国投资减少；与此同时，一些国家对外国投资者采取了新的保护措施，对中国企业“走出去”产生了一定的负效应。加上中东、北非政局动荡及日本大地震，加大了中国企业对外投资的安全风险，企业决策相对谨慎（沈丹阳，2012）。

2011 年，中国企业的海外并购领域更为广泛，表现尤为抢眼。当年以并购方式实现直接投资 222 亿美元，占投资总额的 37%。并购领域主要涉及采矿业、制造业、电力生产和供应业、交通运输业、批发零售业等，其中，中化集团通过香港子公司以 30.7 亿美元收购挪威国家石油公司巴西 Peregrino 油田 40%股权成为 2011 年中国企业最大的境外收购项目。

第一节　2011 年中国企业对外直接投资额分省（市）排行榜及其总体评析

一、2011 年中国企业对外直接投资额分省（市）排行榜

2012 年 1 月 19 日商务部对外投资和经济合作司发布了 2011 年中国非金融类对外直接投资按省市区排序情况表，如表 5—1 所示。

表 5—1　2011 年中国各省（市）非金融类对外直接投资额及排名　（万美元）

序号	省市区名称	当年直接投资流量	序号	省市区名称	当年直接投资流量
1	浙江省	211 397	9	北京市	74 534
2	山东省	207 704	10	湖北省	69 009
3	江苏省	200 129	11	甘肃省	63 497
4	广东省	190 269	12	天津市	57 247
5	上海市	151 316	13	云南省	57 080
6	海南省	120 144	14	四川省	53 343
7	辽宁省	114 950	15	安徽省	50 875
8	湖南省	80 483	16	陕西省	44 154

续表

序号	省市区名称	当年直接投资流量	序号	省市区名称	当年直接投资流量
17	重庆市	41 857	25	山西省	14 973
18	河北省	35 437	26	广西壮族自治区	12 237
19	福建省	34 342	27	内蒙古自治区	10 403
20	新疆维吾尔自治区	32 557	28	新疆生产建设兵团	4 971
21	河南省	30 171	29	贵州省	1 950
22	江西省	28 090	30	宁夏回族自治区	1 249
23	吉林省	19 716	31	西藏自治区	216
24	黑龙江省	15 803	32	青海省	173

资料来源：中国商务部对外投资和经济合作司，http：//hzs. mofcom. gov. cn/

注：不含港澳台数据，新疆生产建设兵团单独列入。

从表 5—1 可以看出，浙江、山东、江苏、广东、上海、海南和辽宁的对外投资最为活跃，当年对外直接投资流量均在 10 亿美元以上，其中浙江、山东和江苏三省均超过 20 亿美元。浙江省对外投资额相比 2010 年下降了 19.36%，虽仍占据排行榜首位，但领先其他地区的差距在缩小。甘肃省由 2010 年排行榜第 25 位跃居 2011 年第 11 位，对外投资额增长了近 5.3 倍，海南省由 2010 年排行榜第 18 位跃居 2011 年第 6 位，对外投资增长了近 4.4 倍。从有统计数据的年份看，西藏自治区对外投资增长迅速，由 2010 年的 29 万美元增至 2011 年的 216 万美元，增长了 6 倍多。青海省对外投资依然落后，这几年变化不大，均在 500 万美元以下。2011 年，各省市平均实际完成对外投资 6.3 亿美元，其中，只有 11 个省市高于平均值，总计完成对外投资 148.3 亿美元，占全国的比重达 73.1%，21 个省市低于平均值，总计完成对外投资 54.7 亿美元，占全国的比重仅为 26.9%。其中，2011 年位居对外投资排行榜第一位的浙江省，当年实际完成对外直接投资 21.1 亿美元，占全国的 10.4%，而在总排行榜中排名第 32 位的青海省，当年实际完成对外直接投资 173 万美元，仅为浙江省的 1/1 222。

二、2011 年中国企业对外直接投资排行榜总体评析

（一）2011 年中国境内投资者对外直接投资（非金融类）整体态势

据商务部合作司发布的中国非金融类对外直接投资简明统计，近年来中国境内投资者非金融类对外直接投资稳步增长，由 2009 年的 433 亿美元增长到 2011 年的 600.7 亿美元，共计增长 39%，而 2011 年与上年相比，增长仅为 1.8%，增速放缓。2009—2011 年非金融类对外直接投资增长趋势如图 5—1 所示。

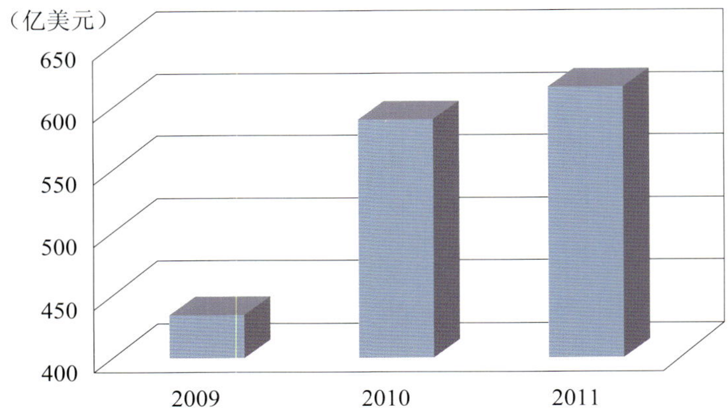

图 5—1　2011 年非金融类对外直接投资增长趋势

资料来源：根据中国商务部综合司网站资料整理

（二）区域结构

2011 年，中国企业对外直接投资的区域结构①如表 5—2 所示。

表 5—2　中国企业对外直接投资区域分布及其变化情况　（亿美元，%）

区域	2011 年金额	2011 年比重	2010—2011 年增幅	2009—2010 年增幅	平均增幅
东部	139.7	68.8	15.7	99.2	57.5
中部	30.9	15.2	53	−7.8	22.6
西部	32.3	16	44.8	87.4	66.1

资料来源：根据中国商务部资料整理

由表 5—2 可以看出，东部 11 省市由于经济发展水平高，加之占据地缘优势，在中国企业对外直接投资中处于举足轻重的位置，在 2011 年排行榜前十名中独占八个席位，对外投资总额占全国的比重达到 68.8%。且从发展趋势上来看，东部地区对外直接投资增势依然迅猛，2009—2011 年平均增幅达到 57.5%。2011 年，中部 8 省市实际完成对外直接投资 30.9 亿美元，占全国的比重达到 15.2%。中部地区很好地利用了金融危机带来的机遇，开展了大规模的以海外收购为主的对外直接投资，金融危机后，整体处于消化吸收阶段，增幅明显放缓，已开始落后于西部地区。西部地区整体经济水平差，对外直接投资起步较晚。2011 年，西部 12 省市实际完成对外直接投资 32.3 亿美元，占全国的比重达到 16%，西部地区在对外投资规模上已超过中部地区。西部地区的对外直接投资一直处于缓慢增长阶段，近期增速较快，随着金融危机影响的逐渐褪去，西部地区显示

① 区域的划分是依据国家统计局的划分标准。其中，东部地区 11 省市包括北京市、天津市、河北省、辽宁省、上海市、江苏省、浙江省、福建省、山东省、广东省和海南省；中部地区 8 省市包括山西省、吉林省、黑龙江省、安徽省、江西省、河南省、湖北省和湖南省；西部地区 12 省市包括四川省、重庆市、贵州省、云南省、陕西省、甘肃省、青海省、宁夏回族自治区、新疆维吾尔自治区、新疆生产建设兵团、广西壮族自治区和内蒙古自治区。

出了强劲的冲击力，2011 年对外直接投资同比增幅达 44.8%，平均增幅更是达到了 66.1%。总体来看，中部和西部基本处于同一起跑线上，整体水平仍远远落后于东部。由此可见，东部地区在“走出去”战略的实施方面要遥遥领先于西部和中部。

（三）典型省市分析

1. 浙江省

浙江省作为中国东部沿海的门户，经济发展水平高，对外直接投资一直走在中国的前列。2011 年，浙江省实际完成对外直接投资 21.1 亿美元，占全国的比重达 10.4%，连续两年名列排行榜首位。从行业来看，浙江省对外直接投资主要分布在制造业、批发和零售业、商务服务业等 16 个行业，从地域来看，主要分布在香港、瑞典、美国、德国和越南等国家。

2011 年，浙江省对外直接投资呈现出民营企业海外并购活跃、拓展国际市场成效明显等特点，亚洲仍是浙江省对外直接投资流量聚集度最高的地区。民营企业以并购方式实现的境外投资项目 45 个，高于 2010 年的 43 个。境外投资方式向增资、并购等多元转变，企业国际化经营能力在逐步提高。2010 年，富丽达控股集团有限公司斥资 2.53 亿美元收购加拿大 NEUCEL 公司，2011 年实现净利润 6 000 多万元，进入产业链上游。2011 年，海宁蒙奴集团投资 1 737 万美元收购美国杰妮芙股份有限公司 90.1%的股权①，为企业拓展境外营销网络，抢占北美家具销售终端市场奠定了良好基础。浙江企业通过海外并购大胆走出去，大多数并购项目都运行良好，一些在并购前亏损甚至濒临破产的并购项目，并购完成后很快扭亏为盈，体现了浙江企业良好的风险掌控力和经营能力。

2. 山东省

近年来，山东省对外直接投资一直位于全国前列。2011 年，山东省实际完成对外直接投资达 20.8 亿美元，名列排行榜第二位，东部地区第二位。2011 年新核准境外企业 372 家，其中，中方投资 27.1 亿美元，分别增长 3.3%、46.4%，新核准跨国并购项目 35 个，中方投资 7.3 亿美元，分别增长 34.6%、53.9%，新核准境外加工贸易企业 70 家，中方投资 7.5 亿美元，分别增长 20.7%、56.6%。山东的一批企业还通过并购境外资产、先进技术、品牌和营销网络，提高核心竞争力。入世十年间，全省共核准跨国并购项目 72 个，并购金额 58 亿美元。从对外投资行业分布来看，国有企业境外投资主要分布在煤炭开采、商务服务和其他服务业三大行业，其中煤炭开采占了 55.66%，非国有企业境外投资主要分布在纺织服装、工业和建筑三大行业。

山东省对外直接投资呈现出以下特点：一是境外资源开发成效明显。通过收购矿权、林权、股权和租赁、合资、合作等形式，全年回运铁矿砂 330 万吨、铝矾土 300 万吨、木材 60 万立方米，在境外实现煤炭产量 1 500 万吨，种植橡胶 22 万亩、棕榈 15 万亩、棉花 7 万亩。二是加快优势产能转移步伐。通过制定投资产业导向，引导产能转移与境

① 美国杰妮芙股份有限公司于 1986 年成立于特拉华州，是美国最大的沙发床专业零售店和皮革制品专业零售店集团，旗下拥有 2 个全球家具业的著名品牌。公司现有员工 500 余名，拥有 73 家家具门店，由于受金融危机影响，公司进入破产并进行重组。

外资源开发相结合，就地开展原料加工，境外已形成 3 200 万件（套）服装、800 万台家用电器、15 万台计算机、80 万立方米木材加工的生产能力。纺织服装企业在东盟国家聚集发展，淄博兰雁、潍坊桑莎在柬埔寨投资 1 亿美元购买 230 公顷土地建设纺织工业园。引导本土企业在境外设立研发中心、收购国际品牌、布局营销网络，累计设立境外营销网络和研发中心 1 087 家。三是跨国并购。如，烟台万华采取“内保外贷”方式投资 12.6 亿欧元并购匈牙利最大的化工企业宝思德公司，跃居为世界前三位的异氰酸酯生产商和欧洲最大的异氰酸酯供应商。

3. 江苏省

多年来，江苏省对外直接投资一直稳居排行榜前十名。2011 年实际完成对外直接投资 20.01 亿美元，名列排行榜第三位。全年共核准境外投资项目 505 个，中方协议投资 36 亿美元，同比分别增长 23.8%、65.5%。对外投资企业项目 443 个，平均投资规模达 810 万美元，比上年增加 208 万美元，增幅达 34.6%。

其中，江苏省民营企业“走出去”的步伐加速，境外产业集群已颇具规模。江苏省民营企业对外投资领域主要涉及机械、纺织、电子、轻工等行业，带动了产业转移和升级。民营企业“走出去”的数量和规模逐渐增加，已占到全省境外投资总额的 70%。境外投资领域由点到面，从以设立贸易公司和办事处为主，向以设立境外生产加工型企业、资源开发、营销网络、设立研发机构和境外经贸合作区等多领域发展。境外投资形式从单一向多样化发展，从绿地投资到跨国参股并购、境外上市。投资国别从发展中国家到发达国家，其中，亚洲、北美洲和欧洲是江苏民营企业“走出去”的重点区域。在方式选择上，采取了“抱团取暖”的园区经济模式，即到国外建立经贸园区，建设境外省级产业集聚区，引导省内优势产业转移到海外，拓展省内产业转型升级空间，推动省内企业形成“产业配套・集聚・联合”的优势，开辟江苏企业“走出去”的新平台。如，江苏太湖柬埔寨国际经济合作区投资有限公司承建的“柬埔寨西哈努克港经济特区”（简称“西港特区”），在针对欧美对中国出口产品设限和反倾销等问题上取得了良好成效。截至 2011 年底，西港特区入驻企业 16 家，9 家已正式投产运营，涉及服装、鞋类、箱包、钢结构等行业，吸纳 3 500 多名柬埔寨员工入区工作。

4. 湖南省

2011 年，湖南省对外直接投资继续保持良好发展态势，当年实际完成对外直接投资 8.05 亿美元，居排行榜第八位，跃居中部地区第一位。2011 年，核准境外投资企业 136 家，合同投资总额 19.50 亿美元，同比增长 148.1%，中方合同投资额 17.82 亿美元，同比增长 154.8%，累计实现对外直接投资额 8.05 亿美元，同比增长 158.5%。2011 年，全省企业共发生海外并购 16 起，涉及合同投资总额 3.38 亿美元，其中，中方合同投资额 2.65 亿美元，分别占全年总额的 11.8%、17.3%、14.9%。

2011 年，湖南省对外直接投资呈现以下特点：一是投资主体壮大，投资区域拓宽，新开辟了丹麦、塞拉利昂、瓦努阿图和乍得四个新市场。二是境外资源勘探和开发成为年度热点，领域拓宽、进程加快。全年共核准境外矿产资源开发类企业 34 家，占全年的

25%，中方合同投资额 2.7 亿美元，占全年的 15.3%。省内有色地勘局、地矿局、核工业局、煤田局等下属 20 多家地质矿产勘探队伍相继走出国门，在亚洲、非洲、南美洲、大洋洲等 19 个国家和地区设立境外企业，进行矿产资源勘探并获得了矿业权。三是把握机遇，积极开展跨国并购。在新能源领域，自湖南德胜能源成功进驻瑞典高端市场后，湘电集团及其子公司湘电风能、湘电新能源今年以并购保加利亚诺克思旗下多个风场的形式进驻东欧，中方合同投资总额达 2.1 亿美元。并购资本达 1.1 亿美元。四是境外融资方式不断丰富、增资项目显著增加。湖南省企业境外融资方式主要为“内保外贷”，2011 年中联重科通过 H 股上市，开拓了新的融资渠道，全年共募集资金 144 亿港币，并将其中 38%用于开拓海外市场，在世界各地近 50 个国家建立销售网络、售后服务中心及部件仓库，加强海外分销及服务网络，同时提升海外融资租赁服务等。在全年的对外投资中，增资项目中方合同投资额达 7.52 亿美元，占全年总数的 42.2%。五是东盟市场的开拓进一步深化，并逐渐走向集约式发展。全年共计核准在东盟投资的企业 47 家，占全年总数的 34.6%，在东盟已有境外商会 3 家，工业园区 3 个，在东盟投资的企业尤其是中小民营企业开始逐步走向集约式发展道路，通过商会、工业园区等平台，将有限的个体力量凝聚到一起，增强企业之间的团结协作和资源共享，同时也为企业在海外发展提供了极大的便利，推动“走出去”事业的发展。近年来，湖南省加快实施“走出去”战略，相继出台一系列扶持政策，如地税部门积极落实境外所得税优惠政策，鼓励企业“走出去”利用境外资源和市场。投资遍及美国、英国、德国、日本等 61 个国家和地区，涉及出口贸易、矿产资源勘探开发、计算机软硬件、通信技术和生物医药等多个领域。

5. 甘肃省

近年来，甘肃省对外直接投资高速平稳发展，2011 年实际完成对外直接投资 6.35 亿美元，居排行榜第十一位，西部地区第一位。数据显示，2011 年，甘肃核准境外投资企业及机构 22 家，其中，核准境外投资企业 15 家，核准变更境外企业投资主体 6 家，核准设立境外机构 1 家。

甘肃省对外投资呈现出以下特点：并购类投资成为甘肃对外投资的主要方式，该类项目 2011 年实际投资额超过 3.3 亿美元，占全省实际投资总额的 98%以上。如金川集团有限公司并购南非思威铂业项目，投资额约 1.265 亿美元；酒钢集团合资合作开发阿尔巴尼亚布尔齐泽铬铁矿项目，投资额约 600 万加元；甘肃海外公司华陇（加纳）盐场开发项目，合同额约 5 735 万美元。投资领域不断扩大，主要为资源开发、加工制造、服务贸易、医疗保健、建筑建材等。避税地投资业务显著增加，如增加企业在香港、英属维尔京群岛等地的投资。资源类投资成为甘肃对外投资的主要内容，其实际投资额达 33 913 万美元，占全省实际投资总额的 98.7%。与此同时，大型国有企业依然是对外投资的主力军，该类企业 2011 年前 10 个月实际投资额达 33 963 万美元，占全省实际投资总额的 98.9%。此外，民营企业对外直接投资规模有所加大，如兰州海默公司向其阿联酋分公司追加投资 1 491 万美元、甘肃诺客达公司投资 1 000 万美元在境外设立公司等。

第二节　2009—2011 年中国各省（市）对外直接投资变化态势分析

一、2009—2011 年中国各省（市）对外直接投资变化率排行榜

（一）2009—2010 年中国各省（市）对外直接投资变化率排行榜

2010 年，中国实际完成对外直接投资 163.2 亿美元，同比增长 72.69%。统计数据显示，2009—2010 年，按对外直接投资增速排名，居首位的是安徽省，同比增幅达 1 315.51%；其次是重庆市，同比增速达 667.80%；排名第三位的是甘肃省，增速达 518.90%。增速最慢的为山西省，同比下降 88.10%。其他增速较慢的省市有：内蒙古自治区、湖南、青海等。整体上，增速超过全国平均增长速度的省市有 8 个，低于全国平均增长速度的省市有 23 个。

（二）2010—2011 年中国各省（市）对外直接投资变化率排行榜

2010—2011 年中国各省市对外投资的增速放缓。按对外直接投资增速排名，居首位的是甘肃省，同比增幅达 526.70%；其次是海南省，同比增幅达 434.52%；排名第三位的是湖北省，同比增幅达 398.91%。增速最慢的是宁夏回族自治区，同比下降 59.45%。其他增速较慢的省市有：安徽省、辽宁省、广西壮族自治区、福建省和新疆生产建设兵团。全国平均增长速度 82.85%，整体上，增速超过全国平均增长速度的省市有 9 个，低于全国平均增长速度的省市有 22 个。2009—2011 年度中国各省市对外直接投资变化率排行榜如表 5—3 所示。

表 5—3　2009—2011 年中国各省（市）对外直接投资变化率排行榜　（%）

省市区名称	2010—2011 年变化率	排名	2009—2010 年变化率	排名
甘肃省	526.70	1	518.90	3
海南省	434.52	2	201.50	6
湖北省	398.91	3	26.40	24
山西省	287.60	4	−88.10	31
贵州省	282.35	5	−2.30	25
内蒙古自治区	161.84	6	−78.60	30
湖南省	158.50	7	−69.36	29
河南省	93.18	8	−12.40	26
天津市	85.12	9	64.50	18
江苏省	66.63	10	72.10	16
广东省	59.12	11	54.55	20
青海省	57.27	12	−47.10	28

续表

省市区名称	2010—2011 年变化率	排名	2009—2010 年变化率	排名
四川省	55.29	13	31.60	23
陕西省	52.68	14	118.60	11
江西省	32	15	427	4
山东省	30.84	16	74.60	15
云南省	20.41	17	75.60	14
吉林省	9.28	18	−46.70	27
北京市	7.42	19	126.90	10
新疆维吾尔自治区	6.17	20	101.30	13
重庆市	4.95	21	667.80	2
上海市	−2.88	22	57.80	19
黑龙江省	−8.73	23	33.80	22
河北省	−17.03	24	181.20	7
浙江省	−19.36	25	235.20	5
新疆生产建设兵团	−25.61	26	66.90	17
福建省	−27.98	27	53.40	21
广西壮族自治区	−29.06	28	166.90	8
辽宁省	−35.21	29	101.40	12
安徽省	−37.17	30	1 315.51	1
宁夏回族自治区	−59.45	31	145.60	9

资料来源：根据中国商务部合作司资料整理

注：由于西藏自治区对外直接投资数额较少，且 2009 年未进行相关统计，考虑到数据的连续性，西藏自治区未列入比较之列，同时不含港澳台数据，新疆生产建设兵团单独列入。

二、2009—2011 年中国各省（市）对外直接投资变化率分析

由表 5—3 可以看出，近年来，中国各省市对外直接投资发生了不同程度的变化，这里，我们选取 2009—2011 年对外直接投资持续增长且增幅最大的 10 个省份，以及振幅最大的 10 个省份进行了整理，结果如表 5—4、表 5—5 所示。

表 5—4　2009—2011 年中国各省（市）对外直接投资持续增长且增幅最大的 10 个省份　（%）

省（市）名称	2010—2011 年变化率	排名	2009—2010 年变化率	排名	2009—2011 年平均增幅	增幅总排名
甘肃省	526.70	1	518.90	3	522.80	1
重庆市	4.95	21	667.80	2	336.38	2
海南省	434.52	2	201.50	6	318.01	3
江西省	32	15	427	4	229.50	4
湖北省	398.91	3	26.40	24	212.66	5

续表

省（市）名称	2010—2011 年变化率	排名	2009—2010 年变化率	排名	2009—2011 年平均增幅	增幅总排名
陕西省	52.68	14	118.60	11	85.64	6
天津市	85.12	9	64.50	18	74.81	7
江苏省	66.63	10	72.10	16	69.37	8
北京市	7.42	19	126.90	10	67.16	9
广东省	59.12	11	54.55	20	56.84	10

资料来源：根据中国商务部合作司资料整理

表 5—5　2009—2011 年中国各省（市）对外直接投资振幅最大的 10 个省份　（%）

省市区名称	2010—2011 年变化率	排名	2009—2010 年变化率	排名	2009—2011 年平均振幅绝对值	振幅绝对值总排名
安徽省	—37.17	30	1 315.51	1	676.34	1
重庆市	4.95	21	667.80	2	331.43	2
江西省	32	15	427	4	197.50	3
山西省	287.60	4	—88.10	31	187.85	4
湖北省	398.91	3	26.40	24	186.26	5
贵州省	282.35	5	—2.30	25	142.33	6
浙江省	—19.36	25	235.20	5	127.28	7
内蒙古自治区	161.84	6	—78.60	30	120.22	8
海南省	434.52	2	201.50	6	116.51	9
湖南省	158.50	7	—69.36	29	113.93	10

资料来源：根据中国商务部合作司资料整理

结合表 5—3、表 5—4、表 5—5 可以看出，近年来，各省市对外直接投资发生了一定程度的变化，接下来，本文选取典型省市，对近年来各省市对外直接投资的变化情况展开详细剖析：

2010 年，重庆市实际完成对外投资同比增幅高达 667.8%，列增幅榜第二名，2011 年回落明显，同比增幅只有 4.95%，列增幅榜第二十一名。结合表 5—4 与表 5—5 可以看出，重庆市近年平均增幅与振幅绝对值仍然均保持在第二位。2011 年，重庆市新核准境外企业（机构）57 个，实际投资 4.2 亿美元。作为年轻的直辖市，重庆正经历着从老工业基地向长江上游经济中心的转型。近年来，重庆在对外直接投资过程中，民营企业业绩非凡，如重庆博赛矿业将在加纳投资 12 亿美元兴建氧化铝项目，在北欧投资 5 亿美元兴建年产 30 万吨电解铝项目，投资 1 亿美元扩大博赛矿业圭亚那铝矿现有产能；宗申集团计划投资 4 000 万美元建设巴西新摩托车工厂，建筑面积 13.32 万平方米，一期工程产能 10 万台摩托车，预计 2012 年上半年竣工投产；东风小康将与外方共同投资 1 亿美元在巴西建设整车厂；南方集团也预计斥资 2.5 亿美元用于对外投资。重庆市企业对外直接投资以亚洲及不发达国家和地区为主，投资行业以机械制造业为主，并向多元化发展。如，2011 年 4 月，重庆轻纺集团投资 1.3 亿欧元收购全球汽车密封条研发制造领先企业——德国萨固密公司，成为大众、奔驰、宝马、福特等大型车企的配套商；四联集团两年前收购的加拿大蓝宝石工厂已生产出合格的蓝宝石，2011 年下半年就已经在扩产，该厂将成为中国最大的一家蓝宝石生产工厂，四联集团收购的法国汤姆逊半导体研发团队，已研发出卫星电视解码技术，并在国内中标，目前正在生产解码设备。重庆市投资企业的类型从贸易型企业转向以生产型企业为主，投资方式呈现龙头企业带动的集群式发展趋势（曹跃群，2008），粮食集团境外优质油料基地建设是近年来重庆实施“走出去”战略的一部分。

2010 年，安徽省对外直接投资同比增长达到历史性的 1 315.51%，2011 年同比下降了 37.17%，振幅跨度较大，平均振幅绝对值排名第一。2011 年，国家发改委核准 3 个境外投资项目：奇瑞汽车在巴西投资建设年产 5 万辆整车，总投资 2.45 亿美元；海螺水泥在印尼投资建设年产 155 万吨水泥生产线，一期总投资 4.03 亿美元；合肥海润光伏在保加利亚投资建设 50 兆瓦光伏电站，总投资 1.69 亿美元。安徽省发改委权限内核准了安徽金拓矿业有限公司在博茨瓦纳开展资源风险勘察项目等 15 个境外投资项目，合计核准 18 个境外投资项目，境外投资规模约 10 亿美元。安徽省境外投资范围涉及建筑、矿产资源开发、农业合作开发、建设生产基地和营销网络等多个领域，其中矿产资源开发仍是安徽省境外投资热点，除传统的直接到境外投资办厂、资源开发外，境外收购成为最重要的投资方式，2012 年新批项目中境外收购项目占 60%以上。

第三节　结论和建议

一、主要结论

通过对 2011 年中国企业对外直接投资分省（市）排行榜的分析，我们初步得出如下结论：

（一）中国企业对外直接投资总体呈现上升的趋势，但增速明显放缓

据商务部对外投资和经济合作司的统计，2011 年中国境内投资者共对全球 132 个国家和地区的 3 391 家境外企业进行了非金融类对外直接投资，累计实现直接投资 600.7 亿美元，同比增长 1.8%。相比 2010 年非金融类对外直接投资同比增长 36.3%，增速明显放缓。

（二）中国企业对外直接投资各省市地区间发展不平衡

中国企业对外直接投资区域分布的地区间差距较大，部分省市间的差距呈扩大趋势。东部沿海地区对外投资事业发展明显好于中部和西部，中部、西部地区呈现赶超之势，但差距仍然很大，部分省市间的差距呈扩大的趋势。比如，居 2011 年中国非金融类对外直接投资排行榜首位的浙江省，当年实际完成对外直接投资 21.14 亿美元，而同期列排

行榜最后一名的青海省实际完成对外直接投资仅为0.017亿美元，二者之间的差距可见一斑。与此同时，排行榜前十名的省市共完成对外直接投资142亿美元，占全国的70%，其余21个省市共完成对外直接投资61亿美元，占全国的比重仅为30%。

（三）跨国并购热度不减

绿地投资和跨国并购是企业进行海外投资的两种主要形式。随着经济全球化进程的加快，跨国并购逐渐取代绿地投资成为全球对外直接投资的新趋势。跨国并购为母公司提供了一条取得他国有形和无形资产的便捷方式，还可使公司在全国或全球范围内联合其他公司，优化自身产业结构，获得竞争优势，跨国并购正逐步成为中国企业对外直接投资的主要方式。商务部统计数据显示，2011年中国企业以并购方式实现的直接投资达222亿美元，占投资总额的37%。

二、建议

（一）统筹规划对外直接投资区位以及行业选择

目前中国企业对外直接投资中还存在着区域分布结构过于集中、投资产业结构失衡的问题（赵囡囡，2011）。截至2011年底，中国企业已经在世界180多个国家和地区开展了对外直接投资，亚洲占据中国对外直接投资存量的70%以上，其中，仅香港一个地区就占存量的六成；拉丁美洲位居第二，而在拉丁美洲的投资存量中，90%左右又集中在开曼群岛和英属维尔京群岛。对外直接投资区域分布过于集中，不利于分散投资风险。同时，中国企业对外投资产业结构层次较低。中国企业的对外直接投资主要集中在煤、铁、有色金属、石油等能源资源类产业，以及中国已经发展成熟的劳动密集型产业，资本密集型产业投资开始增加，但高新技术产业投资明显偏少。

根据《中共中央关于制定国民经济和社会发展第十二个五年规划的建议》和《中华人民共和国国民经济和社会发展第十二个五年规划纲要》，商务部在分析“十一五”期间中国对外投资合作的发展特征和经验以及对“十二五”时期合作发展面临的国内外形势分析的基础上，明确了“十二五”时期对外投资合作发展的主要任务，其中包括优化对外投资合作市场布局，提高参与国际分工合作水平；优化对外投资合作行业布局，推动产业结构升级。林毅夫的比较优势战略理论（2003）认为，在不同阶段，对不同国家和地区采取不同的投资重点策略，将利于中国整体的经济发展。比如，与非洲和拉美地区投资合作，以推动境外制造业基地建设，深化能源、资源、农业、基础设施合作为主；对欧美发达国家投资合作，以提升技术研发水平、创建知名品牌、拓展营销网络为主。由此可见，中国企业对外直接投资应根据外部市场需求，进一步优化加工制造业、农业、技术密集型行业、能源资源、生产性服务业、文化产业等在各国投资的结构，重点扶持高新技术企业进行对外投资合作，努力营造中国对外投资区位、投资行业的合理布局。

（二）从战略层面加强跨国并购的风险防范

目前，跨国并购成为中国企业对外直接投资的主要方式。2011年，中国企业跨国并购潮风起云涌，全球四大会计师事务所之一普华永道在京公布报告显示，2011年中国大陆企业海外并购交易数量和金额均创纪录，交易数量 207 宗，金额达 429 亿美元。根据商务部研究院对外投资合作研究所的研究（2012），迄今为止，中国企业跨国并购的总成功率约为 40%，高于全球 25%的平均水平。这主要因为中国企业整体比较谨慎，锁定的目标比较少，不轻易发起收购，与此同时，多数并购发生在 2008 年的金融危机之后，并购成本比较低，交割后的整合总体也比较顺利。

然而由于跨国并购涉及的风险因素众多，如东道国政治、经济、法律、文化等环境与投资母国的差异，并购后企业内部各种资源的融合问题等，都会给跨国并购带来很大的不确定性。因此，海外投资不能仅仅考虑规模和速度，跨国并购还需从战略高度审视并购的动机，谨慎进行，盲目跟风或者仅注重投资数额指标都会给并购带来不利的影响，从长远来说不利于企业的发展。

（三）优化投资结构，实现投资主体多元化

目前，虽然中国对外直接投资主体已呈现多元化趋势，但国有企业仍然为海外投资最大的主体，占海外投资总额的 75%以上，民营企业在海外投资中明显提速，但民营企业无论是投资规模还是投资数量在对外直接投资中所占的比重都较低（朱华，2012）。近年来，随着中国经济的不断发展，涌现出华为、奇瑞、吉利、海尔、腾讯等一批具有国际影响力的民营企业。他们在对外直接投资领域有着特有的优势，如管理体制灵活，对市场的把握灵敏等，近年来发生的跨国并购案例中不时出现民营企业的身影，如东软收购芬兰赛斯卡，苏宁收购日本劳克斯，顺德日新收购智利铁矿，吉利收购沃尔沃等。由此可见，政府应顺应民营企业海外投资增速的势头，从外交、金融及其他各项政策上向民营企业倾斜，支持有实力的民营企业进军海外市场，进一步促进海外投资主体多元化。

（四）把握战略全局，提升对外直接投资效率

近年来，中国企业对外投资在规模与速度上发展迅猛，但与之相伴的是对外投资频频失利的案例：2011 年 7 月，澳大利亚昆士兰州政府终止了与中铝就奥鲁昆铝土矿资源开发的探讨，直接损失达 3.4 亿元；2010 年，中国铁建承建的沙特麦加萨法至穆戈达莎轻轨项目因实际工程数量比签约时预计工程量大幅增加等原因，总亏损额高达 41.53 亿元；中化集团在阿联酋、阿曼等国亏损上亿元等，这些失败的案例很大程度上源于中国企业缺乏海外投资的全局战略（张茉楠，2012）。全球化给企业带来了前所未有的机遇与挑战，要求企业从战略全局审视自身优势，通过对外直接投资渗入价值链的每个环节，实现资源的整合和价值的再造，从而在全球产业链和分工体系中占据优势地位。由此可见，在全球化背景下制定中国企业对外直接投资全局战略，是对外直接投资在规模、速度和效率上协同发展的保障。

参考文献

[1] 商务部合作司，http：//hzs.mofcom.gov.cn/static/date/date.html/1.

[2] 沈丹阳．商务部新闻发布会通报 2011 年中国商务运行情况．[2012－1－18].
http：//www.gov.cn/xwfb/2012－01/18/content_2047861.htm.

[3] 2012年6月22日，第五届跨国公司领袖圆桌会议，北京。
[4] 中国经济网．中国企业对外投资增长迅猛　海外并购表现抢眼．[2012－3－1]．
http：//intl. ce. cn/specials/zxxx/201203/01/t20120301_23119212. shtml.
[5] 商务部．商务部确定"十二五"时期对外投资合作发展主要任务和重点工作．
http：//www. mofcom. gov. cn/aarticle/i/jshz/new/201206/20120608176282. html.
[6] 商务部．2011年中国非金融类对外直接投资按省市区排序情况表．
http：//hzs. mofcom. gov. cn/aarticle/date/201201/20120107934068. html.
[7] 陈璐．中国对外直接投资高增长止步2011.
http：//economy. caixin. com/2012－01－21/100350782. html.
[8] 曹跃群等．重庆加快对外投资发展现状透视与路径选择研究，2008.
[9] 赵囡囡，卢进勇．中国对外直接投资现状、问题及对策分析．对外经贸实务，2011（12）：8－12.
[10] 李佳璐．中国企业对外投资现状、问题以及对策分析．国际商贸，2012（3）：186－187.
[11] 林毅夫，孙希芳．经济发展的比较优势战略理论——兼评《对外开放新时期的对外贸易战略与贸易政策评论》．北京大学中国经济研究中心工作论文，No. C2003028，2003－10－10.
[12] 朱华．中国对外直接投资：新格局和新特点. 国际经济合作．2012（1）：18－21.
[13] 张茉楠．海外投资缺风险管理更缺全局战略．[2012－4－13]．
http：//www. iceo. com. cn/column/28/2012/0413/246095. shtml.

第六章

2011 年中国企业对外承包工程分省（市）排行榜及其评析

第一节　2011 年中国企业对外承包工程分省（市）排行榜总体评价

一、2011 年中国对外承包工程分省（市）排行榜

根据商务部的统计（见表 6—1），从完成营业额来看，2011 年对外承包工程完成营业额排名全国第一的是广东省，完成营业额超过百亿美元，达 113.4 亿美元，同比增长 38.2%；其次是山东省，完成营业额 74.7 亿美元，同比增长 42.7%；排名第三的是江苏省，完成营业额 60 亿美元，同比增长 16.1%；其后依次是上海市、四川省、湖北省、天津市、河南省、浙江省、北京市、河北省、安徽省、江西省、辽宁省、湖南省、陕西省、云南省、黑龙江省、山西省、广西壮族自治区、新疆维吾尔自治区、福建省、重庆市、新疆生产建设兵团、贵州省、甘肃省、吉林省、青海省、宁夏回族自治区、海南省、内蒙古自治区和西藏自治区。

从新签合同额来看，2011 年排名第一的是广东省，新签合同额 134 亿美元；其次是上海市，新签合同额 123 亿美元；排名第三的是山东省，新签合同额 86 亿美元；其后依次是四川省、湖北省、江苏省、河北省、北京市、浙江省、河南省、辽宁省、天津市、安徽省、江西省、云南省、陕西省、广西壮族自治区、甘肃省、福建省、山西省、黑龙江省、新疆维吾尔自治区、湖南省、贵州省、重庆市、吉林省、新疆生产建设兵团、宁夏回族自治区、青海省、海南省、内蒙古自治区和西藏自治区。

表 6—1　2011 年中国各省（市）对外承包工程完成额、新签合同额及排名　（万美元）

省（市）名称	2011 年完成营业额	排名	省（市）名称	2011 年新签合同额	排名
广东省	1 134 158	1	广东省	1 343 526	1
山东省	747 265	2	上海市	1 234 673	2
江苏省	600 106	3	山东省	864 453	3
上海市	594 113	4	四川省	745 344	4
四川省	498 692	5	湖北省	631 308	5
湖北省	406 741	6	江苏省	588 537	6
天津市	299 081	7	河北省	328 230	7
河南省	291 264	8	北京市	261 088	8
浙江省	289 942	9	浙江省	257 437	9
北京市	248 098	10	河南省	230 318	10
河北省	243 603	11	辽宁省	197 637	11
安徽省	236 706	12	天津市	194 390	12
江西省	158 503	13	安徽省	193 661	13
辽宁省	150 798	14	江西省	144 191	14

续表

省（市）名称	2011 年完成营业额	排名	省（市）名称	2011 年新签合同额	排名
湖南省	145 987	15	云南省	112 125	15
陕西省	136 256	16	陕西省	83 517	16
云南省	114 468	17	广西壮族自治区	55 061	17
黑龙江省	109 161	18	甘肃省	54 691	18
山西省	69 676	19	福建省	49 016	19
广西壮族自治区	65 296	20	山西省	41 821	20
新疆维吾尔自治区	63 209	21	黑龙江省	41 254	21
福建省	50 373	22	新疆维吾尔自治区	39 840	22
重庆市	41 770	23	湖南省	39 747	23
新疆生产建设兵团	33 988	24	贵州省	29 649	24
贵州省	30 015	25	重庆市	16 748	25
甘肃省	29 664	26	吉林省	7 605	26
吉林省	29 510	27	新疆生产建设兵团	7 147	27
青海省	4 633	28	宁夏回族自治区	3 262	28
宁夏回族自治区	1 841	29	青海省	1 225	29
海南省	1 382	30	海南省	493	30
内蒙古自治区	0	31	内蒙古自治区	0	31
西藏自治区	无	32	西藏自治区	无	32

数据来源：中国商务部对外投资和经济合作司

注：不含港澳台数据，新疆生产建设兵团单独列入。

二、2011 年中国对外承包工程的总体评价

2011 年，西方主要经济体表现低迷，主权债务危机不断蔓延，西亚、非洲政治动荡，受种种因素的影响，世界经济复苏脚步放缓。国际工程市场呈现资金趋紧、需求持续疲软的态势。虽然如此，2011 年，中国对外承包工程在不利的外部环境中仍然取得了可喜的成绩。

（一）对外承包工程业务规模继续扩大，增速相对平稳

近年来，中国对外承包工程一直保持快速增长的势头，如图 6—1 所示。根据对外承包商会公布的数据显示，“十一五”期间（2006 至 2010 年），中国对外承包工程完成营业总额是“十五”期间（2001 至 2005 年）的四倍，年均增长率 32.5%；新签合同总额是“十五”期间的五倍，年均增长率 20%。统计数据显示，2011 年，中国对外承包工程企业完成营业额 1 034.2 亿美元，同比增长 12.2%；新签合同额 1 423.3 亿美元，同比增长 5.9%。2011 年中国对外承包工程行业虽然依旧保持高增长态势，但与前几年 20%～40%的增长率相比，其发展明显放慢了脚步，驶入了平稳发展的轨道。

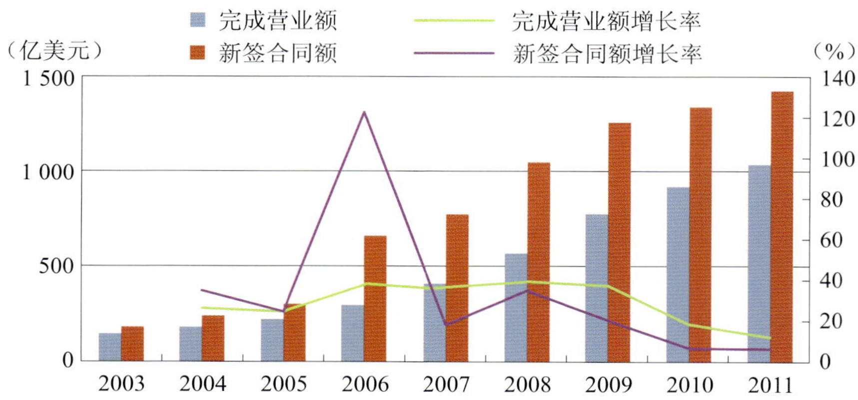

图 6—1　对外承包工程情况

数据来源：根据中国商务部对外承包工程统计相关数据整理

（二）传统市场稳固发展，其他市场亮点频现

从对外承包工程的市场格局看，亚洲和非洲仍是中国对外承包工程的主要市场，并在 2011 年得到稳固发展。2011 年，中国对外承包工程在亚非市场上的业务份额仍占到全球市场的 80%。由于印度、沙特阿拉伯等市场的支撑，亚洲市场稳坐第一大市场的交椅，占据 45%的业务量。非洲市场在 2011 年先抑后扬，先是受到年初利比亚、埃及等地局势动荡的影响，非洲地区上半年的合同额有所减少，新签合同额 152.8 亿美元，同比下降 22.7%。但是，下半年出现了强势复苏迹象，安哥拉、阿尔及利亚等市场表现出众，使非洲地区全年新签合同额达 457.7 亿美元，同比增长 19.36%。

前两年出现发展势头的拉美市场逐渐形成新的增长点，新签合同额将近 170 亿美元，重点市场委内瑞拉业务规模继续增大，巴哈马、古巴市场的表现引人注目。

北美市场和欧洲市场的合同额都增长两成，多个风塔和电信项目让中国承包商在美国市场的发展取得新的进展；一些企业还抓住市场调整的机遇，在白俄罗斯、格鲁吉亚等国的市场上取得突破，而独联体国家的表现使欧洲的业务呈现上升趋势。

（三）电力、电信行业发展迅猛，成为增长黑马

2011 年，电力工业新签合同额 310.7 亿美元，占新签合同总额的 21.8%，首次超过房地产业和交通运输业，成为中国对外承包工程最大的签约领域，而交通运输、房地产两大行业占比有所减小。以私人投资为主导的制造及加工、石油化工领域业务则继续下滑。受华为公司巴西、尼日利亚、俄罗斯大型电信项目大单拉动，2011 年电子通信新签合同额达到 148 亿美元，同比增长 60.7%。

（四）承接项目档次稳步提高

据统计，2011 年 1 月至 10 月，中国企业新签 5 000 万美元以上的项目金额在总金额中所占比例达到 78.2%，上亿美元的项目达到 192 个，比去年同期增加 7 个。不少企业通过并购、联合等方式，努力增强设计、工程服务和项目投融资能力，并积极探讨 PPP-BOT（项目风险、识别与分担）等项目。

（五）企业综合实力继续上升，发展方式还需转变

中国企业在国际市场上的竞争力继续巩固，见图6—2。2011年，50家中国承包商入选美国《工程新闻纪录》（ENR）的“全球最大国际承包商225强”榜单，中国军团的业务量位居各国之首。同时，“海外安全、项目管理”等问题为企业的发展模式敲响警钟。2011年初，在政府、企业、行业组织等多方努力下，中国在利比亚承建工程的3.5万名工人成功撤离。现在，中国工程项下的外派人员总数超过30万，如此庞大的劳工队伍在海外，他们的生命财产安全问题已经成为一个重要的课题。此外，中国企业在某些国别地区承建的项目出现了一些问题，也暴露出企业在适应中高端市场的管理要求方面，还存在不少的欠缺。审视自身不足、转变发展方式，将是中国对外承包工程企业实现成长的必修课程。

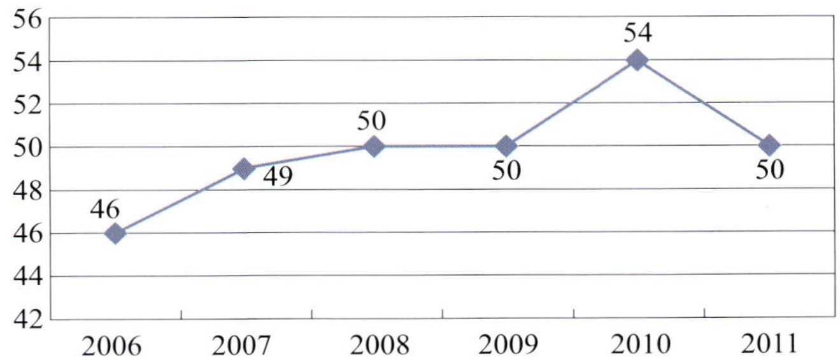

图6—2　2006—2011年中国对外承包工程企业ENR225强入选数量

数据来源：ENR公布的国际承包商225强排行榜

第二节　2011年中国企业对外承包工程分省（市）前十名分析

一、广东省

广东省在中国对外承包业务中占有非常重要的地位，2011年完成营业额首次突破百亿美元，达113.4亿美元，同比增长38.2%；新签合同额134.4亿美元，同比增长36.2%。广东省近几年的对外承包工程情况如图6—3所示。自2007年以来，广东省对外承包工程完成营业额一直排名全国第一。虽然广东省占全国对外承包工程完成营业额的比重不断下降，但短时期内其他省（市）还很难追赶上。

二、山东省

近几年，山东省对外承包工程情况如图6—4所示。从2007—2009年，山东省对外承包工程完成营业额一直排名全国第四，分别完成营业额20.3亿美元、26.2亿美元和42.5亿美元。2010年，山东省的对外承包工程完成营业额超过江苏省，上升到第三名，完成营业额52.4亿美元。2011年，山东省对外承包工程完成营业额更是超过上海市，跃居全国第二名，完成营业额74.7亿美元。

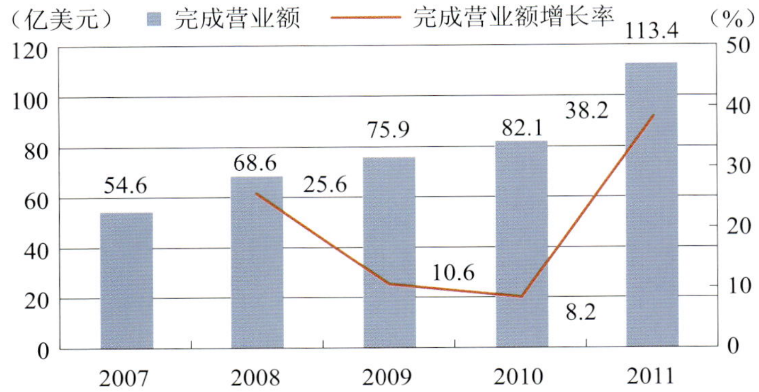

图 6—3 广东省对外承包工程情况

数据来源：根据中国商务部对外承包工程统计相关数据计算

在山东省的对外承包工程当中，房建、电力、石化三大行业占主导地位，2011 年完成营业额 65.5 亿美元，占全省总量的 87.7%。山东电建三公司、山东电建总公司、青岛建设集团、胜利石油管理局、山东电建铁军和中铁十四局集团等六家骨干企业完成营业额 51.2 亿美元，占全省总量的 68.5%。在市场多元化方面，山东省对外承包工程企业立足印度、北非及中东等传统承包工程市场，重点开拓南非和拉美市场，推动设备运营机电制造类企业承揽 EPC 项目。中铁十四局加纳西部铁路 4.1 亿美元项目，山东电建总公司赞比亚 2×15 万千瓦燃煤电站 4 亿美元项目的签订，实现了山东在新兴市场、非传统工程领域市场的突破①。

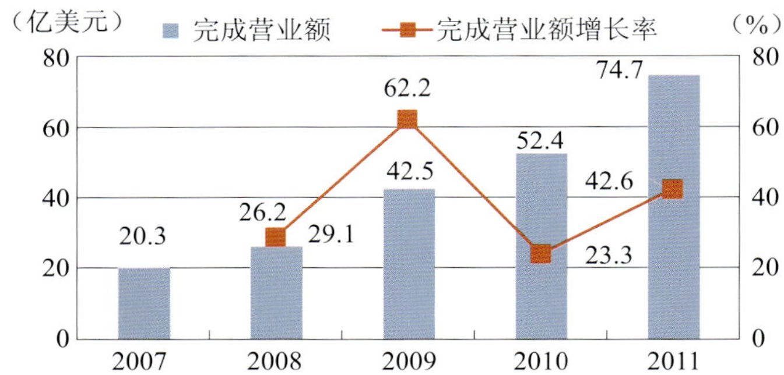

图 6—4 山东省对外承包工程情况

数据来源：根据中国商务部对外承包工程统计相关数据计算

三、江苏省

江苏省近几年对外承包工程情况如图 6—5 所示。从 2007—2009 年，江苏省对外承包工程完成营业额一直排名全国第三，分别完成营业额 34.5 亿美元、38.8 亿美元和 43.6 亿美元，2010 年被山东省超过，对外承包工程完成营业额降至全国第四名。2011

① 资料来源：2012 年山东外经信息 1 期，山东国际商务网。

年，江苏省对外承包工程完成营业额 60 亿美元，又重新升至全国第三名。其中，江苏江都建设集团有限公司的蒙古国项目新签合同额达 4.4 亿美元，为江苏省 2011 年新签最大的对外工程项目①。江苏省对外承包工程行业的发展主要存在这样几个问题：一是承接项目较小，大项目争取困难；二是企业综合竞争力有待提高，没有抱成团在海外发展业务；三是企业的业务范围比较传统，建筑安装仍是大头，而水电、太阳能、风能、化工、通信等高附加值产业涉足较少。

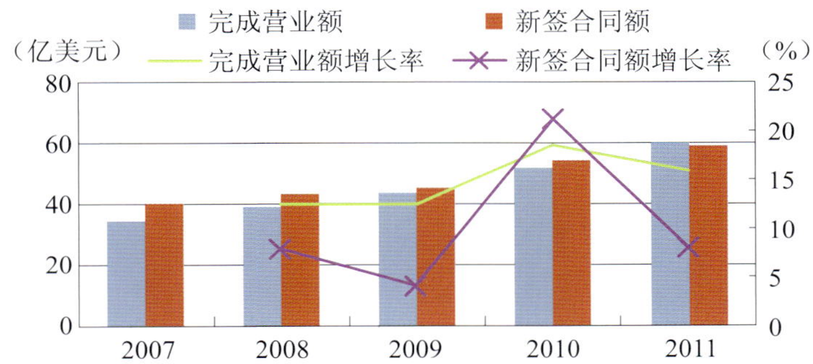

图 6—5　江苏省对外承包工程情况

数据来源：根据中国商务部对外承包工程统计相关数据计算

四、上海市

从 2007—2010 年，上海市对外承包工程完成营业额一直排名全国第二，仅次于广东省，分别完成营业额 44.9 亿美元、49.1 亿美元、66.6 亿美元和 69 亿美元。2011 年完成营业额 59.4 亿美元，同比下降了 13.9%，排名也降至全国第四名。从新签合同额来看，从 2007—2010 年，上海市的新签合同额一直排名全国第一，超过了广东省、山东省和江苏省等其他对外承包工程大省。2011 年新签合同额 123.5 亿美元，排名也被广东省超过，降至全国第二名。上海市近几年对外承包工程情况如图 6—6 所示。

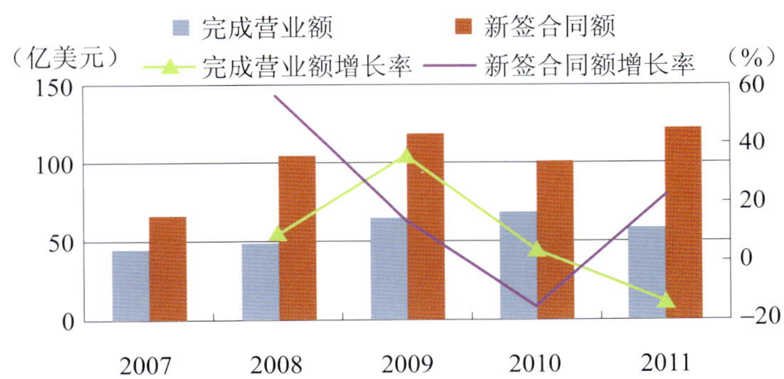

图 6—6　上海市对外承包工程情况

数据来源：根据中国商务部对外承包工程统计相关数据计算

① 资料来源：扬州市商务局，我市江苏江都建设集团公司 2011 年对外承包工程新签合同额进入国内前 50 强，http://www.yzboc.gov.cn/Article_Show.asp?ArticleID=8094。

过去，上海企业对外承包工程的强项主要集中在房屋建筑、交通运输建设等领域。2011年，上海企业对外承包工程重点“攻关”高新技术领域，电力工业、制造及加工业、电子通信业获得的工程承包金额分别达71.9亿美元、15.7亿美元和1.7亿美元，增强了上海企业“走出去”的竞争力。同时，合同额超过5 000万美元的大型、特大型项目占据了全年新签对外承包工程项目合同总额的84.5%，比2010年提升了9个百分点。其中，上海电气股份有限公司在印度市场新签的两个火电站项目，装机规模均为12台66万千瓦机组，合同总额高达53.6亿美元①。

五、四川省

四川省近几年对外承包工程情况如图6—7所示。四川省对外承包工程完成营业额排名西部地区第一，远远超过西部其他各省市，在全国2007年排名第七，2008—2011年一直排名第五，2007—2011年分别完成营业额11.9亿美元、25.2亿美元、33.6亿美元、40亿美元和50亿美元。四川省对外承包工程新签合同额也一直保持较快增长，2011年新签合同额74.5亿美元，排全国第四名，同比增长了8.8%。2011年，中国水利水电第七工程局有限公司继连续数年在国外承接大型水电项目工程后，又新签订了总额近8亿美元的水利水电工程承包项目，新签的苏丹卡吉巴尔水电站工程项目承包合同金额为7.05亿美元，马来西亚胡鲁水电站工程项目的合同金额为0.94亿美元②。

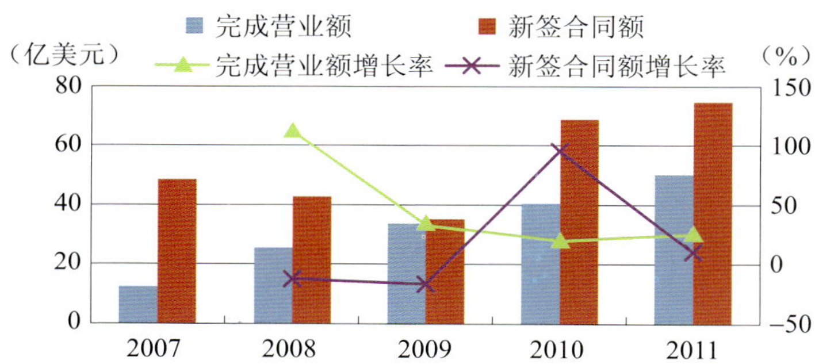

图6—7 四川省对外承包工程情况

数据来源：根据中国商务部对外承包工程统计相关数据计算

六、湖北省

湖北省近几年对外承包工程情况如图6—8所示。湖北省对外承包工程完成营业额排名中部地区第一，远远超过中部其他各省，2007—2011年分别完成营业额6亿美元、15.3亿美元、27.6亿美元、38.1亿美元和40.7亿美元，在全国的排名不断上升，2010年和2011年稳居全国第六名。从增长速度来看，湖北省对外承包工程完成营业额的增长

① 资料来源：中国传动网，火电高新技术工程承包成上海“走出去”新亮点，http://www.chuandong.com/publish/news/2012-2/198543.html。

② 资料来源：成都市商务局。

表 6—2　　2009—2011 年中国各省（市）企业对外承包工程变化率排行榜　　（%）

省（市）名称	2009—2010 年变化率	排名	省（市）名称	2010—2011 年变化率	排名
重庆市	104.75	1	福建省	114.07	1
湖南省	99.08	2	陕西省	68.17	2
内蒙古自治区	86.70	3	海南省	67.52	3
江西省	46.65	4	江西省	51.92	4
新疆维吾尔自治区	41.07	5	山东省	42.67	5
湖北省	38.20	6	河南省	40.65	6
福建省	34.63	7	广东省	38.17	7
云南省	34.49	8	贵州省	36.41	8
黑龙江省	33.65	9	湖南省	33.85	9
广西壮族自治区	29.74	10	甘肃省	32.41	10
河南省	29.57	11	四川省	24.89	11
陕西省	29.55	12	安徽省	22.82	12
安徽省	29.03	13	天津市	21.97	13
新疆生产建设兵团	28.05	14	江苏省	16.13	14
浙江省	23.75	15	重庆市	16.07	15
山东省	23.13	16	广西壮族自治区	15.71	16
北京市	20.28	17	云南省	15.40	17
四川省	18.97	18	辽宁省	14.02	18
江苏省	18.58	19	吉林省	11.93	19
天津市	17.57	20	北京市	11.50	20
宁夏回族自治区	17.11	21	新疆生产建设兵团	10.46	21
吉林省	9.72	22	宁夏回族自治区	7.60	22
广东省	8.17	23	湖北省	6.67	23
上海市	3.60	24	浙江省	5.41	24
河北省	−0.63	25	黑龙江省	3.87	25
辽宁省	−16.22	26	新疆维吾尔自治区	0.42	26
甘肃省	−20.93	27	山西省	−3.23	27
贵州省	−22.22	28	上海市	−13.85	28
山西省	−37.01	29	河北省	−14.63	29
海南省	−62.03	30	内蒙古自治区	−100.00	30
			青海省	—	—
			西藏自治区	—	—

数据来源：根据中国商务部对外经济合作司对外承包工程统计数据计算

注：不含港澳台数据，新疆生产建设兵团单独列入。

二、2009—2011年中国各省（市）企业对外承包工程变化率情况

表6—3显示了2009—2011年中国各省（市）企业对外承包工程的变化率情况。2011年中国有16个省（市）对外承包工程完成营业额的增长速度与2010年的增长速度相比出现了不同程度的下降，降幅最大的是内蒙古自治区，2011年与2010年相比下降了100%，其他增速下降的省（市）还有：重庆市、湖南省、新疆维吾尔自治区、湖北省、云南省、黑龙江省、广西壮族自治区、安徽省、浙江省、北京市、江苏省、宁夏回族自治区、上海市、河北省以及新疆生产建设兵团。2011年增长速度与2010年增长速度相比出现上升的省（市）有14个，增长速度最大的是福建省，2011年同比增长了114.07%，其他增长速度上升的省（市）还有：江西省、河南省、陕西省、山东省、四川省、天津市、吉林省、广东省、辽宁省、甘肃省、贵州省、山西省和海南省。

表6—3　2009—2011年中国各省（市）对外承包工程变化率情况　（%）

省（市）名称	2009—2010年变化率	2010—2011年变化率	变化率上升/下降
重庆市	104.75	16.07	↓
湖南省	99.08	33.85	↓
内蒙古自治区	86.70	−100.00	↓
新疆维吾尔自治区	41.07	0.42	↓
湖北省	38.20	6.67	↓
云南省	34.49	15.40	↓
黑龙江省	33.65	3.87	↓
广西壮族自治区	29.74	15.71	↓
安徽省	29.03	22.82	↓
新疆生产建设兵团	28.05	10.46	↓
浙江省	23.75	5.41	↓
北京市	20.28	11.50	↓
江苏省	18.58	16.13	↓
宁夏回族自治区	17.11	7.60	↓
上海市	3.60	−13.85	↓
河北省	−0.63	−14.63	↓
江西省	46.65	51.92	↑
福建省	34.63	114.07	↑
河南省	29.57	40.65	↑
陕西省	29.55	68.17	↑
山东省	23.13	42.67	↑
四川省	18.97	24.89	↑
天津市	17.57	21.97	↑

续表

省（市）名称	2009—2010 年变化率	2010—2011 年变化率	变化率上升/下降
吉林省	9.72	11.93	↑
广东省	8.17	38.17	↑
辽宁省	−16.22	14.02	↑
甘肃省	−20.93	32.41	↑
贵州省	−22.22	36.41	↑
山西省	−37.01	−3.23	↑
海南省	−62.03	67.52	↑

数据来源：根据中国商务部对外经济合作司对外承包工程统计数据计算

注：不含港澳台、西藏和青海数据，新疆生产建设兵团单独列入。

第四节　结论和建议

2012 年中国对外承包工程行业的发展仍面临较大挑战。一是全球经济前景不容乐观，刚刚发布的《世界经济展望》再次下调全球和各经济体的增长预期，资金流动性趋紧的压力一时难以缓解，工程投资和融资困难的状况仍将持续。二是地区性政治风险不容忽视。地方民族主义、贸易保护主义在个别国家和地区有复苏并强化的趋势，对中国主要的工程市场安全构成一定威胁。三是来自于欧美和新兴市场国家的承包商之间的竞争会越来越激烈。为此，中国对外承包工程行业要适应新的形势，结合自身特点，制订相应的发展策略，不断提升企业及整个产业的国际竞争力。

一是要转变增长方式，实现业务转型升级。目前中国对外承包工程比较集中在房屋建筑、交通运输等基础设施建设施工领域。这些领域的进入门槛相对较低，如果我们的企业仍停留在这些领域，就摆脱不了通过竞相压价的方式争取项目的状况，中国对外承包工程投资大、利润低的局面也就难以得到改善。因此，中国对外承包企业要努力转变增长方式，将业务从低端向高端延伸，全方位、多层次地开拓国际承包工程市场，并积极参与项目规划、设计等附加值高的前期运作，从而推动对外承包工程业务转型升级。

二是要充分发挥中国的资金优势，通过对外投资带动和促进工程承包发展。目前，中国政府向相关国家和地区提供了大量的资金支持，其中包括对外援助、对外优惠贷款、提供优惠出口买方信贷等措施，势必成为带动中国对外承包工程发展的重要因素。如设立规模 100 亿美元的“中国—东盟投资合作基金”，向非洲国家提供 100 亿美元信贷，向上合组织提供 100 亿美元信贷等。对外承包工程企业要抓住难得的契机，充分发挥中国的资金优势，扩大在相关国家和地区的市场份额。另外，随着中国对外直接投资规模的不断扩大，对外投资企业可以在能源和矿产资源开发、农业开发等领域与对外承包企业相互配合，将相应的工程项目交由国内的承包企业来完成。这样既能充分发挥对外承包工程企业熟悉当地市场和规则的优势，为对外投资保驾护航，又能拓展对外承包工程的市场空间，推动对外承包的发展。

三是要加强属地化运作，强化企业的社会责任。属地化策略是跨国公司在经营中普遍采用的一种管理方式。中国对外承包企业应积极与当地政府和企业合作，充分整合当地资源，逐步提高企业的属地化经营水平。在经营过程中，中国企业更是要树立可持续发展的观念，注意深耕市场，正确处理好与当地社会的关系，并在安全、社会回报等方面积极承担应有的社会责任，努力提高中国承包商的国际形象。

四是要完善风险预警机制，及时了解东道国政治经济形势，主动防范风险。目前中国对外承包工程主要集中在亚洲、非洲及南美洲的发展中国家。在这些国家中，有些国家的政治经济形势不稳定，有些国家的各级政府存在严重的腐败和运作不规范等问题，这都加大了中国对外承包行业在这些国家的运营风险。因此，企业和行业协会应加强对国际政治经济形势的分析和评估，尤其是在政局动荡国家开展业务的企业，更应在项目前期进行必要的风险评估。

五是要加强人才的培养和积累。对外承包工程企业需要一批复合型、外向型和开拓型的高级管理人才和技术人才，人才的缺乏已经成为制约企业发展的重要因素。要加快人才队伍的建设，积极发挥人才对产业结构优化升级的重要推动作用。人才的来源一方面是培养国内人才，另一方面要注意吸纳国际人才。为员工提供良好的培训和职业发展平台，提升企业跨文化管理的能力，营造良好的团队精神和以人为本的文化氛围。

参考文献

[1] 方方．今年对外承包工程仍有增长空间．中国经济导报，2012－3－1.

[2] 贺小虎．盘点 2011 中国对外承包工程和劳务合作．中国勘察设计，2012（3）.

[3] 李海峰．中国对外承包工程的发展趋势．中国联合商报，2011－3－7.

[4] 历志坚．中国对外承包工程的风险探析．才智，2012（3）.

[5] 林涛．浅谈中国对外承包工程业发展策略．人口与经济，2012（S1）.

[6] 刘忠广．河南省对外承包工程的现状及对策建议．对外经贸实务，2010（9）.

[7] 张华雨．北京对外承包工程业务的发展与思路．国际经济合作，2005（1）.

[8] 赵志国．对外承包工程：成长的幸福和烦恼同在．中华建筑报，2012－2－28.

[9] 赵志国．内忧外患，中国对外承包工程行业谋求转型升级．建筑时报，2012－2－9.

第七章

2011年中国企业对外劳务分省（市）排行榜及其评析

外派劳务和境外就业是我实施“走出去”战略的重要组成部分。通过互利互惠的双边劳务合作，不仅扩大和密切了双边人员往来，拓宽了对外开放领域，而且提高了中国企业“走出去”的竞争力。通过对外劳务合作，国内一部分人员实现了国外就业，这有利于减轻国内就业市场压力，更好地学习吸收国外先进的技术和管理经验，获得技术外溢，带动国内相关产业升级，以及增加外汇收入。此外，通过外派人员素质的提高，一定程度上推动了部分地区的经济社会发展。

2011 年世界经济形势仍然错综复杂。受到中东局势动荡、日本大地震、欧美主权债务危机等各类重大突发事件影响，发达国家经济整体恢复缓慢，失业率居高不下，国内消费和投资需求疲软，财政赤字和主权债务大幅上升，拖累了全球经济复苏步伐。受世界经济形势的大环境的影响，中国企业对外劳务合作也出现了新的情况和问题。

第一节　2011 年中国企业对外承包劳务分省（市）排行榜

一、2011 年中国对外劳务合作派出人数分省（市）排行榜及总体评价

根据商务部统计资料，表 7—1 给出了 2010 年和 2011 年中国各省市企业对外劳务派出排行榜和名次变化情况。相比于 2010 年，在 2011 年的排行榜中，山东省、江苏省、河南省、广东省依然牢固地占据前四名的位置。广东省派出人数延续了上一年的增长势头，坐稳第四位。排名第五至十位的依次是福建省、辽宁省、湖北省、吉林省、上海市、安徽省。排行榜前十名省份的总外派人数占到全国外派总人数的 71%，基本与上年度持平。排行榜后 21 位的省市依次为北京市、云南省、黑龙江省、天津市、湖南省、浙江省、四川省、河北省、陕西省、新疆维吾尔自治区、江西省、广西壮族自治区、新疆生产建设兵团、山西省、甘肃省、重庆市、贵州省、青海省、内蒙古自治区、宁夏回族自治区、海南省。

表 7—1　2010—2011 年中国各省（市）企业对外劳务派出人数排名　（%）

省（市） \ 年份	2011 派出人数	2011 排名	2010 派出人数	2010 排名	2010—2011 排名变化	2010—2011 派出人数变化
山东省	48 840	1	47 300	1	→	3.26
江苏省	39 167	2	34 576	2	→	13.28
河南省	38 664	3	32 435	3	→	19.20
广东省	35 679	4	24 788	4	→	43.94
福建省	27 920	5	19 182	6	↑1	45.55
辽宁省	20 798	6	18 291	7	↑1	13.71
湖北省	17 386	7	22 372	5	↓2	−22.29
吉林省	14 878	8	15 972	8	→	−6.85
上海市	14 308	9	15 910	9	→	−10.07

续表

年份 省（市）	2011 派出人数	2011 排名	2010 派出人数	2010 排名	2010—2011 排名变化	2010—2011 派出人数变化
安徽省	13 574	10	12 631	11	↑1	7.47
北京市	11 804	11	11 770	12	↑1	0.29
云南省	11 506	12	11 275	13	↑1	2.05
黑龙江省	11 200	13	3 166	23	↑10	253.76
天津市	11 081	14	7 066	17	↑3	56.82
湖南省	9 624	15	9 727	14	↓1	−1.06
浙江省	8 933	16	13 446	10	↓6	−33.56
四川省	7 496	17	5 876	18	↑1	27.57
河北省	7 228	18	8 761	15	↓3	−17.50
陕西省	6 651	19	7 638	16	↓3	−12.92
新疆维吾尔自治区	3 729	20	5 122	19	↓1	−27.20
江西省	3 517	21	4 694	21	→	−25.07
广西壮族自治区	3 337	22	4 723	20	↓2	−29.35
新疆生产建设兵团	2 579	23	3 813	22	↓1	−32.36
山西省	2 447	24	1 224	25	↑1	99.92
甘肃省	2 385	25	922	28	↑3	158.68
重庆市	2 149	26	1 790	24	↓2	20.06
贵州省	2 019	27	977	26	↓1	106.65
青海省	1 697	28	57	30	↑2	2 877.19
内蒙古自治区	1 539	29	931	27	↓2	65.31
宁夏回族自治区	291	30	453	29	↓1	−35.76
海南省	6	31	0	31	→	

资料来源：根据中国商务部统计资料整理

注：不含港澳台，西藏数据；新疆生产建设兵团单独列入；本表将计划单列市汇总入其所在省数据。

二、2011 年中国企业对外劳务合作派出人数分省（市）排行榜的总体分析

从排行榜的整体情况来看，2011 年的各省市外派劳务人数排名基本维持了 2010 年的格局，劳务输出强省依然保持较强的竞争力，排名靠后的省份依然变化不大。但是，2011 年排行榜中仍然表现出了一些新的情况，个别省份排名出现了较大幅度的波动，并且外派劳务总人数和环比变化也有一些显著的新特点。

从排行榜的派出人数分布可以看出，外派劳务排名阶梯区分依然明显（见图 7—1）。按照派出人数规模，大致可以将各省市分为五个区分较为明显的层次。首先，山东省外派劳务人数继续稳坐头把交椅，但与排名第二名的江苏省相比，优势略有缩小。排名第

二、三和四位的江苏、河南、广东三省虽然名次相对于上年保持不变，但之间派出人数差距已经缩小。特别是广东省，2011 年再次出现了强劲增长。山东、江苏、河南、广东四省组成了中国外派劳务的第一集团，派出人数在三万人以上。第二集团包括福建和辽宁两省，分别排名第五和第六位，派出人数在两万人至三万人之间。第三集团由湖北、吉林、上海、安徽、北京、云南、黑龙江、天津等八个省市。这些省市的外派劳务人数在一万人至两万人之间，近两年这个集团中的省市排名基本保持不变。第四集团包括湖南、浙江、四川、河北、陕西五个省市。这些省份派出人数在五千人以上，并且排名相对稳定。第五集团包括新疆、江西、广西、新疆生产建设兵团、山西、甘肃、重庆、贵州、青海、内蒙古、宁夏、海南等 12 个省市。这些省市的派出人数长期稳定在五千人以下。

从各省市派出人数排名的名次变化情况来看，整体上依然维持了上年的排名情况，变化不是十分剧烈，多数省份排名的调整在一到三位之间，但个别省份名次上升较大，也有个别省份出现了排名下降。名次上升最快的是黑龙江，上升了十位；排名下降最多的是浙江，排名下降了六位。

从各省市派出人数变化环比来看，全国整体外派总人数保持了 2010 年的增加态势，2011 年外派劳务人数相对于 2010 年环比增长 10.25%。环比派出人数上升较大的省份包括青海（上升 2 877.19%），黑龙江（上升 253.76%），甘肃（上升 158.68%）、贵州（上升 106.65%）、山西（上升了 99.92%）、内蒙古（上升 65.31%），天津（上升 56.82%），福建（上升 45.55%），广东（上升 43.94%）。在这些增长比例较大的省市中，青海、甘肃等波动较大的原因是其本来的基数就较小；黑龙江、福建和广东三省的

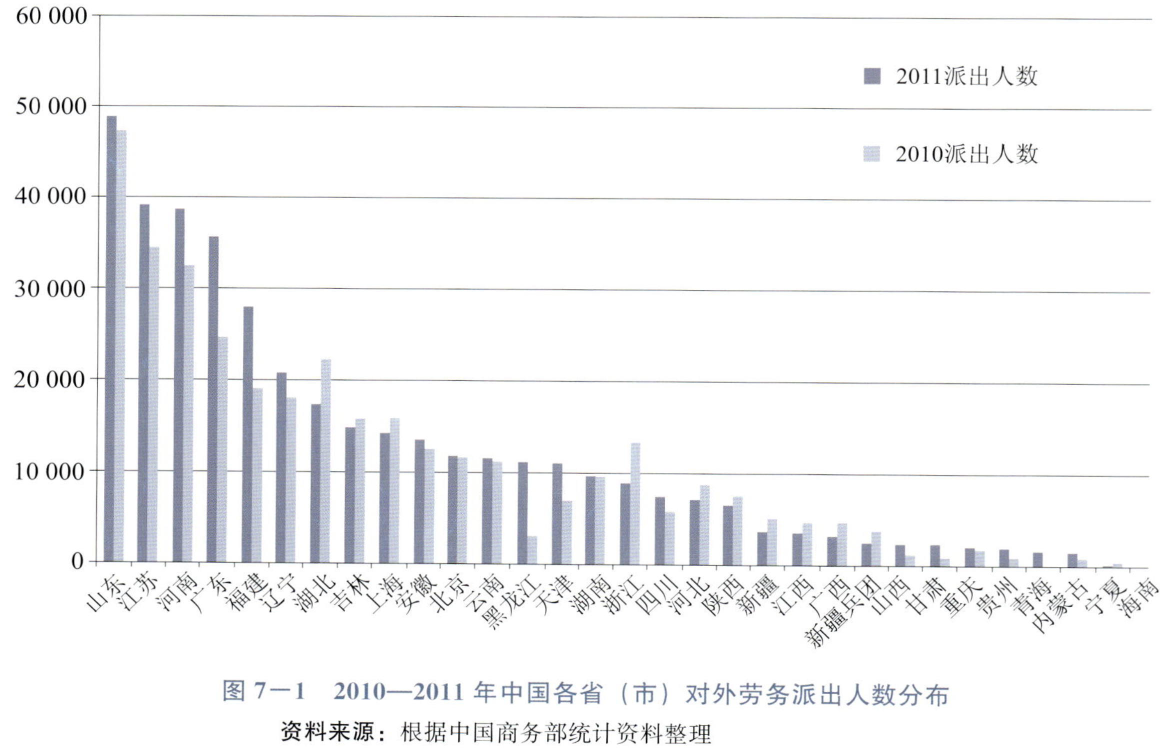

图 7—1　2010—2011 年中国各省（市）对外劳务派出人数分布

资料来源：根据中国商务部统计资料整理

注：不含港澳台、西藏数据，新疆生产建设兵团单独列入。

环比上升具有显著的意义，三省的派出人数增长的绝对数也较大。

派出人数比率下降较多的省市不多，其中包括宁夏（下降35.76%），浙江（下降33.56%），新疆生产建设兵团（下降32.36%），广西（下降29.35%），新疆（下降27.20%），江西（下降25.07%），湖北（下降22.29%）等省市，其余省市的派出人数的环比下降都较小。

综合省市排名变化、派出人数的环比变化以及派出总人数的统计，我们可对中国2011年各省市对外劳务派出做如下总结：（1）全国总体外派劳务实现了10%左右的增长，延续了2010年的增长态势；（2）综合2011年和2010年对外劳务输出排行榜来看，各省市排名位置变化不大，劳务输出大省依然保持了很强的竞争力，而西部省市在劳务输出方面的增长依然缓慢，预计这一格局在未来也很难发生改变，因此在劳务输出方面西部省份还需要进一步的推进政策和措施；（3）浙江省的外派劳务人数表现出较大的波动，排名回到了2009年的位置；（4）黑龙江在去年派出人数大幅度下滑之后，今年外派劳务人数出现了强劲的反弹，甚至超过了2009年的水平。

第二节　2011年中国企业对外劳务合作分省（市）排行榜中的典型省（市）评析

一、山东省：稳中求进

山东省2011年外派劳务人数环比增加3.26%，稳坐名列排行榜第一位的位置，是中国外派劳务的传统大省。这样优异的表现与山东省各级政府部门对外劳务合作的重视密不可分。从2010年起，山东省全力推进对外劳务合作服务平台建设，截至目前已有超过50家对外劳务合作服务平台获得商务部核准备案，居全国首位。各服务平台统一纳入山东省外派劳务网上管理系统，服务平台不以营利为目的，为外派劳务人员免费提供报名、信息录入、政策咨询、就业指导、权益保障等服务。2011年1月1日起，各地服务平台成为山东省外派企业招收劳务人员的唯一渠道，进一步规范了外派劳务招选行为。另外，山东省各类外派劳务机构众多，截至2012年6月，山东省对外承包工程企业203家，外派劳务企业165家，对外劳务合作平台50家，劳务培训机构112家，这些数字相对于2010年都有所增长，因此显示出该省外派劳务合作的发展向上的趋势，山东省外派劳务大省的地位将进一步巩固。

根据山东省商务厅统计资料，首先，山东2011年外派的日本研修生1.9万人，增长1%，实现中南非、中东、南亚等国承包工程项下劳务外派1.8万人，增长11.7%。高端劳务外派实现突破，积极拓展欧美海员、护士、厨师等高端劳务，全年外派高端劳务8 147人，增长31%。其次，山东对外承包工程营业额在2011年跃居全国第二，带动了外派劳务的增加。山东省立足印度、北非及中东等传统承包工程市场，重点开拓南非和拉美市场，推动设备运营机电制造类企业承揽工程总承包项目。预计2012年山东省外派劳务将继续保持小幅增加态势。

二、河南省：增速明显

河南省2011年外派劳务人员数不仅坐稳了第三名的位置，还实现了19.20%的环比增长，保持了上一年的增长趋势，与第二名江苏省的差距进一步缩小。河南省是中国中部省份的典型代表，是中国第二人口大省，外派劳务人员数量也位居前列，基本与人口规模排位相当。河南省对外经济合作业务仍然主要靠大企业、大项目带动。2011年1—11月份，河南省承包工程与劳务合作新签合同额在500万美元以上的项目共78个，主要靠中原石油勘探局、河南国际合作集团、中铁十五局、中铁七局等大企业支撑。外派劳务主要靠河南国际合作集团、中原石油勘探局、八方人才、华宇对外、中铁七局等大企业带动。同时，2011年以来河南省农业积极“走出去”也初显成效，有代表性的项目为吉尔吉斯斯坦养殖、屠宰项目和澳大利亚养殖与奶粉生产项目。这些项目也促进了对外劳务合作的发展。可以预见，2012年河南省通过进一步强化对外承包工程的能力以及对外直接投资项目，进一步提升对外劳务合作的技术水平，该省对外劳务合作领域还有一定的增长空间。

三、广东省：加速增长

广东省2011年外派劳务人数实现43.94%的增长，这是在2010年外派劳务人数一举实现了从负增长到正增长的转变基础上，再次表现出强劲的增长势头，坐稳了排名第四的位置。广东是中国第一人口大省，并且一直处于中国对外开放的前沿，对外劳务合作也有独特的优势，但同时受到国际经济形势的影响也较大。2011年广东省境外投资经核准新增协议投资额31.46亿美元，中方投资额28.99亿美元；对外承包工程新签合同额134.35亿美元，同比增长36.2%。从这两个数字可以预计，工程项下外派劳务人数在2012年将继续增加。连续两年的快速增长，说明广州的对外劳务合作已经基本从金融危机的影响中走出来，随着全球经济的进一步复苏，广东外派劳务预期能够进一步增长。

四、湖北省：稳健的中部强省

湖北省2011年外派劳务人数下降22.29%，排名下降两位，来到第七的位置。作为中国的中部人口大省，2010年外派劳务人数实现较快的增长之后，而2011年出现较大幅度的下滑，说明湖北省外派劳务的波动性稍大。湖北省之所以能够在对外劳务合作方面取得显著成绩，主要归于三个方面的原因：一是重视工程项下外派劳务；二是加强外派劳务平台和信息化建设；三是增大培育孵化对外劳务合作企业的力度。

首先，湖北省企业积极布局海外工程承包市场，2011年，湖北省对外承包工程完成营业额和新签合同额分别为41亿美元和63亿美元，在手合同累计超过320亿美元。随着对外承包工程项目和承担的国家援外工程项目的增加，必将带动该省工程项下劳务的大幅增长。与此同时，一批专业外派劳务企业通过拓展市场获得了更多的合作机会，对各类劳务的需求不断增加。湖北省劳务已外派到全球 40 多个国家和地区，逐步形成了“亚非市场为基础，欧美市场为重点，海陆协同发展”的良好局面。

其次，湖北省通过外派劳务服务网和对外劳务合作平台的建设，利用信息化手段进一步整合了对外劳务输出渠道，提升了对外劳务合作效率。2011 年湖北省各服务平台劳动力资源储存量达 16 488 人次，通过自主培训和与当地培训机构、大专院校、职业院校进行合作，共培训劳务人员 7 476 人次，同时各服务平台还积极与省内外的外派劳务公司建立联系，通过宣传、推介、吸引有实力的经营公司到该省服务平台选拔劳务人员。2011 年湖北省服务平台通过省内外劳务公司共输出劳务 6 601 人次，其中通过省内公司输出劳务占到总数的 80%以上。湖北省外派劳务服务网的建立，对劳务合作服务平台引导劳务人员通过正规、合法渠道出国务工，储备劳务资源，促进外派劳务的健康发展起到了重要的作用。自 2011 年湖北省外派劳务服务网建立以来，全省服务平台已录入劳务人员信息共计 5 073 人次。

最后，湖北省注重加大对外劳务合作企业的孵化培育力度。该省具备外派劳务资格的企业已由 2008 年的 81 家发展到当前的 126 家，经营主体不断扩大，葛洲坝集团和湖北新世纪等企业分别作为工程项下外派劳务和专业外派劳务的企业代表，已成为推动该省对外劳务合作事业发展的主要力量。

从总体上看，湖北省的劳务资源总体层次还不高。虽然服务平台掌握的劳务人员数量比较多，但人员的知识、技术、行业等过于单一，大多为建筑业、农林业和服务业劳务人员，中高层次的劳务资源储备较少，不能适应外派劳务的中高端发展远期要求。可喜的是，湖北省已经开始设计和布局，计划将对外劳务合作由建筑业、制造业和农业等传统行业的普工，逐步向海员、医护、酒店管理等行业及各行业中的技术、管理人员转移。通过各项政策的支持和扎实的工作，湖北省对外劳务输出预计能够稳步推进。

五、福建省：再次起飞

福建省 2011 年上升一位，排名第五位，回到 2009 年的排名位置，并且派出人数继续上升，实现派出人数 45.55%的较大幅度增长。虽然福建省 2009 年承包工程新签合同金额相对上年大幅度下滑超过 65%，但外派劳务并没有出现严重的下滑，这与《海峡两岸经济合作框架协议》（ECFA）的签署，福建省对台湾地区的劳务输出增加有关，另外福建省外派海员业务等领域将继续保持强势。

福建省位于中国东南部沿海，有着得天独厚的对外开放优势。福建省人口总数处于全国省份中的下游，而其对外劳务合作的多项指标却位于全国前十名之内。从 1980 年向境外排遣海员开始，福建省外派劳务人员在 20 世纪 90 年代曾连续近 10 年占全国比重的 12%以上，名列全国第一。福建省的在外劳务主要由三大板块组成，一是澳门劳务，二是外派海员，三是对台渔工，三部分之和大致占到外派总人数的 80%以上。以 2010 年为例，外派劳务按国家和地区分，前 5 名的是：中国澳门、中国台湾、中国香港、新加坡和巴拿马。向澳门和台湾省的劳务派出，福建省有着天然的地缘优势，随着海峡两岸经贸往来的进一步紧密，该省对外劳务合作业务预期能够继续保持前列。

六、黑龙江省：发展对俄劳务输出

黑龙江省 2011 年外派劳务人数实现了 253.76%的增长，达到 11 200 人，排名上升十位，来到第十三名的位置。黑龙江省与俄罗斯接壤，围绕对俄的劳务输出是黑龙江省的一大特色，一直将发展对俄劳务输出作为外派劳务的重要领域。由于俄罗斯长期面临劳动力缺乏的问题，因此黑龙江发展对俄劳务输出有着较大的潜力。随着黑龙江省对外劳务合作平台的建成，标志着该省对俄劳务输出进入一个新的时期。该平台在黑龙江省商务厅、黑龙江省人民政府外事管理办公室、黑龙江省公安厅、黑龙江省工商行政管理局等部门具体指导下开展全省赴俄劳务人员派出工作，是为有需求的企业提供赴俄劳务人员的唯一平台。但需要注意的是，俄罗斯的经济体制尚处于转型时期，投资和经济合作的制度与政策、市场环境方面的问题还很严重，一旦出现经济纠纷，很难得到有效的解决，这是影响黑龙江发展对俄劳务输出的重要因素之一。好的消息是，俄罗斯 2012 年将完成加入世贸组织的相关程序，正式成为世界贸易组织的成员国，这为黑龙江发展对外劳务输出提供新的动力和契机。

七、浙江省：波动明显

浙江省 2011 年外派劳务人数为 8 933 人，环比下降 33.56%，排名下降六位。浙江省 2010 年外派劳务人数为 13 446 人，派出人数比 2009 年上升 51.92%，名列第十位。相对照之下，显示出浙江省近几年外派劳务的人数出现大幅波动的特征。作为中国的经济强省，浙江的外派劳务人数还与其经济地位不符。随着该省对外投资的进一步加强，浙江省在工程项下外派劳务数量的增加还是具有一定的潜力，存在进一步增长的可能。但需要注意采取相应措施，避免对外劳务合作的大起大落。

第三节 2010—2011 年中国对外劳务合作变化态势分析

2011 年世界主要经济体表现低迷，主权债务危机不断蔓延，西亚、非洲政治动荡，受各种因素影响，世界经济复苏脚步放缓。国际工程市场呈现资金趋紧张、需求持续疲软的态势。但中国对外劳务合作在不利的外部环境中仍然取得了令人欣慰的成绩。2011 年中国对外劳务合作主要体现出以下四项特征。

一、派遣规模持续上升，在外人员规模有所减少

2011 年，中国对外劳务合作派出各类劳务人员 45.2 万人，较 2010 年同期增加 4.1 万人，同比增长 10%。其中对外承包工程项下派出劳务人员 24.3 万人，占全部派出人员总数的 53.8%。由于非洲市场劳务人员的大幅减少，12 月末在外劳务人员 81.2 万人，

同比下降 4.1%。近十二年中国对外劳务合作主要指标见表 7—2。从数据中我们可以看出近十二年来，中国对外劳务合作各项指标都表现出了高速的增长，特别是 2002 年之后新签合同金额上升较快。但受到 2008 年金融危机的影响，2009 年新签合同额有所下降，派出劳务人员下降较为明显，2010 年之后中国对外劳务合作新签合同额出现了增长，派遣劳务人数也有较小幅增加，2011 年派遣劳务人数有较大幅度增加。

表 7—2　　2000—2011 年中国对外劳务合作情况　　（亿美元，万人）

年份	新签合同金额	完成营业额	派出各类劳务人员	年末在外各类劳务人员
2000	29.91	28.13	—	—
2001	33.28	31.77	—	—
2002	27.52	30.71	—	—
2003	30.87	33.09	21	52.5
2004	35.03	37.53	24.8	53.5
2005	42.45	47.86	27.4	56.5
2006	52.33	53.73	35.1	67.5
2007	66.99	67.67	37.2	74.3
2008	75.6	80.6	42.7	74
2009	74.7	89.1	39.5	77.8
2010	87.2	89	41.1	84.7
2011	—	—	45.2	81.2

资料来源：根据中国商务部统计资料整理

注：根据中国商务部统计资料和《2010 年中国统计年鉴》整理。标“—”部分数据缺失。

二、亚洲和非洲仍是中国对外劳务合作主要市场

亚洲和非洲仍然是中国对外劳务合作的主要市场。2011 年在这两个市场上虽然遭遇困难，但业务保持稳定。中国对日技能实习生合作业务一直是最大的业务板块。2011 年年初，日本东北发生海啸、核辐射的灾害，给实习生合作业务开展带来困难：日本震灾使得中国在灾区工作的技能实习生被迫回国；国人对赴日心存顾虑，引发招工困难；部分日方接受单位将引进重点国别向越南、菲律宾等国转移。

三、三大主要传统行业劳务增速放缓

中国外派劳务人员的行业构成中，外派人员总数排在前三位的行业分别是建筑业、制造业和农林牧渔业。2011 年这三大主要传统行业劳务增速放缓，其中建筑业劳务占比明显下降，但仍是主力军。主要影响事件包括，2011 年利比亚撤回人员的影响，年末建筑业在外劳务人员与 2010 年同期相比减少 5.2 万人，同比下降 13.9%。除建筑业外，其他行业在外劳务人员与 2010 同期相比均有所增加。

四、东部沿海省市业务量仍占主要份额

表7—3给出了按区域统计对外劳务输出人员分布情况。从派出劳务人员比重来看，中国东中西三大地域的外派劳务比例基本保持稳定，仅有小幅波动，东部地区仍然占有绝对的优势，占到总派出人数的59.0%。2011年，东部地区派出人数增长近12.3%，中部地区增长8.9%，西部地区增长4.1%。可见东部地区的增长较为强劲。从人口总量上分析，东部地区人口占全国约40%而派出人员数量接近总派出人员数量的60%，中西部地区人口占全国60%，而派出人员数仅为41%。这一数据说明，中西部地区的对外劳务合作存在较大的发展空间，潜力可以继续挖掘。

表7—3　2010—2011年中国对外派出各类劳务人员区域分布　(%)

区域	2011年派出人数	2011年派出人数比例	2010年派出人数	2010年派出人数比例	2010年末人口所占比例
东部	225 764	59.0	201 090	57.9	41.3
中部	111 290	29.1	102 221	29.5	31.7
西部	45 378	11.9	43 577	12.6	27.0
全国	382 432	100.0	346 888	100.0	100

资料来源：根据中国商务部统计资料整理

第四节　结论和建议

一、世界劳务需求预期仍不乐观

中国对外劳务输出情况，与世界经济情况密切相关。展望2012年，世界经济有望延续复苏态势，但不稳定、不确定因素仍然较多。从发展态势看，欧洲债务危机仍有可能深化，甚至拖累欧洲乃至全球经济复苏，但只要相关国家携手有效应对，世界经济仍有望维持低速增长态势。联合国2011年12月发布《2012年世界经济形势与展望》报告指出，受发达国家经济增长疲弱、欧元区主权债务危机、财政紧缩措施以及各国应对危机的政策缺乏协调等因素影响，世界经济在未来两年将继续减速，甚至有可能再度衰退。联合国预计，2012年世界经济增速将从2011年的2.8%下滑至2.6%，更低于2010年的4.0%。世界经济增长的不确定性，也使2012年中国对外劳务合作面临较大的不确定性，预期需求有小幅增长，但仍不乐观。

二、传统对外劳务合作市场进入瓶颈期

通过对最近几年的外派劳务合作的趋势进行分析可以发现，中国对外劳务合作市场已经进入一个新的瓶颈期，传统的对外劳务合作已经很难再现起初的辉煌。

随着经济的发展，当前整个国际劳务市场出现了前所未有的变化。首先，在需求结构上，呈现“两多一少，两头大，中间少”的局面，即对高技术劳务需求多，对 3D (Dirty，Dangerous，Degrading，脏险累）人员需求多，而对一般中等水平的劳务人员需求较小。但是，目前中国劳务人员主体大都是 70 后、80 后、甚至是 90 后生人。这些人文化素质较高，维权意识较强，家庭条件较好，但吃苦精神欠缺，责任意识较差，重物质享受奉献精神不足。对于工作的选择更加苛刻，多不愿从事脏险累的工作。其次，许多输入国对劳动力的要求较高，低端劳动力需求和竞争力下降，输出难度加大、成本增加。“自己用不上的，到国外也同样用不上”已成为现实。

另外，从中国总的劳动力供给情况来看，2011 年初，中国多个地方出现了用工荒，曾经用工荒只是出现在广东、上海等沿海经济发达地区，而随着结构性招工的短缺，用工荒有蔓延至全国的趋势。就连曾经作为传统劳务输出大省的安徽、河南等省份也随着人口红利时代的褪去、新生代农民工登台也出现了用工荒的用工难题。这一现象被许多经济学家解释为劳动力的结构性失衡，但从侧面也反映了中国结束提供廉价劳动力的时间已为时不远。由此产生的国内劳动力供需之间的矛盾，已经引起了国内工资水平不断提高，劳务人员国内外务工的收入差距呈逐渐缩小趋势，特别是农业、制造业及建筑业等基础行业差距缩小程度最为明显，出国打工失去动力。近年来随着中国国民收入的增长，劳动者的工资水平也在迅速提高，我们长期引以为荣的劳动力比较优势在逐年丧失。国内收入水平的提高导致许多劳动者不愿再背井离乡到国外去工作，不少劳务公司拿着订单，在国内招不到合适的劳动力，中国许多传统的海外劳务市场逐步被其他输出国所取代。

三、行业管理体系进一步完善

对外劳务合作的管理体系进一步完善和规范。2011 年中国对外劳务纠纷事件大幅减少，这得益于从 2009 年七部委联合开展的对外劳务合作清理整顿专项行动，以及 2010 年《对外劳务合作不良信用记录试行办法》、《对外劳务合作服务平台建设试行办法》等系列政策和措施的出台。目前中国对外劳务合作过程中，要求严格审查对外劳务合作经营资格，实行外派企业备用金制度；减少劳务人员负担，严禁向劳务人员收取保证金和采取各种形式的担保；推行“谁派出，谁负责”的境外管理模式，要求外派企业承担劳务人员在外违约的全部责任，平息劳务纠纷，保护劳务人员人身安全；建立完善的劳务人员培训制度，保证派出人员素质。2012 年对外劳务合作服务平台建设将进一步推进。可以预见，中国对外劳务合作将进一步得到规范和完善，这对于中国对外劳务合作的可持续发展必将起着重要的作用。

在采取政策措施规范市场主体行为，保护劳务人员利益的同时，还需要研究如何制订缺乏鼓励企业开展对外劳务合作的政策支持，以及如何建立企业权益的保障机制，这样才有利于充分发挥企业的积极性和主动性。目前所采取的对外劳务合作经营资格审批制度，虽然对规范行业行为起到了相当重要的作用，但对行业的整体素质和经营水平提升不大。从长远发展来看，国家可以像审批企业进出口经营权那样，逐步放开对外劳务合作经营资格的审批工作，实行业务备案制。根据业务需要，允许更多的企业，特别是500强之类的大型企业集团，从事对外劳务合作业务，壮大经营队伍。国家对行业的管理应当充分尊重市场机制的作用，给企业发展创造平等的竞争环境。

四、加强国际稀缺劳动力资源的培育

国际市场对劳务需求结构的改变，迫切需要我们转变传统的低端劳务输出模式，加快优势稀缺劳动力资源的培育。优势劳动力资源是中国开展对外劳务合作的基础，各省市需要加大对优势劳动力资源基地的建设，按照国际市场需求，建立多层次的劳动力资源培育体系。同时积极引导优势劳务资源基地与经营公司合作，充分发挥经营公司开拓国际市场的优势和基地的资源优势，实现优势互补，优化资源配置，形成外派劳务资源基地、经营公司、国际劳务市场的产业链条。

人力资源的培育是一项长期的社会工程，需要社会各部门的协同配合。高等教育培养人的专业知识和文化素质，职业教育注重专业技能和具体应用，这些背景教育都是高端劳务人才所必需的。具有国际比较优势劳动力资源的培育，需要以国际市场需求和配置为目标，以国际通行的执业标准为准则，通过产业化和市场化，积极引导高等教育和职业教育的发展。从院校的专业设置，招生制度，课程安排，培养方法，到劳动部门的职业资格认证，再到商务部门的出国培训等各个环节，力争做到与国际接轨。只有通过这些措施，才能使中国的对外劳务合作具备长期的发展潜力和竞争优势。

附录：统计指标说明：

2009年1月1日起商务部采用了新的对外劳务合作统计办法。

对外劳务合作指中国境内企业法人与国（境）外允许招收或雇用外籍劳务人员的公司、中介机构或私人雇主签订合同，并按合同约定的条件有组织地招聘、选拔、派遣中国公民到国（境）外为外方雇主提供劳务服务并进行管理的经济活动。

企业承揽的下列业务，纳入对外劳务合作业务统计：1. 凡以收取报酬的形式向国（境）外政府有关机构、团体、企业、私人雇主提供劳务服务的活动。2. 派往国（境）外执行中国对外承包工程项目、对外经济援助项目、驻外机构工程建设项目，从事设计施工和管理所需劳务人员的活动。3. 向国（境）外从事商务活动的企业在中国境内设立的代表处、办事处、公司等机构派遣劳务人员并以外汇结算的国（境）内对外劳务合作项目。

对外承包劳务业务统计的主要指标包括：新签合同额、完成营业额、派出人数、期末在外人数。

中国的对外劳务合作主要包含三种模式。一是综合外派劳务，即以收取报酬的形式向国（境）外政府有关机构、团体、企业、私人雇主提供劳务服务的活动。二是对外承包工程等项下的外派劳务，即派往国（境）外执行中国对外承包工程项目、对外经济援

助项目、驻外机构工程建设项目，从事设计施工和管理所需劳务人员的活动。三是境内劳务输出，即向国（境）外从事商务活动的企业在中国境内设立的代表处、办事处、公司等机构派遣劳务人员并以外汇结算的国（境）内对外劳务合作项目。

参考文献

[1] 陈清兰．中国对外劳务输出市场分析与对策研究．金融经济（理论版），2008（11）.
[2] 傅缨捷，游慧洁．加快对外劳务输出：菲律宾的经验与借鉴．国际经济，2009（5）.
[3] 国家统计局贸易外经统计司．2009 中国贸易外经统计年鉴．北京：中国统计出版社，2009.
[4] 国家统计局．2011 年中国统计年鉴．北京：中国统计出版社，2011.
[5] 刘朝霞．外派劳务路在何方——访中国对外承包工程商会会长刁春和．国际商报，2009－11－20（001）.
[6] 刘朝霞．对外承包与劳务合作风雨兼程 2009. 国际商报，2009－12－31（001）.
[7] 徐春林．外派劳务提升对外经济合作水平. 国际商报，2010－3－16（005）.
[8] 伊豪．改革开放以来中国对外劳务输出发展研究．人口学刊，2009（1）.
[9] 张宁．中国对外劳务合作的现状分析．中国经贸，2009（8）.
[10] 钱志清．对外承包工程和劳务合作趋势述评．国际经济合作，2011（3）.
[11] 王春燕．中国对外劳务输出面临的瓶颈问题分析．中国经贸导刊，2010（17）.
[12] 孙恒有，李威，徐诗雨，郝红军．河南省对外劳务和工程承包的思考与建议．郑州航空工业管理学院学报，2011（2）.
[13] 钟珊．江苏省对外劳务输出的现状及对策．黑龙江对外经贸，2011（2）.
[14] 贺小虎．盘点 2011 中国对外承包工程和劳务合作．中国勘察设计，2012（3）.
[15] 孙正民．对外劳务合作业务面临的新挑战．国际经济合作，2012（4）.

第三篇

2011年中国企业国际化发展态势及排行榜的总体研究

第八章

当前中国外商直接投资方式的变化及对策

随着中国改革开放的不断深入和社会主义市场经济的逐步发展、日益完善，外商直接投资（Foreign Direct Investment，FDI）已经成为中国社会经济发展的重要组成部分，对增强中国国民经济发展和提高综合国际竞争力起到了重要的作用。在中国利用外商直接投资取得辉煌成就的同时，外商对华直接投资方式和合作模式也随之发生了较大的变化。

第一节　外商投资方式变化历程

伴随改革开放的不断深入，中国的国际化水平也在不断提升，外商直接投资进入中国的方式也随之改变。由改革开放初期的合作经营为主阶段逐渐过渡到二十世纪八十年代中期至九十年代末的合资经营阶段；入世以来，中国进一步开放外商投资企业投资领域，跨国公司为了更好地贯彻其全球经营战略以及保护知识产权，更多采用设立独资企业的方式进入中国，同时并购也逐渐成为外资进入的重要方式。尤其是在金融危机以后，力求拓展新的利润增长点进而分散风险的全球跨国企业，对具有庞大潜力、且走势良好的中国市场表现出愈加强烈的兴趣，力图通过并购方式，以较少的成本和较低的风险快速进入中国市场，并购方式的不断增多，成为外资进入中国市场的重要趋势。

一、1978—1985 年，合作经营主导阶段

改革开放初期，中国的经济体制主要是计划经济模式，对外开放程度较低，利用外资理论政策几乎一片空白。1978 年，中国共产党十一届三中全会的召开确立了中国改革开放的基本国策，揭开了利用外资的序幕。这一阶段对外资政策的调整主要集中在建构外资法律的基本框架，如 1979 年颁布《中华人民共和国中外合资经营企业法》；1982 年修改《中华人民共和国宪法》以确立外商投资企业在中国的法律地位。尽管中国的外资优惠政策对外资具有极大的吸引力，但法律法规仍不完善，市场环境与发达国家存在较大差距，同时对外资进入的所有权问题也有较多防范。因此，外商对中国的总体投资环境评价并不高，为降低风险，外国投资商纷纷选择了中外合作和中外合资的进入方式，其中以中国合作企业为主。

图 8—1 显示了 1978—1985 年外商投资方式的变动情况。限于统计原因，在此将 1979—1982 年看作一个整体进行分析。从图中可以看到，这段时期中外合作企业占主导地位，中外合资企业次之，而独资企业无论投资金额还是投资比例都较少。另外，中外合作企业在此阶段的比重较为稳定，年均达到 35.96%，中外合资企业开始的份额逐渐由 1983 年的 11.64%迅速增长到 1985 年的 35.04%，接近同年中外合作企业的 35.22%。而与前两种投资方式相比，外商独资经营企业的比重较低，甚至微不足道，在本阶段的平均比重仅为 2.91%。

二、1986—1999 年，合资经营主导阶段

1986 年，伴随城市经济体制改革的全面推进，中国颁布了《外资企业法》，政府利用

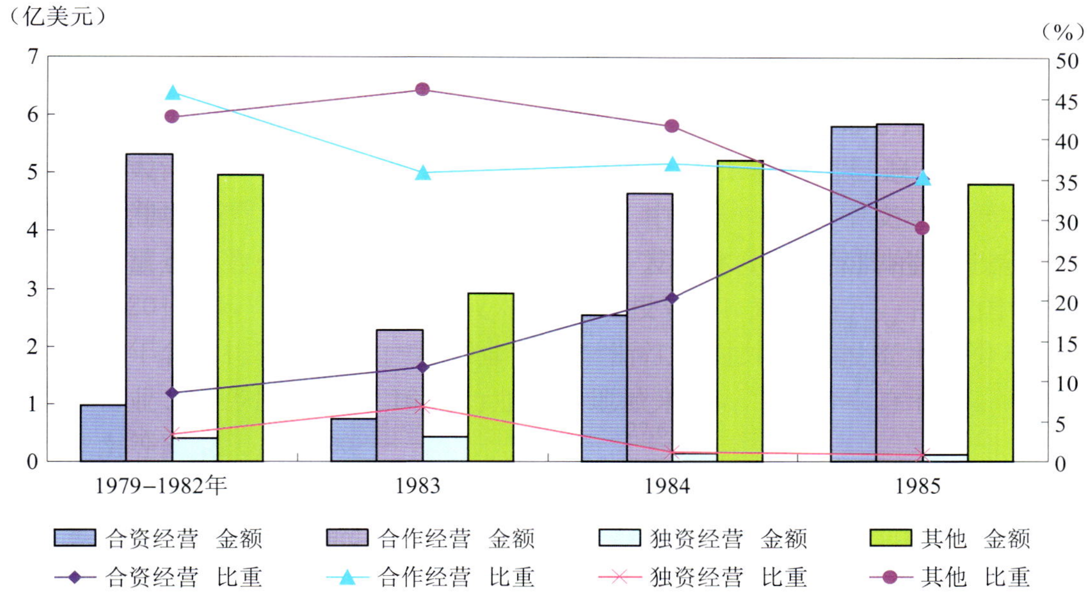

图 8—1　1979—1985 年外资进入方式构成变化趋势

数据来源：历年《中国统计年鉴》

外资发展民族经济的意识逐渐强烈，鼓励外资进入中国市场的措施不断深化。尤其是 1992 年，邓小平南巡讲话，明确中国大胆利用外资是一项全新的事业，标志着中国对外开放和利用外资水平开始进入一个全新的发展阶段。在本阶段，一是进一步拓宽了利用外资的途径，除对外借款、中外合作合资经营外，出口信贷、对外发行股票、并购等方式得以逐渐采用。二是减少外商直接投资限制、重新确定外商投资范围。中国政府相继颁布了一系列法律、规章举措，减少外商投资限制。如 1995 年颁布的《外商投资企业控股公司法》和《关于外商投资举办投资性公司的暂行规定》；1997 年颁布的《外商投资产业指导目录》等，重新划分了对外商投资实施鼓励、限制和禁止的产业范围，进一步引导外商投资农业、能源、交通、原材料等基础产业和设施，以及高新技术和出口创汇产业。这些法律法规环境的改善，很大程度上刺激了外商独资经营的发展。

这一阶段外商投资方式具有以下两个特征：

第一，投资方式比重方面。本阶段中外合资企业在外商投资方式中占有较高份额，中外合资企业实际利用外商直接投资金额不断上升，在 1986 年首次超过中外合作企业。1986 年，外商以合资经营方式对中国进行直接投资 8.04 亿美元，占外商直接投资比重的 42.90%，而同期外商以合作方式对中国直接投资 7.94 亿美元，占 42.37%。尽管外商独资经营比重较低，但自 1986 年开始出现上升，由 1985 年的 0.78%上升到 1986 年的 0.85%，并且一直保持高速增长势头。1999 年独资经营方式的外商投资金额高达 155.45 亿美元，基本与合资经营方式持平，外商在华直接投资独资化的特征逐渐显现。图 8—2 显示，本阶段中国按不同方式利用外商直接投资的比重呈现彼此消长的变动态势，合作企业发展逐步放缓。

第二，投资金额方面。1992 年，邓小平南巡讲话之后，中国对外开放格局逐渐形成，吸引外资规模不断飞跃，此时中外合资经营企业占据主导地位。随着市场经济体制的不断改革、法律法规的不断健全和完善，中国内外政策更加透明，微观投资环境和宏观投资环境得以改善，这些因素削弱了中外合资企业的外部优势。图8—2显示，实际利用外资金额中，中外合资金额在1996年达到历史峰值后出现回落。中国利用外商直接投资中，1996年中外合资金额为207.55亿美元，而1999年下降到158.27亿美元。而此阶段，独资经营金额和中外合资金额的变动趋势相反，拉开了外商独资经营方式稳步增长的序幕。

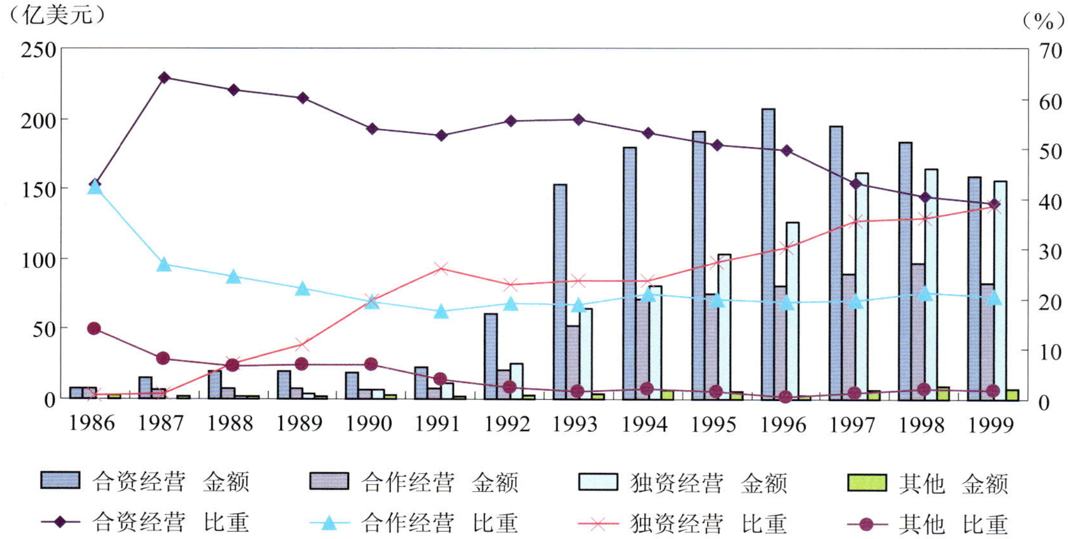

图8—2 1986—1999年外资进入方式构成变化趋势

数据来源：历年《中国统计年鉴》

三、2000年至今，独资经营快速发展阶段

这一阶段是外商独资方式的快速发展时期，也是中国外资政策调整幅度较大的时期。为遵守WTO章程及入世承诺，中国对外商投资政策进行了较大的调整，2000—2001年先后修改《中华人民共和国外资企业法》、《中华人民共和国中外合作经营企业法》、《中华人民共和国中外合资经营企业法》，旨在取消对外商投资企业的限制，对外商投资企业实行“国民待遇”原则。2002年制定了《指导外商投资方向规定》，划分了重点的引资领域，鼓励和引导外商投资现代农业、高新技术产业、基础设施产业和参与西部开发、国企改革与重组等。同年还颁布了《外商投资产业指导目录》、《利用外资改组国有企业暂行规定》、《关于向外商转让上市国有股和法人股有关问题的通知》、《关于外国投资者并购境内企业股权有关税收问题的通知》、《关于加强外商投资企业审批、登记、外汇及税收管理有关问题的通知》等一系列法律、法规，外商投资企业股权比例限制得到进一步放宽，注册登记等手续更为简化。2005年，《外商投资者对上市公司战略投资管理办法》规定，外国投资者可以通过合同转让或发行新股的方式购买上市公司10%的A股股份(三年内不得转让)。2007年通过的《企业所得税法》将外资企业和国内企业置于同一平台。同时国家发展与改革委员会制定的《利用外资“十一五”规划》明确了中国今后利用外资政策的战略转变。可以看出，进入21世纪以来，中国利用外资政策的指导性和可

操作性进一步加强，对待外资的态度由盲目引进向理性引进转变，由重视资金引进向重视产业导向和技术引进转变，同时放宽了外商独资企业的外汇政策，逐步实现了内外资所得税的统一，外资政策逐步成熟和完善。

2000年，中国独资方式实际利用外商直接投资金额为192.64亿美元，投资金额首次超过中外合资企业，2010年达到809.75亿美元，是2000年的4.23倍。图8—3显示，中国实际利用外资金额中中外合资和中外合作经营方式的比重逐渐下降，而外商独资方式占实际利用外资比重则呈现出大幅上升。2008年全球金融危机，独资经营方式不仅受影响较小，反而创出新高。2000年外商在华直接投资中独资经营比重为46.94%，2009年达到76.29%，2010年进一步上升到76.58%，达到新世纪以来的最高值。数据显示，外商独资企业无论是实际投资额还是相对比重都占据中国FDI的主导地位，中国外资企业独资化的趋势日益明显。这一时期，汉高、松下、宝洁、UPS、雅芳、西门子、诺基亚、IBM等众多知名跨国公司均纷纷加速了其在中国的独资化步伐，不仅跨国公司投资主要采取独资的方式，加快并购中外合资企业的中方股份，达到控股甚至独资经营的目的，而且跨国公司通过并购全面整合在华投资业务，确立新的市场战略和配套体系。这样的趋势还在发展之中。

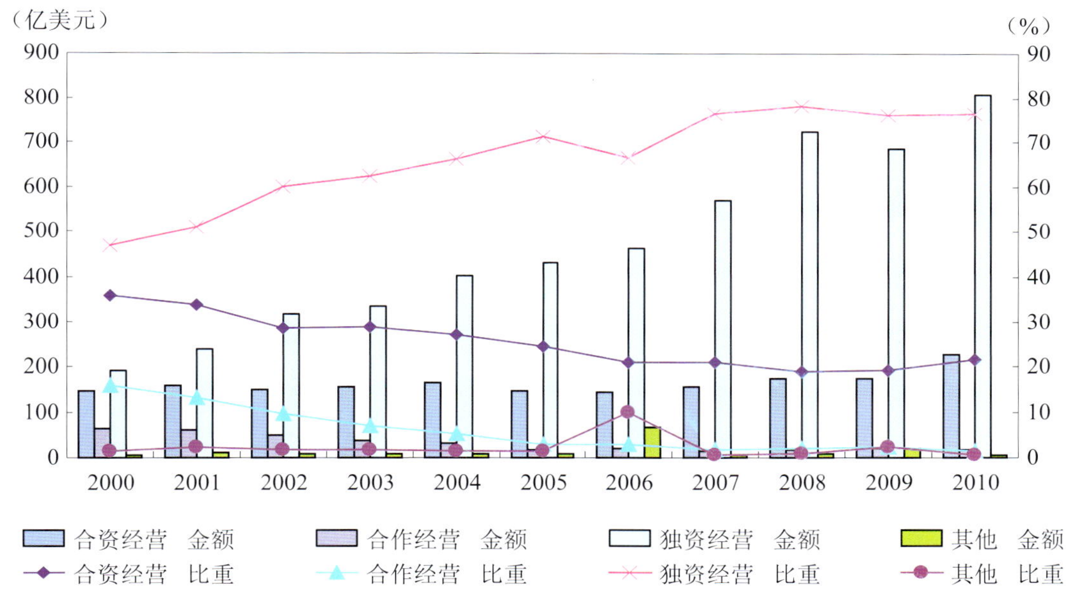

图8—3　2000—2010年外资进入方式构成变化趋势

数据来源：2000—2009年《中国统计年鉴》；2010年数据来自中国商务部外资司

第二节　外商投资方式变化的原因

一、宏观原因

外商投资方式的改变离不开中国总体宏观环境的不断改善，正是不断向好的宏观环境为外商投资方式创新打下了深厚基础。

（一）投资环境不断完善

随着中国经济的成功转轨，市场经济体制逐渐建立起来，市场机制不断完善，资源的市场配置水平明显提高，国内的投资环境与游戏规则与国际日益接轨，加之合资中的外方对国内情况越来越熟悉，已能够很好地解决政策法律、政府关系、销售渠道等问题，降低了外商在华投资的外部风险，使外商对中国合作者的依赖度逐步降低。尤其是加入WTO后，中国涉外法制日益健全，投资政策更加透明，政府逐步放松了对外资的管制，放宽了外商投资的行业、地域、技术转让、当地含量、外汇平衡、股权比例等方面的限制，取消了独资企业与合资企业在税收、汇率等方面的差别政策，扩大了市场准入范围，对银行、保险、电信、运输、商业、外贸、审计、法律咨询等服务领域的外商独资经营限制进一步放宽，使得外商在华独资经营获得了越来越大的发展空间。如经过四次修订的《外商投资产业指导目录》（2007年版）中，有更多的产业领域允许中外合资企业中外商持有51%以上的控股权，允许建立外商独资企业，改变了外资进入中国市场必须建立合资企业或保持中方控股的政策条件。2011年4月，中国国务院法制办公开新修订的《外商投资产业指导目录（征求意见稿）》，与2007年版本相比，征求意见稿进一步扩大了外商进入的范围，突出了对外商进入战略性新兴产业、现代服务业的鼓励，尤其在租赁和商务服务业、创业投资业和知识产权服务业方面。如2006年中国商务部、国有资产监督管理委员会、国家税务总局、国家工商行政管理总局、证监会、国家外汇管理局等部委联合颁布实施《关于外国投资者并购境内企业的规定》以及2009年中国商务部《〈关于外国投资者并购境内企业的规定〉修订要点简述》，提出了鼓励以并购方式吸引外资，允许外国投资者通过资本市场股权交换并购境内公司，从而为外资并购国内企业拓宽了渠道和手段。随着中国关于外资并购的法律、法规不断健全，外商投资的方式迅速发生变化，不仅新建的外资企业中外商独资比例上升，而且原来无奈采取合资方式进入中国的外资企业，纷纷转变为外商独资企业，许多跨国公司通过并购方式投资取得独资经营权或控股经营权。

（二）中国国民经济与社会的持续进步

改革开放以来，中国经济的持续快速增长，经济建设成就举世瞩目，国家实力不断增强，居民消费结构稳步升级，已经进入了中等收入行列，成为当今世界规模巨大而且极具增长潜力的消费市场。在国际产业竞争日趋激烈，国际经济发展不确定性不断增强的背景下，在中国市场上占有一席之地已经成为跨国公司全球战略的一部分。同时中国社会不断进步，政治稳定，全社会开放度不断增强，教育水平提升，能够提供较高层次、适应国际经营管理的人力资源和大量熟练的、高素质的劳动力资源，这为外商投资水平的提升和方式的转变提供了基础保障。中国经济增长方式转变以及产业升级的要求和产业区域转移趋势的发展，使得吸收外资的重点将由数量增长转为加快质量提升，为外资企业产业深度发展提供了机会，国家西部大开发，促进中部崛起和振兴东北老工业基地等相关政策的出台和实施，也为外资拓展中国整体大市场提供了可能。同时中国国有经济正在进行战略性调整，国有企业将退出竞争性领域，这为外国投资者提供了众多的并购对象。经济和社会的稳定增强了外商的投资信心，也为外商带来了巨大利益，外商需要在中国提高自己的经营绩效，拓展利益空间，加之投资环境的不断宽松，因而转变投资方式，采取独资或控股经营的方式自主发展十分必要，通过并购优势企业直接进入中国成熟市场获取利益也成为外资的必然之选。

（三）中外合资合作经营中存在的障碍

在利用外资过程中，中外合资合作经营往往遇到许多障碍和摩擦，这种负面因素也促进了外商投资方式的转变。投资环境（如相关法律、经营人才、交通条件等）的相对改善，降低了改革开放初期外方对中方在市场开拓、经营管理等方面的战略需要，而在技术、管理、收益分配等方面双方的潜在战略冲突却在不断增加，因而许多外资企业更多地选择了独资方式。中国是转轨国家，市场经济还不完善，很多企业尤其是国有企业留有计划经济的影子，造成合资企业在实际运行中常常受到行政部门的无端干预，导致纠纷不断，内耗加剧；同时已习惯在产权明晰的市场环境下运作的外商面对的往往是产权不清的中方合作者，他们要么以牺牲企业的可持续发展为代价，片面追求产量，追求短期利润最大化；要么对企业缺乏主人翁精神，不求有功，但求无过。此外，中外双方的思维方式、投资战略、企业管理理念、管理方法、决策思路、企业文化等存在较大差异，甚至冲突，中外合营企业内部摩擦成本高昂。尤其在中方控股的情况下，外方不得不迁就中方的意愿，导致外方的技术和管理优势难以正常发挥，降低了外资对中国企业的信任度和期望值，挫伤了外资的合资信心。另一方面，有的外商妄自尊大，听不得中方不同意见，忽视对中方开辟国内市场的正确建议，在企业决策中脱离中国的具体国情，影响了中外合作的气氛。而且越来越多的中国公司本身逐步强大，竞争力增强，对合资的需求也在减弱，于是，中外双方分道扬镳，各自寻找发展道路，越来越多的外商开始独资经营。在合资中，外商在出现摩擦的背景下，要求提高股权比例，实行独资化，掌握企业控制权，解决企业内部摩擦和治理失败造成的内部交易费用过高的问题的愿望更加强烈。

二、微观原因

随着中国发展环境的不断改善，外商投资企业存在着转变投资方式的内在动因。

（一）外商追求高额利润

外商追求高额利润是外商在华投资注重“独资化”经营的根本原因。随着中国市场经济体制逐步确立，经济越来越融入世界经济主流，国内投资制度与国际日益接轨，外资对中国国内情况越来越熟悉，外资企业不但能够掌控自己的业务，按照自身的战略规划在华业务，扩大经营范围和经营地域；同时，还可以按照市场经济的一般规律、理念从事生产、营销活动。运用长期积累起来的市场管理经验，赢得市场竞争，获得较高利润。尤其是在对外开放三十多年的磨炼中，外商对中国的经济、文化环境越来越熟悉，外商对中国合资方的战略资产和经营性资源依赖程度大大减少，合资的重要性降低。为了独占高额利润，按照跨国公司自身的理念确定新的战略和技术路线、市场策略，外商逐渐从合资合作为主走上了“独资化”道路。同时，中国市场的巨大吸引力也促进了外商越来越注重通过低价收购和战略收购谋利。跨国公司往往具有丰富先进的国际市场并购经验和娴熟的并购技巧，它们通常要比并购的目标企业更能认识其实际价值或潜在价值，因而能以较低的价格收购目标企业，或是以战略性控制行业市场的目的进行并购，摒弃竞争对手，扩大企业的市场势力，巩固市场地位，取得超额利润或是垄断利润。

（二）强化资产所有权优势

外资企业的资产所有权优势是该外资公司所拥有、而东道国当地竞争者所没有的独特优势，主要包括技术优势、企业规模优势、组织管理优势和融资优势等。随着中国本土企业的发展壮大，在华投资的外资公司日益增多，外商投资企业与本土企业之间的竞争日益加剧。在这种情况下，外资公司必须根据竞争形势的变化，不断进行内部变革，以便巩固和扩展其优势和持续发展的能力。而独资企业能最大限度地帮助母公司实现其优势内敛，保证所有权优势，以较低的成本在公司内部进行跨国转移，确保公司的竞争力在东道国得到有效传递和进一步强化。

（三）降低交易成本

从降低交易成本而言，外商企业更愿意通过独资方式来减少或避免合资所带来的摩擦成本，同时更加注重并购方式的采用。因为与绿地投资相比，跨国并购由于资产专用性所产生的沉没成本更低些，资产的专用性程度越高，通过市场完成交易耗费的资源比在企业内部完成交易耗费的资源要多，投资成本不能回收的那部分成本，即沉没成本会更大；同时跨国并购相对绿地投资可以降低进入成本，因为在中国被并购的企业基本上都是在市场上有一定地位的企业，当前外资在中国并购往往遵循着三方面的原则，即意向并购的中国企业基本居于行业重要地位，要求外资居于企业的控股地位，企业资金预期收益率超过15%，从这一角度看，外资战略并购可以直接降低进入行业市场的风险成本。

（四）实现在华经营的根植性

外商投资企业要在中国市场上站稳脚跟，根植于中国经济之中，在投资方式上就必须在独资化的基础上实现本土化经营。外商投资企业要在中国市场上树立良好企业形象，得到当地政府的支持，很大程度在于具有良好的企业形象和知名度。中国政府、企业和民众往往把是否在中国实行人员、企业文化、物料、营销等本土化，作为判断跨国公司是否对中国有利的一个标准。跨国公司在中国实行本土化经营，利用中国人力资源，有利于提高企业知名度，提高企业在当地的形象。例如诺基亚大举雇用中国员工，在中国本土投资项目，迎合消费者的需求，使其在中国移动通讯行业中知名度极高。同时，外资企业经营上也要融入中国民族文化，必须实行经营本土化，利用中国人力资源，能很好地适应环境差异，避免激烈的文化冲突，实现与当地文化的融合，促进管理变革的实施。此外，外资企业要适应中国市场环境，也必须实现本土化经营，外资企业进入中国后，面临的市场环境跟母国毕竟有所不同，消费者的人文环境和消费观、政府的法律制度和倾向、地理自然条件、原材料供应、市场替代者等很多方面存在差异，跨国企业只有适应这些不同的环境才可以更好地生存进而盈利。

外商投资方式的变迁，有一定的必然性。它表明中国的对外开放政策越来越适应经济全球化的发展趋势，对外资具有越来越强的吸引力。也反映了跨国公司对华投资战略的变化，越来越多的跨国公司为了实现全球经营一体化的战略目标，将中国作为生产制造基地，在全球范围快速整合企业、配置资源，开拓市场，获取利益。

第三节　外商投资方式变化对中国的消极影响不容忽视

外商投资方式的变化是外因与内因共同作用的结果，也是外资在中国经济和社会不断进步背景下的必然发展趋势，但是外商投资方式的变化对中国经济发展的消极影响也不容忽视。

一、行业控制效应

一是外商在中国幼稚产业抢先建立大企业；二是外商对中国某些盈利率高、市场前景广阔的支柱产业和战略产业实行垄断。外商直接投资建立企业或利用资本运营并购中国企业后，凭借其品牌产品的质量和服务优势，加之中国的劳动力低成本优势，与内资企业进行激烈竞争，逐步占领较大市场份额，将中国一些民族品牌产品淘汰出局。当前外资在中国软饮料、日化、油脂产品等一些行业中已经取得控制地位，同时外资也在不断进军中国的大型制造业、高新技术产业和现代服务业，并购重点直奔工程机械业、电器业等领域的骨干企业、龙头企业。一旦外资凭借其技术优势、品牌优势和规模经济优势形成垄断，将构筑起较高的行业进入壁垒，便可能把价格提高到完全竞争水平以上以获得巨额垄断利润。因此，如果外资独资化造成垄断，外商不仅控制中国市场，制定垄断价格和瓜分市场策略，损害消费者利益，制约中国国内幼稚产业发展，也将使中国失去对行业整体发展的主导权。

二、技术控制效应

跨国公司利用产业控制可进一步构成对同类产业的产业压制，尤其是在高新技术产业，使中国同类行业难以形成与其抗衡的竞争能力。跨国公司在其投资过程中，对关键技术严加封锁，以保证中国同类行业始终与其有足够的技术差距，使得跨国公司得以利用技术垄断优势实现对中国产业的压制战略。

三、品牌控制效应

外资通过合资收购中方的名牌商标，导致中方的名牌产品在市场上销声匿迹，造成中国大量民族品牌流失。外资控股经营刻意树立外来或新创品牌的商业信誉，中国国内品牌被冷置市场。外资控股后，控股公司往往闲置中国国内企业已有一定商誉的名牌产品，用外来产品或新创品牌来占领市场，以期挤垮中国国内品牌，用洋品牌挤占中国国内市场。这种影响突出地波及中国国内洗涤用品、化妆品、饮料等行业。目前中国国内洗衣粉市场上的“碧浪”和“汰渍”品牌是外资控股“白猫”、“高富力”生产厂家后推出的新品牌。

四、政策效果弱化效应

外资控股经营后，一定程度上影响了中国产业结构的布局和调整政策。外资控股经营行为主要由跨国经营战略所决定，生产经营的地域分布，资金投入的多少取决于跨国公司内部计划及其资源配置的要求。因此，中国产业结构调整和优化布局是否成功，并不完全取决于自己的主观设想和政策导向。跨国公司可利用自身的控制权，把已投入的或在开发的先进技术和其他资源转移出去，造成中国国内技术等资源流失。这些情况将对中国产业结构布局和调整产生不利影响。如中国实施产业区域转移战略，鼓励外资投向西部，但是外资向中西部转移趋势并不明显，许多东部外资宁愿转向越南、柬埔寨等国投资设厂，也不愿往中国的中西部转移，中西部利用外资占中国的比重仅从 2005 年的 11%上升到 2010 年的 14%。同时，外资可利用其在行业中的控制地位，操纵价格，而不顾中国经济政策的指向。如 2010 年以来，中国实施控制通货膨胀政策，康师傅、联合利华等跨国公司引领的中国相关行业涨价行为，中国政府虽进行了一定程度的干预，但仍难以阻止这些行业的涨价步伐。

尽管中国诸多学者对外商独资化以及外商并购的消极影响更加关注，但是，总体来讲，外商投资方式的转变对中国经济和社会发展的积极影响仍然是主流，否则也难以解释为什么近年来中国经济和社会取得的进步以及产业结构升级效果。只不过其中的消极影响必须引起重视，中国应当通过采取合理适用的策略对其风险进行防范，使其积极作用更好地发挥。

第四节　对策与建议

在当前外商投资方式变化的趋势下，我们应当密切关注其不同方面的影响，不断地研究外商投资方式转变的特征，探究原因，在制定应对策略上，利用其有利一面，防范或控制其不利影响，提高中国利用外资的质量，保护国家的经济安全。

一、积极引导外资投向

政府需要合理进行产业筹划，调整外商投资的产业导向，优化外商直接投资的产业结构，不断提高利用外资的质量和效益。将利用外商直接投资与中国经济战略改组、经济结构调整和提高经济增长质量紧密结合起来。根据中国生产力发展状况、世界经济发展动态以及国家产业政策和结构调整要求，确定外商能够控股、并购和独资经营的产业领域，政府通过调整税收、信贷、利润分配等政策，依法鼓励外资向国民经济需要的部门和领域投资，有选择的引进外国先进技术。涉及中国国民经济命脉的主要行业和关键领域，涉及国家安全的行业（战略物资的储备体系、重要的军事工业等）、垄断行业、重要的公共产品生产经营领域，禁止外商独资和控股；国民经济支柱产业（汽车、机械、石油化工、建筑业）、高新技术产业中主要门类的骨干企业，外资控股会降低中国自主的经济控制力，丧失国民经济主导权，甚至影响国家安全，应该禁止外资控股；支柱产业和高新技术产业非主要门类中的其他企业，则应允许外商独资经营。对于一般竞争性领域，有的是中国缺乏国际竞争优势、而且产业全球化程度较高的产业，如增值电讯、外贸、商业、医疗、运输等服务领域，利用外商投资可以获得更多发展机会，应该鼓励外商控股或独资经营；有的是中国暂时缺乏国际竞争优势的幼稚产业，产业全球化程度不高，则应实行适当保护，限制外商控股并购该行业的龙头企业和独资经营；有的是中国具有竞争优势的产业，外商投资对中国而言，收益大于危害，则应允许外商控股或独资。

二、完善审查和管理机制

根据《反垄断法》和《外商投资目录》完善审查机制，对允许、限制的外资控股并购和独资形式的投资，实行事先审查制度。根据综合审查标准，即应包括竞争政策、产业政策和经济效益的因素，使之既有利于引进资金、技术、管理和掌握所有权，又能防止跨国公司在中国市场上形成垄断，同时还应该促进中国相关产业的有效竞争并防止保护落后。应成立专门的外资并购审批机构和反垄断机构，明确调查和审批的程序和制度，以防范并购对中国的经济安全造成危害。对外资并购的反垄断审查应包括反垄断申报制度、反垄断听证制度和反垄断审查制度。根据 TRIPS，TRIMS 和 GATS 的要求构建新型的外资管理法体系，充分利用 WTO 法律规则，只在中国承诺的范围内逐步给予外资国民待遇，必要的时候还可以根据国家安全、社会经济利益、传统民族产业对自然资源的需要，保留国民待遇的合理例外。逐步完善投资企业的品牌管理。长期以来，中国企业管理者缺乏强烈的品牌意识，致使一些本来有着较大市场份额、技术优势的民族工业，仅仅由于品牌、商标等无形资产丧失而沦为外商的加工厂。要在遵守市场机制的前提下，中国政府有必要制定有关品牌政策、保护中国民族工业健康发展。

三、在企业并购方面给予内外资平等待遇

要在企业并购方面给予内外资平等待遇。对于一般竞争性领域，不仅要鼓励跨国公司企业并购，还要鼓励民族企业之间的并购和联合，加强民族企业间的资源整合。中国的许多行业都存在企业数量过多、规模较小、研发能力较弱、生产产品处于低端的问题。以化妆品行业为例，目前中国 4 000 多家化妆品民族企业，在国内却只有 40%的市场份额。这些行业需要政府引导民族企业以战略联盟的形式进行整合，扩大企业规模和提升研发能力，增强民族企业的竞争力。

四、建立规范化的企业资产评估制度，控制国有资产流失

由于中国国有资产管理体制改革及其监管立法的滞后，外资并购国有企业往往存在资产评估不实或股权转让价格偏低的现象。应尽早制定出台《资产评估规则》，加强和规范对中国企业的资产评估和监管，进一步规范评估程序，对被并购企业作出公正、合理、科学的评估。一是发展进行企业资产评估的中介组织，允许国际知名资产评估机构对大额并购项目进行资产评估；二是制定有效的评估方法，既要考虑企业的无形资产，又要改变目前以账面资产重置价值为主的评估方法；三是要鼓励多家收购方的竞争，可考虑利用拍卖方式并购企业的产权，多方引进，实现引进外资资金来源上的多元化，让外资之间展开竞争，使中方获利。研究表明，如果有多方出价竞购，则股东收益可高出初始价的40%以上。就在中国投资的大多数跨国公司而言，他们的竞争对手并不是本地企业，而是外国企业同行，是在高档产品市场的竞争，即所谓“国际竞争国内化”和“国内竞争国际化”。例如，广州为解决标致汽车公司的问题，曾与欧宝、现代、本田等外商广泛接触，权衡各方的利弊，最终与本田建立合作关系，在价格、股权比例、技术升级、长远发展方面都获得了相对较为有利的条件。

五、鼓励内资企业参与到外资企业的本土化体系

鉴于外资目前在独资化趋势下大力推进本土化经营，应鼓励中国企业积极参与到外资企业的本土化体系中去，加入在华跨国公司的产业链条，内资企业则应该主动加强与外资企业的联系，利用外资企业人才流动、信息扩散等机会，学习其先进技术、管理知识，增强自主创新能力，在外商投资独资化的新的竞争条件下，赢得市场竞争。

六、不断改善投资环境

努力改善投资环境，保持政策的连续性，这是更好地利用外资，防止外商投资大起大落，降低中国经济波动风险的根本所在。在这方面，目前重点是政府职能的转变，建设服务型政府；发展和培育国内外资服务中介，促进这些机构尽快学会按国际规则操作，同时开放这些服务业给国外中介机构，满足国外投资者对中介服务的需求。

参考文献

[1] 郑京平．从经济学原理看外商直接投资的利与弊——兼论外商直接投资是国际贸易的拓展和延伸．数量经济技术经济研究，2010（10）：15—18.

[2] 蔡玉娟．后金融危机时代应对外商直接投资负效应的对策研究——以嘉兴为例．浙江金融，2011（12）：26—28.

[3] 史青．宽松的环境政策能吸引更多的外商直接投资吗——基于中国工业省级面板数据的分析．山西财经大学学报，2012（5）：10—13.

第九章

中国46家中小企业赴美上市遭遇退市或停牌的调查与启示

近年来，随着中国对外开放程度的提高，国内越来越多的中小企业选择了奔赴海外上市，最受追捧的目标主要集中在美国、英国、新加坡和中国香港等地的股票交易所，目前已经有超过 1 000 家中国企业的股票在上述四个地区挂牌交易，其中在美国上市的"中国概念股"① 总数就接近 290 家。

从 2010 年下半年开始，以绿诺科技退市为起点，截止到目前已有 46 家中国概念公司被长期停牌或退市，其中被勒令退市的中国企业高达 29 家，占到了所有在海外上市中国企业总数的 1/10。为了解赴美上市中国概念公司的发展状况，了解企业上市前后的运营管理情况，本课题组通过网上数据搜集和发放问卷等形式开展调查工作，并形成了《中国中小企业赴美上市调查报告》。报告首先阐述了过去几年里国内赴美上市企业的总体情况，然后分析了近年来赴美上市企业的融资规模、盈利状况和涨跌幅度等情况，并重点对上市企业的行业分布、审计机构和上市模式进行了研究。最后根据分析找到上市企业经营管理中存在的问题，并提出了相关建议。此外，报告在最后还有针对性地选取了上市企业遭遇做空浪潮时的典型案例。

第一节　中小企业赴美上市调研说明

一、调查内容

本次调查的内容主要包括两方面，首先是近三年（2010—2012 年）里 48 家赴美上市中小企业的基本情况，其次是重点研究从 2010 年下半年开始 46 家在美国主板市场上遭遇停牌或退市企业的主要特征，并根据调查结果发现问题和提出发展建议。

1. 近三年里赴美上市中小企业的基本情况

通过调查研究，分析本轮赴美上市中国概念公司的整体特征，包括 IPO 数量、行业分布、企业成立时间等。

2. 遭遇停牌或退市企业的主要特征

通过调查研究，分析问题企业的主要特征，包括上市模式、主要缺陷等。

3. 赴美上市企业遭遇做空的影响因素

通过调查分析，发现本轮中国概念股在美国主板市场遭遇做空的主要原因，并着重从外部和内部两方面进行了阐述。

4. 赴美上市中小企业的对策与建议

根据上述调查研究得出的现状和问题，提出了针对性的建议。

二、数据来源

本次调查的数据来源主要来自美国纽约证券交易所、纳斯达克股票交易所、全美证

① "中国概念股"是指在海外上市在中国注册的公司，或虽然在国外注册但是日常业务和主要的客户关系都在中国大陆地区的公司的股票。

券交易所定期公布的中国概念公司财务报告，同花顺中国概念股交易数据库，和讯股票频道的相关报道以及众多中国概念公司的官方网站公布的数据。

本课题组研究中数据搜集的截止日期是 2012 年 5 月 30 日。

三、研究方法

本次调查主要采取了网上数据搜集和问卷发放相结合的方法。

数据搜集的主要途径是互联网上公布的资料文献，着重从美国三大交易所的网站以及上市公司网站发布的财务报告中获取信息；问卷发放的对象是随机选取的国内 300 家中小企业的管理人员，共回收发放问卷 135 份，其中有效问卷 123 份，有效问卷率为 41%，基本能够满足本次调查工作的要求。

第二节　本轮国内赴美上市中小企业的基本情况

一、基本特征

（一）本轮赴美上市企业数量的调查

中国企业赴美上市开始于 20 世纪 90 年代初，1992 年华晨汽车在纽约证券交易所挂牌交易，开启了“中国概念股”的先河。总体而言，新世纪之前在美国主板市场上挂牌交易的中国概念公司大多属于国有企业，即投资人眼中的“红筹股”公司。中国中小企业海外上市之旅的起点通常被视为 1999 年 2 月侨兴环球登陆纳斯达克市场。在 2010 年之前，中国中小企业赴美上市经历过两次浪潮。

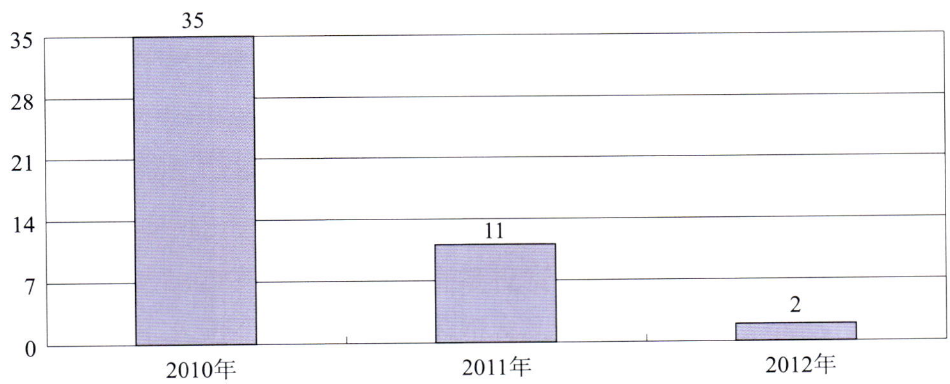

图 9—1　2010—2012 年①赴美 IPO 中国企业数量分布

数据来源：和讯股票频道

新世纪以来中国中小企业赴美上市的第三次浪潮开始于 2010 年，由于遭遇海外机构的联手做空，从去年下半年起上市数量有所降低。截止到 2012 年 5 月底，过去三年里内地共

① 图中赴美 IPO 中国企业数量只统计到 2012 年 5 月底，而 2010 年和 2011 年统计均为全年总数，以下皆同。

有48家企业在美国主板市场上通过公开募集发行（IPO）的形式挂牌交易（参见图9—1），其中2010年最多，全年IPO总数高达35家，创下了近年来中国概念公司的新高。2011年贡献了11家，其中有10家都集中在上半年，下半年只有1家中国企业（土豆网）成功上市，但在今年上半年也遭遇了收购退市。由于上市环境的恶化，今年上半年中国只有2家企业（唯品会、AQ集团）在美国主板市场上IPO成功，不过调查发现当前还有神州租车、盛大文学和迅雷等40家中国企业筹备下半年赴美上市，反映出中国企业对在美国资本市场的未来发展充满了信心。

（二）本轮赴美上市企业成立时间的调查

本调查组通过研读近三年里48家赴美上市中国概念股的财务报告，对这48家企业从成立到上市经历的时间进行了统计分类（参见图9—2）。截至上市之日，成立时间在5年以内的企业共有10家，占所有上市企业数量的21%，其中成立时间最短的是大全新能源（2010年上市）和唯品会（2012年上市），均为3年；成立时间在5—10年之间的企业共有22家，占所有上市企业数量的46%，接近一半，由此看出本轮赴美上市的中国概念公司大多处于企业成长期，希望通过上市融资实现公司规模的持续壮大；成立时间在10年以上的企业共有16家，占所有上市企业数量的33%，其中成立时间最长的是希尼亚（2010年上市），该公司于1993年成立，17年后才成功上市，希望从资本市场上融到的资金能帮助企业在成熟期阶段获得新的发展。经估算，这48家上市企业平均成立时间为8.6年，反映出目前中国企业对上市融资价值的认识已比较合理和科学。

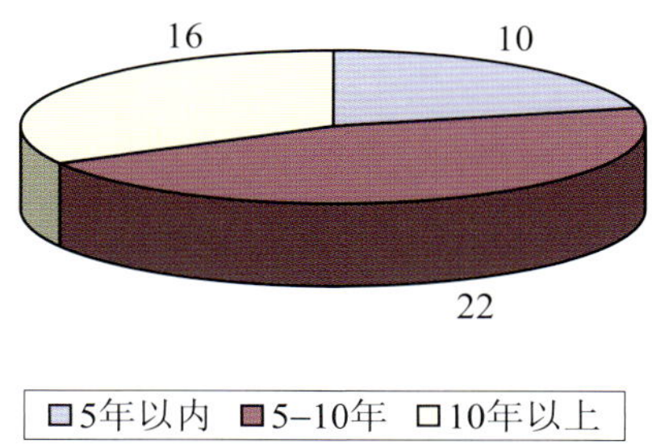

图9—2 2010—2012年赴美IPO中国企业成立时间分布

数据来源：和讯股票频道

大体而言，企业从成立后的每个发展阶段都需要资金支持，但是处于初创期企业的资金来源应当主要是风险投资（VC）和股权投资（PE），上市融资更适合于度过初创期进入成长期或成熟期阶段的企业，后者对公众资金的使用会更谨慎。

（三）本轮赴美上市企业所属行业分布的调查

本调查组通过阅读48家上市企业发布的财务报告，分析其主营业务及利润来源，将它们大致划分为6个行业：制造业、医疗卫生、教育、科技媒体及通讯行业（TMT）、消费品及消防服务、新能源。

从图9—3中可以看出，中国传统制造业正在远离美国主板市场，这轮上市的48家企业中只有3家属于制造业的范畴，所占比例仅为6%，在一定程度上反映了目前中国制

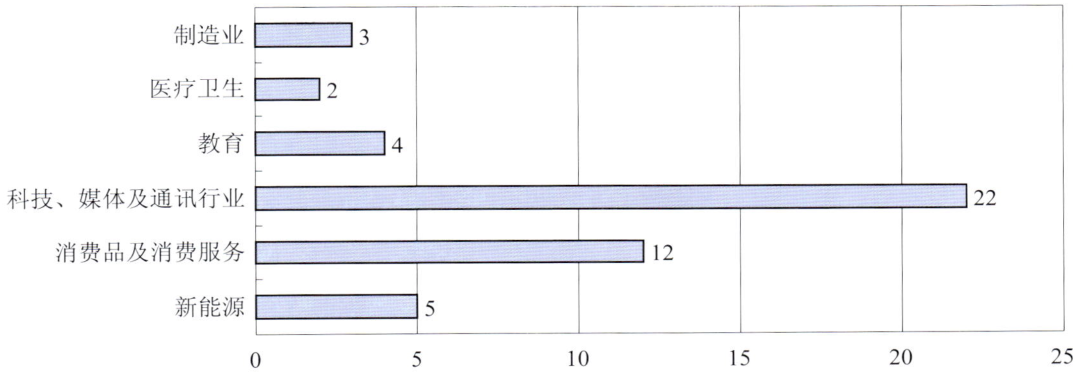

图 9—3　2010—2012 年赴美 IPO 中国企业行业分布（家）

数据来源：和讯股票频道

造企业的发展状况；属于医疗卫生行业的企业只有 2 家，分别是康辉医疗和尚华医药，所占比例约为 4%；教育行业近三年上市数量有所上升，学而思、学大、安博教育和环球雅思四家专注各个年龄段学生辅导和各类专业考试培训机构的盈利模式得到了投资者的认可，它们与早前上市的新东方一起成为当前中国民营教育机构的代表；新能源作为后危机时代的朝阳产业，近年来在世界范围内发展迅速，这次上市的企业中包括从事水电开发的中华水电、从事光伏产业的晶科能源和大全太阳能以及从事风电开发的阳明风电等共计 5 家，占企业总数的 10%；本轮上市企业的主力是来自消费品及消费服务和科技、媒体及通讯行业（简称 TMT）的两大行业，分别贡献了 12 家和 22 家企业，两者共占企业总数的 70%左右。这也反映了当代中国经济发展的走势，由于 TMT 行业本身需要的启动资金较少，而中国高涨的电商市场仍处于蓝海状态，所以这个行业的竞争非常激烈，但投资者对它的前景也普遍看好。以今年上市的唯品会为例，这是一家成立于 2008 年的 B2C 电子商务网站，其主要业务模式为“名牌折扣+限时抢购”，成立的三年时间里曾先后获得红杉资本和 DCM 的注资，盈利能力一般；此外，去年上市的人人公司被视为中国版 Facebook，它符合投资者对当前流行“社会化”的诠释，自然受到市场追捧，获得了超过 8 亿美元的融资。

二、上市发行情况

（一）本轮赴美上市企业交易场所分布的调查

美国一共有三大主板市场，分别是纳斯达克（NASDAQ）、纽约证券交易所（NYSE）和全美证券交易所（AMEX），从图 9—4 中不难发现，中国企业赴美上市更倾向于选择纽交所和纳斯达克两大交易所，对全美所偏好不大。

（二）本轮赴美上市企业融资规模分布的调查

企业上市的直接目的是为了获得更多的公众资金，融资规模是否合理的标准在于对未来业务发展的支持程度，中国创业板初创之时被媒体诟病的弊端之一即高募资，超出企业需求的募资是对社会资本的浪费，也不利于市场对资源的合理分配。本调查组将 48

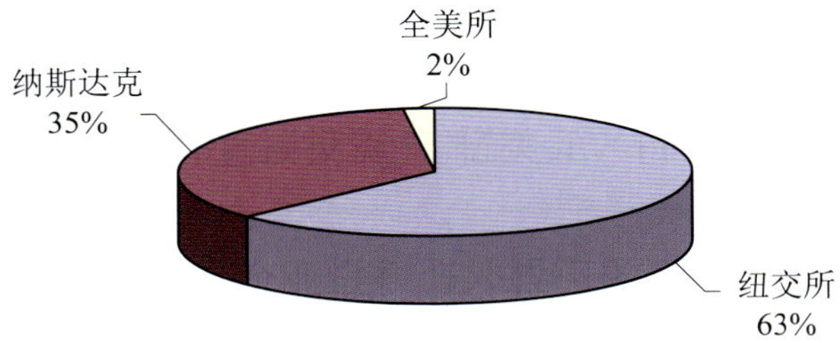

图 9—4　2010—2012 年赴美 IPO 中国企业交易场所分布

数据来源：和讯股票频道

家上市企业的融资规模按照大小划分为三组：1 亿美元以内、1—2 亿美元之间、2 亿美元以上（参见图 9—5）。通过调查发现，本轮上市中国概念公司超过一半以上的融资规模低于 1 亿美元，有 28 家；融资规模超过 2 亿美元的仅有 6 家，其余 14 家的募集资金都介于 1—2 亿美元之间。

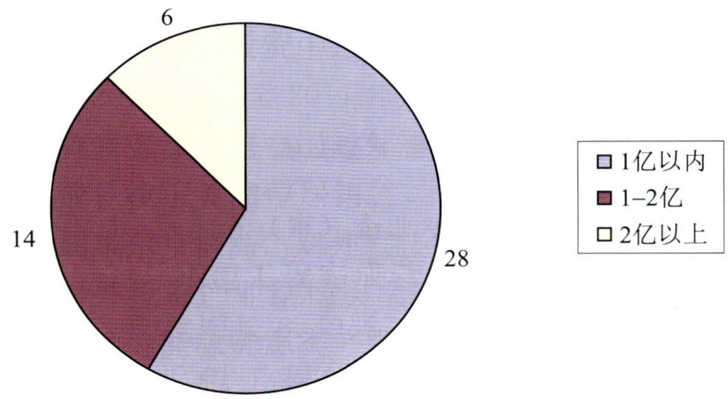

图 9—5　2010—2012 年赴美 IPO 中国企业融资规模分布（美元）

数据来源：和讯股票频道

（三）本轮赴美上市企业首日涨跌幅分布的调查

决定 IPO 企业股价首日涨跌幅的因素有很多，既有企业自身的因素，例如承销商对发行价报价超过市场预期，也有来自外部环境的因素，例如去年下半年中国企业几乎放弃赴美上市就是担心当时对中国概念股持续做空的不利氛围影响股价的正常波动。通过查阅交易数据，本轮 48 家赴美上市的中国概念公司股价首日涨跌幅情况如下图（参见图 9—6），其中涨跌整体分布为“6∶4”，海外市场对中国概念股整体看好，当然这与中国经济的持续增长也是分不开的。

本调查组对上述数据进行细分，按照首日涨（跌）幅是否超过 10％为标准将 48 家企业进一步划分为 4 类，即首日跌幅超过 10％，首日跌幅 10％以内，首日涨幅 10％以内，首日涨幅超过 10％。从图 9—6 中可以看出，有 19 家中国概念公司属于首日涨幅超过 10％的情况，约占统计企业总数的 40％，其中排名前三甲的企业分别是优酷网（161.25％）、奇虎 360（134.48％）和蓝汛通信（95.32％），它们均属于受市场追捧的

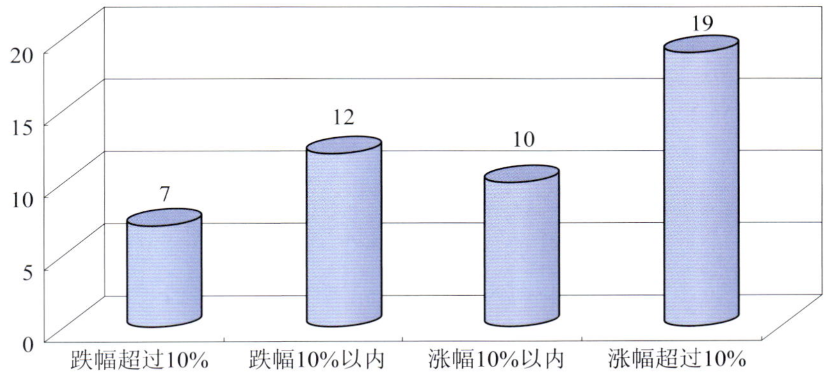

图 9—6　2010—2012 年赴美 IPO 中国企业首日涨跌幅数量分布

数据来源：和讯股票频道

TMT 行业；首日涨幅在 10%以内的有 10 家企业，占统计企业总数的 21%；首日跌幅在 10%以内的有 12 家企业，占统计企业总数的 25%；首日跌幅超过 10%的只有 7 家企业，占统计企业总数的 15%，其中排名前三甲的企业分别是斯凯网路（−25%）、博纳影业（−22.35%）和中国能源技术（−19.44%），前两个企业属于 TMT 行业，而最后一个则属于新能源行业。

（四）本轮赴美上市企业选择审计机构分布的调查

四大会计师事务所一向被公认为全球最权威的审计部门，因此赴美上市企业大多都愿意聘请它们进行审计，图 9—7 统计了本轮 48 家中国概念公司聘请审计机构的情况。从图中不难发现，四大会计师事务所几乎垄断中国市场，上市企业中有 43 家是它们的客户，聘请非四大审计机构的公司仅有 5 家，约占统计企业总数的 10%。

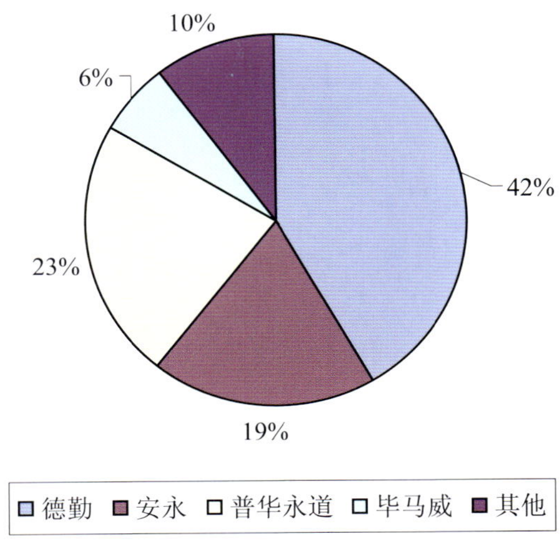

图 9—7　2010—2012 年赴美 IPO 中国企业审计机构分布

数据来源：和讯股票频道

第三节 本轮中国概念股遭遇做空的主要问题

一、问题企业概况

（一）2011年中国概念公司上市退市数量的调查

在2011年之前，市场对中国概念股的价值还是比较认可的，因此出现了一波集体上市的浪潮。然而从2010年下半年开始，随着《巴伦周刊》发表重量级报告“当心此类中国出口”，完整地披露了一条由上市中介方和华尔街机构组成的、在美国反向收购上市的中国公司的利益链，浑水公司和香橼研究接连出手发布了针对中国概念公司的做空报告，2011年掀起了中国概念公司退市的高潮。

图9—8以对比的形式反映了2011年在美国主板市场上市和退市的企业数量以及涉及金额，从图中可以清楚地看到，当年不论是退市企业数量还是退市涉及金额都超过了入市数据。2011年美国主板市场上市的中国企业总数为11家，退市企业总数高达29家；所涉及上市金额约22亿美元，但退市金额却多达57亿美元，这也是去年下半年只有一家中国企业上市的原因。

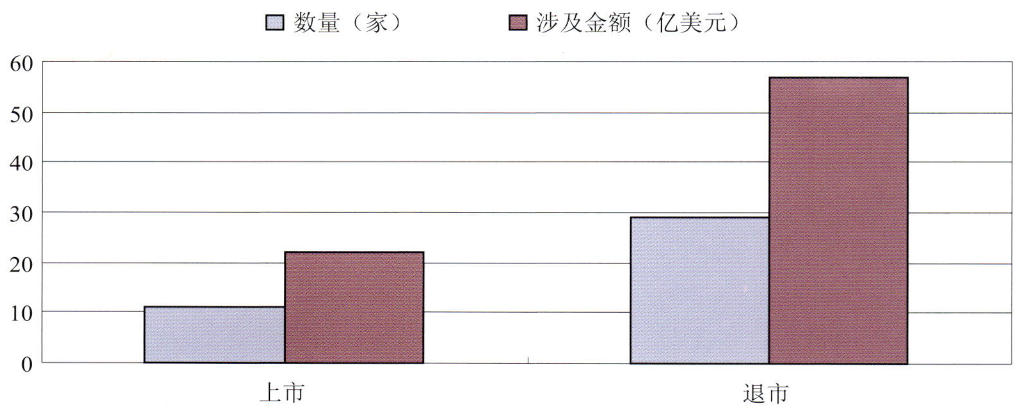

图9—8 2011年美国主板市场中国概念股上市、退市数量及金额分布

数据来源：和讯股票频道

（二）本轮问题中国概念公司上市模式的调查

作为发达的市场经济国家，赴美上市的中国中小企业除了常见的IPO模式，还可以选择例如VIE、APO和SPAC等方式的反向收购模式。主要操作步骤为中国企业购买一家在美国场外交易市场（OTCBB）上市公司作为壳，然后由壳公司反向兼并中国或中国之外的企业法人，最后壳公司成功转板三大证券交易所，实现再融资。买壳上市的优点在于可以用很低的成本在很短时间内100%保证上市。从时间上讲，买壳最短只用两个星期就可以完成，不到30天就能上市交易。

本调查组研究发现，本轮出现问题的29家中国概念公司在当初上市时只有5家企业选择了IPO模式，仅占统计企业总数的18%，而其余24家企业都是通过反向收购模式获得转板成功（见图9—9）。其中从转板成功到被迫退市时间最短的是中国高速传媒，公司在2010年6月初刚刚转板至纳斯达克，2011年3月即被停牌，两个月后被强令退市，前后还不到一年的时间。这也反映了反向收购模式中存在很多不规范的弊端，一旦被市场发现并放大，自然难逃退市的厄运。

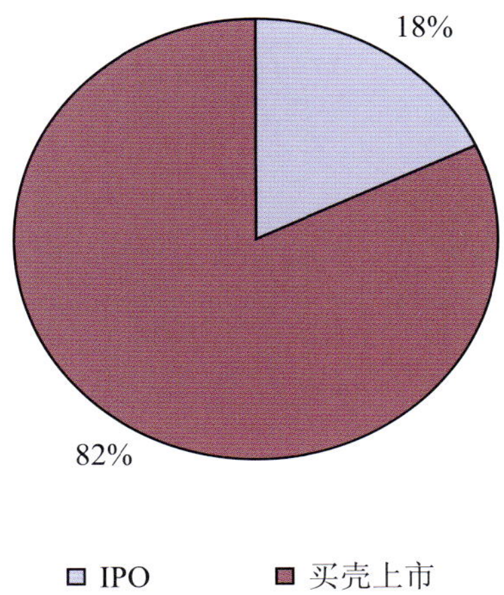

图9—9　2010—2012年美国主板市场被停牌或退市中国企业的上市模式分布

数据来源：和讯股票频道

（三）近年来中国概念公司反向收购赴美上市数量的调查

由于中国A股市场上市门槛相对较高，中小企业缺乏其他直接融资渠道，因此海外上市自然成为了最佳选择。反向收购模式最早从2003年起在中国民营企业中兴起，该模式上市成本相对较低，而且还能够规避当时中国市场上有关资本管制和海外上市审批的相关政策法规，自然赢得中小企业的好感。从2005年开始，中国中小企业选择反向收购模式赴美上市成为了主流，图9—10中统计了2007—2011年中国企业反向收购赴美上市的数量走势，从中可以看出金融危机前每年的数量均在60家以上，2009年有所下滑，不足50家，2010年又出现了一波高峰，攀升至78家。2011年由于美国监管当局加强了对

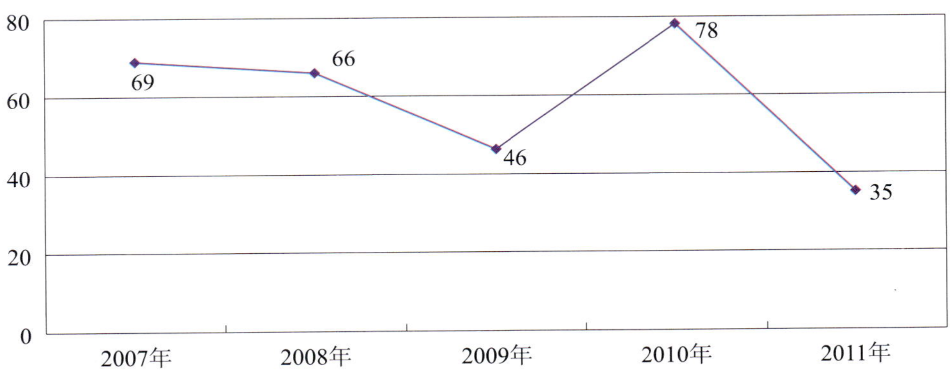

图9—10　2007—2011年中国企业反向收购赴美上市的数量分布

数据来源：和讯股票频道

反向收购模式的审查，企业总数大幅下降至35家左右。

二、问题企业原因分析

（一）中国概念公司遭遇做空的原因分析

在2010年下半年之前，中国概念公司在海外资本市场上一直备受追捧，百度、新东方、分众传媒等中国知名企业先后在美国主板市场上刷新开盘首日股价涨幅的新纪录。然而，去年多达29家上市公司遭遇停牌或退市的事实一举改变了外界对中国企业的看法，中国中小企业赴美上市遭遇寒流。关于本轮中资企业遭遇大面积做空的原因，本调查组以问卷调查的方式向中国部分中小企业的管理人员征求看法，并将他们的意见进行了汇总如下（参见图9—11）。

在收到的123份有效问卷中，有36位受访者认为遭遇做空的主要原因是由于企业自身存在问题，占受访对象总数的29%；有39位受访者偏向于做空机构过分夸大事实，毕竟这轮“中招”的中国概念企业也包括了公认质地优良的分众传媒和奇虎360这类知名企业，而且浑水公司和香橼研究也不否认他们参与了股票做空的事实，持这类意见的人数占总人数的32%；另外有28位受访者认为美国证券市场允许做空的机制也是导致中国概念公司遭遇集体猎杀的重要原因，占受访总人数的23%；剩下的20名受访者则将原因归咎于海外市场对中国企业的偏见，持这类意见的人数占总人数的16%。

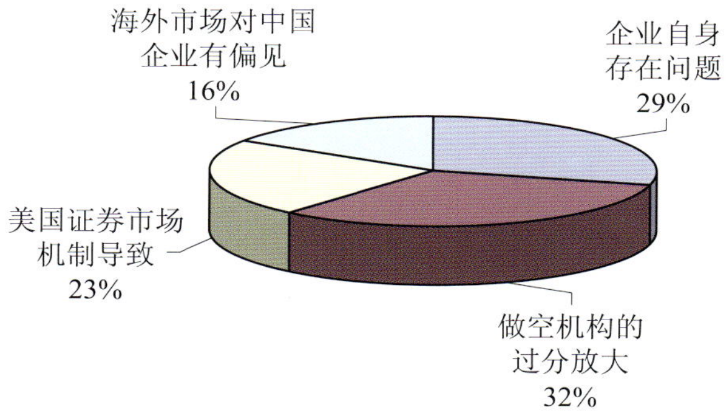

图9—11　中国概念公司遭遇做空的原因分析

数据来源：调查问卷数据整理

（二）中国中小企业赴美上市的原因分析

进入新世纪以来，中国企业先后掀起了三轮赴美上市热潮，关于中国中小企业当前热衷海外上市的原因，本调查组也进行了研究。123名受访的中小企业管理人员将原因归纳为五方面（参见图9—12），观点相对集中的意见是由于中国国内上市门槛太高，有46人赞同这个观点，占总人数的37%；其次，倾向于国内直接融资渠道太少和美国上市时间较短观点的人数比较接近，分别是24人和23人，占总人数的20%和19%；有16名受访者认为近年来中国概念在海外市场被认可也是促进中国中小企业选择海外上市的重要原因，持这种观点的人数占总人数的13%。

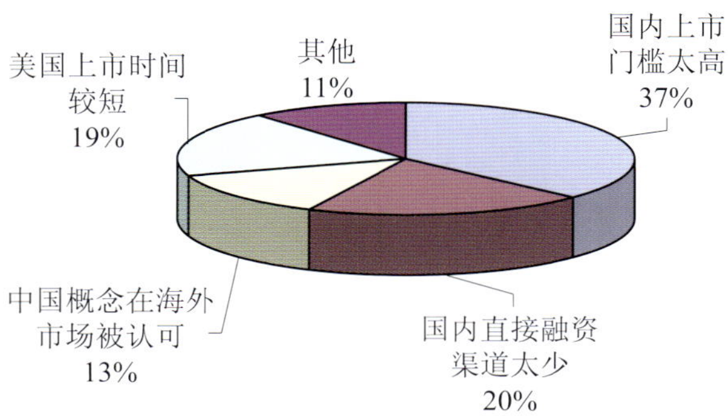

图 9—12　中国中小企业赴美上市的原因分析

数据来源：调查问卷数据整理

（三）本轮问题企业的原因分析

关于如何看待深陷本轮做空浪潮里的中国概念公司所暴露出的问题，本调查组对此也进行了分析。通过对有效问卷数据的统计，有 37 名受访者认为这些问题由当前中国企业家急功近利的浮躁心态所导致，过分渴望一夜暴富的文化让很多企业家往往不安心做实业，他们将上市作为了奋斗的终点，为了这个目的不择手段，最终导致自食恶果，持这种观点的人数占总人数的 30%；还有 24%的受访人群认为中介机构的误导也是问题爆发的因素之一，其他的原因还包括中国商业文化尚待完善（20%）和中美两国监管力度存在差异（15%）等。

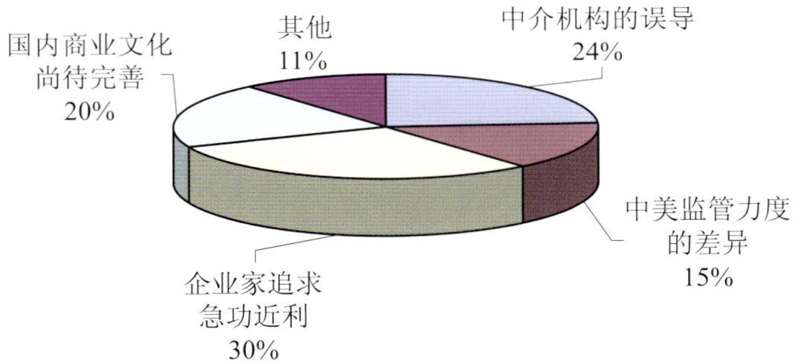

图 9—13　本轮出现问题的中国概念公司的原因分析

数据来源：调查问卷数据整理

第四节　中国概念股遭遇做空的原因分析

一、中国概念股遭遇做空的内部因素

此次中国概念股企业遭遇海外机构的联手做空，其自身存在着大量的问题和隐患是一个关键因素。很多中国的上市企业轻视了美国证券交易委员会（SEC）的监管能力，妄图凭借自己的小聪明瞒天过海。事实证明，一个相对成熟的资本市场将会对交易各方

制定更加严格的监管条例，违规的成本也较大。总结发现，中国概念股企业自身普遍存在着以下几点不足，它们是企业遭遇做空的内部因素。

（一）性质严重的财务造假问题

本轮中国概念股公司遭遇海外机构的联手做空并无力反击，很大程度上就是由于其突出问题来自于财务造假。在西方社会中，对上市公司的道德约束甚至高过对其能力的考核，它体现了欧美等国投资者对遵守规则的重视，在他们眼中一个频频挑战规则的人是不值得信任的，一个不遵守规则的公司也自然是不具备发展前景的。然而由于目前中国国内各行业长期普遍缺失诚信，因此中国上市企业错误地估计了他们面临的形势，将对付国内证监会的手段移植到了海外。为了追求上市时更高的估价和更好的发行情况，拟上市企业常常会对财务报表进行一番修饰，在财务上制造所谓的“灰色地带”。而且许多企业不是将上市视为企业持续发展的手段，而是将其视为发展的终极目标，妄图“捞一笔就撤”，所以在财务数据上作假的动力更大。例如上文提及的上市公司绿诺科技竟然不惜在中英文财务报表中玩起了文字游戏，其中文的财务文案中显示其 2009 年的营业收入不过 1 100 万美元，比其上报给美国的营业收入数据整整少了约 95%。如果此次没有遭遇专业的做空机构，上述的造假行为或许真的可能不被发现，但一旦被揭露曝光，等待上市公司的只能是停牌退市。

（二）频频曝光的违规经营问题

上市公司与非上市公司相比，最大的差别在于前者的行为将接受市场投资者和监管部门长期而严格的审核，它将从一家私人企业转变为一家公众企业，所有外部投资者都成为了公司的股东，都有权监督管理人员的行为。事实上，很多中国拟上市企业还未从思想上意识到这种转变。为了尽快完成海外上市，他们不惜与部分机构投资者签订私下协议来规避政府的正常监控，然而从法理上讲，协议控制和政府管理是严格对立的两种情况，如果不能妥善处理必将影响上市公司的正常运营，也会使投资者对公司的前景失去信心。今年年初被媒体持续关注的支付宝股权转移事件就是这类问题的典型代表，“股东利益至上”的原则还需要所有海外上市的内地企业反复强调并落实。

（三）推波助澜的不良中介问题

最近频频曝光的中国概念股企业财务造假和违规经营问题，其背后都少不了中介的影子。事实上，作为企业上市过程中的引路人，中介机构在中国企业海外上市的道路上发挥了重要的作用，他们熟悉海外资本市场的运作规律，知晓相关的法律条文，同时也懂得如何帮助企业粉饰不足以符合上市标准。然而当各类问题曝光后，我们不难发现其根源也来自于这些中介机构，正可谓“成也中介、败也中介”。少数中介机构为了追求短期收益，出现了主动迎合公司造假需求，为公司造假行为提供帮助的现象。据报道，2011 年被停牌或摘牌的多家中国概念股公司中，为其提供服务的会计师事务所、律师事务所及承销商具有较高的重合度。其中，会计师事务所有一家出现 3 次，有三家各出现 2 次；律师事务所有一家出现 4 次，三家各出现 3 次，六家各出现 2 次；承销商有 2 家各出现 2 次……此外，中国企业偏好的买壳上市路径也是来源于中介机构的推荐，其时间短、成本低的优势具有很强的吸引力，然而问题频出的也正是这类买壳上市的内地企业，如中国高速频道、艾瑞泰克、智能照明、盛世巨龙等企业均由于借壳上市被停牌处理。

二、中国概念股遭遇做空的外部因素

本轮中国概念股在美国资本市场上遭遇猎杀，除了自身存在着不足，中美资本市场制度设计的差异也在无形中起到了推波助澜的作用。从某种意义上讲，对美国资本市场交易规则和监管制度的不够重视，同样是导致内地上市企业海外折戟的重要原因。

（一）中美资本市场的监管制度存在较大差异

上文中提到，目前中国资本市场股票发行采取的是审批制，而美国资本市场采取的是注册制，两种制度的差别对上市公司而言，在中国面临着“上市门槛高、退市门槛低”的现状，但是在美国却恰好相反。到 2010 年 11 月为止，中国资本市场刚刚走过 20 年的历程，尽管证监会也制定过严格的退市制度，但 20 年中被强制退市的股票屈指可数。审批制的特点就是上级主管部门希望借助专家的视角帮助股民们选择质地优良的上市公司，因此符合中国上市条件的公司从理论上讲很少达到退市的标准。但是美国证券交易委员会的初衷不同，他们相信市场的力量，信奉市场中肯定存在欺诈行为以及违规公司，但可以通过制度设计将上述行为和公司找到并驱逐出市场。因此，在美国资本市场中，退市是一种很平常的现象。据统计，2003 年至 2007 年，纳斯达克有 1 238 家公司上市，却有 1 284 家公司退市。此外，证券交易委员会制定了严格的信息披露制度，包括日常性披露和强制披露，而且监管部门鼓励研究机构帮忙发掘存在问题的上市公司，一旦问题查实必将采取严厉的处理措施，例如暂停交易、停牌甚至退市。

（二）做空机制是美国资本市场不同于中国的最大特色

中国资本市场走过了 20 多年的历程，但直到融资融券业务的推出才首次宣告市场中允许做空力量的存在，即做空也能赚钱。然而作为成熟市场经济的美国，做空机制是保证市场健康发展的重要手段，监管部门允许并鼓励对冲基金以及个人投资者寻找和发掘上市公司经营中存在的问题，之后通过做空问题公司让其接受市场的惩罚，与此同时，受利益驱动的做空者往往也会成为首先发现并揭示上市公司问题的一支非常重要的力量，天然充当了交易市场的“监督者”，这是美国资本市场一直推崇的“全民监管”模式。它有效地降低了监管部门的监管成本，并保证了市场中充足的监管力量。

（三）外部审计机构是美国资本市场的重要监管者

公众考察上市公司的发展状况以及盈利能力，最直接的手段莫过于阅读公开发布的财务报表。为了保证财务报表的真实性，目前各国监管部门都引入了外部审计这个第三方机构的力量，国际上著名的四大会计师事务所（德勤、毕马威、安永和普华永道）因此将业务推广到了世界各地。为了达到赴美上市的要求，中国很多存在问题的中小企业同样花钱聘请了外部审计，不过他们外聘的大多是美国本土不知名的小事务所，对方的职业能力和职业操守都很值得怀疑。而且对方也深知内地企业普遍存在的问题，但是受经济利益驱动都选择了缄默。目前被媒体频频曝光的正是这类小事务所审计的企业，在全民监管模式下的美国资本市场里上市企业的任何一点问题都可能会被发掘出来，并被无限放大直至付出高昂的成本。

第五节　对策与建议

一、调研结论

近三年中国中小企业赴美 IPO 上市的数量呈现下滑趋势，2010 年最高为 35 家，2012 年最低仅有 2 家①。

近三年中国 48 家赴美 IPO 上市的中小企业，从成立到上市的平均时间为 8.6 年，其中成立时间在 5—10 年之间的企业共有 22 家，接近上市企业总数的一半。

近三年赴美 IPO 上市的 48 家中小企业主要分布在 6 个行业，其中来自科技、媒体及通讯行业（简称 TMT）和消费品及消费服务两个行业最多，它们分别有 12 家和 22 家企业，两者共占企业总数的 70%左右。

中国赴美 IPO 上市的中小企业更倾向于选择纽交所和纳斯达克两大交易所，对全美所偏好不大。

近三年赴美 IPO 上市中国概念公司的融资规模，超过一半以上低于 1 亿美元，融资规模超过 2 亿美元的仅有 6 家，

近三年赴美 IPO 上市的 48 家中国概念公司股价首日涨跌幅分布为“6∶4”，首日涨幅超过 10%的情况最多，约占统计企业总数的 40%；首日跌幅超过 10%的情况最少，约占统计企业总数的 15%。

四大会计师事务所几乎垄断中国市场，近三年 48 家上市企业中有 43 家都是它们的客户，聘请非四大审计机构的公司仅有 5 家，约占统计企业总数的 10%。

2011 年不论是退市企业数量还是退市涉及金额都超过上市同类数据。当年上市的中国企业总数为 11 家，退市企业总数高达 29 家；所涉及上市金额约 22 亿美元，但退市金额却多达 57 亿美元。

去年遭遇停牌或退市的 29 家中国概念公司在当初上市时只有 5 家企业选择了 IPO 模式，仅占统计企业总数的 18%，而其余 24 家企业都是通过反向收购模式获得转板成功，由此埋下了隐患。

2007—2011 年期间通过反向收购实现海外上市的中国企业数量居高不下，最高值是 2010 年的 75 家，最低值是 2011 年的 35 家。

关于本轮中资企业遭遇大面积做空的原因，29%的受访者认为遭遇做空的主要原因是由于企业自身存在问题，排名第一。

关于中国中小企业当前热衷海外上市的原因，37%的受访者认为是由于国内上市门

① 数据统计截止到 2012 年 5 月 30 日。

槛太高，排名第一。

关于如何看待深陷本轮做空浪潮里的中国概念公司所暴露出的问题，30%的受访者认为是当前国内企业家急功近利的浮躁心态所导致，排名第一。

二、对策与建议

（一）加强对中介机构的资质审查力度，将害群之马清理出局

企业在上市过程中，必不可少地需要借助中介机构的力量，尤其是会计师事务所、律师事务所以及各大券商。但所谓“成也中介、败也中介”，此次被曝光企业的背后都离不开问题中介的影子。而且由于是海外上市，中国监管当局对境外中介机构缺乏相应的管理措施。但是一方面，目前美国监管当局 SEC 主动提出要与中国证监会加强跨地区监管合作，共同严惩这些不符合规定的黑中介，另一方面，尽管赴美上市的中国企业借助的都是境外中介，但境外中介在具体业务操作时也与境内的中介机构有着千丝万缕的联系，因此证监会必须首先严格管理境内各类中介机构的日常行为，明确其承担的法律责任并对其违法行为进行严厉处罚。

（二）充实中国现有的资本市场交易制度，重视保护投资人的合法权益

在本轮中国概念股遭遇海外猎杀的事件中，通过媒体的连续深入报道，中国国内读者才获知了美国资本市场中的许多特有现象，例如赴美上市的企业并非都采取了中国资本市场上常见的 IPO 形式，相当数量企业采取的是“买壳上市”的反向收购模式；浑水公司和香橼研究这类机构之所以能得到市场的认可是由于美国资本市场上允许“做空机制”的存在，市场投资者在股价下降时也能赚钱；集体诉讼制度在美国是可行的，中小股民可以通过这种方式为自己的损失获得一定数量的补偿，而且这类案件在美国本土的胜诉率通常不低。事实上，以上特有现象都应该成为中国资本市场未来改革的重要方向。当前中国资本市场的年均退市率不到 1%，远远低于国际同类市场；集体诉讼是针对虚假信息披露企业最强有力的法律措施，然而中国证券市场运行 20 年来，只有不超过 10 例的受限制使用“共同诉讼”，对造假企业的惩罚远远不够。作为一个成熟的资本市场，道德约束和法律约束应同时存在，做空机制和做多机制应并行不悖，上市与退市也应当成为普遍现象，如果过分偏向某一端必然造成市场力量的不均衡，监管部门对交易的双方同等重视才会形成一个健康繁荣的市场。

（三）尽快统一和规范海外上市的中国企业信息披露监管制度

目前，中国证监会还没有专门针对境外上司公司信息披露监管的法律条文，只能从《中外合资经营企业法实施条例》、《国务院关于股份有限公司境外募集股份及上市的特别规定》、《国务院关于进一步加强在境外发行股票和上市管理的通知》以及传统的《公司法》和《证券法》中找到只言片语的规定。事实上，近年来境内企业海外上市的步伐不断加快，已经形成了一股浪潮。尤其是国际金融危机后，海外资本市场纷纷鼓励中资企业登陆上市，并为此特意提供了许多有利的条件。然而中国赴海外上市的企业在成功上市后将要遵守当地监管部门的规定，与中国长期实行的监管制度存在不小的差异，仅从

信息披露一项考察就存在较大的区别。研究发现，中国概念企业在美国证券市场上的造假事件也与中国监管制度的落后有着一定的关系。因此，随着中国越来越多的企业赴境外上市，应尽快建立一套专门适用于境外企业上市的信息披露监管制度。此外，中国国内企业在中国本地上市和美国上市将分别采取不同的会计准则，这也造成了部分企业信息披露方面无所适从，同时也构成了企业财务造假行为的重要原因。所以为了促进中国企业在境外上市融资顺利，建议中国监管部门加快敦促会计准则改革进程，实现中国会计准则同国际接轨。

（四）完善多层次的资本市场体系，为中国企业提供更多的融资渠道

分析中国企业海外上市的动机，很大程度上是由于中国国内上市门槛相对较高、上市流程相对复杂，而企业对资金的需求紧迫不可能等待漫长的时间所致。以创业板为例，从提出到正式设立几乎经历了十年的时间，目前排队等待创业板上市的企业超过 1 000 家，供不应求的局面短时间内难以缓解。事实上，此次被曝光的很多中国企业在美国上市并非都选择了传统的 IPO 模式，反向收购也是一种常见的手段，很多中国企业都是借助场外交易市场成功转板到主板和创业板的。作为成熟的资本市场，美国多层次的市场体系为企业融资提供了多种选择，符合了各个层次企业的需求，从而吸引世界各国的企业竞相登陆美国资本市场。目前中国的“新三板”市场还处于试点阶段，场外交易市场发展滞后，定位不明确，分布不合理，缺乏统一规则，当然这也是由中国资本市场所处的发展阶段决定的，不可能一蹴而就。但是未来中国资本市场的发展方向应当定位于完善市场体系，在发展证券交易种类的同时加强债券市场的发展，让股市和债市成为企业融资的两种重要手段。

（五）中国监管部门应主动加强与境外组织的联系，深化国际合作

2011 年 7 月中旬，美国资本市场的主要监管部门 SEC 来到北京主动与中国财政部和证监会的负责人进行了沟通，会谈的要点主要围绕联合监管跨境上市企业展开。2011 年上半年，在美国上市的中国概念股频频爆出造假丑闻，再加上做空者的恶意追杀，使得中国在美上市公司股票集体下挫。短时间内总市值已缩水 41 亿美元，而且当时华尔街对于中国股票的主流观点已基本持否定态度。事实上，海外上市的中国企业不仅代表着企业自身的形象，同时还代表着中国经济，很多海外投资者都是通过分析中国企业的经营状况来判断中国国内的市场化程度。目前中国监管部门正计划推进国际板的建设，鼓励境外企业到中国上市。为了更加稳妥地实现国际板的开设和运行，中国监管部门有必要从本次中国概念股遭遇的猎杀事件中吸取教训，尤其是完善上市标准、上市公司内控体系与信息披露等方面的制度建设，提高上市公司内控报告提交频率及违规惩罚力度，以防范风险、保护投资者利益。此外，中国证监会还要积极开展与境外监管机构的信息共享与知识交换，学习借鉴国际经验，促进中国证券市场提升监管成效、监管标准，改善对境外上市企业的监管，做好应对国际板开放的准备。

附录：中国概念公司应对海外做空机制的成功经验

本轮由浑水公司和香橼研究发起的针对中国概念公司的做空行动固然曝光了很多自身存在问题的中国企业，但也连累了很多质地优良的中国概念公司。为维持公司的合法权益，对于做空机构的凭空指责企业应当学会保护自己，积极应对。以下列举了两家成功应对市场做空机构的中国概念公司的例子。

（一）分众传媒冷静应对浑水公司做空报告

分众传媒是一个拥有商业楼宇视频媒体、卖场终端视频媒体、公寓电梯平面媒体、户外大型LED彩屏媒体、手机无线广告媒体和互联网广告平台等众多针对特定受众、并可以相互有机整合的媒体网络公司。它以独创的商业模式、媒体传播的分众性、生动性及强制性赢得了业界的高度认同。2005年7月，分众传媒成功登陆美国纳斯达克，成为海外上市的中国纯广告传媒第一股，并以1.72亿美元的募资额创造了当时的IPO纪录。

2011年11月21日，浑水公司在网上首先发布了质疑分众传媒的研究报告，直指该公司存在着虚报数据、高溢价收购、内幕交易的三宗罪，并“强烈建议卖出”。由于中美地理位置造成的13个小时的时差，加上公司在美国没有办事机构，分众传媒错失了反驳的最佳时机，公司股票当天跌幅近66%。当天美国股市收盘后，分众正式发布了一份简短的中文声明，否认浑水所有指控，并提出两点声明：其一是指出浑水公司对统计分众传媒LCD数量的方法有误，其二是坚称公司不存在人为高溢价收购。而且分众传媒的创始人和大股东也及时施以援手，宣布回购和增持公司股票，这也得到了华尔街投行的力挺，之后几天分众传媒股价回升。

十天后，面对浑水公司第二份做空报告，分众传媒仅过了几个小时就在公司官网上发表了驳斥声明，公司高层主动约媒体见面，高调宣称“分众必须用事实反击，让做空者的阴谋失败，因为这不仅关系到分众的信誉，更关系到中国概念股整体信誉”。积极的应对策略得到了市场支持，分众传媒股价也很快恢复正常。

（二）奇虎360针锋相对挫败香橼研究多轮攻击

奇虎360公司是中国领先的互联网安全软件与互联网服务公司，公司主营以360安全卫士、360杀毒为代表的免费网络安全平台，同时拥有奇虎问答等独立业务，主要依靠在线广告及互联网增值业务作为主要创收渠道。2011年3月，公司在纽约证券交易所挂牌交易，首日上涨19.5美元，涨幅134.48%。

从2011年11月到2012年2月，香橼研究累计发布了四份针对奇虎360的做空报告，但均遭遇对手的坚决反击，最后以失败告终。第一份做空报告中，香橼研究质疑奇虎360在盈利数据方面作假；第二份做空报告中，香橼研究将奇虎360的业务模式比作中国高速频道（另一家在美国上市的中国概念公司，不过已经因为财务数据作假被强制退市）；第三份做空报告中，香橼研究依据掌握的公司广告费价格质疑营业收入真实性；第四份做空报告中，香橼研究从宏观经济层面分析，担忧奇虎360的盈利模式不可能持续。总之，这是少见的针对同一家中国概念公司连续多次的攻击。

面对香橼研究持续挑衅，奇虎360公司每次都采取了不回避事实、尽快回应的态度。

例如，针对公司财务数据的质疑，奇虎 360 用数据说话，指出对方在统计方法和统计时间上的漏洞；针对公司盈利模式的质疑，奇虎 360 主动约谈媒体阐述公司的业务结构，有礼有节地驳斥对方的论断。正是有了上述积极的应对态度，奇虎 360 尽管遭遇了四轮“狂空乱炸”，但依然没有倒下，反而在美国市场中赢得了投资者的认可，目前发布的 2011 年盈利数据也均超过了市场预期。

参考文献

[1] 郎咸平．中国概念股缘何成为“过街老鼠”．IT 时代周刊，2011（7）．

[2] 叶有明．股权投资基金运作：PE 价值创造的流程．上海：复旦大学出版社，2009．

[3] 傅健．NYSE 和 NASDAQ 上市的中国概念股的现状与对策分析．中国证券期货，2011（7）．

[4] 李寿双，苏龙飞，朱锐．红筹博弈：十号文时代的民企境外上市．北京：中国政法大学出版社，2008．

[5] 李蒴．中国概念股公司财务造假事件的再思考——对在美上市中国公司的启示．金融视角，2011（5）．

[6] 李肃然．中国概念股频遭猎杀，增强透明性才能抵御做空．IT 时代周刊，2011（12）．

[7] 双目．潜伏·猎杀——中国概念股遭遇做空危机．国际市场，2012（1）．

[8] 李赛男．从中国概念股危机看企业经营．现代经济信息，2011（6）．

[9] 梅绍华．中国概念股激荡华尔街．中外企业文化，2000（8）．

[10] 钟日绮．谁在猎杀中国概念股．商界评论，2011（2）．

[11] 赵昌文，项安波，王怀宇，贾涛．在美上市中国概念公司近期遭遇信任危机的短期和长期影响分析．中国发展观察，2011（11）．

[12] 叶有明，王钊．猎杀“中国概念”危机．上海：复旦大学出版社，2011．

[13] 马腾跃．“围城”内外的博弈之道——中国赴美上市企业如何应对危机．中国金融家，2011（8）．

[14] 田高良，王超军，程瑶．中国在美上市公司遭遇停牌下市分析．财务与会计，2011（11）．

[15] 严烯敏．从反向收购视角试析中美上市公司信息披露制度之比较．证券投资，2011（5）．

[16] 彭真明．证券欺诈民事救济制度研究．北京：中国社会科学出版社，2008．

[17] 贺小松．外国证券之信息披露监管的发展趋势．求索，2008（2）．

[18] 李斌．互联网公司十年赴美上市路．第一财经周刊，2011（3）．

[19] 双目．从荣耀出海到跌跌不休——中国概念股海外上市透析．时代财经，2011（9）．

[20] 赵栋．海外猎杀中国股路径曝光，空军涌压中国经济硬着陆．扬子晚报，2011：8—11．

[21] 冯禹丁．被停牌退市的中国概念股汇总．环球时报，2011：6—9．

[22] 纪振宇．美国一券商禁用保证金购买 130 多家中国公司股票．新华评论，2011（6）．

[23] 林化璀．PE 推动上市企业私有化三大风险：财务法律行业波动．中国经营报，2011：5—15．

[24] 李宗南．中国概念股遭遇审美疲劳，海外上市窗口或将关闭股．证券日报，2011：5—19．

[25] 沈乎．中国造假概念股揭露者：Citron 创始人莱福特．新世纪周刊，2011（6）．

[26] 周佳．中概股：你的问题在哪里?．第一财经日报，2011：6—22．

[27] 冯郁青．中美今日合议中国概念股上市监管，拟封堵漏洞．第一财经日报，2011：7—11．

[28] 王利明．中国概念股海外集体暴跌，是被猎杀还是诚信缺失．人民日报海外版，2011：6—14．

[29] 王腾斌．中国概念股海外遭袭“焉知非福”?．经济参考报，2011：6—15.
[30] 马超华．中国概念股遭遇破发潮　警示企业踏实做事．南方日报，2011：7—8.
[31] 林曦．迅雷盛大文学上市搁浅，中概股海外IPO陷僵局．羊城晚报，2011：7—22.
[32] 王珊珊．戳破中国概念股假泡沫．新财经周刊，2011（22）.
[33] 贺俊．中国概念股年度三大关键词：做空、破发、摘牌．财经，2011（20）.
[34] 吴晓鹏．SEC追查中国概念股违法行为：宁可错杀也不放过．21世纪经济报道，2011：5—21.
[35] 张龙平．浑水公司变脸唱多，神州租车赴美上市赶上好时候?．证券日报，2012：2—1.
[36] 吴敏．中概股造假“产业链”：会计所投行谁也跑不掉．新京报，2011：6—28.
[37] 嵇晨．诚信危机再蔓延，中国概念股溢价时代不复返．第一财经日报，2011：6—28.
[38] 方家平．中国概念股的自负、自欺与自省．IT时代周刊，2011（8）.
[39] 刘琦．让契约精神加强道德与制度约束．IT时代周刊，2011（8）.
[40] 袁敏．海外上市中国概念股危机分析及启示．证券市场导报，2012（2）.
[41] PCAOB. 2010. Staff Audit Practice Alert No. 6 “Auditor Considerations Regarding the Work of other Auditors and Engaging Assistants from outside the Firm”. July 12：1—12.
[42] Muddy Waters，LLC. 2011. Duoyuan Global Water Inc. Report. April 4：1—21.
[43] Fitchratings，2010 Evaluating Corporate Governance：Jurisdictional and Issuer-Specific Considerations，credit report：Dec. 16：1—7.
[44] 程亚琼，李一帆．多元系中国概念股的财务内幕．会计之友，2012（2）.
[45] 王伟汉．中国概念股从风光无限坠入“严冬”．中国总会计师，2011（6）.
[46] 周俊生．合作监管中国概念股大有作为．理财，2011（8）.
[47] SEC. 2010. Administrative Proceeding File No. 3—14167. In the Matter of Moore Stephens Wurch Frazer & Torbet LLP and K. Dean Yamagata，CPA. Respondents. Dec. 21：1—13.
[48] 王洪霞，沈意浩．中国概念股的危机救赎要靠自己．法人，2011（7）.
[49] PCAOB. 2011. “Activity Summary and Audit Implications for Reverse Mergers Involving Companies form the China Region：January 1，2007 through March 31，2010”，Research & Analysis. Mar. 14：1—8.
[50] 岳熙．中国概念股：受累害群之马．企业观察家，2011（7）.
[51] 方三文．中国概念股的热潮与本色．商务周刊，2011（1）.
[52] 刘明明．中国概念股遭遇“六月风暴”．现代企业教育，2011（11）.

第十章

2011年国外对华贸易壁垒的新趋势、特点和应对措施

2011 年全球经济增速放缓，复苏乏力，国际金融市场持续低迷，欧洲债务危机愈演愈烈。各国为保护本国产业均出台了大量的贸易管理及限制措施。据中国商务部统计，2011 年，中国主要贸易伙伴新出台或拟发布约 820 项贸易投资政策和壁垒信息。其中，产品环保标准、产品质量安全标准等技术性贸易壁垒、进口限制等各类贸易壁垒等措施对中国对外经济贸易产生十分不利的影响。知识产权海外纠纷依然严重，在 2011 年中仅美国就对中国出口产品发起 17 起“337 调查”。中国企业对外投资依然存在诸多限制。2011 年国外对华贸易壁垒也出现了新的特点和趋势，找出这些特点和趋势出现的原因，并提出针对性的应对措施，将对中国对外贸易起着不可忽视的作用。

第一节　2011 年国外对华贸易壁垒的趋势分析

据统计，2011 年主要贸易国对华共有 820 起贸易壁垒事件，比 2010 年的 946 起有所减少，同时中国出口产品共遭受 69 起贸易救济调查，比 2010 年的 66 起略有增加。2011 年贸易壁垒以及贸易救济立案出现的新特点和新趋势具体如下。

一、2011 年国外对华贸易壁垒案件的趋势

1. 总体趋势

2011 年主要贸易国对华共有 820 起贸易壁垒事件，比 2010 年的 946 起有所减少，呈现下降趋势（见图 10—1），但是仍高于 2008 年。由此可见中国外部贸易环境并未明显好转。

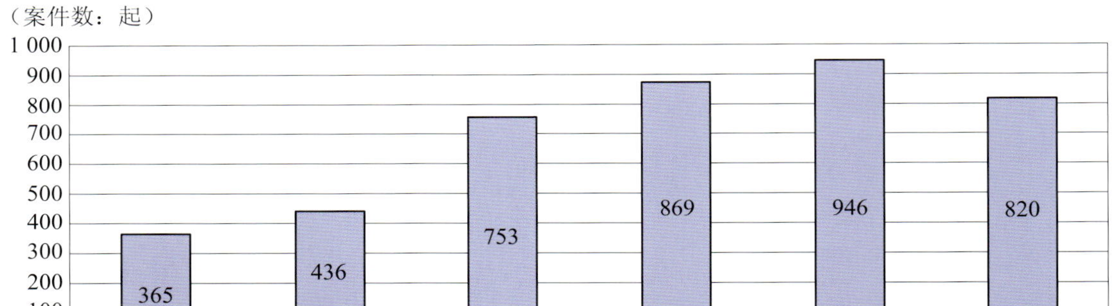

图 10—1　国外对华贸易壁垒趋势图

数据来源：根据中国贸易救济网和中国商务部网统计

2. 美国对华的“337 调查”

“337 条款”针对的是一般不正当贸易和有关知识产权的不正当贸易。而后来被美国用于保护本国产业，是实施贸易壁垒的一种重要措施。2011 年，中国遭受 17 起“337 调查”，比 2010 年的 19 起略少，但仍然远高于 2009 年的 8 起（见图 10—2）。具体而言，2011 年产品以电子信息类产品为主，还涉及轻工、汽车产品、家具等（见表 10—1），这也表明中国高科技行业尤其是电子信息行业，在出口方面还存在严峻的外部环境。

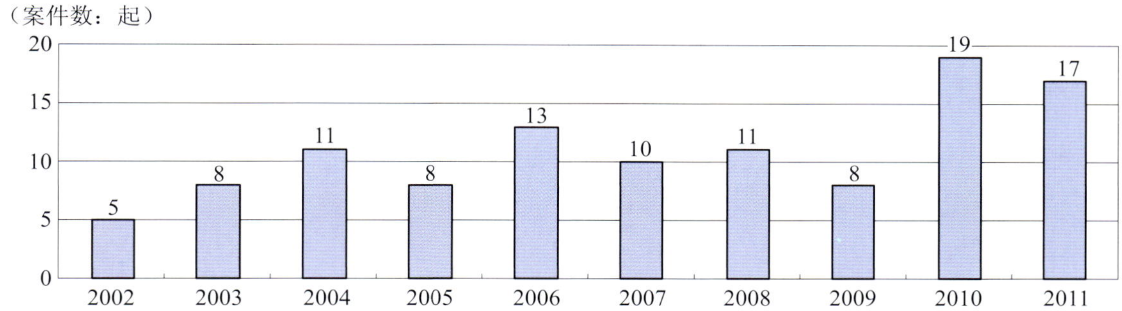

图 10—2 美国对华启动的“337 调查”

数据来源：根据中国贸易救济网和中国商务部网统计

表 10—1 2010 年美国对华的“337 调查”

编号	立案时间	涉　案　产　品	涉及行业	案件进展
1	2011/1/5	手提包、箱包、配饰及其包装等同类产品	服装鞋帽	同意令
2	2011/1/13	起动电机和交流发电机	设备制造	和解
3	2011/2/7	分娩模拟器和关联系统	电子信息	排除令
4	2011/2/24	液晶显示器及其部件和使用方法	设备制造	和解
5	2011/3/3	无线电控制信号传送器、接受器和同类产品	电子信息	限排除令
6	2011/3/16	吉西他滨药品及同类产品	制药	和解
7	2011/4/19	手提电子计算设备和有关软件以及衍生的部件	设备制造	撤诉
8	2011/5/13	动作感应声音效果器和图像显示装置、零部件及相关产品	电子信息	和解
9	2011/6/9	包括调光开关在内的照明控制设备	设备制造	调查中
10	2011/6/24	携式电子产品保护套及其配件	电子信息	和解
11	2011/6/29	微处理器及其零配件	电子信息	撤诉
12	2011/7/14	辅酶 Q10 产品	制药	调查中
13	2011/7/14	电子壁炉产品	设备制造	调查中
14	2011/8/31	LED 照相闪光灯设备	设备制造	调查中
15	2011/8/31	3G 功能的无线设备及其配件	电子信息	调查中
16	2011/11/22	雨刮器	电子信息	调查中
17	2011/12/21	部分装有交互式节目指南和父母监控技术的产品	设备制造	调查中

资料来源：根据中国商务部网和中国贸易救济网统计

二、2011 年国外对华贸易救济立案案件的现状分析及新趋势

1. 总体趋势

国外对华的贸易救济自 2000 年到 2007 年案件数见表 10—2，处于上下波动状态，而经济危机以来国外对华的贸易救济立案总数急剧上升，在 2009 年升至最高，然而在 2010 年又急剧下降，下降了将近 100%。2011 年国外对华的贸易救济立案总数比 2010 年略有

上升（见图 10—3）。然而，在涉案金额上，比 2010 年有了大约 20%的下降（见图 10—4）。这就说明中国面临的国际贸易和投资环境虽有所好转，但仍然不容乐观，中国对外贸易压力依然很大。

表 10—2　国外对华贸易救济立案数的总体趋势分析　（案件数：起）

年份	2000	2001	2002	2003	2004	2005	2006	2007	2008	2009	2010	2011
反倾销	44	55	51	53	49	56	72	62	76	76	43	50
反补贴	0	0	0	0	3	0	2	8	11	13	6	9
保障措施	25	12	34	15	14	7	13	8	10	23	16	9
特别保障措施	0	0	3	4	2	7	4	0	2	7	1	1
贸易救济总数	69	67	88	72	68	70	91	78	99	119	66	69

数据来源：根据 2011 年 WTO 发布的《反倾销案件统计》、《反补贴案件统计》、《保障措施案件统计》以及中国贸易救济网整理

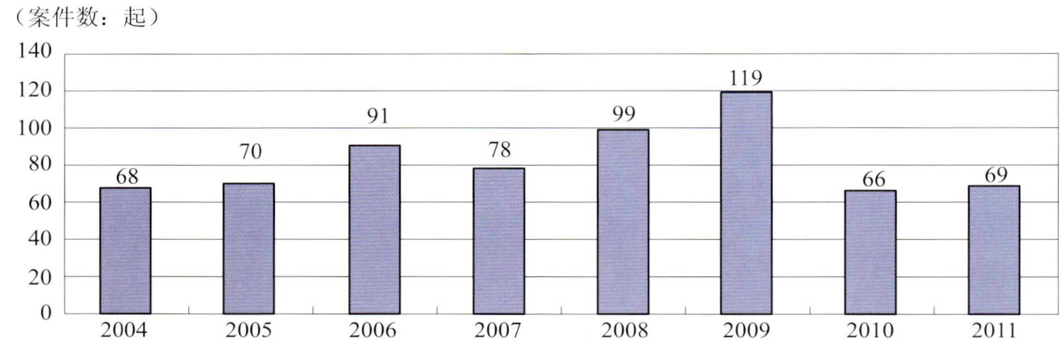

图 10—3　国外对华贸易救济立案数

资料来源：根据中国贸易救济网和中国商务部网统计

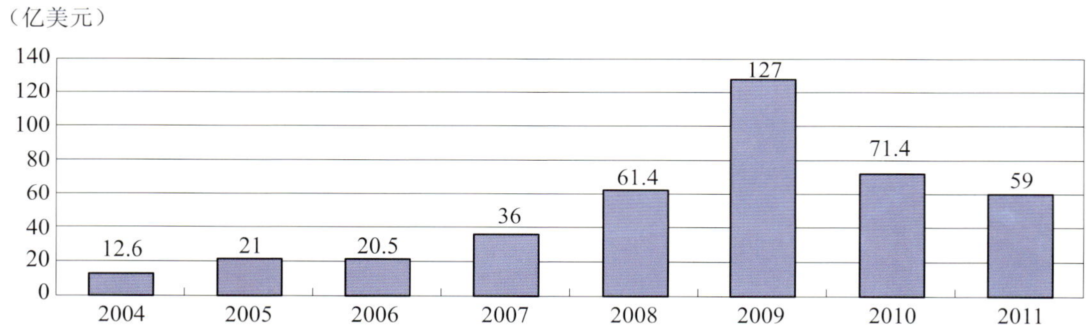

图 10—4　国外对华贸易救济立案的涉案金额

数据来源：根据中国贸易救济网和中国商务部网统计

2. 反倾销

国外对华反倾销立案趋势如图 10—5 所示，反倾销立案件数从 1998 年到 2007 年呈现缓慢上升态势。由于世界金融危机的爆发，2008 年、2009 年，立案件数创出新高。随着世界经济的复苏，2010 年反倾销案件比 2009 年下降了将近一半，2011 年较 2010 年反

倾销案件又有所上升。

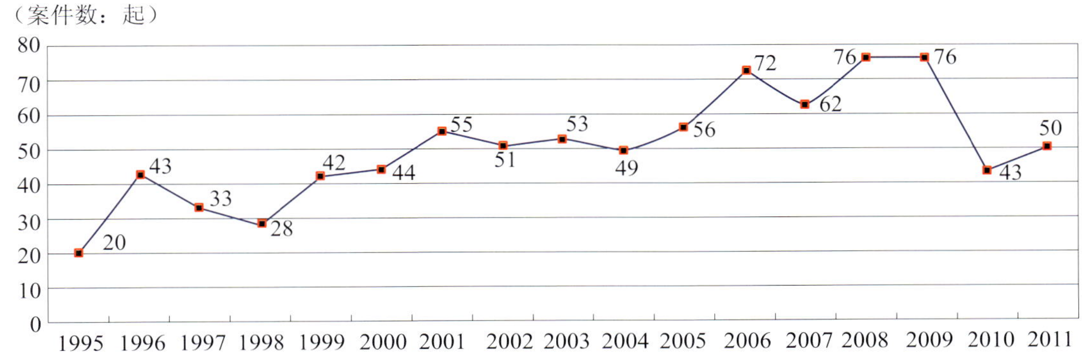

图 10—5　国外对华反倾销立案数

数据来源：根据 WTO 网、中国贸易救济网和中国商务部网统计

3. 反补贴

国外对华反补贴立案趋势如图 10—6 所示，反倾销立案件数从 2004 年到 2007 年呈现缓慢上升态势。由于世界金融危机的爆发，2008 年、2009 年，立案件数创出新高。随着世界经济的复苏，2010 年反补贴案件比 2009 年下降将近一半，2011 年较 2010 年反补贴案件又有所上升。

2011 年国外对华反补贴立案共有 9 起，美国发起 4 起，加拿大发起 2 起，澳大利亚发起 2 起，墨西哥发起 1 起。表 10—3 为 2011 年的 9 起反补贴事件的内容和案件进展。

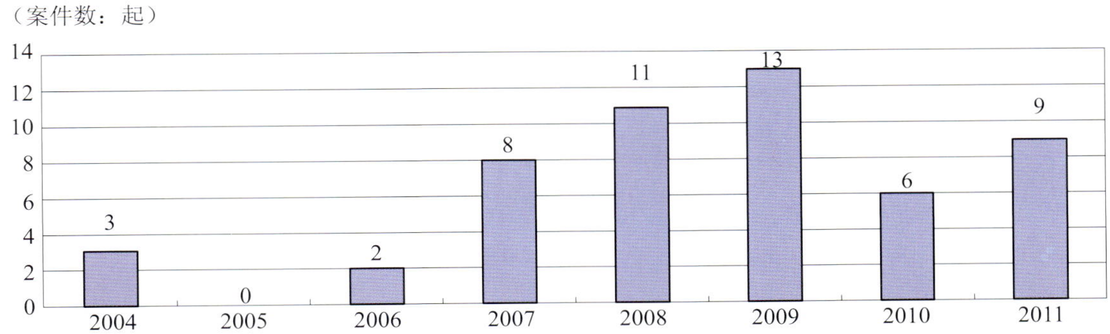

图 10—6　国外对华启动的反补贴立案数

数据来源：根据 WTO 网、中国贸易救济网和中国商务部网统计

表 10—3　2011 年反补贴事件的分析

国家	立案时间	涉案产品	性质	案件进展
澳大利亚	2011/9/19	焊缝管	双反	调查中
澳大利亚	2011/11/7	吕制车轮	双反	调查中
加拿大	2011/9/12	石油管材短节	双反	2011 年 11 月 14 日，加拿大国际贸易法庭对原产于中国的石油管材短节作出反倾销和反补贴产业损害初裁：涉案产品的倾销行为和补贴行为给加拿大国内产业造成了实质性损害或阻碍，或者实质性损害威胁

续表

国家	立案时间	涉案产品	性质	案件进展
加拿大	2011/10/27	不锈钢水槽	双反	调查中
美国	2011/4/19	钢制轮毂	双反	2011年5月13日作出肯定性产业损害初裁。2011年8月30日作出反补贴初裁，应诉企业的补贴率为26.24%—46.59%，中国普遍补贴率为40.30%
美国	2011/4/20	镀锌钢丝	双反	2011年5月16日作出肯定性产业损害初裁。2011年8月30日作出反补贴初裁，应诉企业的补贴率为21.59%—253.07%，中国普遍补贴率为44.46%
美国	2011/5/31	钢制高压气瓶	双反	2011年6月24日作出肯定性产业损害初裁。2011年10月12日作出反补贴初裁，应诉企业的补贴率为22.34%，中国普遍补贴率为22.34%
美国	2011/11/8	晶体硅光伏电池	双反	2011年12月2日作出肯定性产业损害初裁
墨西哥	2011/6/8	RG型同轴电缆	双反	调查中

资料来源：根据中国贸易救济网和中国商务部网统计

4. 保障措施和特别保障措施

国外对华保障措施和特别保障措施如图10—7所示，2009年保障措施和特别保障措施都达到最高，2010年比2009年有大幅度的下降，但仍居第二高位，2011年比2010年又有所下降。2011年对华保障措施共有9起，土耳其发起3起，印度尼西亚发起3起，俄罗斯发起1起，埃及发起1起，乌克兰发起1起。2011年对华特别保障措施共有1起，表10—4为2011年的9起保障措施和1起特别保障措施事件的内容和案件进展。

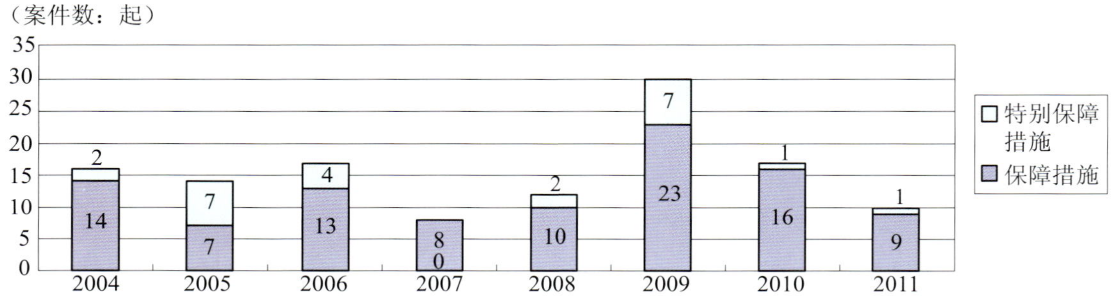

图10—7　国外对华保障措施和特别保障措施立案数

资料来源：根据WTO网、中国贸易救济网和中国商务部网统计

表10—4　　2011年对华保障措施和特别保障事件的分析

国家	立案时间	涉案产品	案件进展
土耳其	2011/1/13	服装产品	调查中
土耳其	2011/1/13	纺织面料产品	调查中

续表

国家	立案时间	涉　案　产　品	案件进展
土耳其	2011/3/11	PET 产品	调查中
印度尼西亚	2011/3/22	遮阳帘、雨篷、雨布	调查中
印度尼西亚	2011/8/22	钢铁丝	调查中
印度尼西亚	2011/11/3	金属强化硫化橡胶制传送带及带料	调查中
俄罗斯	2011/8/31	石墨电极	调查中
埃及	2011/3/8	氯乙烯基聚合物地板套膜	调查中
乌克兰	2011/7/2	进口客车	调查中
印度	2011/12/2	炭黑	调查中

资料来源：根据 WTO 网、中国贸易救济网和中国商务部网统计

第二节　2011 年国外对华贸易壁垒的特点

一、知识产权，技术环保等方面的贸易限制依然繁多

在知识产权方面：中美知识产权摩擦是中美经贸关系的重要内容，而“337 调查”又是中美知识产权摩擦的重要组成部分。因为“337 调查”启动的门槛低、时间短、应诉难度大、处罚力度强，使得美国企业频频利用“337 调查”打击竞争对手。随着中美贸易往来逐渐频繁，特别是自从中国加入 WTO 以来，中国共遭受 90 起“337 调查”（2001—2010）。2011 年美国国际贸易委员会（ITC）对中国企业共发起 17 起“337 调查”，与 2010 的 19 起调查大致相当。在技术环保方面：经过多年 WTO 谈判，各国对中国产品征收的关税大大降低，关税壁垒也大幅降低。但是为保护本国产业，技术环保方面的非关税壁垒措施正日益为各国所追逐，各国通过对外国进口商品制定苛刻繁琐的技术、卫生检疫、商品包装和标签等标准，从而提高进口产品要求，增加进口难度，最终达到限制进口的目的。非关税壁垒措施具体包括 TBT 措施、SPS 措施、通关环节壁垒等。这些措施主要涉及环境保护、人身健康与安全、动植物安全、动物福利、节约能源等方面。技术性贸易措施以保护环境与人类健康等为目标，站在道德至高点上，行之恰当，无疑有利于人类的文明与进步，行之不当则有贸易保护之嫌。2011 年的国外对华 TBT 数量与 2010 年大致持平。

二、新能源方面的贸易限制措施大幅增加

伴随着中国产品竞争力增强，新能源领域的贸易纠纷已成为中美贸易争端高发区，2010 年，美国启动对华清洁能源有关政策和措施的“301 调查”，同年向 WTO 起诉中国补贴风电；2011 年，美国商务部对从中国进口的多晶硅光伏电池产品进行“双反”调查。

因为中国新能源产品如光伏电池等质量越来越好，成本低于同类型的美国欧洲产品，无形中削弱了美国产品的竞争力。所以为了保护自身的新能源产业，美国不断在新能源领域制造贸易摩擦。这使得中国许多制造新能源产品的企业蒙受巨大的损失。

三、某些发展中国家实施进口限制措施

以阿根廷为例，2011 年 2 月，阿根廷扩大了受非自动许可证管理的产品的范围，将近 200 种产品的进口需要申请非自动进口许可证。目前，阿根廷对大量产品实施非自动进口许可证管理，包括自行车、自行车胎、摩托车、玩具、部分服装、鞋靴、足球、部分行李箱和手提包、部分纸张、部分家居用品、部分纱线和织物、部分机械、工具和杂项制品。近年来，中国和阿根廷的双边贸易总额有了明显的上升，双方经贸往来日益加强。然而阿根廷进口限制措施使得中阿双边贸易不确定性骤增，也给中国企业对阿根廷的出口造成严重影响。随着世界经济的持续低迷，很多发展中国家通过制定进口限制措施来减少贸易逆差，这都会给中国企业的出口增加不小的困难。

第三节　中国应对贸易壁垒中存在的突出问题

贸易壁垒具有广泛性、复杂性、隐蔽性与灵活性。就欧盟的技术性贸易壁垒来说，不仅涉及初级产品，而且涉及所有的中间产品和工业制成品。从过程角度来看，它涵盖了研究、开发、生产、加工、包装、运输、销售和消费整个产品的生命周期。从领域角度来看，它已从有形商品贸易扩展至金融、信息等服务贸易、投资、知识产权及环境保护等许多领域。技术性贸易措施因其涉及的技术和适用范围的广泛性，比配额、许可证等其他非关税壁垒形式更为复杂，而世贸组织允许各国根据本国特点（地理及消费习惯等）制定与别国不同的技术标准。因而要证明技术性贸易措施是否妨碍正常的国际贸易并不容易。再如，如欧盟出台的《化学品注册、评估、授权与限制法规》（REACH），作为整个欧盟化学品规管的框架性法规。从法规对企业的要求看来，其核心集中在注册义务。其影响范围已由最初的化工上游企业逐步扩展至整个产品链。企业不得不逐步淘汰危害性强的化学物质，使用相对无害的产品取而代之。对要出口到欧盟的中国化工类企业来说，需要较大的技术改进，否则将受阻。中国企业之所以屡遭贸易壁垒，主要存在以下几个突出问题。

（一）自主创新能力低，企业产品质量档次不高。中国整体技术水平和产品质量相比发达国家要落后。发达国家不断地更新技术标准，提高产品质量，使中国现有的技术和设备无法达到要求，以此来限制中国产品的出口。中国出口的产品以劳动密集型产品为主，附加值低，科技含量低，没有自主知识产权，很容易遭受外国技术壁垒限制。

（二）对国外技术性贸易壁垒重视不够。由于技术性贸易壁垒涉及面广，技术性、政策性强，一般出口企业往往了解不深，对技术性贸易壁垒的重视程度不足，特别是在质量管理、卫生检疫和环保方面更是薄弱。根据调查，中国许多企业，特别是中小企业对

国外技术性贸易壁垒措施基本了解较少，有的甚至不了解。由于不了解技术性贸易壁垒，许多企业因为没有获取国际认证或是没有采用国际先进技术标准，致使其产品不能获得进口国的认可从而遭受技术壁垒限制。

第四节　对策与建议

一、在政府层面

1. 政府应该积极行动起来，加强同主要经济体的管制合作。中国如果能同这些主要贸易经济体在贸易壁垒方面加强沟通和合作，那么将优化自己的外部经济环境，减少更多的贸易摩擦，互惠互利，促进贸易增长；也应有力地开展贸易壁垒反制工作、有效地保护中国企业的产品出口。

2. 政府应加大知识产权的保护力度，并且辅以优惠政策，引导企业实现产业升级。由于人民币汇率上升、国内通货膨胀、劳动力成本上升、原材料成本上涨等因素导致中国企业成本也不断上升，很多低端制造业已经转移到周边发展中国家，中国想要更长久地发展，必须考虑附加值更高的产业，这必然涉及到创新和知识产权问题。因此，政府要继续加大知识产权保护的力度，对高科技企业提供更多的优惠措施，让中国真正地从“中国制造”大国上升为“中国创造”强国。

3. 政府帮助企业研究、掌握和运用各种国际法规，支持企业积极应对国外的贸易壁垒。部分企业应对国外技术性贸易壁垒的意识不强，对技术性贸易壁垒的概念及其在国际贸易的作用等问题认识不足，被动应对，对技术法规、标准和合格评定程序的最新进展跟踪不足，参与相关法规和标准立法评论的意识和能力有待提高。同时，企业和行业资金短缺，阻碍了技术改造和获得国际认证。另一方面，应诉贸易壁垒需要投入更多的资金和精力，同时国外贸易环境又较为复杂，失败率也较高，很多企业不能找到证据来证明自己没有违反贸易壁垒，于是就放弃应诉，甚至是不配合政府信息的采集，所以必须建立一个打破部门之间界限，能为企业提供全方位的货物贸易、服务贸易咨询、服务等所有相关信息的网络平台，使之更趋完备、更全面、更权威，切实起到服务、咨询、信息发布、预警作用。

二、在企业层面

1. 更新观念，从思想意识上重视贸易壁垒。对各种与贸易壁垒相关的信息保持高度敏感性，时刻紧密跟踪世界各国尤其是发达国家的技术性贸易壁垒新动态。

2. 提高产品质量。按相关标准实行标准化生产，即从原材料生产到最终产品生产的技术标准都实行一体化管理，按照国际标准或专业标准等对企业生产和销售的各个环节都进行规范的监督和检验。从过去只重视加工过程、产后的产品质量和技术标准转向关注原材料生产、加工过程和最终产品及售后服务的质量和技术标准的全过程，只有这样才能全面提高产品质量，使之符合相关的技术标准。

3. 提高创新能力。技术性贸易壁垒是利用科技手段形成的，这就提示我们，企业要以市场为导向，注重科技创新，开发自己的核心技术，应对挑战。中国的企业要注重支持和培育具有自主知识产权和自主品牌的商品出口，提高出口商品附加值。

4. 加强国外直接投资，实施多元化的市场开拓战略。出口企业应积极实施“走出去”战略，通过资金、技术投入和设备转让等直接和间接投资方式进行跨国经营，在出口对象国家直接组织生产销售，以避开进口国的技术壁垒，同时还可以利用当地的人才、资金、技术、原材料，节约运输费用。出口企业还可以通过实施外贸多元化、多层次和名牌战略，以高质量、多品种、高技术含量的产品开拓国际市场，树立出口品牌形象，取得进口国政府和消费者的认同，同时，拓宽出口渠道，积极拓展出口新市场，最大限度地降低因贸易壁垒给企业出口带来的损失。

参考文献

[1] 林汉川，杨仕辉．回应反倾销博弈模型与案例分析．中国工业经济，2004（4）.

[2] 马双，林汉川，黄满盈．金融危机下国外对华贸易救济的新趋势、原因以及应对措施．商业研究，2011（7）.

[3] 陈兵．技术性贸易壁垒的主要特点及其表现形式．广西社会科学，2003（10）.

[4] 成跃萍．绿色贸易壁垒对中国外贸出口的影响及应对措施．山西财经大学学报，2006（28）.

[5] 吴慧．金融危机背景下技术贸易壁垒的趋势与对策研究．信阳农业高等专科学校学报，2011（4）.

[6] 何珊珊．浅谈绿色贸易壁垒对中国的影响以及政府的对策．经济研究，2008（6）.

[7] 魏浩，马野青．新型贸易壁垒的类型、特点与启示．经济问题，2004（11）.

[8] 翁东玲．中国企业在应对技术性贸易壁垒中存在的问题与对策．亚太经济，2006（4）.

[9] 唐翠英．中国应对国际技术性贸易壁垒存在的问题及对策分析．沿海企业与科技，2010（1）.

[10] 张智革，吴薇．中国对外贸易依存度的动态分析．国际经贸探索，2011（27）.

第十一章

国际品牌新概念、成长驱动因素及其对中国发展国际知名品牌的启示

第一节　问题的提出

经济界专家学者在研讨中国企业应对国际金融危机策略时，开出的“药方”竟然高度一致，即中国企业必须借此“契机”，加快发展国际知名品牌。在中国亟需发展国际品牌的大背景下，理论界对国际品牌的界定仍尚无定论，而这是加快发展国际品牌迫切需要解决的基础性问题。而加快发展国际知名品牌，其核心在于提升国际品牌价值，因此，探索国际品牌价值驱动因素是培育和发展国际品牌的关键。但是目前中国学术界对国际品牌价值驱动因素的研究比较少，中国企业培育和发展国际品牌长期缺乏理论的指导。因此，对国外研究成果和国际品牌价值成长的成功经验进行总结，提出国际品牌价值成长的关键驱动因素是非常迫切的，这将对中国企业快速发展国际品牌提供理论指导。

一、有关国际品牌概念的研究

Levitt（1983）最早提出“品牌国际化”，然而经历了20多年的发展，目前品牌国际化尚未形成一个一致、清晰的概念（Jeryl Whitelock 和 Fernando Fastoso，2007）。从狭义的角度看，品牌国际化过程是指在国际层面上对品牌名称的确定（Sorenson 和 Wiechmann，1975；Alashban et al.，2002）；从广义的角度看，品牌国际化过程是一个形成品牌价值的过程，形成的品牌价值可以使得海外目标顾客对该品牌持积极的态度（Cheng et al.，2005）。尽管这个广义的界定在一定程度上体现了国际品牌的动态形成过程，但这个界定仍存在一定问题，品牌国际化如何实施以及受何因素影响等没有明确。Holt et al.（2004）则在一定程度上回答了上述问题，他认为品牌国际化战略是产品、包装等在全球范围内标准化。而 Pitcher（1985）和 de Chernatony et al.（1995）提出不同的观点，他们认为国际品牌的核心（包括顾客对品牌独一无二的认知、品牌附加值、品牌名称等）应在国际层面上标准化，而在具体市场营销策略方面则需要根据东道国的市场环境来调整，包括产品包装、促销方式等。通过上述分析可知，“国际品牌”一词应用非常广泛，但它的本质和范围尚未被完全掌握，而且对国际品牌的界定标准是否是真正满足国际化标准尚未达成一致（Dennis 和 Frank，2008），也就是说国际品牌的国际化程度究竟是多大、如何衡量品牌国际化程度，尚未形成一致标准。

因此，本章试图基于企业层面，从空间和时间两个维度来构建国际品牌概念新框架，既体现其历史积淀，又体现其在国际市场空间范围的扩张，并利用《全球品牌100强》中57个国际品牌的相关数据对构建的新概念框架进行实证分析。

二、有关国际品牌价值驱动因素的研究

据文献检索结果可知，中外大多数学者主要从消费者视角对国际品牌价值驱动因素展开了研究。Martin 和 Brown（1990）提出品牌价值包含感知和行为两个层面的含义，但品牌价值最终取决于消费者对品牌的感知，感知品质、感知价值、品牌形象、可信赖

感和品牌认同感则是品牌价值感知层面的5个驱动因素。Aaker（1991）则提出品牌价值受品牌忠诚度、品牌知名度、感知品质、品牌联想和其他专属的品牌资产5个驱动因素的影响。Rust等（2000）提出品牌资产的三个价值驱动因素是顾客的品牌认知度、顾客对品牌的态度以及顾客对品牌道德的感觉。Keller（1993，1998，2003）提出品牌价值主要来源于消费者，具体来说就是消费者对一个品牌形成的知识会影响其对品牌的感知与态度，这种态度最终表现在消费者的实际行动上，即真正驱动品资产形成的因素是消费者。黄斌元（2003）提出品牌价值来源于消费者价值，而消费者价值的实现则源于沟通、产品和服务质量、购买流程和客户关系管理等一系列要素的驱动。程鸣（2006）在比较服务品牌与产品品牌差异的基础上，提出品牌沟通、顾客体验、员工管理、企业文化和品牌价值观等因素是服务品牌价值的驱动因素。王永贵（2005）等研究表明“品牌忠诚、品牌认知/品牌联想、品牌感知质量、品牌满意”是品牌资产四大关键驱动要素。

还有少数学者从企业视角研究了品牌价值的驱动因素。Chaudhuri（2002）、Kimelman（1993）、Mizik和Jacobson（2003）研究表明广告是创造品牌价值的重要因素。Chu和Keh（2006）探讨了广告、促销和R&D对品牌价值创造的影响作用。Eng和Keh（2007）则研究了广告和品牌价值交互作用会对企业未来经营绩效产生影响。李向辉和周刺天（2007）利用品牌资产引擎模型测量了品牌价值，提出该模型可以帮助企业了解品牌的显性和隐性驱动因素以及最大化品牌资产。

综上所述，中外学者对品牌价值驱动因素的研究主要从以下几个方面展开的：（1）侧重于消费者视角研究品牌价值驱动因素，而从企业视角探索品牌价值驱动因素的研究相对较少，专门从企业视角对国际品牌价值驱动因素的研究更少；（2）很多学者运用定性分析方法提出了驱动因素模型或分析框架，较少学者对其进行了实证分析。任何一个国际品牌的成长和发展都是以企业为载体的，从企业角度着手研究国际品牌价值驱动因素，并以《全球品牌100强》为研究对象进行实证分析，得出的研究结果对中国企业加快培育和发展国际品牌更具有实践价值和指导意义。

第二节　国际品牌新概念框架及实证分析

一、国际品牌新概念框架的构建

（一）时间维度——品牌年龄

任何一个品牌的发展都是一个不断积累的过程，国际品牌的发展和壮大更是需要几十年甚至上百年的积累，由历年Interbrand《全球品牌100强》可见一斑。随着信息技术的快速发展，“天生国际化”企业也开始在国际化舞台上崭露头角（杨忠等，2007），并迅速成长为国际知名品牌，比如谷歌、亚马逊等。因此，在构建国际品牌概念框架时不能忽视这些非常年轻的国际品牌。本章选取品牌年龄为衡量标准，借鉴Oviatt和McDougall（1994）提出的“天生国际化”企业界定标准，以6年为限，若品牌年龄≤6年，且海外销售额占总销售额的比例大于20%为天生国际品牌；若品牌年龄>6年，且海外销售额占总销售额的比例大于20%为传统国际品牌。

（二）空间维度——品牌在“三极市场”的渗透能力

Ohmae（1985）提出全球市场呈现为一个“三极市场”，即由美国、欧盟和日本构成，Rugman等（2004）将“三极市场”拓展为北美、欧盟和亚洲。本章选取来自“三极市场”（欧洲、北美和亚洲）的销售收入占销售收入总额的比例来衡量一个品牌在“三极市场”的渗透能力，原因如下：（1）一个品牌在“三极市场”实现的销售收入是该品牌在“三极市场”渗透能力最直接的体现；（2）一个品牌在“三极市场”的销售收入是该品牌在“三极市场”提供产品或服务的市场经营绩效，是通过当地消费者的购买行为实现的，销售收入额的大小在一定程度上反映了该品牌在“三极市场”的知名度、认知度和认可度；（3）一个品牌在“三极市场”的销售收入占总收入的比例反映了该品牌国际化程度，区域市场销售收入占总收入比例越高，表明品牌国际化程度越高，购买该品牌的消费者区域分布越广。因此，根据品牌在“三极市场”的渗透能力，将国际品牌分为全球品牌、双区域国际品牌和区域国际品牌，如表11—1所示。如果一个国际品牌在欧洲、北美和亚洲“三极市场”的销售收入占总收入的比例都分别超过20%，且来自其中任一极市场的销售收入不能超过总收入的50%，则该品牌就是全球品牌。如果一个国际品牌在欧洲、北美和亚洲“三极市场”中任两极市场的销售收入分别超过总收入的20%，且来自其中任一极市场的销售收入不能超过总收入的50%，则该品牌就是双区域国际品牌。如果一个国际品牌超过50%的销售收入来自母区域①，且至少有20%的销售收入来自国际市场，则该品牌就是区域国际品牌。

表11—1　国际品牌的概念框架

<table>
<tr><th colspan="3">品牌类型</th><th>品牌年龄</th><th>品牌在“三极市场”的渗透能力</th><th>衡量标准</th></tr>
<tr><td colspan="3">国内品牌</td><td></td><td>只在国内市场销售，并在国内市场使用的品牌</td><td>销售收入全部来自国内市场</td></tr>
<tr><td rowspan="4">国际品牌</td><td rowspan="3">传统国际品牌</td><td>区域国际品牌</td><td>>6年</td><td>产生于品牌国际化过程的早期；只在“三极市场”（北美、欧洲和亚洲）中任一区域中的多个国家市场销售产品（服务）</td><td>≥20%的销售收入来自国际市场，且≥50%的销售收入来自母区域市场</td></tr>
<tr><td>双区域国际品牌</td><td>>6年</td><td>产生于较高级的品牌国际化阶段，在“三极市场”（北美、欧洲和亚洲）中任两个区域中的多个国家销售产品（服务）</td><td>≥20%的销售收入分别来自“三极市场”中的任两个区域的国际市场；且来自母区域市场的销售收入≤50%</td></tr>
<tr><td>全球品牌</td><td>>6年</td><td>产生于品牌国际化成熟阶段；在“三极市场”（北美、欧洲和亚洲）销售产品（服务）</td><td>≥20%的销售收入分别来自“三极市场”；且来自母区域市场的销售收入≤50%</td></tr>
<tr><td colspan="2">天生国际品牌</td><td>≤6年</td><td>企业在成立之后的6年内以自主品牌在海外市场销售产品（服务）</td><td>≥20%的销售收入来自海外市场</td></tr>
</table>

注：品牌年龄是指首次以自有品牌在海外市场销售产品或服务的品牌年龄。

① 母区域市场即母国所在的区域市场，“三极市场”中母区域之外的另外两个区域则被称为东道区域市场。

二、国际品牌新概念框架的实证分析

Interbrand 集团评选的《全球品牌 100 强》，是全球最具权威的国际品牌排行榜之一，也是反映全球国际品牌成长的风向标。入选《全球品牌 100 强》的国际品牌是否全部都是全球品牌呢？本章将以该排行榜中的国际品牌为研究样本，利用上述国际品牌界定新框架，进一步深入分析《全球品牌 100 强》在“三极市场”的渗透能力，揭示这些国际品牌的成长规律。

（一）研究样本及数据来源

本章以 2001—2008 年连续入围 Interbrand《全球品牌 100 强》中的国际品牌为样本，共计 65 个（包含美林集团，剔除），其中有 11 个国际品牌财务报表没有披露其在“三极市场”的销售收入状况，直接从样本中剔除；还有 8 个国际品牌是产品品牌（路易威登、酩悦香槟、吉列、金霸王、肯德基、必胜客、舒洁和雀巢咖啡），其中路易威登和酩悦香槟是 LVMH 集团的品牌，吉列和金霸王是宝洁公司的品牌，肯德基和必胜客是百胜集团的品牌，舒洁是金佰利公司的品牌，雀巢咖啡是雀巢集团的品牌，这 5 个国际品牌年度报告披露的是企业总体情况，本章将以 5 家企业品牌分别替代对应的 8 个产品品牌。为了更深入研究国际品牌在全球发展状况，样本增加谷歌、易趣、汇丰、UBS、西门子、欧莱雅和黑莓 7 个国际品牌，最终得到 57 个研究样本。所用的数据都来自 57 个国际品牌在 2001—2008 年度报告公开披露的财务数据。

（二）研究结果分析

通过统计分析 57 个国际品牌在北美、欧洲和亚洲“三极市场”的渗透能力，结果如下：全球品牌数量很少，只有 11 个，占样本总数的 19.30%；双区域国际品牌有 14 个，占样本总数的 24.56%；区域国际品牌最多，达 32 个，占样本总数的 56.14%，其中有 2 个为天生国际品牌：谷歌和亚马逊，谷歌在其成立后 4 年，海外销售收入占总收入的 22%；亚马逊在其成立第 2 年的海外销售收入占总收入的 39%。具体如表 11—2 所示。

表 11—2　57 个样本国际品牌类型分布概况

类型 \ 国别		总计		美国		欧洲		日本	
		数量	比例	数量	比例	数量	比例	数量	比例
传统国际品牌	区域国际品牌	32	56.14%	20+1*	65.62%	7	21.88%	4	12.50%
	双区域国际品牌	14	24.56%	8	57.14%	5	35.71%	1	7.14%
	全球品牌	11	19.30%	5	45.45%	4	36.36%	2	18.18%
天生国际品牌		2	5.26%	2		0		0	

资料来源：根据 57 个国际品牌样本 2001—2008 年的财务报表整理

注：*表示这个区域国际品牌来自加拿大；天生国际品牌属于区域国际品牌。

1. 全球品牌在“三极市场”渗透能力分析

由表 11—2 可知，样本中只有 11 个全球品牌，分别是索尼、LVMH、飞利浦、可口可乐、阿迪达斯、高露洁、IBM、英特尔、佳能、壳牌和汇丰，它们在“三极市场”的渗透能力如表11—3所示。严格按照全球品牌的界定标准，在2001—2008年期间阿迪达斯、英特尔和高露洁不完全是全球品牌。阿迪达斯在2001—2004年在欧洲的销售收入占总收入的比例高于50%，直到2005后，来自欧洲市场的销售收入比例才低于50%，真正成长为全球品牌；英特尔于2005年后在美洲和欧洲的销售收入比例均降到19%，表明其在“三极市场”的渗透力逐渐减弱；高露洁于2001—2002年、2005—2007年在亚洲的销售收入比例都不及20%，可见高露洁在“三极市场”的渗透力不稳定，具体如表11—3所示。上述情况表明全球品牌是随着企业全球化进程不断演进而形成的（Townsend，Yeniyurt和Talay，2009）。

表11—3　2001—2008年全球品牌的“三极市场”渗透能力　（%）

国别	品牌名称	品牌年龄	全球品牌在“三极市场”的渗透能力								
			时间/三极市场	2001	2002	2003	2004	2005	2006	2007	2008
日本	索尼	65	日本	32.80	29.70	28.00	29.60	29.30	23.40	25.60	23.20
			美国	29.80	32.50	32.20	28.30	27.60	29.30	26.90	25.10
			欧洲	20.20	21.20	22.30	23.60	22.60	26.20	24.60	26.20
	佳能	77	美洲	33.80	34.40	32.70	30.50	30.50	30.90	29.80	28.20
			欧洲	27.70	29.20	30.30	31.50	31.50	31.60	33.50	32.80
			亚太	38.50	36.40	37.00	38.00	38.00	37.50	36.70	39.00
美国	英特尔	43	洲	24.00	23.00	23.00	23.00	21.00	19.00	19.00	19.00
			美洲	35.00	32.00	28.00	23.00	19.00	21.00	20.00	20.00
			亚太	40.00	45.00	49.00	54.00	60.00	60.00	61.00	61.00
	可口可乐	125	欧洲	—	—	—	37.30	36.50	37.40	38.30	37.60
			北美	—	—	—	28.20	25.50	26.70	23.40	18.80
			亚太	—	—	—	29.30	29.00	26.20	23.40	22.00
	阿迪达斯	63	欧洲	50.49	49.31	54.08	52.75	48.20	41.98	42.80	43.44
			亚洲	16.63	17.97	17.94	20.50	23.18	20.37	22.08	24.79
			北美	29.94	30.20	25.10	22.90	23.76	32.62	28.69	23.46
	高露洁	205	北美	28.98	29.28	27.44	25.99	25.41	24.51	22.81	21.63
			欧洲[a]	23.06	24.48	26.83	28.64	28.81	27.93	28.36	27.18
			亚洲[b]	18.34	19.02	20.35	20.60	19.21	18.98	19.59	20.18
	IBM	100	美洲	—	45.00	43.00	42.00	43.00	45.00	43.00	41.00
			欧洲[c]	—	30.00	33.00	33.00	33.00	35.00	36.00	36.00
			亚太	—	21.00	22.00	22.00	20.00	20.00	21.00	21.00

续表

国别	品牌名称	品牌年龄	全球品牌在“三极市场”的渗透能力								
			三极市场＼时间	2001	2002	2003	2004	2005	2006	2007	2008
欧洲	飞利浦	120	欧洲	43.04	41.64	44.82	44.30	41.83	—	—	—
			北美	28.75	30.81	27.93	25.10	25.85	—	—	—
			亚太	21.55	22.15	23.06	25.71	26.14	—	—	—
	LVMH	157	欧洲	36.00	37.00	38.00	38.00	35.00	37.00	37.00	38.00
			美国	26.00	27.00	26.00	26.00	27.00	26.00	25.00	23.00
			亚洲	31.00	30.00	29.00	29.00	31.00	30.00	30.00	30.00
	壳牌	114	欧洲	49.66	38.27	35.62	35.36	40.00	42.75	41.73	42.97
			亚太[d]	25.42	20.00	19.08	19.01	20.01	24.12	25.34	26.37
			美洲	24.92	41.73	45.29	45.62	39.99	33.13	32.93	30.65
	汇丰	146	欧洲	44.44	46.86	36.38	36.04	34.52	32.98	34.65	37.39
			亚太	33.03	32.80	22.47	23.29	23.54	25.46	27.71	26.02
			北美	15.09	15.73	37.98	36.11	35.78	30.58	25.70	23.52

资料来源：根据 11 个样本全球品牌 2001—2008 年的财务报表计算

注：品牌年龄的计算时间截止到 2011 年，下同；鉴于部分国际品牌年度报告的区域销售收入没有严格按照本章“三极市场”的划分公布数据，因此表 11—3、表 11—4 和表 11—5 中的“三极市场”以其年度报告中公布的“三极市场”对应区域为准；a 表示包含南太平洋市场的销售收入；b 表示包括非洲市场的销售收入；c 表示包含中东非市场的销售收入；d 表示包含来自非洲市场的销售收入；“—”表示缺失数据，下同。

纵观全球品牌在 2001—2008 年期间在“三极市场”渗透能力发展状况，除 LVMH 和壳牌外，其他 9 个全球品牌在东道区域的渗透能力逐渐增强，表明其品牌全球化程度越来越高，东道区域市场对促进这些全球品牌的成长具有越来越重要的作用。具体来看，LVMH、飞利浦、阿迪达斯、IBM、佳能、壳牌、汇丰 7 个全球品牌在母区域市场的销售收入占总收入的比例高于东道区域市场，表明母区域市场仍然是其品牌发展最重要的市场。索尼、英特尔和可口可乐则以东道区域市场为主要市场，其中索尼在美国的销售收入比例高于日本和欧洲市场销售收入比例；英特尔的销售收入主要来自亚洲市场，2001 年来自亚洲市场销售收入高达 40%，高于母区域市场的销售收入比例，尔后几年，英特尔在亚洲市场的销售收入快速增长，到 2008 年高达 61%，而来自美洲和欧洲的销售收入分别占 20%和 19%；可口可乐则以东道区域市场——欧洲和亚洲市场为主要市场，其中欧洲市场的销售收入比例远高于亚洲市场和北美市场的比例。

2. 双区域国际品牌在“三极市场”渗透能力分析

根据双区域国际品牌的界定标准，有 14 个品牌是双区域国际品牌，其中苹果、耐克和花旗银行分别在 2004 年、2003 年和 2007 年后才成长为双区域国际品牌，具体如表 11—4 所示。

表 11—4　　2001—2008 年双区域国际品牌的“三极市场”渗透能力　　（%）

国别	品牌名称	品牌年龄	时间 三极市场	双区域国际品牌在“三极市场”的渗透能力							
				2001	2002	2003	2004	2005	2006	2007	2008
日本	本田	65	北美	43.68	46.44	46.00	44.06	41.96	43.83	42.97	40.47
			欧洲	6.63	6.51	8.05	8.94	9.30	9.28	9.38	10.30
			亚洲	43.51	41.08	38.26	43.71	44.58	42.42	42.09	42.17
美国	麦当劳	56	北美	40.38	39.31	39.77	37.86	39.85	39.59	—	—
			欧洲	31.96	33.34	34.28	34.36	35.66	35.38	—	—
			亚太	14.82	15.37	14.28	13.88	14.19	14.14	—	—
	苹果	35	美洲	56.63	54.53	51.25	48.54	47.30	48.74	48.30	44.87
			欧洲	23.29	21.79	21.09	21.73	22.06	21.21	22.74	23.47
			日本	13.29	12.37	11.25	8.18	6.60	6.27	4.51	4.65
	亨氏	142	北美	43.55	44.50	41.64	45.81	46.41	47.71	47.72	45.39
			欧洲	36.96	37.23	38.22	36.33	35.89	34.57	34.18	35.08
			亚太	14.90	12.88	13.97	12.94	12.80	14.13	14.66	15.89
	耐克	49	美洲	56.47	55.43	48.11	43.96	42.40	44.32	43.24	40.44
			欧洲	27.24	27.61	30.12	31.24	31.16	28.93	28.93	30.17
			亚太	11.70	12.25	12.53	13.15	13.81	13.73	13.99	15.47
	宝洁	174	北美	—	—	—	50.00	48.00	47.00	—	—
			西欧	—	—	—	24.00	24.00	23.00	—	—
			其他	—	—	—	26.00	28.00	30.00	—	—
	花旗银行	199	北美	—	—	—	—	65.17	58.73	47.49	25.62
			EMEA	—	—	—	—	15.28	14.15	11.63	20.73
			亚洲	—	—	—	—	16.17	15.80	23.76	29.15
	惠普	72	美洲	—	—	—	—	—	44.00	42.00	40.00
			欧洲	—	—	—	—	—	40.00	41.00	42.00
			亚太	—	—	—	—	—	16.00	17.00	18.00
	雅芳	125	北美	38.00	39.00	37.00	34.00	31.00	29.00	26.00	23.00
			欧洲	17.00	20.00	24.00	27.00	28.00	28.00	29.00	29.00
			亚太	13.00	13.00	13.00	14.00	13.00	12.00	11.00	12.00
欧洲	诺基亚	146	欧洲	—	—	45.00	42.00	42.00	38.00	39.00	37.00
			亚太	—	—	22.00	26.00	29.00	33.00	34.00	35.00
			北美	—	—	16.00	12.00	8.00	7.00	5.00	4.00
	雀巢	144	欧洲	40.21	40.80	43.23	41.63	38.72	35.65	38.13	37.55
			美洲	40.04	41.20	39.38	40.26	42.79	39.41	43.48	43.67
			亚太	17.30	15.64	14.84	15.35	15.85	17.98	15.45	16.07

续表

国别	品牌名称	品牌年龄	双区域国际品牌在"三极市场"的渗透能力								
			时间 三极市场	2001	2002	2003	2004	2005	2006	2007	2008
欧洲	奔驰	128	西欧	29.85	31.12	35.04	34.38	31.61	47.37	49.59	47.89
			北美	60.13	58.72	53.09	51.57	51.82	28.08	23.64	22.05
			其他	10.02	10.17	11.87	14.04	16.58	24.56	26.77	30.06
	BP	103	欧洲	—	45.35	41.42	45.14	50.58	43.17	44.25	44.89
			美国	—	38.27	40.04	35.82	31.66	35.16	35.51	33.78
			其他	—	16.38	18.55	19.04	17.76	21.68	20.25	21.33
	欧莱雅	104	西欧	48.50	49.30	52.10	49.90	46.90	46.50	46.00	45.50
			北美	32.40	31.10	28.40	27.50	27.90	27.20	25.90	23.80
			其他	19.10	19.60	19.50	22.60	25.20	26.30	28.00	30.70

资料来源：根据 14 个双区域国际品牌 2001—2008 年的财务报表计算

纵观 2001—2008 年双区域国际品牌在"三极市场"渗透能力发展状况，12 个双区域国际品牌（雀巢和奔驰除外）以母区域市场为主要市场，它们在母区域市场的平均销售收入比例为 43.60%；雀巢和奔驰的主要市场分别是美洲和北美洲，其中奔驰在北美市场的渗透能力逐年降低。具体来看，诺基亚、苹果、雅芳、耐克、宝洁和花旗银行 6 个双区域国际品牌来自母区域市场的销售收入比例逐渐降低，即它们在东道区域市场渗透力逐渐增大；其中诺基亚在亚洲市场的销售收入比例逐年提升，到 2008 年高达 35%，与其在母区域的销售收入比例相当，但在北美市场的销售收入比例逐渐降低；苹果在欧洲市场发展比较稳定，但在日本的销售收入逐渐减少，由 2001 年的 13.29%降到 2008 年的 4.65%；雅芳在欧洲市场的销售收入比例逐年提升，由 2001 的 17.00%提高到 2008 年的 29.00%，在亚洲市场的发展较稳定；耐克在 2001—2008 年期间在欧洲和亚洲两大市场都呈现出良好发展趋势；宝洁在西欧和其他市场的发展也比较稳定；花旗银行在亚洲市场的成长快于欧洲市场，来自亚洲的销售收入比例由 2001 年的 16.17%增长到 2008 年的 29.15%；麦当劳、亨氏、雀巢、惠普、BP 和本田在 8 年期间发展比较稳定；欧莱雅在母区域市场发展较稳定，在北美市场的销售收入有所降低，但在其他市场出现较好的增长趋势，如表 11—4 所示。

3. 区域国际品牌在"三极市场"渗透能力分析

由表 11—2 可知，57 个样本国际品牌主要是区域国际品牌，占样本总数的 56.14%，共计 32 个。其中星巴克 2008 年在美国的销售收入占总收入的 79.24%，海外市场销售收入只有 20.76%，之前一直低于 20%，严格按照国际品牌界定标准，即星巴克直到 2008 年才成长为国际品牌；雅虎 2004 年在美国的销售收入占总收入的比例为 74.23%，海外市场销售收入占 25.77%，即雅虎在 2004 年后才成长为国际品牌；易趣 2002 年海外市场的销售收入占总收入的比例为 26.06%，表明易趣在 2002 年后成长为国际品牌，如表 11—5 所示。

表 11—5　　2001—2008 年区域国际品牌的“三极市场”渗透能力　　（%）

国别	品牌名称	品牌年龄	区域国际品牌在“三极市场”的渗透能力								
			三极市场 \ 时间	2001	2002	2003	2004	2005	2006	2007	2008
日本	丰田	74	亚洲	—	45.00	42.70	48.30	48.40	45.50	54.10	54.00
			欧洲	—	8.90	9.80	11.70	12.40	12.20	11.20	11.70
			北美	—	38.60	38.30	34.20	33.40	35.50	28.60	27.60
	松下	94	美洲	17.96	19.76	19.20	17.74	14.72	15.60	15.16	13.79
			欧洲	11.06	11.27	13.51	14.44	12.88	12.52	13.37	13.38
			亚洲	70.98	68.97	67.30	67.82	72.39	71.88	71.46	72.83
	任天堂	122	日本	—	53.53	56.27	48.81	53.41	54.07	58.50	51.77
			美洲	—	34.07	28.95	34.05	31.13	27.94	23.09	23.88
			欧洲	—	11.70	14.14	16.23	14.64	17.07	17.32	22.37
北美	谷歌	13	美国	—	—	71.00	66.00	61.00	57.00	52.00	49.00
			英国	—	—	10.00	13.00	14.00	15.00	15.00	14.00
			其他	—	—	19.00	21.00	25.00	28.00	33.00	37.00
	微软	36	美国	—	—	68.59	68.00	67.73	63.13	61.32	59.46
			其他	—	—	31.41	32.00	32.27	36.87	38.68	40.54
	家乐氏	105	欧洲	—	17.70	19.68	20.88	19.79	18.86	20.02	20.43
			北美	—	69.85	67.57	66.25	66.89	67.38	66.12	65.96
			亚太	—	4.64	5.18	5.40	5.24	5.59	5.51	5.58
	卡夫	108	北美	71.73	72.26	68.65	68.58	68.28	60.92	57.85	50.80
			欧盟	20.31	20.86	23.00	23.38	23.45	22.75	25.20	31.13
			其他	7.96	6.84	8.35	8.04	8.27	16.32	16.95	18.07
	蒂芙尼	174	美洲	—	—	—	51.00	53.00	61.61	59.88	55.48
			亚太	—	—	—	29.00	29.00	29.21	29.05	32.24
			欧洲	—	—	—	6.00	6.00	7.24	8.29	9.95
	百事	113	北美	72.00	70.00	68.00	67.00	65.00	64.00	61.00	57.00
			英国	4.00	4.00	6.00	6.00	6.00	5.00	5.00	5.00
			其他	13.00	15.00	16.00	18.00	19.00	22.00	25.00	29.00
	GE	119	美洲	—	—	—	—	62.45	61.08	57.28	54.85
			欧洲	—	—	—	—	21.30	21.50	23.13	24.11
			亚太	—	—	—	—	11.49	11.68	12.64	12.93

续表

国别	品牌名称	品牌年龄	区域国际品牌在"三极市场"的渗透能力								
			时间 三极市场	2001	2002	2003	2004	2005	2006	2007	2008
北美	甲骨文	34	美洲	—	46.00	51.12	49.06	49.14	53.21	52.57	50.51
			EMEA	—	36.00	34.34	36.21	36.34	32.74	33.55	35.42
			亚太	—	18.00	14.53	14.73	14.52	14.05	13.89	14.07
	高盛	142	美洲	65.87	64.24	62.70	62.93	57.76	54.06	50.91	69.68
			EMEA	25.02	24.81	25.21	25.41	27.46	24.83	29.44	26.60
			亚洲	9.11	10.95	10.64	11.52	13.68	21.11	19.65	3.72
	思科	27	美洲	—	56.40	55.80	52.80	53.60	54.90	55.50	53.90
			EMEA	—	27.10	27.60	23.90	23.00	21.60	21.10	20.50
			亚太	—	16.50	16.60	16.70	16.00	14.90	14.20	14.20
	摩托罗拉	83	美国	44.00	51.00	56.00	47.00	46.00	44.00	51.00	49.00
			欧洲	14.00	12.00	13.00	19.00	19.00	15.00	13.00	13.00
			亚洲	26.00	25.00	19.00	20.00	17.00	22.00	16.00	17.00
	百胜公司	59	美国	69.42	68.93	67.48	63.96	64.10	58.60	49.89	45.44
			国际	30.58	31.07	21.77	23.62	22.96	24.27	29.52	26.83
			中国	0.00	0.00	10.75	12.43	12.93	17.13	20.58	27.73
	戴尔	27	美洲	71.70	69.80	70.70	69.00	67.00	65.10	63.40	61.10
			欧洲	20.10	20.60	19.50	20.50	21.90	23.10	23.80	25.00
			亚太	8.20	9.60	9.80	10.50	11.10	11.80	12.80	13.90
	哈雷	108	北美	85.32	86.48	85.25	84.44	83.26	82.89	77.50	73.30
			欧洲	8.86	8.25	9.06	9.53	9.92	10.71	13.80	16.16
			日本	4.14	3.50	3.75	3.84	3.60	3.58	4.01	4.99
	福特	108	北美	—	66.66	68.78	64.21	61.05	57.87	53.96	48.53
			欧洲	—	21.69	23.92	26.86	28.59	31.29	34.82	38.77
			其他	—	11.65	7.30	8.93	10.37	10.84	11.22	12.70
	金佰利	139	北美	—	62.00	59.00	58.00	57.00	56.00	54.00	52.00
			亚洲	—	20.00	21.00	22.00	24.00	26.00	28.00	30.00
			欧洲	—	18.00	20.00	20.00	19.00	18.00	18.00	18.00
	GAP	42	北美	—	—	90.84	90.04	90.42	90.52	89.13	87.20
			欧洲	—	—	5.27	5.60	5.60	5.35	5.57	5.78
			亚洲	—	—	3.57	3.97	3.76	4.00	4.97	6.52
	星巴克	40	美国	86.77	85.99	85.20	85.02	83.95	83.19	81.59	79.24
			其他	13.23	14.01	14.80	14.98	16.05	16.81	18.41	20.76

续表

国别	品牌名称	品牌年龄	区域国际品牌在“三极市场”的渗透能力								
			时间 / 三极市场	2001	2002	2003	2004	2005	2006	2007	2008
北美	亚马逊	16	北美	77.18	68.29	61.91	55.58	55.49	54.79	54.57	53.37
			国际	22.82	31.71	38.09	44.42	44.51	45.21	45.43	46.63
	易趣	16	美国	84.75	73.94	64.96	57.77	54.29	52.08	48.78	46.47
			国际	15.25	26.06	35.04	42.23	45.71	47.92	51.22	53.53
	雅虎	17	美国	82.84	84.63	83.39	74.23	69.76	67.94	67.83	72.00
			国际	17.16	15.37	16.61	25.77	30.24	32.06	32.17	28.00
	黑莓	27	北美	100.00	88.79	90.39	84.23	76.88	73.29	65.16	66.02
			其他	0.00	11.21	9.61	15.77	23.12	26.71	34.84	33.98
欧洲	SAP	39	美洲	37.00	34.00	32.00	32.00	35.00	36.00	35.00	34.00
			APJ	11.00	12.00	11.00	11.00	12.00	12.00	12.00	12.00
			EMEA	52.00	54.00	57.00	57.00	53.00	52.00	53.00	54.00
	UBS	99	欧洲	58.29	61.97	58.01	61.55	64.19	53.45	61.97	—
			美国	36.61	32.40	36.94	33.12	30.00	32.21	2.77	—
			亚太	5.01	5.59	5.05	5.33	5.81	10.50	20.15	—
	妮维雅	100	欧洲	70.00	71.90	74.40	74.50	73.20	72.60	71.00	68.50
			美洲	19.90	17.30	14.80	14.00	14.40	14.40	14.20	17.60
			亚洲[a]	10.10	10.80	10.80	11.50	12.40	13.00	14.80	13.90
	路透社	160	北美	83.00	82.00	81.00	82.00	83.00	83.00	83.00	58.00
			欧洲	12.00	14.00	14.00	13.00	12.00	13.00	14.00	32.00
			亚太	3.00	3.00	4.00	4.00	4.00	3.00	3.00	10.00
	西门子	164	欧洲	52.00	53.00	57.00	55.00	53.00	50.00	49.00	—
			美洲	30.00	29.00	25.00	24.00	26.00	26.00	27.00	—
			亚太	13.00	12.00	12.00	13.00	13.00	15.00	15.00	—
	大众	73	欧洲	68.16	69.28	69.59	72.23	72.44	71.28	71.35	71.30
			北美	20.14	19.87	17.70	14.96	14.60	13.93	12.14	11.17
			亚太	5.35	5.92	7.75	6.59	5.60	6.36	6.92	7.43
	BMW	95	欧洲	57.24	55.58	57.75	62.67	60.59	59.27	61.25	59.09
			北美	30.35	30.85	27.10	23.02	23.48	24.04	21.71	23.42
			亚太	9.32	10.83	12.35	11.09	11.87	12.65	13.13	14.14

资料来源：根据 32 个区域国际品牌 2001—2008 年的财务报表计算

注：a 表示包含来自非洲市场的销售收入。

总体来看，2001—2008 年期间 GE、谷歌、卡夫、百事、戴尔、哈雷、福特、金佰利、星巴克、亚马逊、黑莓、雅虎、易趣、百胜公司和微软 15 个国际品牌在母区域市场的销售收入占总收入的比例逐年降低，在东道区域市场的渗透能力不断增强。具体来看，GE 在美洲的销售收入比例由 2005 年的 62.45%降低到 2008 年的 54.85%；欧洲是其第二大销售市场，销售收入比例超过 20%，亚洲地区的销售收入占 10%左右。随着海外扩张的不断推进，谷歌在美国的销售收入比例由 2003 年的 71%减少到 2008 年的 49%。卡夫的品牌国际化程度不断增强，在母区域市场的销售收入不断降低；在第二大销售市场欧洲市场的销售收入比例不断提高，2008 年已经超过三成；在其他东道区域市场的发展也呈现较好态势。百事公司在北美市场的销售收入比例由 2001 年的 72%降低到 2008 年的 57%，在英国市场的经营较稳定，且百事公司在北美、英国以外的东道区域市场渗透能力快速增强。戴尔在美洲市场的销售收入比例逐渐减少，在欧洲市场的销售情况较稳定，在亚洲市场的销售出现较好的增长。哈雷在立足母区域市场的基础上，不断拓展东道区域市场，在欧洲的市场空间不断扩大，销售收入占总收入的比例由 2001 年的 8.86%增长到 2008 年的 16.16%。亚洲市场是金佰利海外扩张的主要市场，销售收入比例在 8 年期间提高了 10 个百分点。亚马逊、黑莓、雅虎、易趣、百胜和微软的海外市场扩张较快，在国内市场的销售收入比例逐渐减少，海外收入不断增加；星巴克的海外扩张相对较慢。

摩托罗拉、丰田等区域国际品牌在母区域市场和东道区域市场发展较稳定。蒂芙尼、BMW、大众、松下、甲骨文、SAP、UBS 和路透社在母区域市场的销售收入不断增加，其中蒂芙尼在亚洲的销售收入不断增加，在欧洲市场的增长较缓慢；BMW 和大众都在北美市场的销售收入逐渐减少，前者在亚洲市场呈现增长趋势，后者在亚洲市场较稳定；美洲市场是路透社的主要市场，2001—2007 年来自美洲的销售收入占总收入都超过了 80%，然而 2008 年其在母区域市场上快速发展，在美洲的销售收入比减少到 58%；松下、任天堂和 SAP 等区域国际品牌发展较稳定。

三、研究结论

本章基于一个新视角构建了国际品牌概念框架，并利用该概念框架实证分析了《全球品牌 100 强》中的 57 个国际品牌在“三极市场”的渗透能力，主要研究结论如下。

1. 国际品牌基本以母区域市场为基础，逐步向“三极市场”扩张，但在东道区域市场的渗透能力较弱。

由上述实证结果可知，国际品牌主要是区域国际品牌，双区域国际品牌和全球品牌则较少，且 57 个样本中有 52 个国际品牌在母区域市场的销售比例高于东道区域市场，其中 8 个全球品牌在母区域市场的销售收入比例高于东道区域市场的比例，12 个双区域国际品牌也是以母区域市场为主要市场的，32 个区域国际品牌在母区域市场的销售比例更高，表明国际品牌的成长是立足于母区域市场之上的，因为这些国际品牌所拥有的国际化知识或能力限制了其将母区域市场的竞争优势转化为东道区域市场的竞争优势（Conllinson 和 Rugman，2008），所以其在东道区域市场的渗透能力较弱。这进一步证实了文化距离和经济距离会阻碍品牌的国际化进程（Johanson & Vahlne，1977；Johanson & Weidersheim-Paul，1975；Townsend，Yeniyurt & Talay，2009），即大多数国际品牌在国际市场扩张时倾向于选择与其母国市场经济条件和文化条件相似的母区域市场。

2. 国际品牌的发展是一个不断积累的过程，尤其是传统行业国际品牌的成长往往需要经过上百年的市场锤炼和磨砺，但是持续创新才是国际品牌成长的“灵魂”。

透过国际品牌年龄可以看出，国际品牌需要较长时间去精心培育和塑造，11 个全球品牌最大年龄是 205 年，最小年龄也有 41 年，平均年龄为 108 年；14 个双区域国际品牌的最大年龄为 197 年，最小年龄为 33 年，平均品牌年龄为 87 年；区域国际品牌的年龄相对较年轻，平均品牌年龄为 78 年，其中蒂芙尼品牌年龄最大，为 172 年。百年年龄赋予国际品牌厚重的历史感，扩展了品牌的深度和内涵，这对引起消费者共鸣大有裨益，但能成为国际品牌的百年企业却是凤毛麟角，可见，品牌年龄不是能否成为国际品牌的关键，而持续不断创新（包括技术、管理和产品等方面）才是国际品牌产生和成长的秘诀，翻开一个国际品牌的发展历史，就是一部该品牌不断创新，开拓进取，引领市场潮流的历史。

3. 新技术和新产业领域的企业有潜力和实力在较短时间内成长为国际品牌。

从行业特征来看，信息技术类国际品牌都比较年轻（尤其是两个天生国际品牌谷歌和亚马逊），16 个信息技术类国际品牌的平均年龄仅有 46 年，远低于 57 个样本的平均年龄 91 年，这些国际品牌之所以快速成长与近二十年来信息技术的迅猛发展密切相关。随着信息技术尤其是互联网的迅猛发展，使得全球消费者使用和接受产品的过程大大缩短，从而为企业创建国际品牌大大节省了时间；另外信息技术产业的市场空间越来越大，该领域越来越多的企业快速成长起来，并不断壮大成长为国际品牌。这表明，当新技术和新产业处于高速发展阶段往往成为新的国际品牌孕育的“摇篮”。

第三节　全球国际品牌价值驱动因素实证研究

一、国际品牌价值驱动因素指标体系的构建

（一）构建驱动因素指标体系

Chu 和 Keh（2006）在 Keller（2003）品牌价值链模型基础上，选取了广告投入、促销投入和 R&D 投入三个变量对品牌价值创造的贡献进行了实证研究，结果表明这三个变量只有在各自最佳投入量区间时才能对品牌价值的创造发挥较高效率。本章将借鉴他们的研究结果来构建国际品牌价值驱动因素指标体系，选取营销活动和创新能力为指标体系的两个自变量，其中营销活动利用企业投入的广告费用来衡量，因为大多数企业的广告费是企业营销活动投入最主要的部分；创新能力则通过企业投入的 R&D 来衡量。国内外学者更多的研究了品牌价值对企业经营绩效的提升具有重要影响，那么反过来，经营绩效是否也会对国际品牌价值成长具有驱动作用呢？为了更深入探寻国际品牌价值

的驱动因素，本章将引入企业经营绩效这一变量到国际品牌价值驱动因素指标体系中，通过营业利润和净利润两个指标来衡量。因变量国际品牌价值直接采用 Interbrand 评价《全球品牌 100 强》的品牌价值。最终构建如表 11—6 所示的国际品牌价值驱动因素指标体系。

表 11—6　　国际品牌价值驱动因素指标体系

	变量名称	衡量指标	指标含义
因变量	国际品牌价值	Y_i	衡量国际品牌未来收益的折现
自变量	营销活动	X_1：广告费用	衡量企业开展的营销沟通活动
	创新能力	X_2：研发费用	衡量企业产品研发、设计活动
	经营绩效	X_3：营业利润	衡量国际品牌直接带来的经济绩效
		X_4：净利润	衡量国际品牌的盈利能力

（二）样本数据说明及研究方法

本章仍以第二节选取的国际品牌为研究样本，因变量国际品牌价值直接采用 Interbrand 发布的《全球品牌 100 强》的品牌价值。自变量的数据均来自 37 个样本国际品牌 2001—2008 年年度报告公开披露的财务数据，其中摩托罗拉在 2006—2008 年、任天堂在 2007—2008 年、欧莱雅在 2004—2008 年未披露广告费用；星巴克在 2005—2008 年没有披露研发费用。因此，将缺失数据的观测值直接剔除，最后获得 263 个有效样本量，如表 11—7 所示。

本章首先利用探索性因子分析方法对构建的国际品牌价值驱动因素指标体系进行评价，检验该指标体系是否合理；然后进行多元回归分析，以《全球品牌 100 强》中国际品牌的相关数据实证分析营销活动、创新能力和经营绩效是否对国际品牌价值有驱动作用以及影响作用有多大。

表 11—7　　研究样本基本情况

序号	品牌名称	国别	行业	序号	品牌名称	国别	行业
1	高露洁	美国	日常消费品	11	星巴克	美国	非必需消费品
2	雀巢	瑞士	日常消费品	12	奔驰	德国	非必需消费品
3	欧莱雅	法国	日常消费品	13	本田	日本	非必需消费品
4	雅芳	美国	日常消费品	14	百胜公司	美国	非必需消费品
5	宝洁	美国	日常消费品	15	阿迪达斯	美国	非必需消费品
6	家乐氏	美国	日常消费品	16	丰田	日本	非必需消费品
7	卡夫	美国	日常消费品	17	BMW	德国	非必需消费品
8	百事	美国	日常消费品	18	大众	德国	非必需消费品
9	妮维雅	德国	日常消费品	19	哈雷	美国	非必需消费品
10	金佰利	美国	日常消费品	20	亚马逊	美国	信息技术

续表

序号	品牌名称	国别	行业	序号	品牌名称	国别	行业
21	飞利浦	荷兰	信息技术	30	IBM	美国	信息技术
22	诺基亚	芬兰	信息技术	31	思科	美国	信息技术
23	任天堂	日本	信息技术	32	谷歌	美国	信息技术
24	摩托罗拉	美国	信息技术	33	雅虎	美国	信息技术
25	甲骨文	美国	信息技术	34	易趣	美国	信息技术
26	黑莓	加拿大	信息技术	35	SAP	德国	信息技术
27	松下	日本	信息技术	36	微软	美国	信息技术
28	戴尔	美国	信息技术	37	佳能	日本	信息技术
29	惠普	美国	信息技术				

二、国际品牌总体样本实证分析

（一）探索性因子分析

本章运用 KMO 检验模型与巴特利特球度对样本数据进行检验，其 KMO 值为 0.667；巴特利特球体检验显示，χ_2 的统计值为 828.81，显著性水平 P<0.01。可见，样本数据均通过两项验证性检验，表明其适合进行因子分析。本章利用 SAS9.0 采用主成分法提取 3 个公共因子，公共因子是对原始变量指标进行浓缩后提取的，其累积方差贡献率为 99.03%，能够解释原始变量指标的因子。由旋转前因子载荷阵可知（详见表 11－8），不能赋予三个公共因子合理的经济解释。为了解决各个公共因子的典型代表变量不突出的问题，本章将进行因子旋转分析，利用最大方差正交旋转法进行旋转，得到旋转后因子载荷矩阵，如表 11－8 所示。其中 F_1 在 X_3（营业利润）和 X_4（净利润）上的载荷较大，载荷量分别为 0.937 和 0.949，将 F_1 命名为经营绩效因子；F_2 在 X_1（广告费用）上的载荷较大，载荷量为 0.958，将 F_2 命名为营销活动因子；F_3 在 X_2（研发费用）上的载荷最大，载荷量为 0.893，将 F_3 命名为创新因子。可见，本章构建的国际品牌价值驱动因素指标体系合理。

表 11－8　旋转前后因子载荷矩阵

	旋转前因子载荷阵			旋转后因子载荷阵		
	F_1	F_2	F_3	F_1	F_2	F_3
X_1	0.632	0.715	0.299	0.163	0.958	0.234
X_2	0.824	0.240	−0.513	0.348	0.284	0.893
X_3	0.923	−0.333	0.131	0.937	0.177	0.265
X_4	0.907	−0.377	0.124	0.948	0.132	0.252

由于公共因子是不可观测的隐变量，需通过计算因子得分给提取的公共因子赋值。

因子得分求解的过程就是以原始变量的线性组合来表示公共因子，因子得分系数是原始变量的权重。本章利用回归法估计因子得分，因子得分函数为：

$$F_j = \beta_{j1}X_1 + \beta_{j2}X_2 + \cdots + \beta_{jp}X_p\ (p = 1,2,3,4,5;j = 1,2,3)$$

其中 β 为回归法得出的因子得分系数，如表 11—9 所示。

表 11—9　　公共因子得分系数

	F_1	F_2	F_3
X_1	−0.097	1.138	−0.324
X_2	−0.321	−0.271	1.330
X_3	0.587	−0.022	−0.217
X_4	0.608	−0.075	−0.218

由此可得到经营绩效因子（F_1）、营销活动因子（F_2）、创新因子（F_3）三个公共因子得分的计算公式为：

$$\begin{cases} F_1 = -0.098X_1 - 0.321X_2 + 0.587X_3 + 0.609X_4 \\ F_2 = 1.138X_1 - 0.271X_2 - 0.022X_3 - 0.075X_4 \\ F_3 = -0.324X_1 + 1.330X_2 - 0.217X_3 - 0.218X_4 \end{cases} \quad \text{（公式 11—1）}$$

这三个公共因子是否是国际品牌价值的驱动因素，对国际品牌价值成长的影响程度是多大，需要进一步进行回归分析进行验证。建立多元回归方程，如下所示：

$$Y = \beta_0 + \beta_{F1} + \beta_2 F_2 + \beta_3 F_3 + \varepsilon_1 \quad \text{（模型 11—1）}$$

（二）实证分析过程

由于 F_1、F_2 和 F_3 是通过探索性因子分析得到的公共因子，不能直接获得观测值，因此，它们的取值利用公式 11—1 计算得到，即因子得分。首先利用 SAS9.0 计算各个变量之间的皮尔森相关系数，检验各个变量之间的相关关系。如表 11—10 所示，三个自变量 F_1、F_2、F_3 与 Y 有显著正相关关系，三个自变量之间是完全不相关或相关系数小于 0.3，因此，自变量之间不会存在多重共线性的问题，可以直接进行多元回归分析。

表 11—10　　皮尔森相关系数矩阵和描述性统计分析

		Y	F_1	F_2	F_3
皮尔森相关系数矩阵	Y	1.000			
	F_1	0.648*** (0.000)	1.000		
	F_2	−0.013 (0.419)	0.071 (0.469)	1.000	
	F_3	0.316*** (0.000)	−0.193*** (0.001)	−0.112** (0.035)	1.000

续表

		Y	F_1	F_2	F_3
描述性统计分析	均值	136.473	3 513.176	1 768.891	578.573
	标准差	134.285	4 012.386	3 273.838	2 242.820
	样本量	263	263	263	263

注：*** 表示 1%水平下显著，** 表示在 5%水平下显著，* 表示在 10%水平下显著。

利用 SAS9.0 对样本数据进行多元回归分析，模型 11－1 的回归系数如表 11－10 所示，模型 11－1 的 R_2＝0.622，调整 R_2＝0. 618，表明模型 1 的拟合优度较好；F＝142.28，P＜0.01，表明多元回归模型 11－1 通过显著性检验。由表 11－12 可知，F_1 和 F_3 的回归系数在显著性 P＜0.01 水平下通过 t 检验，分别是 0.737 和 0.456，表明 F_1 和 F_3 对国际品牌价值成长具有显著的正向影响作用，而 F_2 没有通过显著性检验。

由此可知，国际品牌价值成长的两个驱动因子分别是企业经营绩效因子和创新因子，贡献率分别为 0.737 和 0.456。而营销活动因子没有通过显著性检验，说明营销活动对国际品牌价值的驱动作用不能确定，这似乎与大多数学者的研究结果不一致；另外，由杨明刚（2007）的研究可知，不同行业国际品牌成长轨迹存在着较大的差异，这主要是因为国际品牌成长存在着明显的行业演进特征，在不同行业国际品牌的创建方式是不同的。F_2 对国际品牌价值成长影响不显著是否由行业差异导致的呢？不同行业国际品牌价值驱动因素是否也存在差异呢？这是一个值得深入研究的问题。因此，本章将总体样本按行业分为两个分样本，进一步探索不同行业国际品牌价值的驱动因素。

三、不同行业国际品牌价值驱动因素研究

（一）探索性因子分析结果

为了探索不同行业国际品牌价值驱动因素，本章将上述的总体样本根据行业特征将其分为两个分样本：消费品国际品牌样本①和信息技术国际品牌样本，其样本量分别为 144 和 119，它们的 KMO 值分别为 0.644、0.660，都大于 0.5；根据巴特利特球体检验显示，其 χ_2 统计值分别为 566.867、409.469，显著性水平 P＜0.01，表明这两个分样本也适合进行因子分析。其因子分析结果由表 11－11 所示，消费品国际品牌的公共因子 F_4 在 X_3（营业利润）和 X_4（净利润）上的载荷较大，载荷量分别为 0.935 和 0.950；F_5 在 X_1（广告费用）上的载荷较大，载荷量为 0.924；F_6 在 X_2（研发费用）上的载荷最大，载荷量为 0.815。信息技术国际品牌的公共因子 F_7 在 X_3（营业利润）和 X_4（净利润）上的载荷较大，载荷量分别为 0.939 和 0.950；F_5 在 X_1（广告费用）上的载荷较大，载荷量为 0.966；F_6 在 X_2（研发费用）上的载荷最大，载荷量为 0.877。因此，把 F_4

① 消费品国际品牌包括非必需消费品和日常消费品行业的国际品牌。

和 F_7 命名为经营绩效因子，F_5 和 F_8 命名为营销活动因子，F_6 和 F_9 命名为创新因子，如表 11—11 所示。

表 11—11　两个分样本旋转前后因子载荷矩阵

	消费品国际品牌样本						信息技术国际品牌样本					
	旋转前因子载荷阵			旋转后因子载荷阵			旋转前因子载荷阵			旋转后因子载荷阵		
	F_4	F_5	F_6	F_4	F_5	F_6	F_7	F_8	F_9	F_7	F_8	F_9
X_1	0.759	0.584	0.288	0.211	0.924	0.319	0.578	0.773	0.260	0.130	0.966	0.222
X_2	0.866	0.351	−0.357	0.353	0.460	0.815	0.846	0.210	−0.490	0.382	0.290	0.877
X_3	0.905	−0.403	0.021	0.935	0.191	0.266	0.925	−0.332	0.128	0.939	0.130	0.289
X_4	0.891	−0.429	0.080	0.950	0.199	0.203	0.915	−0.347	0.160	0.950	0.127	0.254

由因子得分系数可得到两个分样本的产品市场绩效因子、营销项目因子、创新因子三个公共因子得分的计算公式 11—2 和计算公式 11—3：

$$\begin{cases} F_4=-0.102X_1-0.303X_2+0.570X_3+0.626X_4 \\ F_5=1.350X_1-0.489X_2-0.123X_3+0.004X_4 \\ F_6=-0.715X_1+1.627X_2-0.107X_3-0.340X_4 \end{cases} \quad \text{（公式 11—2）}$$

$$\begin{cases} F_7=-0.053X_1-0.361X_2+0.587X_3+0.625X_4 \\ F_8=1.121X_1-0.269X_2-0.034X_3-0.011X_4 \\ F_9=-0.347X_1+1.384X_2-0.215X_3-0.298X_4 \end{cases} \quad \text{（公式 11—3）}$$

按照总体样本的实证分析过程，进一步检验两个分样本得到的公共因子是否对其国际品牌价值成长具有驱动作用，故建立如下两个回归模型：

$$Y_2=\alpha_0+\alpha_1F_4+\alpha_2F_5+\alpha_3F_6+\varepsilon_2 \quad \text{（模型 11—2）}$$

$$Y_3=\delta_0+\delta_1F_7+\delta_2F_8+\delta_3F_9+\varepsilon_3 \quad \text{（模型 11—3）}$$

（二）实证分析结果

由于 F_4、F_5、F_6、F_7、F_8 和 F_9 是通过探索性因子分析得到的公共因子，不能直接获得观测值，因此，它们的取值利用公式 11—2 和公式 11—3 计算得到，即因子得分。国际品牌价值（Yi）的取值来自 2001—2008 年 Interbrand《全球品牌 100 强》发布的样本国际品牌价值。

首先利用 SAS9.0 对多元回归模型的变量进行相关分析，计算各个变量之间的皮尔森相关系数，检验各个变量之间的相关关系。F_4、F_5、F_6 三个自变量之间以及 F_7、F_8、F_9 三个自变量之间分别是完全不相关或相关系数小于 0.3，因此，自变量之间不会存在多重共线性的问题，可以分别直接进行多元回归分析，回归结果如表 11—12 所示。

表 11—12　三个模型的回归结果

模型 11—1		模型 11—2		模型 11—3	
变量	回归系数	变量	回归系数	变量	回归系数
F_1	0.737*** (<.000 1)	F_4	0.727 (<.000 1)	F_7	0.844 (<.000 1)

续表

模型 11—1		模型 11—2		模型 11—3	
F_2	−0.014 (0.717 5)	F_5	0.408 (<.000 1)	F_8	−0.029 (0.568 2)
F_3	0.456*** (<.000 1)	F_6	0.418 (<.000 1)	F_9	0.381 (<.000 1)

注：***表示1%水平下显著，**表示在5%水平下显著，*表示在10%水平下显著。

由不同行业国际品牌价值驱动因素分析结果可知，消费品和信息技术国际品牌价值驱动因素存在着较大差异，如表12—12所示：消费品国际品牌价值有3个驱动因子，而信息技术国际品牌价值只有2个驱动因子，其中前者的驱动因子分别是经营绩效因子、创新因子和营销活动因子，贡献率分别为0.727、0.418和0.408；后者的驱动因素都包括经营绩效因子和创新因子，贡献率分别为0.844和0.381。

营销活动因子对信息技术国际品牌价值成长的驱动作用不显著导致其对总体样本不显著。而其对信息技术国际品牌价值的驱动作用不显著可能的原因是：信息技术国际品牌中近半数品牌尽管也涉及B2C市场，但是它们的主要客户都来自B2B领域，比如IBM、佳能、惠普、思科、甲骨文和SAP等，即近半数信息技术国际品牌是B2B品牌，而营销活动对B2B品牌价值成长驱动的作用不明显。

四、结论与不足

本章基于企业视角，以《全球品牌100强》中的国际品牌为研究样本，实证分析了国际品牌价值增长的驱动因素，研究结论如下。

1. 经营绩效是国际品牌价值成长最重要的驱动因素

经营绩效既是企业发展国际品牌的动因，也是国际品牌价值成长的坚实基础。国际品牌为企业在国际市场销售产品、占有国际市场、提升国际知名度等方面提供了强大的竞争力，为企业带来巨大的经济效益。同时，企业的经营绩效反过来对国际品牌价值的提升有重要驱动作用。可见，提高企业的经营绩效是发展国际品牌的重中之重。

2. 企业的创新能力是国际品牌价值成长的主要驱动因素

企业的创新投入是国际品牌价值持续成长的动力，企业要通过持续不断的创新，与时俱进，成为引领所在行业技术、管理和产品创新的典范，从而不断提升国际品牌的价值。

3. 营销活动是消费品国际品牌成长的主要驱动因素，却不是信息技术国际品牌成长的主要驱动因素

营销活动是消费品国际品牌成长的主要驱动因素，这与消费品领域的品牌较易成长为国际品牌这一行业特征是一致的。而其对信息技术国际品牌价值的驱动作用不显著，可能的原因是：信息技术国际品牌中大部分品牌尽管也涉及B2C市场，但是它们的主要

客户都来自 B2B 领域，比如 IBM、佳能、惠普、思科、甲骨文和 SAP 等，即大部分信息技术国际品牌是 B2B 品牌，而营销活动对 B2B 品牌价值成长的作用不明显。因此，不同行业企业应综合考虑国际品牌的行业特征来制定其国际品牌价值成长相应策略。

本章的不足之处：鉴于本章以 2001—2008 年连续入围 Interbrand《全球品牌 100 强》65 个国际品牌为样本，而且还有 28 个国际品牌部分变量数据缺失，导致样本数量较少；且样本国际品牌主要分布在消费品和信息技术两大行业，从而可能会导致本章研究结果具有一定程度的局限性。未来研究可以扩大样本量，并更深入探索国际品牌价值驱动因素，比如关注企业在金融市场的表现（如市值、股价和市盈率等因素）对国际品牌价值成长的影响作用。

第四节 对策与建议

本章基于企业层面视角，从时间和空间两个维度建立新的国际品牌概念框架，以《全球品牌 100 强》中的国际品牌为研究样本，通过计算它们 2001—2008 年在“三极市场”的渗透能力，揭示了这些国际品牌的成长规律，并进一步探究了这些国际品牌成长的驱动因素。

一、启示

本章的研究给中国企业发展国际品牌提供了新思路和启发：发展国际品牌要以国内市场为根基，以区域市场为重点；以持续创新为核心，传统行业要充分挖掘其历史资源；以新技术和新产业为突破口，加快培育国际品牌；中国企业在发展国际品牌的过程中以企业经营绩效和创新能力为驱动因素，不断推动国际品牌的快速成长，同时不同行业企业应综合考虑国际品牌的行业特征来制定其国际品牌价值成长相应的策略。

二、中国加快发展国际品牌的对策建议

1. 中国目前已经是世界第二大经济体，自身市场广阔，完全具备发展国际品牌的“肥沃土壤”，而当前随着经济全球化发展的不断深入和中国市场开放程度的不断提高，中国企业发展国际品牌面临国内外企业的激烈竞争，绝大多数行业国内市场竞争“国际化”。在这种情况下，中国企业发展国际品牌更要十分重视国内市场，通过“深耕”国内市场，不断提升自身的核心竞争力和国际化经营能力，为培育国际品牌建立稳固的“根基”。

2. 目前中国还没有一个企业真正掌握具有全球绝对领先的技术，而且其国际化经营总体处于“摸着石头过河”的探索阶段，在国际市场还面临诸多困难。可见，中国企业发展国际品牌应该扬长避短，集中精力和资源，重点在具有竞争优势的区域市场取得快速发展，而不是在全球范围内“铺摊子”，如中国具有全球规模第一、技术水平先进的家电行业，应该选择美洲市场、非洲市场和日韩以外的亚洲市场作为发展重点，避开本土

竞争对手强大的日韩和欧洲市场。

3. 传统行业的国际品牌大多是具有百年历史的“老字号”，中国企业也应该充分挖掘品牌的历史资源，但一个企业要成长为国际品牌关键是要持续不断地创新，与时俱进，成为引领所在行业技术、管理和产品创新的典范。如北京同仁堂已经有较好的尝试，通过与海内外相关院校和研究机构合作，加强对原有方剂的改造，产品剂型上打破了传统中药大药丸、苦药汤等“粗大黑”形象，中药品种被浓缩丸、软胶囊、冲剂、片剂等先进剂型所代替，生产适应当地标准和生活习惯的产品，使产品更适口、方便（孙莉，2010）。

4. 加快培育中国新技术和新产业领域内有潜力和实力的企业快速成长为国际品牌。当前随着全球能源短缺和全球变暖严峻形势的加剧，世界各国纷纷投入巨资大力发展新能源产业，新能源产业的迅猛发展将为国际品牌的快速成长带来新机遇。目前，中国新能源产业的发展已在全球市场崭露头角，如全球太阳能电池领先的无锡尚德、电动汽车比亚迪和风机制造龙头华锐风电等。

参考文献

[1] Aaker, D. A. and Joaehimsthaler, E. The Lure of Global Branding, Harvard Business Review, 1999, 77 (6).

[2] Alan M Rugman, and Alain Verbeke. A Perspective on Regional and Global Strategies of Multinational Enterprises. Journal of International Business and Studies, 2004, 35 (1).

[3] Alashban, A. A., Hayes, L. A., Zinkhan, G. M. and Balazs, A. L. International Brand-name Standardization/Adaptation: Antecedents and Consequences. Journal of International Marketing, 2002, 10 (3).

[4] Anthony Pecotich, and Steven Ward. Global Branding, Country of Origin and Expertise, An Experimental Evaluation. International Marketing Review, 2007, 24 (3).

[5] Andersson, S. and Wictor, I. Innovative Internationalization in New Firms: Born Globals-the Swedish Case. Journal of International Entrepreneurship, 2003, 1 (3).

[6] Cheng, J. M-S., Blankson, C., Wu, P. C. S. and Chen, S. S. M. A Stage Model of International Brand Development: the Perspectives of Manufacturers from Two Newly Industrialized Economies—South Korea and Taiwan. Industrial Marketing Management, 2005, 34 (5).

[7] de Chernatony, L., Halliburton, C. and Bernath, R. International Branding: Demand or Supply Driven Opportunity?. International Marketing Review, 1995, 12 (2).

[8] Dennis A. Pitta, and Frank J. Franzak, Foundations for Building Share of Heart in Global Brands. The Journal of Product and Brand Management, 2008, 17 (2).

[9] Holt, D. B., Quelch, J. A. and Taylor, E. L. How Global Brands Compete. Harvard Business Review, 2004, 82 (9).

[10] Janell D Townsend, Sengun Yeniyurt, Mehmet Berk Talay. Getting to Global: An Evolutionary Perspective of Brand Expansion in International Markets. Journal of International

Business Studies, 2009, 40 (4).

[11] Jeryl, Whitelock, and Fernando, Fastoso. Understanding International Branding: Defining the Domain and Reviewing the Literature. International Marketing Review, 2007, 24 (3).

[12] Johanson, J. and Vahlne, J. E. The Internationalization Process of the Firm: A Model of Knowledge Development and Increasing Foreign Market Commitments. Journal of International Business Studies, 1977, 8 (1).

[13] Johanson, J. and Weidersheim Paul, F.. The Internationalization of the Firm: Four Swedish Cases. Journal of Management Studies, 1975, 12 (3).

[14] Julien Cayla and Giana M. Eckhardt. Asian Brands without Borders: Regional Opportunities and Challenges. International Marketing Review, 2007, 24 (4).

[15] Levitt, T. The Globalization of Markets. Harvard Business Review, 1983, 61 (3).

[16] Ohmae, K. Triad Power: The Coming Shape of Global Competition. New York: The Free Press, 1985.

[17] Oviatt, B. M. and McDougall, P. Toward a Theory of International New Ventures. Journal of International Business Studies, 1994, 25 (1).

[18] Pitcher, A. E. The Role of Branding in International Advertising. International Journal of Advertising, 1985, 4 (3).

[19] Alan M. Rugman and Alain Verbeke. A Perspective on Regional and Global Strategies of Multinational Enterprises. Journal of International Business Studies, 2004, 35 (1).

[20] Sorenson, R. Z. and Wiechmann, U. E., How Multinationals View Marketing Standardization. Harvard Business Review, 1975, 53 (3).

[21] Simon Collinson and Alan M Rugman. The Regional Nature of Japanese Multinational Business. Journal of International Business and Studies, 2008, 39 (1).

[22] Aaker, D. A., Managing brand equity: capitalizing on the value of a brand name. Free Press, 1991.

[23] Keller, Kevin Lane and David A. Aaker. The effects of sequential introduction of brand extensions. Journal of Marketing Research. 1992, (29): 35—50.

[24] RustR T, ZeithamlV A, Lemon K N., Driving customer equity: how customer lifetime value is reshaping corporate strategy. The Free Press, 2000.

[25] Keller, K. L. Conceptualizing measuring and managing customer-based brand equity. Journal of Marketing, 1993, (57): 1—22.

[26] Kevin Lane Keller, Susan Heckler, and Michael J. Houston, The effects of brand name suggestiveness on advertising recall. Journal of Marketing, 1998, (62): 48—57.

[27] Martin, G. S. and Brown, T. J., Search of brand equity: the conceptualization and measurement of the brand impression construct. Marketing Theory and Applications, 1990, (2): 431—438.

[28] Kevin Lane Keller, Strategic brand management: building, measuring, and managing brand equity. Prentice Hall, 2003.

[29] Chaudhuri, Arjun, How brand reputation affects the advertising-brand equity link. Journal of

Advertising，2002，(42)：33—43.

[30] Kimelman，John，Free Tony the Tiger. Financial World，1993，(9)：50，52.

[31] Mizik，Natalie，and Robert Jacobson，Trading off between value creation and value appropriation：the financial implication of shifts in strategic emphasis. Journal of Marketing，2003，(67)：63—76.

[32] Singfat Chu，and Hean Tat Keh，Brand value creation：analysis of the Interbrand-Business week brand value rankings. Marketing Letters，2006，(17)：323—331.

[33] Li Li Eng，and Hean Tat Keh，The effects of advertising and brand value on future operating and market performance. Journal of Advertising，2007，(36)：91—100.

[34] 杨忠，张骁，陈扬，廖文彦．“天生全球化”企业持续成长驱动力研究——企业生命周期不同阶段差异性跨案例分析. 管理世界，2007 (6).

[35] 孙莉．同仁堂：“中医药旗舰”海外扬帆. 今日中国（中文版），2010 (12).

[36] 杨明刚．国际知名品牌发展规律及特征探讨. 国外社会科学，2007 (1).

[37] 王永贵等．品牌资产如何驱动顾客关系管理绩效——基于分解法视角的实证研究．管理学报，2005 (6)：706—711.

[38] 程鸣．服务品牌价值的驱动因素研究. 华东经济管理，2006 (7)：114—116.

[39] 黄斌元．关于品牌价值创造的一个简要模型. 价值工程，2003 (6)：19—21.

[40] 李向辉，周刺天．品牌资产引擎视角下的品牌价值模型及其应用研究. 商业研究，2007 (11)：120—124.

第十二章

中小企业国际化经营环境影响因素研究——基于对珠三角调查问卷的实证检验

随着中国改革开放之初经济高增长条件的弱化，尤其是金融危机后，中国“珠三角”中小企业国际化经营环境恶化，贸易摩擦、能源和劳动力价格上涨，政策、社会等外部环境问题，严重制约着他们的发展及其国际化经营的步伐，使得一直以加工出口为主的“珠三角”中小企业面临着更大的挑战。据广东省统计局统计，广东近三成规模以上中小企业出现亏损，而有关专家指出，广大中小企业所面临的实际经营压力要比官方统计数据显示的更大。国外中小企业国际化成功的经验表明，中小企业在国际化经营中的竞争胜负，不仅取决于自身的竞争能力，更取决于中小企业所处的竞争环境和竞争规则。因此，实证分析“珠三角”中小企业国际化经营环境影响因素，对制定中小企业转型升级政策，以促进和保障“珠三角”中小企业国际化经营的顺利开展具有非常重要的意义。

本文在研究中小企业国际化经营环境影响因素评价指标与评价方法的基础上，基于“珠三角”中小企业问卷调查数据库信息，运用因子分析和结构方程模型，对“珠三角”中小企业国际化经营环境因素进行评价与比较分析，并实证检验各因素的影响程度及差异性，最后得出本文的研究结论和政策建议。

第一节　理论简析和研究假设

一、理论简析

在企业国际化过程中，国内环境和国外环境都直接影响着国际化的效果。环境因素的影响已成为国际化研究的重要组成部分。

国外学者从行业因素、市场状况等方面对企业国际化环境进行了研究。Andersson（2004）认为企业在成熟产业与在高增长产业面临着不同的状况，在企业国际化的后期阶段，企业更依赖于外部环境进行国际化战略决策；Bloodgood、Sapienza、Almeida（1996）研究发现企业所在产业或行业对企业增长的支持在一定程度上决定了企业国际化的动机；Morrow（1988）研究发现在国内市场竞争的环境下，国际企业和纯粹国内企业之间受到市场状况的影响没有显著差异；Karagozoglu（1998）等发现，35%的企业认为国内销售的不足而导致难以维持一个有竞争力的研发水平是企业国际化的主要动机；George，Prabhu（2000）等学者的研究还发现，制度环境严重影响企业的国际化行为，有效的政府行为可为企业的国际化行为提供便利；Oviatt 和 McDougall（1994）认为，国际环境的变迁更有助于中小企业发展起来；Johanson，Mattsson（1985）的网络理论认为，任何企业都只有在一定的社会关系中才能生存，一个行业就是企业间的社会关系网络。

中国国内关于中小企业国际化经营环境的研究还处于探索阶段。毛巍（2001）提出构筑中国中小企业国际化发展的支撑环境体系建议；吴三清（2005）认为国外市场条件是影响中小企业国际化的重要影响因素；孙利娟，冯德连（2006）指出，宽松而积极的政府政策可以促进民营中小企业向国际化发展；谭力文，马海燕（2007）认为，民营企业动态发展和家族经营等特点的企业与环境关系理论是探索民营企业国际化的新思路；

陈晓红、王傅强（2008）对中国中小企业外部环境进行了实证评价研究；肖文、陈益君（2008）从外部环境的六个视角对现有企业国际化影响因素的研究文献予以综述；赵锦春、冯德连认为（2009）中小企业自身发展、中小企业间组织结构和中小企业生存环境是制约中小企业国际化的因素。

综观中外关于企业国际化环境方面的研究，学界都不否认政策支持是中小企业国际化发展的重要因素。各项支持政策对于中小企业国际化的具体影响程度以及政府如何扮演好管理者的角色等方面将是学界进一步研究的重点。另外，随着中小企业的发展以及统计分析软件等研究工具的完善，对中小企业国际化环境影响因素的实证分析以及运用实证分析验证和发展国际化理论也成为该领域的前沿。

二、研究假设

由于对中国中小企业国际化相关的数据统计不完整等原因，目前对中国“珠三角”地区中小企业国际化经营环境影响因素系统的实证研究还没有，但从已有研究表明，外部环境对中小企业国际化经营有明显的影响。根据以上分析，本文拟从中国政策制度环境、社会化服务环境、“珠三角”区域环境、东道国经济社会环境、国际贸易环境等方面对“珠三角”中小企业国际化经营环境因素进行统计分析，并实证检验各因素的影响程度及差异性。本文提出以下研究假设，其模型见图 12—1。

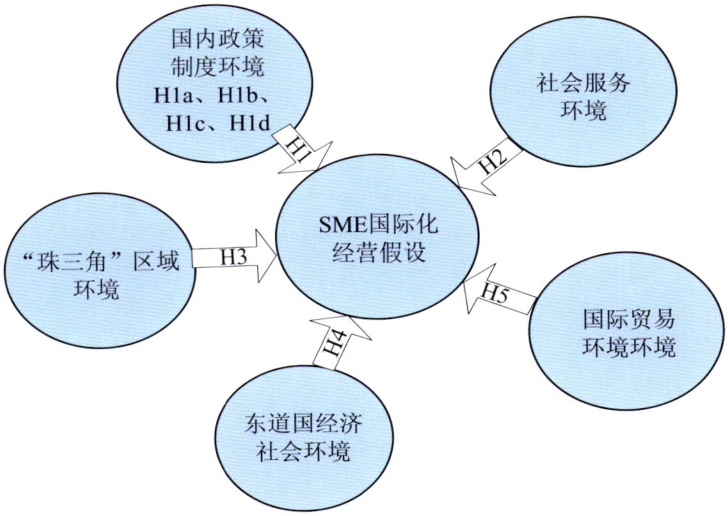

图 12—1　SME 国际化经营环境影响因素假设概念模型

H1：政府政策制度环境对中小企业国际化经营有很显著的影响。

H1a：信贷融资政策环境对中小企业国际化经营有显著影响，融资环境越好对中小企业国际化经营越有利。

H1b：出口税收政策环境对中小企业国际化经营有显著影响，出口退税和其他财税减免优惠政策更能够促进中小企业国际化经营。

H1c：法律政策环境对中小企业国际化经营有显著影响，完善的法律法规能更好地促进中小企业国际化经营。

H1d：政府管制环境对中小企业国际化经营有显著影响，政府的执行力和服务可以有效提升中小企业国际化经营水平。

H2：社会服务环境对中小企业国际化经营有显著影响。

H3："珠三角"区域环境对中小企业国际化经营有较显著影响。

H4：东道国经济社会环境对中小企业国际化经营有明显影响。

H5：国际贸易环境对中小企业国际化经营有较明显影响。

H6：假设1～5的中小企业经营环境各影响因素之间的相对重要性存在差异。

第二节　样本数据来源与研究方法设计

一、样本数据来源

本文研究的中小企业调查问卷发放与回收得到江门市发改、佛山市发改、中山市发改局、珠海市发改局等中国"珠三角"各地政府发改委部门以及广东省中小企业局、江门市中小企业局、协会、学校等的大力相助，以此形成中小企业国际化环境调查信息数据库。问卷调查中共发放1 000份问卷，收回497份。经过对收回问卷的整理和剔除后，有效问卷472份，本研究有效问卷回收率为47.2%。

本文调查对象主要是"珠三角"中小企业，根据统计年鉴中对"珠三角"工业及对外经济发展情况的统计数据来看，目前"珠三角"中小企业主要以进出口贸易加工生产为主，其中规模以上中小企业又是其中坚力量。因此，本文将以"珠三角"规模以上中小工业企业作为抽样样本①，并按照"珠三角"各地市的企业数量以及样本的可获取性等方面确定抽样比例，发放地区涵盖了江门、佛山、中山、珠海、东莞、广州、深圳、惠州、肇庆"珠三角"区域的9个城市。本文在选择样本时，兼顾各类行业及其隶属关系，因此，样本的所有制类型、隶属关系、行业分布等特征与中小企业总体分布接近，能代表总体，可用于实证比较研究。

根据本文研究内容和目的，问卷内容包括34项封闭式问题，2项开放式问题，共涉及四大类，涵盖了中小企业国际化经营的政策、社会、区域和贸易等外部环境的各个方面，足以实现对"珠三角"中小企业国际化经营环境影响因素的评价。

二、研究方法

根据研究内容和目的，本文针对样本回收的基本数据即调查总体所有变量的有关数据做统计性描述，这就要利用到描述性统计分析（Descriptive Analysis）方法，对样本结

① 规模以上中小型工业企业是指符合中小企业划分标准的独立核算国有及年产品销售收入500万元及以上的非国有工业企业。

构作初步的概括分析，对研究变量的有关数据做统计性描述，说明各个变量的平均数、标准差等基本特征，以发现其内在的规律。同时，对测验结果的一致性、稳定性及可靠性进行内部一致性分析（Internal Consistency Analysis），以评价各个测量指标的信度。本文采用克朗巴哈系数值（Cronbach'α）检定各个因子，以衡量细项间的内部一致性。Cronbach'α 值越大，表示该因素各细项间的相关性越大，亦即内部一致性越高。其 α 值大于 0.7 则代表因素具有高信度。

同时由于中小企业国际化经营环境因素多而复杂，为了将原始的多个变量和指标变成较少的综合变量和综合指标，以反映原来众多变量的主要信息并解释被观测变量之间的相关关系，本文在统计分析基础上再运用因子分析方法进行检验和验证。根据研究需要，本文把探索性因子分析（Exploratory Factor Analysis，EFA）和验证性因子分析（Confirmatory Factor Analysis，CFA）两种结合起来运用。本文首先对中小企业国际化经营的环境影响因素做 EFA，以了解数据背后的基础变量结构。然后，再进一步做 CFA，以验证假设是否科学合理。两种方法并用，可使研究结果更具科学性和说服力。

基于结构方程分析能够同时处理多个因变量、允许自变量与因变量含测量误差、同时估计因子结构和因子关系、允许更大弹性的测量模型以及能够估计整个模型的拟合程度等优点的考虑，本文主要应用结构方程模型（Structural Equation Modeling，SEM）做验证性因子分析，以实现对中小企业国际化经营环境评价指标的验证。

第三节　评价指标体系及样本数据统计分析

一、评价指标体系设计

中小企业国际化经营环境指标设计在于根据影响中小企业国际化经营的环境因素，评价特定时间内外部政策、社会及国际贸易环境等对“珠三角”中小企业国际化经营的影响程度及其差异性情况，了解影响中小企业国际化经营环境的形成机理，为“珠三角”相关部门有针对性的制定促进本地区中小企业更好“走出去”，进行国际化经营提供理论参考。由于中小企业国际化经营的外部环境主要体现于所面对的贸易、资金、市场、政策、社会环境以及政府服务等方面。因此，调查问卷从国内政策和社会环境、“珠三角”区域环境、东道国环境、国际贸易环境等方面设计，共计 34 个评价指标，以单项选择的形式，被择选项共五个，分别为非常不同意、不同意、不一定、同意和非常同意。另外，还有包括中小企业基本情况、国际化经营情况在内的 9 道开放式问题，主要用来补充完善调查问题。这样在充分结合样本数据信息特点的基础上，提出包含 34 项要素的珠三角中小企业国际化经营的外部环境因素评价指标体系。

二、样本数据统计分析

本文在充分结合样本数据信息特点的基础上，首先对中小企业样本指标进行探索性因子分析（EFA），以确定中小企业经营环境的维度。

选择 KMO 检验和 Bartlett 球形检验对原变量进行了检验。采用主成分分析法提取因子，进行方差最大正交旋转，以特征根大于等于 1 为因子抽取原则，参照碎石图确定抽取因子的有效数目。在任何因子上的载荷量小于 0.4 或者同时在两个或以上因子的交叉载荷量都大于 0.4 的题项都剔除。表 12－1 为 SPSS 输出的 KMO 抽样适当性检验及 Bartlett 球形检验结果，通过对问卷中 34 个测量指标进行分析，KMO 值为 0.826，巴特利特检验 P＝0.000，表明测量指标适合进行因子分析。

表 12－1　KMO 抽样适当性检验及 Bartlett 球形检验结果

Kaiser-Meyer-Olkin Measure of Sampling Adequacy.		0.826
Bartlett's Test of Sphericity	Approx. Chi-Square	3.637E3
	df	325
	Sig.	.000

通过因子分析，剔除了问卷中 8 个不符合标准的题项，最后得到由 26 个题项指标构成的 6 个因子，见表 12－2。根据因子分析结果，文章对提取的主因子分别加以命名。

因子 F_1 主要包含 Q21、Q22、Q23、Q25、Q26、Q27，共六个项目变量，可以看出因子 F_1 所涉及的内容主要是融资和税收政策环境，将因子 F_1 命名为“资金和税收环境”。

因子 F_2 包含了 5 个项目变量，分别是 Q29、Q31、Q32、Q33、Q34，共五个项目变量，从这五个项目变量的内容来看，涉及的主要是中小企业的社会化服务环境问题，将因子 F_2 命名为“社会化服务环境”。

因子 F_3 包含了 5 个项目变量，分别是 Q1、Q2、Q3、Q5、Q6，这五个项目变量主要涉及中小企业国际化经营的东道国政治、法律、文化以及贸易壁垒等问题，将因子 F_3 命名为“东道国政治经济文化环境”。

因子 F_4 包含 4 个项目变量，分别是 Q12、Q13、Q14、Q15、Q16，其内容主要涉及中小企业国际化经营的政府管理和法律制度问题，将因子 F_4 命名为“政府管理和法制环境”。

因子 F_5 同样也包含了 2 个项目变量，分别是 Q7、Q8，内容主要涉及中小企业国际化的国际协定、区域协定问题，将因子 F_5 命名为“国际贸易环境”。

因子 F_6 包含了 Q9、Q17、Q28 这三个项目变量，内容主要涉及中小企业国际化经营的区域经营环境问题，将因子 F_6 命名为“珠三角区域环境”。

表 12－2　中小企业（SME）经营环境 EFA 结果

SME 经营环境影响因素题项指标	F_1	F_2	F_3	F_4	F_5	F_6
Q1 东道国政治环境的不稳定制约了贵 SME 国际化经营			.757			
Q2 东道国的关税壁垒制约了贵 SME 国际化经营			.779			
Q3 东道国非关税壁垒制约了贵 SME 国际化			.683			

续表

SME 经营环境影响因素题项指标	F_1	F_2	F_3	F_4	F_5	F_6
Q5 东道国的法律法规不规范影响了贵 SME 国际化经营			.627			
Q6 与东道国的文化差异制约了贵 SME 国际化经营			.580			
Q7 国际协定（如 WTO 规则）制约了贵 SME 国际化经营					.744	
Q8 国际区域协定制约了贵 SME 国际化经营					.766	
Q9 中国与东道国的双边协定制约了贵 SME 国际化经营						.661
Q12 境外投资审批中，外汇资金来源审查过于严格				.405		
Q13 促进 SME“走出去”的专项法律制度不健全				.718		
Q14 对 SME 国际化经营的海外经营人事和监管制度不到位				.677		
Q15SME 参与政府采购的法律与配套措施缺失				.686		
Q16SME 参与政府采购的机会受到招标信息来源渠道限制				.678		
Q17SME 进行国际化经营的珠三角区域优势很突出						.830
Q21 银行信贷管理服务滞后	.672					
Q22 贷款手续繁杂、抵押条件过严等，制约了 SME 的发展	.841					
Q23 民间资本市场发展相对落后	.656					
Q25SME 的税负偏重	.560					
Q26 税收优惠形式单一，优惠范围窄，造成优惠政策低效	.584					
Q27 出口退税政策的调整制约了 SME 的国际化经营	.647					
Q28 珠三角本身的区位优势明显						.650
Q29SME 行业协会没有发挥应有的作用		.635				
Q31 技术服务不到位，创新培育和技术共享机制不完善		.632				
Q32SME 信息化建设仍然障碍重重		.679				
Q33 中介服务的体系和机制不健全		.817				
Q34 保护出口产品的环保政策没有落实到位		.698				
累积解释方差（%）	25.65	38.78	49.60	58.56	65.40	70.41
Cronbach's Alpha	0.802	0.878	0.811	0.871	0.732	0.754

根据 EFA 对各因素指标进行内部一致性分析（见表 12—2），以测验分析结果的一致性、稳定性及可靠性。表 12—2 中 6 个因子共解释了原有 26 个指标总方差的 70.41%，6 个因子的 Cronbach's Alpha 的取值范围从 0.732 到 0.878，高于最低临界值 0.7，表明问卷调查结果具有较好的可靠性或可信度，即中小企业经营环境影响因素的每个因子内部具有较好一致性。

第四节　实 证 检 验

在上述对样本数据进行描述性统计和 EFA 基础上，本部分从确定有效测评指标、经营环境测量模型的稳健性和检验假设三方面进一步对影响中小企业国际化经营的环境因素指标进行验证性因子分析（CFA）。

一、确定有效测评指标

为进一步确认中小企业经营环境测量指标与因子之间的从属关系，对中小企业经营环境的测量模型进行CFA。中小企业经营环境的测量模型由26个测量指标共6个因子组成，分别为：资金和税收环境、社会化服务环境、东道国政治经济文化环境、政府管理和法制环境、国际贸易环境、“珠三角”区域环境。如果测量指标的标准化因子载荷不显著，那么该测量指标不能评价相应的潜在因子，同时任何测量指标的标准化因子载荷量小于0.4都应剔除。表12—3给出了中小企业经营环境CFA的结果。由表12—3可知，各题项因子载荷量均达到统计显著性，表明中小企业经营环境各因子的构成题项均是对应因子的有效测评指标。

表12—3　　　　中小企业（SME）经营环境CFA结果

因子和测量指标	标准化载荷	t统计值	CR	AVE
因子 F_3：东道国政治经济文化环境			0.836	0.507
Q1 东道国政治环境的不稳定制约了贵SME国际化经营	.780	13.423		
Q2 东道国的关税壁垒制约了贵SME国际化经营	.802	16.505		
Q3 东道国非关税壁垒制约了贵SME国际化	.719	11.967		
Q5 东道国的法律法规不规范影响了贵SME国际化经营	.624	9.821		
Q6 与东道国的文化差异制约了贵SME国际化经营	.614	9.605		
因子 F_5：国际贸易环境			0.723	0.566
Q7 国际协定（如WTO规则）制约了贵SME国际化经营	.744	10.681		
Q8 国际区域协定制约了贵SME国际化经营	.761	10.846		
因子 F_4：政府管理和法制环境			0.867	0.581
Q12 境外投资审批中，外汇资金来源审查过于严格	.529	7.748		
Q13 促进SME“走出去”的专项法律制度不健全	.701	13.455		
Q14SME国际化经营的海外经营人事和监管制度不到位	.835	13.945		
Q15SME参与政府采购的法律与配套措施缺失	.824	13.716		
Q16SME参与政府采购的机会受招标信息来源渠道限制	.801	13.205		
因子 F_1：资金和税收环境			0.894	0.584
Q21 银行信贷管理服务滞后	.764	14.451		
Q22 贷款手续繁杂、抵押条件过严等制约了SME的发展	.783	14.943		
Q23 民间资本市场发展相对落后	.742	13.895		
Q25SME的税负偏重	.793	15.227		
Q26 税收优惠形式单一，优惠范围窄，优惠政策低效	.786	15.044		
Q27 出口退税政策的调整制约了企业的国际化经营	.714	13.174		
因子 F_2：社会化服务环境			0.887	0.614
Q29SME行业协会没有发挥应有的作用	.659	11.853		

续表

因子和测量指标	标准化载荷	t 统计值	CR	AVE
Q31 技术服务不到位，创新培育与推广机制不完善	.749	14.023		
Q32SME 信息化建设仍然障碍重重	.837	16.373		
Q33 中介服务的体系和机制不健全	.867	17.232		
Q34 保护出口产品的环保政策没有落实到位	.788	15.048		
因子 F_6：“珠三角”区域环境			0.770	0.530
Q9 中国与东道国的双边协定制约了贵 SME 国际化经营	.717	10.114		
Q17SME 进行国际化经营的“珠三角”区位优势很突出	.649	8.922		
Q28 江门本身的侨乡区位特色明显	.809	12.139		

二、经营环境测量模型稳健性的检验

中小企业经营环境测量模型稳健性的检验包括模型的拟合度、信度和效度（聚合效度和区别效度）。

拟合度用来检验模型与数据的拟合程度，通常用卡方指数与自由度比值（x2/df）、P>0.05、GFI、AGFI、CFI、NNFI 和 RMSEA 来衡量。一般认为 x2/df 在 2.0—5.0 之间，RMSEA 小于 0.08，GFI、AGFI、CFI、NNFI 均大于 0.9，表示模型拟合程度很高。中小企业经营环境一阶因子测量模型的各项拟合指数为：x2/df ＝2.261，P<0.000，GFI＝0.961，AGFI＝0.920，NNFI＝0.932，CFI＝0.965，RMSEA＝0.057）。P<0.000 很可能是由于样本量过大，x2 受到样本数波动导致。因此，修正后的中小企业经营环境模型具有较好的拟合能力。

信度可通过检验测量模型构建的内部一致性来实现。通常采用组合信度（CR）和平均提取方差（AVE）作为衡量信度的标准。一般认为，若 CR 和 AVE 分别大于最小临界值 0.7 和 0.5，表示模型的内在质量良好。由表 12—3 可知，CR 和 AVE 均达到理想要求，6 个因子的测量指标的内部一致性都较好，表明中小企业经营环境的模型测量具有良好的信度。

聚合效度是测量同一因子不同测量指标之间应具有显著的相关性，主要通过每个因子载荷的 t 值在一定水平下是否显著来检验。由表 12—4 可知，6 个因子的每个题项具有较高的载荷量，其 t 值在 1%的水平下都显著，这表明修正后的中小企业经营环境量表具有聚合效度。

区别效度指不同的因子之间是否存在显著差异，通过任何两个因子的 AVE 与该因子和其他因子之间相关系数的平方的比较来检验。如果两个因子的 AVE 大于该因子和其他因子之间相关系数的平方，表明具有良好的区别效度。从表 12—3 和表 12—4 可以看出，中小企业经营环境的 6 个因子的抽取方差均大于任何两个因子相关系数的平方。因此，中小企业经营环境的 6 个因子之间存在显著差异，具有区别效度。

表 12—4 中小企业经营环境各维度的相关矩阵

	F_1	F_2	F_3	F_4	F_5	F_6
因子 1	1					
因子 2	.708***	1				
因子 3	.257***	.216***	1			
因子 4	.467***	.442***	.463***	1		
因子 5	.214***	.183**	.479***	.278***	1	
因子 6	.539***	.512***	.406***	.450***	.461***	1

注：*** 表示在 1%水平下显著，** 表示在 5%水平下显著，* 表示在 10%水平下显著。

以上检验结果表明，经 CFA 所形成的中小企业经营环境测量模型具有较好的拟合度、信度和效度。

三、检验假设

现以资金和税收环境（F_1）、社会化服务环境（F_2）、东道国政治经济文化环境（F_3）、政府管理和法制环境（F_4）、国际贸易环境（F_5）、“珠三角”区域环境（F_6）六因子为外生变量，中小企业经营环境为内生变量，构建中小企业经营环境影响因素的结构方程模型（见图 12—2）。结构方程模型的各项拟合指数为：x2/df ＝2.165，P＜0.000，GFI＝0.941，AGFI＝0.903，NNFI＝0.925，CFI＝0.951，RMSEA＝0.075。可见，中小企业经营环境影响因素结构方程模型的整体拟合优度检验基本达到要求。

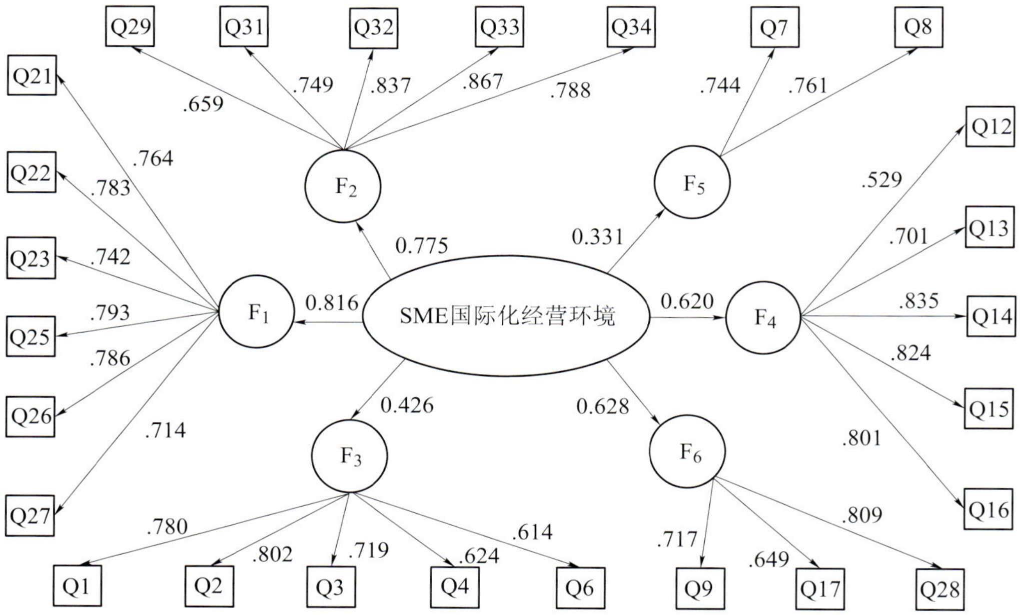

图 12—2 SME 经营环境影响因素的结构方程模型

图 12—2 表明，F_1 即资金和税收环境对中小企业国际化经营的路径系数为 0.816，

影响很显著，这就支持了 H1a、H1b；F_2 即社会化服务环境对中小企业国际化经营的路径系数为 0.775，影响显著，这就支持了 H2；F_3 即东道国政治经济文化环境对中小企业国际化经营的路径系数为 0.426，影响明显，这就支持了 H4；F_4 即政府管理和法制环境对中小企业国际化经营的路径系数为 0.620，影响显著，这就支持了 H1c、H1d；F_5 即国际贸易环境对中小企业国际化经营的路径系数为 0.331，影响较明显，这就支持了 H5；F_6 即“珠三角”区域环境对中小企业国际化经营的路径系数为 0.628，影响较显著，这就支持了 H5。在六大影响因子中，资金和税收环境因子对中小企业经营环境的影响最大（F_1=0.816），然后依次为社会化服务环境（F_2=0.775）、“珠三角”区域环境（F_6=0.628）、政府管理和法制环境（F_4=0.620）、东道国政治经济文化环境（F_3=0.426）和国际贸易环境（F=0.331）。因此，H_6 的“H1～H6 的中小企业经营环境各影响因素之间的相对重要性存在差异”得到验证。

第五节　结论与建议

一、研究结论

本文通过对研究样本和研究方法的设计、调查问卷的统计、分析和模型验证，实证评价了珠三角中小企业国际化经营的环境影响因素。主要研究结论是：

1. “珠三角”中小企业国际化经营环境的影响因素包括资金和税收环境、政府管理和法制环境、社会化服务环境、东道国政治经济文化环境、国际贸易环境、“珠三角”区域环境等六大方面。

2. 各环境因素对中小企业国际化经营都产生了显著影响。其中，国内政府政策环境（资金和税收环境、政府管理和法制环境）对中小企业国际化经营的影响最显著；社会化服务环境对中小企业国际化经营的影响显著；“珠三角”区域环境对中小企业国际化经营的影响较显著；东道国政治经济文化环境对中小企业国际化经营的影响明显；国际贸易环境对中小企业国际化经营的影响较明显。

3. 各环境因素对珠三角中小企业国际化经营的影响程度即相对重要性存在差异，国内环境较国际环境影响显著。其中，资金和税收环境因子对中小企业经营环境的影响最大（0.816），然后依次为社会化服务环境（0.775）、“珠三角”区域环境（0.628）、政府管理和法制环境（0.620）、东道国政治经济文化环境（0.426）和国际贸易环境（0.331）。另外，六大影响因子中前四位的都是国内环境因素，最后两个为国际环境，因此，国内环境因素对中小企业国际化经营的影响更显著，其中国内的资金和税收环境对中小企业国际化经营的影响最大。

二、政策建议

1. 优化中小企业国际化经营的外部环境。在目前珠三角中小企业生存环境更加艰难的情况下，“珠三角”各级政府务必为广大中小企业国际化经营营造良好的外部环境，政府可以通过对企业对外直接投资或出口的相关规定来直接影响中小企业向国际化发展，也可以通过对企业经营管理行为的规定间接影响中小企业经营管理活动，从而进一步影响中小企业的国际化行为。

2. 建立健全中小企业国际化经营的政策社会支持体系。由于“珠三角”中小企业国际化经营环境的六大影响因子中排在前四位的都是国内环境因素，最后两个为国际环境，表明，国内环境因素对中小企业国际化经营的影响更大些。因此，“珠三角”地区应结合本地中小企业的现状和需求，建立健全中小企业国际化经营的政策社会支持体系，形成有利于中小企业国际化发展的长效机制。

3. 更加重视广大中小企业的融资和税负问题。在本文分析的环境因素中，资金和税收环境因子对中小企业经营环境的影响最大，说明当前“珠三角”地区推进中小企业国际化发展的融资和税负问题还有待大力改善，中小企业融资难，税负沉重的问题不解决，将严重制约“珠三角”广大中小企业国际化发展步伐。

本文从政策环境、社会环境、贸易、区域因素等方面系统研究“珠三角”中小企业的国际化经营环境是一个较新且难度又大的命题，研究中在样本发放、指标设计、测量方法和模型检验等方面存在探索中的局限，例如问卷调查只能反映当年企业情况，而不能反映“珠三角”中小企业国际化经营环境的时间变化，在一定程度上限制了理论解释的持续性，以动态阶段性发展的视角研究中小企业与环境之间的影响会更为合理。在后续研究中课题将结合“珠三角”发展现状，以动态视角深度研究“珠三角”中小和微型企业的生存状况和国际化经营问题。

参考文献

[1] 新华每日电讯．成本上升银根紧缩，中小企业压力增大［EB/OL］. http：//news. xinhuanet. com/mrdx/2008－07/04/content_8490734. htm. 2008－07－04.

[2] 林汉川．中国中小企业发展机制研究．中国商务印书馆，2003.

[3] Andersson S. Internationalization in Different Industrial Contexts. Journal of Business Venturing，2004，19（7）：851－875.

[4] Bloodgood J M，Sapienza H J，Almeida JG. The Internationalization of New High-PotentialUS Ventures：Antecedents and Outcomes. En-trepreneurship Theory and Practice，1996，20（4）：204

[5] Morrow J F. International Entrepreneurship：A New Growth Opportunity. New Management，1988，3（1）：59－61.

[6] Karagozoglu N，Lindell M. International-ization of Small and Medium-Sized Technology-Based Firms：An Exploratory Study. Journal of Small Business Management，1998，36（1）：44－59.

[7] George G，Prabhu G. Developmental Financial Institutions as Catalysts of Entrepreneurship in Emerging Economies. Academy of Management Review，2000，25（3）：620－630.

[8] Oviatt B，McDougall P. Toward a theory of international new ventures. Journal of International Business Studies，1994，25（1）：45—64.

[9] Johanson J.， L. G. Matsson：InternationalMarketingand M arketInvestments in Industry Networks，InternationalJournal of Research in Marketing，1985（3）.

[10] 毛巍．中小企业国际化发展及其环境研究．浙江大学，2001.

[11] 吴三清．中小企业国际化经营的影响因素实证研究. 暨南大学学报，2005，27（3）：23—29.

[12] 孙利娟，冯德连．中国民营中小企业外向国际化方式研究. 商业研究，2006（17）：11—14.

第十三章

中国工业绿色转型的国际经验借鉴与发展策略研究

第一节 背 景

工业生产是现代物质财富的主要来源，同时也是带来环境污染的重要产业。改革开放以来，中国工业经济经历了30多年的快速增长。在经济快速增长的过程中，环境问题逐渐成为人们关注的焦点之一。当今世界上污染最严重的20个城市，有13个在中国。发达国家上百年工业化过程中分阶段出现的环境问题，在中国却集中表现出来，且呈现出结构型、复合型、压缩型的特点。如何实现中国工业的“又好又快”增长成为关乎中国经济可持续发展的重要命题。

发达国家在这方面走在了中国的前面。后金融危机时代，发达国家开始重新审视工业部门在财富形成和积累中的重要作用，相继提出了“再工业化”的思路，世界经济增长模式面临全面、深度调整。在全球经济艰难复苏和深度调整的大背景下，2008年10月和12月，联合国环境署发起了在全球开展“绿色经济”和“绿色新政”的倡议。这一倡议得到了发达国家的积极响应，美国、欧盟等发达国家和地区政府纷纷加大财政支持力度，鼓励本国企业探索产业绿色转型的新方向，发展绿色经济。绿色经济是指在经济发展的过程中要讲求环保，将经济的发展建立在可持续的基础上，讲求低排放、低消耗，注意环境保护和生态平衡；也指从环保活动中获得经济效益，通过这些环保活动本身创造经济效益，作为经济增长的一个来源。结合工业部门的要素和技术特征，作为绿色经济的重要组成部分，工业绿色转型是指以资源集约和环境友好为导向，以创新驱动为核心，坚持绿色增长，走新型工业化道路，实现经济的“又好又快”发展。

“十二五”时期是中国工业转型升级的关键时期。一方面，中国为世界制造业大国，工业发展在提升国家竞争力方面仍然会发挥主导作用；另一方面，中国工业发展过程中的资源浪费、环境恶化、结构失衡等问题十分突出。中国单位GDP能耗相当于德国的5倍、日本的4倍、美国的2倍；中国以占世界8%的经济总量，消耗了世界能源的18%、钢铁的44%、水泥的53%，化学需氧量、二氧化碳排放量、二氧化硫排放量和酸雨面积都居世界首位。在资源日益枯竭、环境污染日益恶化的今天，传统的工业发展道路已难以为继，加快工业绿色转型升级势在必行、刻不容缓。

第二节 发达国家工业绿色转型的经验

近二十年来，实现工业绿色转型一直是发达国家重点推进的策略，在工业绿色转型方面，发达国家积累了许多值得借鉴的经验。

一、依靠科技推动传统产业绿色转型

技术是工业产业结构升级的根本动力，通过加强信息化技术、环境保护技术的研发、引进和消化吸收，改造提升传统产业，将成功推动传统产业绿色转型。英国是世界工业

革命的发源地，在20世纪50年代开始了工业信息化进程。尤其是20世纪90年代后，随着英国传统产业竞争力日趋下降、人力成本不断上升，在工业行业积极进行信息化革命。比如，空中客车公司直接雇佣的员工数量52 000人，加上外围服务人员达到26万人，在全球设有250个地区服务机构、11个工程中心、5个区域中心和4个训练中心。目前，空客公司形成了网络化的协同设计平台，实现全球协同研发和协同生产，整合全球智力资源，大大缩短了研发周期，形成了多线程联合研发设计体系和新型研发设计模式，大大提升了空客的国际竞争力。

二、开发利用新能源促进低碳化

新能源的开发利用，如太阳能、生物能、风能等，能够减少对高碳化石能源的消耗，发展绿色能源以促进能源的低碳化和绿色化是保障工业绿色转型的重要内容和关键环节。日本积极推动新能源的开发和利用。目前，风力发电正在日本快速增长，2005年已经跻身全球十大风能市场。在新能源的长期发展战略方面，2004年6月，日本通产省公布了“新能源产业化远景构想”，目标是2030年以前，要把太阳能和风能发电等新能源技术扶持成商业产值达3万亿日元的支柱产业之一，同时采取优惠政策，促进企业参与新能源开发，扶持新能源产业及产品。据估计，太阳能、风力、燃料电池领域的就业规模也将达到31万人。

三、建设生态工业园实现清洁生产

生态工业园是以生态工业理论为指导，着力于园区内生态链和生态网的建设，最大限度地提高资源利用率，从工业源头上将污染物排放量减至最低，实现区域清洁生产。丹麦卡伦堡生态工业园是世界上最早的工业共生系统，也可以说是最成功的生态工业园之一，为21世纪生态工业园的发展与完善奠定了基础。20世纪60年代，丹麦污染税征收政策出台，为补偿或减少排污成本等政府对环境规制所造成的企业生产成本，丹麦卡伦堡市的火力发电厂和炼油厂首先自发探索生态化途径，随后，生态化范围逐渐扩展为6家大型企业（发电厂、炼油厂、生物工程公司、建材公司等企业）通过市场交易共享水、气、废气、废物等资源，形成包括政府、企业在内的多方利益共享。整个丹麦卡伦堡工业共生体系的环境、经济效益得到世界公认，尤其在减少资源消耗、减少环境污染以及废料再生利用等方面有显著优势。

四、采取经济措施激励绿色转型

政府可以借助经济杠杆的调节作用，包括价格、税收、信贷、工资等多种措施，对国民经济进行宏观调控，对经济活动主题进行引导，以推动工业绿色转型。美国在工业绿色转型中依靠“看不见的手”和“看得见的手”共同调节和引导。美国的经济措施主要包括四个方面：一是政府奖励和补贴政策。美国设立了“总统绿色化学挑战奖”，支持化工界降低资源消耗、防治污染的有实用价值的新工艺新方法的研发；并在经济刺激计划中，划拨 677 亿美元用于发展绿色能源和节能交通。二是税收优惠政策。主要针对使用再生资源利用类设备的企业。如美国的亚利桑那州对分期购买回用再生资源以及污染控制型设备的企业可减销售税 10%；美国政府承诺为混合动力车和新燃料电池的开发提供 24 亿美元资助，并为购买节能型汽车的消费者减税。三是政府绿色采购政策。美国几乎所有州均有相关规定，使用再生材料的产品政府优先购买，联邦审计人员有权对各联邦代理机构未按规定购买的行为处以罚金。四是税收政策。针对将垃圾直接运往倾倒场的公司和企业征收垃圾填埋和焚烧税，奥巴马政府上台后实施的近 8 000 亿美元的经济复兴计划中，用于清洁能源的直接投资及鼓励清洁能源发展的减税政策的有 1 000 亿美元。

五、发展绿色就业培训适应工业绿色转型

发达国家在推动以节能减排技术、环保技术、低碳技术、清洁能源技术等为代表的绿色技术革命，促进产业绿色转型的同时，也不断采取措施推进绿色就业培训，为产业绿色转型提供人力资源支持。如美国大力提倡“绿领”概念，鼓励人们从事绿领工作，出台了“绿色就业与培训计划”，投入 40 亿美元用于公共住房的节能改造，并鼓励风险投资进入绿色能源领域，以创造出大量“绿色就业岗位”。美国劳务部每年从培训基金中拿出 1.5 亿美元，资助联邦和地方政府的就业培训计划，重点将放在能源效率和可再生能源业的工作岗位上，每年培训 35 000 名工人进入“绿色”行业。

第三节　中国工业绿色转型的成本收益分析

一、中国工业绿色转型的成本

（一）绿色工业体系构建成本

绿色工业体系是应用绿色技术生产绿色产品、提供绿色服务的新型产业体系。它不仅可以为人类提供更加健康的产品及服务，而且整个生产过程还注重自然资源的保护和生态环境的改善，有利于人类社会经济的可持续发展。在这一体系构建过程中，运用绿色技术改造传统工业，在生产过程中建立绿色供应链和生态供应链，以高效率的资源使用和节能减排的生产模式，实现工业绿色转型所需要的成本投入就是绿色工业体系构建成本。尽管《联合国气候变化框架公约》规定，发达国家有义务向发展中国家提供技术转让，但实际情况与之相去甚远，中国将主要依靠商业渠道引进。据估计，以 2009 年的 GDP 估算，中国工业绿色转型的成本年需资金 300 亿美元。

（二）生态环境保护成本

绿色工业体系是一种在生产过程中追求经济效益与生态效益双赢的健康的产业体系。与传统工业体系不同，绿色工业体系在构建过程中，特别强调生产产品及提供服务过程中对生态环境的保护。因此在绿色转型过程中，有一部分成本投入并非与提高生产水平

直接相关，而是为生产运营进行生态环境把关。中国工业污染治理投资已经从2001年的174.5亿元上升到2009年的442.62亿元，分别占当年工业总产值的0.304%和0.08%，随着绿色技术的发展和社会绿色意识的提升，这部分支出占工业总产值的比例可能会逐渐下降。

（三）人力资本提升成本

绿色工业体系是一种在生产过程中追求经济效益与人才效益双赢的先进的产业体系。工业在绿色转型过程中一定要兼顾科学文化素质的广化与专业技能素质的深化，不但要注重劳动者科学文化素质的全面提升，更要加强劳动者专业技能素质的深度培养。人力资本提升过程不仅可以满足绿色工业体系对劳动力素质的较高要求，同时高素质的劳动力也可以通过新型知识技能的获取，进一步拓展绿色生产领域，推动绿色产业链条的进一步延伸。可以认为，对人力资本提升进行的投入已融入工业绿色重构过程，两者是相辅相承相互促进的。人力资本提升成本会随着经济发展而逐年增高，但是其潜在效应将远远超出人力资本提升成本的。

二、中国工业绿色转型的收益

（一）减排的能源收益

工业绿色转型实质上就是降低工业生产过程中的能源资源消耗量，并减少污染物和温室气体排放。根据中国工业和信息化部公布的“十二五”期间中国工业节能减排四大约束性指标，2015年中国单位工业增加值能耗、二氧化碳排放量和用水量分别要比“十一五”末降低18%、18%以上和30%，工业固体废物综合利用率要提高到72%左右。而工业部门向绿色转型也将获得相当多的减排收益。这方面宏观的数据较难以预测，我们以北京燕京啤酒为例进行说明。该公司2006年便开展节能降耗，为了有效降低能源消耗，解决蒸汽供给压力，2006年公司投资350万元为第三动力车间加装了蒸汽蓄能器辅助锅炉供汽，用以改善锅炉运行状况，提高锅炉运行热效率和供汽品质，该项目节能降耗效果明显，年可节煤约970吨，以每吨煤500元计算，年可节约资金48.5万元。而且加装蒸汽蓄能器后，平均最少可停用1台锅炉半年以上，按此计算可节煤6 467吨，年节约资金323.25万元。此外，该项目年可节电9.29万度，每度工业用电按0.48元计算，则年节约电费44万余元。以此推算，350万元的节能投入，并未给燕京啤酒增加生产成本，相反却为企业每年带来60余万的收益。

（二）技术进步收益

实现绿色转型有助于避免技术锁定，有利于推动中国工业沿着价值链向上攀升，逐渐走出价值链底部，摆脱悲惨增长，获得更多收益。据测算，2005—2007年中国通过进出口国外中间产品，在国内通过产业循环创造的净附加值分别仅有587亿美元、752亿美元和944亿美元，分别占中国工业部门总出口比重的7.83%、7.86%和7.86%，比重相当低，而美国、欧盟和日本等远高于中国。中国工业绿色转型将有利于改变中国制造大国并不是制造强国的窘境。

（三）贸易环境改善收益

作为新兴国家的代表，中国是世界上排名第一的出口大国，目前已经面临市场经济地位、特保条款和频繁双反的多重贸易摩擦，碳关税的出台将使中国面临更多的绿色贸易壁垒，贸易摩擦形势更加严峻，严重挫伤中国的出口和对发达国家的投资，也将一定程度上影响世界贸易的发展。因此，积极推进工业绿色转型，能在一定程度上改善贸易环境和贸易条件，从而有助于提升中国工业竞争力。

（四）健康效益

工业污染物引起的环境污染会对人类健康产生极其不利的影响。数字显示，到 2025 年，中国每年新增肺癌病例将超过 100 万例，届时中国将成为世界第一肺癌大国。肺癌高发无疑与控烟不力有关，但空气污染难辞其咎。正如世界银行在 2007 年度的《中国环境污染损失》报告中明确指出，空气污染，尤其是大城市的空气污染，是导致肺癌等肺部疾病发病率上升的重要原因。由于工业污染物在总排放量中占有较高比重，推动工业向绿色经济转型能在相当程度上改善生态环境、延缓气候变化，促进人类健康。

实现中国工业绿色转型升级需要耗费巨大的成本，同时也会带来相当可观的收益。在短期内，工业绿色转型的成本可能会高于绿色转型所带来的收益，但是，从长期来看，绿色转型升级的收益潜力是无穷的。

第四节　对策与建议

中国工业绿色转型是长期而又艰巨的任务，必须借鉴国际经验，正视自身存在的问题与障碍，采取有效措施促进工业的绿色转型升级。

一、中国工业绿色转型的障碍

（一）中国工业绿色转型的体制障碍

首先，地方政府仍存在着片面追求 GDP 和地方财政收入增长的冲动。以往追求 GDP 的一些地方取得的实实在在的好处（如当地财政增长和官员升迁）起到了很大的示范效应，而许多地区也在承接国内外产业转移中尝到了甜头，这使得不少地方政府“十二五”时期仍有追求 GDP，轻视环保的强烈意愿和动力，从而忽视工业的绿色转型。

其次，环境补偿机制不健全。长期以来，中国并未真正建立起覆盖全国的地区间生态环境补偿机制。以流域或省际间的补偿机制为例，中国现在已经初步建立起中下游地区补偿上游地区生态环境建设的机制。但是，现有的补偿制度主要是通过行政手段分摊到中下游的发达地区，对生态环境治理和建设行使道义上的对口支援。这样，把本来应当是流域的中下游发达地区对流域的上游地区生态环境所负有补偿的责任变成发达地区对欠发达地区的同情或扶贫。从经济学的角度来讲，流域的中下游发达地区对流域的上游地区生态环境的补偿是双方达成“赎买生态功能”的交易行为，是通过税收的形式使“外部经济内在化”。这样金额就是固定的而且是必须的，与同情或者扶贫的不定期、不定额有着本质的区别。这就导致生态脆弱或资源富集地区的利益长期受损，丧失了地区经济发展机会。因此，必须建立“谁受益，谁负担”的生态环境补偿机制，以确保生态环境的重建有足够的资金支持。

最后，社会监督体制有待完善。工业绿色转型具有很强的外部性，需要社会的广泛参与，监督政府和企业的绿色转型。然而，在中国，公民个体监督和媒体监督都长期流于形式，社会监督的声音很弱。一些地区的社会监督如果触犯了某些利益集团的利益，监督者（公众个体或者媒体）甚至会遭到打击报复。

（二）中国工业绿色转型的技术障碍

中国绿色技术特别是其中的绿色核心技术储备，远远滞后于西方发达国家。目前中国企业的创新还是以外围技术和外观设计为主，核心技术的创新数量还较少，特别是在一些高新技术领域，国外拥有的有效发明专利数量数倍于国内，如在半导体、光学和发动机领域，国外拥有的有效发明专利数量依次为国内的 2.2 倍、2.9 倍和 3.1 倍。截至 2009 年，在中国绿色技术领域专利申请量排在前 5 位 的申请单位有 4 个是高校，只有一家比亚迪股份有限公司是企业。日本、美国等主要发达国家在绿色技术领域处于领先地位，在很大程度上取决于其企业的优异表现。

由于缺乏核心技术的前期积累，中国绿色技术发展现状令人担忧。有些只是简单模仿和照搬欧美等发达国家技术，这种短视行为不仅引发水土不服问题，而且直接影响和制约绿色技术的自主创新。如目前中国风电生产设备基本模仿欧洲，但是中国与欧洲的自然环境差异性很大，针对欧洲自然环境开发的风电生产设备功能难以在中国得以有效发挥。这种不经过详细研究对绿色技术的简单照搬，不仅会丧失技术上的自主权，而且有可能使中国新兴的绿色产业受到致命打击。另外，由于本土工业企业掌握绿色技术后会对跨国公司造成或多或少的冲击，因此，一些掌握绿色核心技术的跨国公司，会凭借其市场势力阻止中国本土企业获得自主创新所需要的新能力，甚至对其技术发展设置障碍，以避免中国本土企业与其共享核心能力，对其垄断势力与既得利益构成威胁，这也明显增加了中国本土企业进行绿色技术创新的成本和难度。

二、中国工业绿色转型升级的路径

（一）积极发展现代制造技术

当前“中国制造”已经深深嵌入全球价值链，但是“中国制造”长期徘徊在全球价值链低端。低端产品通常消耗的原材料和能源多，造成环境污染大，获取的附加值少，难以遵循绿色经济的要求。与此相反，高端产品则能获得消耗低、污染小、附加值多的经济和社会效益，符合绿色经济的要求。目前，制造业技术链高端几乎被现代制造技术垄断，符合绿色经济要求的高端产品，几乎都是由现代制造技术生产出来的。所以，中国工业实现绿色转型升级，必须加快发展现代制造技术，通过现代制造技术促使制造业及其产品向技术链高端延伸，以便降低技术链低端产品的比重，相应提高技术链高端产品的比重。

（二）运用信息化改造传统产业

信息化促使技术创新取得一系列突破性进展，特别是推动高新技术迅猛发展，催生出许多高新技术产品和新兴工业。信息化过程的计算机集成方法，可以形成高效率、柔性化的先进智能制造系统，融合多种学科的相关知识和技术，生产出体现多学科交叉的新品种、小批量、个性化、高价值的集成创新产品。尤其是运用信息技术进行企业资源管理（ERP）、供应链管理（SCM）、客户关系管理（CRM）、柔性制造系统（FMS）、计算机集成制造（CIMS）等信息技术，实现生产、管理、控制一体化，产销、经营、服务一体化，用信息技术重构过程管理、物流管理和资金管理，可以提高传统制造业的自动化和智能化程度，增强传统制造业的产品研制和开发能力，有利于推动传统制造业及其产品向价值链高端开辟新天地，从而使传统制造业遵循绿色经济原则，生产出低消耗、少污染、高附加值的产品。

（三）通过基地建设获取集聚经济效益

加速推进绿色经济，要将大力发展产业集群作为着力点。一方面是建设生态工业园。生态工业园以“生态经营、综合集成、整体优化、融合发展”为特征，以生态化、集成化、智能化、信息化为主要依托，使园区企业间形成一种共生关系。生态工业园对整个工业园区进行生态规划和污染控制，再不是像以前一样对某一企业或工厂进行污染控制。另一方面是在高新技术开发区创建绿色工业园。循环型工业是绿色经济的有效主体，选择示范企业根据循环经济理念，以产品生态设计、循环利用、清洁生产等措施节能减排，建立工业共生和代谢生态链关系，构筑循环经济微观基础。

（四）发展“静脉产业”实现资源循环利用

构建产品“资源—生产—产品—消费—废弃物—资源”的循环使用，这其实也就是清洁生产，其根本目的就是解决废弃物再循环利用的问题，争取实现“零排放”。这就需要加大再生资源科技开发投入，努力突破制约回收利用的技术瓶颈，组织开发有普遍推广意义的回收处理技术、绿色再制造技术以及降低再利用成本的技术等。同时，要利用已有绿色技术突破传统工业的技术锁定，把高污染、高能耗、高排放的高碳产业改造成低污染或无污染、低能耗、低排放或零排放的绿色工业。

三、构建有效促进中国工业绿色转型升级的政策体系

在当今资源日益枯竭、环境保护日益重要的今天，中国工业要保持持续竞争优势，亟需进行绿色转型升级。在这个过程中，政府应该创造良好的绿色转型环境，重点需要做好以下几个方面：

（一）完善绿色考评体系

改革现行的偏重以GDP为核心的干部政绩考核体系，探索建立一套适合推进绿色经济的政绩考核体系。而且需要通过政府、政策以及法律的社会影响力，进一步增强企业和普通居民对发展绿色经济、循环经济的认识。

（二）实施绿色税制

充分利用税收杠杆的作用，加大节能产品研发和使用的优惠；在增值税方面，对关

键性的、节能效益异常显著，但因受到价格等因素制约而影响其推广的重大节能设备和产品，在一定期限内实行一定的增值税减免优惠政策，对个别节能效果非常明显的产品，在一定期限内，可以实行增值税即征即退措施；通过制定税费政策，引导居民合理消费、绿色消费。

（三）健全政府绿色采购制度

政府应出台财政性资金采购绿色产品的政策，对绿色产品进行重点扶持；各级地方政府也可以建立一个绿色采购网络，以便互通信息，有利于促进各级政府及消费者、公司等绿色消费理念的形成与绿色消费行为的实现；在遵守 KML 协议和规则基础上，明确政府支持绿色共性技术研发的责任和义务，划分中央和地方财政在各自层次上投入绿色共性技术的责任和义务，通过政府采购方式促进绿色共性技术的转移和扩散，最大程度地发挥共性技术的社会经济效益。

（四）支持绿色金融发展

鼓励金融机构对绿色技术项目给予优惠的信贷支持，建立健全鼓励中小企业技术创新的知识产权信用担保制度和其他信用担保制度；要从财政支持的角度对绿色技术采用的融资进行差别贴现，提高企业的预期收益，从而推动企业的绿色技术采用；搭建多种形式的科技金融合作平台，政府引导各类金融机构和民间资金参与绿色技术开发，鼓励金融机构加强对绿色技术企业的金融服务；形成绿色金融的管理合力，建立多部门的配合机制，特别是相关部门要联合制订更为细化的一些具体规定，明确职责分工，实现多部门的共同参与和有效合作，对金融扶持和限制行业领域进行明确的目录指导，增强制度的科学性、有效性和可操作性，形成绿色金融，促进环保的管理合力。

参考文献

[1] 蓝庆新，韩晶．中国工业绿色转型战略．经济体制改革，2012（1）：10—12.
[2] 刘师嘉．中国工业绿色转型的紧迫性及其对策建议．四川行政学院学报，2012（2）：15—17.
[3] 韩晶．中国工业绿色转型的障碍和发展战略研究．福建论坛，2011（8）：22—24.

第四篇

2011 年中国企业国际化发展典型企业案例研究

第十四章

中国石油化工集团公司提升国际竞争力战略的案例分析

第一节　案例现状与问题提出

一、中国石油化工集团公司简介

中国石油化工集团公司（以下简称“中国石化”）是1998年7月国家在原中国石油化工总公司基础上重组成立的特大型石油石化企业集团，是国家独资设立的国有公司，国家授权投资的机构和国家控股公司。中国石化注册资本1 820亿元，总部设在北京。2011年中国石化在《财富》全球500强企业中排名第5位。

截至2011年年底，中国石化总资产17 450亿元，同比增长17%；营业收入25 520亿元，同比增长30%；向中央和地方政府上缴各种税费3 298亿元，同比增长17%。

中国石化是一体化能源化工公司，业务包括油气勘探开发、石油炼制和油品销售、化工产品生产和销售、石油和炼化工程服务、国际贸易以及科技研发、替代能源研发和应用及非油业务等多个领域。其主营业务见图14—1。

（一）油气勘探开发

中国石化油气勘探开发业务分布在中国境内及世界主要油气资源富集地。2011年，中国石化原油产量6 480万吨，其中境内产量4 273万吨，海外权益油产量2 207万吨；天然气产量156亿立方米，其中境内产量146亿立方米，海外权益气产量10亿立方米。

（二）石油炼制和油品销售

中国石化是中国最大、世界第二大炼油企业，也是中国最大的成品油供应商。2011年，原油加工量2.19亿吨，加油站3万余座，成品油经营量1.62亿吨，每天为约2 000万顾客提供服务。

（三）化工产品生产和销售

中国石化是中国最大的化工产品生产商和供应商，主要生产中间石化产品、合成树脂、合纤单体及聚合物、合成纤维、合成橡胶和化肥等。2011年，中国石化乙烯产量1 004万吨，居中国首位和世界前列；化工产品经营量达5 080万吨。

（四）石油和炼化工程服务

中国石化在国内外开展石油和炼化工程的勘察设计、施工、建筑安装等业务，除支持公司项目建设和业务发展外，还服务于海外石油和炼化工程市场。2011年，中国石化在境外38个国家执行500多个石油工程技术服务合同，在境外5个国家执行18个炼化工程技术服务合同。

（五）国际贸易

中国石化从事原油、成品油、化工产品以及设备材料等方面的进出口贸易。2011年全年实现原油贸易总量2.34亿吨，成品油贸易总量5 000万吨，化工产品、设备材料等国际贸易实现快速发展。

（六）科技研发

中国石化利用一体化优势，产销研相结合，突出核心技术与专项技术开发，在对传统业务形成技术支撑的同时，寻求新业务领域的技术突破。截至 2011 年底，中国石化拥有中国科学院和中国工程院院士 20 位、专职研发及设计人员 2.8 万人，共申请国内外专利 23 031 件，获得授权专利 11 939 件，获国家最高科学技术奖 1 项、技术发明奖 47 项、科技进步奖 300 项。

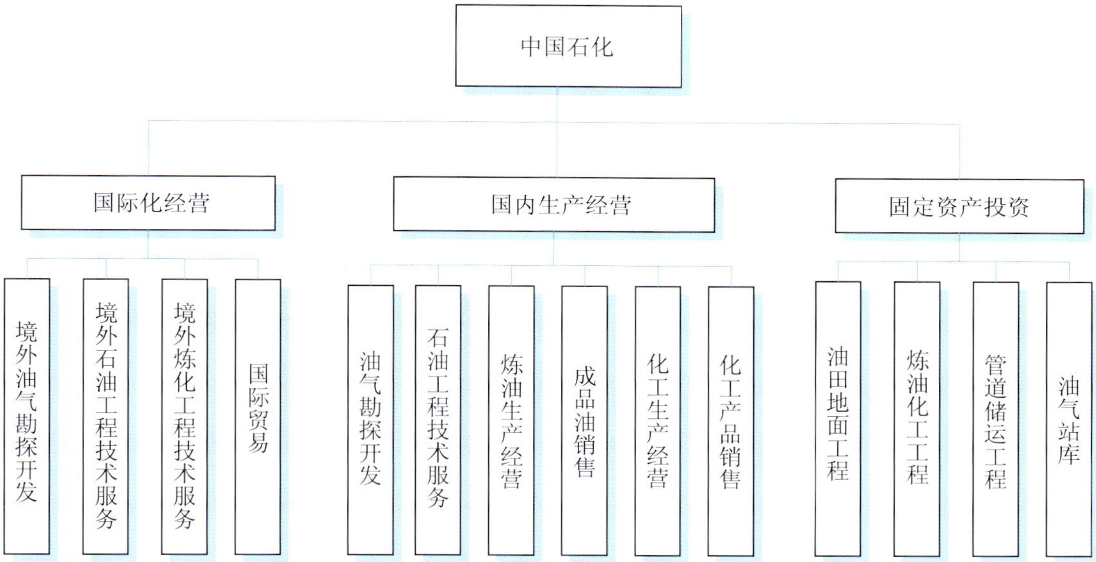

图 14—1　中国石化的主营业务示意图

资料来源：根据《中国石油化工集团公司 2010 年年报》整理

二、中国石化的国际化发展现状

近年来，中国石化抓住发展机遇，积极实施“走出去”战略，发挥集团化、一体化优势，不断拓展国际化经营业务领域和规模，坚持“引进来”与“走出去”协调发展，境外油气资源开发实现了快速发展，境外工程技术服务树立了良好的品牌形象，国际贸易规模持续扩大，国际合作各项业务取得了新的丰硕成果。

（一）国际贸易

进口方面。一方面，中国石化深入推进专业化采购，在全球范围搜索优质资源，培养了较强的进口资源控制能力；另一方面，中国石化积极延伸供应链管理的深度，充分发挥对供应商的影响力和控制力，将战略供应商的进口原材料和核心部件逐步纳入进口集中采购范围，进一步提升了集团化采购在进度、质量、成本等方面的控制力，保障了生产建设所需技术和设备、材料、化工原辅料等物资的安全、及时供应。

出口方面。中国石化全力开拓炼化产品的国际市场，以催化剂、润滑油、石油焦、石蜡、沥青等炼化产品为核心业务，重点加强与催化剂分公司、润滑油分公司和炼油销售公司的合作，将各专业化公司的产品技术优势和国际事业公司的国际化网络平台优势紧密结合，进一步提升了中国石化炼化产品的国际市场竞争力。

2011 年，中国石化以打造具有市场领导地位的国际一流贸易商为目标，贸易规模不断扩大，经营业绩稳步提高。2011 年，原油贸易量首次突破 2 亿吨，液化天然气（LNG）贸易获得新突破；石油贸易额实现了 1 708 亿美元，首次突破 1 万亿元人民币，海外销售收入 750 亿美元。中国石化在保证国家能源安全供应的同时，积极开展策略采购，降本增效显著；全球贸易网络更加完善，与 700 余家公司开展良好合作；仓储设施建设加快推进，贸易手段更加丰富。

2011 年，中国石化还积极开拓炼化产品和设备材料出口市场，与全球最大的碳素公司——美国 RAIN CII 公司签订了长期出口供应协议，首次实现了中国石化煅烧焦出口等重要突破，当年炼化产品进出口达到 14.1 亿美元，增幅 64%；紧盯中国石化“走出去”项目，做好海外项目设备材料物资采购服务，大力开拓内部制造厂设备材料的国际市场，2011 年实现设备材料出口 2 亿美元。

（二）境外炼化工程技术服务

截至 2011 年年底，炼化工程板块在中东、中亚、南美、非洲等目标市场新签合同 62 个，合同额约 110.36 亿美元（见表 14—1），重点项目包括哈萨克斯坦 KPI 丙烷脱氢聚丙烯项目、哈萨克斯坦阿特劳炼厂芳烃项目、沙特 SABIC 港口物流项目、沙特 SABIC Kayan NDA 项目等。

表 14—1　2004—2011 年中国石化签署的境外炼化工程统计表　（个，亿美元）

年份	签订合同数量	签订合同额			完成合同额
		总额	EPC/工艺包/FEED	施工类	
2004	1	0.51	0.51		
2005	1	3.45	3.45		
2006	6	35.95	32.27	3.68	1.50
2007	2	0.01	0.01		5.40
2008	11	8.51	7.34	1.17	11.03
2009	6	12.73	10.40	2.33	11.54
2010	17	23.08	18.95	4.13	5.92
2011	18	26.13	24.06	2.07	5.64
合计	62	110.36	96.98	13.38	41.03

资料来源：中国石化网站

（三）境外石油工程技术服务

中国石化坚持以做强、做大海外市场为导向，走高端和综合服务之路，已在中东、非洲、拉美、中亚等形成了比较稳定的市场份额。截至2010年年底，中国石化在35个国家执行448个石油工程技术服务合同，合同额94.8亿美元。

中国石化境外石油工程技术业务呈现以下三个特点：

1. 不断巩固扩大老市场，规模化经营格局更加稳固

经过几年的发展，中国石化拥有了较为稳定的主力市场。截至2011年年底，正在执行合同额超过15亿美元的国家市场2个，10～15亿美元的国家市场1个，5～10亿美元的国家市场5个，2～5亿美元的国家市场4个，1～2亿美元的国家市场7个。

2. 积极开拓新市场、新领域、新项目

地面建设业务突飞猛进，先后中标沙特农业部水管线、沙特SWCC水管线、伊朗雅达中心处理站、巴西铁矿浆管道、巴西第三化肥厂等一批大型设计采购施工（EPC）总包项目。井筒业务在南美、中亚取得新跨越，物探业务在玻利维亚、阿尔及利亚取得新进展。

3. 大力开拓高附加值、高技术含量和一体化服务业务

井筒业务相继在测录固、压裂酸化、超深钻井、浅海钻井等高端技术领域及油田综合服务市场取得新突破。在多个国家和地区相继开展了包括钻、测、录、固、泥浆、管具、取心、测试、下套管、定向、废弃物处理等服务业务，墨西哥油田综合服务项目进展顺利。物探业务加大了数据处理和解释项目开发力度，中标了部分数据处理项目。这些都标志着中国石化海外石油工程技术服务产业链条初步形成，基本具备了为海外石油公司提供勘探开发整体解决方案和一体化服务的能力。

2011年，针对外部环境对海外业务造成的冲击，特别是中东、北非动荡局势的影响，中国石化及时调整经营策略，细化完善工作部署，坚持开发传统市场与新市场并举，实施高端业务、中端业务与低端业务并进，有力地推动了市场开发逆势增长、业务总量持续扩大，海外石油工程业务继续保持了快速、健康发展的良好态势。2011年，中国石化在38个国家正在执行的项目合同522个，合同额达到119.2亿美元，首次突破百亿美元大关，新签合同额35.5亿美元，完成合同额26.1亿美元；国际石油工程公司在15个国家正在执行的合同241个，合同额74.5亿美元，新签合同额23亿美元，完成合同额12.8亿美元。

（四）境外油气勘探开发

中国石化不断加大新项目的开发力度，提高开发质量，逐步完善战略布局，境外油气资源规模快速扩大。目前，中国石化已拥有勘探开发项目47个，分布于23个国家，遍布非洲、南美、中东、亚太、俄罗斯—中亚、北美六大油气区。

2011年，中国石化签约了加拿大Daylight公司、葡萄牙GALP公司巴西资产、美国Devon公司、澳大利亚APLNG公司等7个项目的全部或部分权益。同年，中国石化在喀麦隆第一次获得了油气产量，增加了首个海外投资合作的上下游一体化LNG项目。2011年，中国石化的海外权益油产量2 207万吨，海外权益气产量10亿立方米。

第二节　中国石油化工集团公司提升国际竞争力的关键因素分析

一、规划战略，"建设世界一流能源化工公司"

优秀的企业离不开宏伟的目标，长远的发展离不开战略的跟进。2011 年，中国石化根据世界和中国发展形势的新变化、新趋势和新要求，提出了"建设世界一流能源化工公司"的发展目标，同时对公司原有发展战略进行了适当的调整和完善，新增加了差异化战略和绿色低碳战略（见表 14—2）。

表 14—2　中国石化的六大战略规划

发展战略	具体的战略规划
资源战略	立足全球化资源布局 发展产业链和一体化优势 充分利用国内外两种资源、两个市场，增强资源获取能力 强调能源组合多样性，发展非常规油气资源 加大码头、仓储设施和管道等非能源资源的发展
市场战略	强调产业布局、产品研发与生产要素以市场需求为导向 加大差别化产品的研发和生产 突出以客户为中心，为客户提供增值服务 完善营销网络渠道，巩固发展终端市场，发展现代物流 积极探索加油站的新商业模式 拓展业务领域，扩大业务规模
一体化战略	坚持上、中、下游一体化协调发展 加强板块、区域、企业之间的资源优化 深化油、煤、电、水、气、化产业链的优化组合，实现资源利用价值最大化 推动石油石化与石油工程、炼化工程、公用工程等业务协同发展
国际化战略	在管理理念、体制机制上要适应国际化发展的要求 推进包括油漆勘探开发、炼油、化工、国际贸易等上、中、下游业务全球布局 继续扩大工程及专业技术服务业务的海外市场
差异化战略	用好并培育公司特有的资源、技术或业务链结构优势 提供他人无法提供的产品（服务），或者在品种、质量、成本上保持领先 形成消费者容易识别的差异化优势，促进高效发展
绿色低碳战略	大力推进节能减排，积极发展低碳经济，不断提高资源使用效率，大力发展循环经济 加快构建资源节约型、环境友好型企业 打造绿色低碳发展新优势，促进可持续发展

资料来源：根据《中国石化 2011 年社会责任报告》整理

二、完善治理，奠定可持续发展基石

中国石化自成立以来不断完善治理结构和体制机制，已初步形成了权责统一、运转协调、有效制衡的法人治理结构以及适应市场环境的管理体制和机制，良好的公司治理是其实现可持续发展的重要基石。

（一）塑造中国石化管理模式

近年来中国石化以塑造中国石化管理模式为主线，进一步强化基础、改进管理、推进创新，统筹和协调推进管理体制一体化、制度标准化和信息化、“三基”管理常态化、成本管理精细化、绩效考核长效化、风险控制系统化、企业文化内在化等重点工作，从体制、机制和管理上有力地支撑了中国石化的科学发展和战略目标的实现。

首先，中国石化稳步推进制度的标准化、信息化，初步搭建了统一的标准化制度体系框架，在制度标准化改造、制度管理信息系统建设和制度信息化方面取得了突破性进展，并结合业务流程体系建设，进一步提升了管理的标准化、规范化和精细化水平。其次，中国石化以提高执行力为重点，不断深化“三基”工作，建立企业和基层单位两个层面的“三基”工作评价体系，细化 6 个方面的量化评价标准，有效地促进了中国石化管理模式各项重要工作的深入落实。再次，中国石化不断探索经营管理自我完善机制建设，以鼓励全员提出改进建议的方式，开展改善经营管理建议工作，进一步提升了经营管理的质量和水平。

（二）推进依法治企和合规文化建设

中国石化不断完善法律管理体系和管理职能，并深化“五五”普法教育，提高职工法律意识。中国石化开发出一套合同管理信息系统，在 87 家下属企业推广上线运行，使守法合规嵌入信息化管理全流程中；编辑出版《边学边练——新颁企业管理法律法规》、《边学边练——企业社会责任法律法规》等，将相关法律条文进行具体阐释，发放范围覆盖中国石化百余万员工。2011 年，中国石化进一步完善境内业务 7 大类 220 份标准合同示范文本，促进规范管理。

（三）强化内部控制和风险管理

目前，中国石化已经形成了全面覆盖的内部控制体系，并根据外部监管和内部管理变化，逐年修订更新、补充完善，同时初步建立了风险管理相关标准，研究制定重要、重大风险管理方案及措施，编制全面风险管理报告，并注重与内部控制建立对应关系，将风险植入内控制度，强化管控。

2011 年，中国石化围绕“管理和效益”主线，深入开展专项审计或审计调查，全年共开展管理和效益审计 283 项、经济责任审计 194 项、固定资产投资审计 357 项，有力地促进了企业规范诚信经营、精细管理、防范风险、提高效益。

三、加大投资，夯实立命之本——资源储备

能源的开发需要持续、大量的资金投入。近年来，中国石化持续加大能源领域的投

资力度，加快能源发展步伐，从国内到国外，从石油到天然气，从常规资源到非常规资源，从化石能源到可再生能源，实现了资源总量增长和能源结构优化，供应基础持续增强。中国石化投资于境内上游油气业务的投资金额从 2006 年的 436 亿元增加到 2011 年的 783 亿元，2006—2011 年累计投入 4 093 亿元。与此同时，中国石化充分运用资本运作手段，在国际市场拓展油气资源，2006—2011 年共完成海外并购 29 宗，海外油气业务累计投入 3 654 亿元。

在海外，中国石化一方面布局非洲、南美、中东、亚太、俄罗斯一中亚、北美六大油气区，2011 年，原油权益产量首次突破两千万吨关口，达到 2 207 万吨，同比增长 20%，天然气权益产量 10 亿立方米（见表 14—3）；另一方面，加大海外资源的引进，加快推进原油进口来源多元化，加强国际合作，拓展来源渠道，分散供应风险，并采取多种贸易方式，优化物流运输，扩大国际贸易总量，从而有效地保障了油气资源的稳定供给。

表 14—3　　中国石化的资源储备量　　（万吨，亿立方米）

资源 年份	原油		天然气	
	国内	国外	国内	国外
2009	4 242	1 279	85	0
2010	4 256	1 840	125	0
2011	4 273	2 207	146	10

资料来源：根据《中国石化 2011 年社会责任报告》和《中国石化 2011 年可持续发展报告》公布的数据整理

四、注重研发，打造一体化产业体系

石油和天然气等一次能源只有经过炼油厂和化工厂的后续处理和深度加工，才能转化为广大客户直接使用或者进一步生产制造的最终产品或中间产品，而研发在此过程中的作用至关重要。为此，中国石化在不断夯实资源基础的同时，注重建立和完善研发环节，通过独具特色的上下游一体化产业体系，追求技术进步，优化能源供应。

中国石化实施“自主创新，重点跨越，引领新兴，差异特色，绿色低碳，支撑一流”的科技发展战略，通过内部整合和科技体制改革，形成“一个整体，三个平台，统一计划，集成开发”的科技管理体制（见表 14—4），同时强调与业界同行的战略合作以及与下游客户的密切合作，增强研发实力、提升研发效果。

表 14—4　　中国石化的科技管理体制

机构分类/职能	机构名称
规划、统筹管理	科技开发部
油气勘探开发业务	石油勘探开发研究院、石油工程技术研究院、石油物探技术研究院
炼油业务	石油化工科学研究院、抚顺石油化工研究院

续表

机构分类/职能	机　构　名　称
化工业务	北京化工研究院、上海石油化工研究院
其他	青岛安全工程研究院

资料来源：根据《中国石化2010年社会责任报告》整理

截至2011年年底，中国石化共获得授权专利11 939件，国家最高科学技术奖1项，国家技术发明奖47项，国家科技进步奖300项。

2011年，中国石化采用自主研发的甲醇制烯烃（S－MTO）技术建造的中原石化60万吨/年示范装置开车一次成功，甲醇转化率接近100%，乙烯和丙烯总选择性超过80%，达到世界一流水平，标志着中国石化自主研发的甲醇制烯烃成套技术步入产业化阶段。

第三节　中国石油化工集团公司国际化业务的特点分析

一、战略并购，实现全球资源整合

近年来，中国石化积极运用资本运作手段，充分利用国际和国内两个市场，通过并购的方式不断增强资源保障能力，实现全球能源资源的整合和优化。2009年，中国石化以72亿美元成功收购瑞士Addax石油公司，一度刷新中国企业海外油气收购纪录。2010年，中国石化再接再厉，先是以46.5亿美元收购美国康菲石油公司拥有的加拿大油砂开采商辛克鲁德有限公司9.03%股权，后是以71亿美元收购西班牙雷普索尔40%股份。三年之内拿到中国油企海外并购的双第一，可见中国石化寄望于通过海外并购之策来补齐上游短板的策略与雄心。

（一）进军成熟市场

几年前，中国油企海外收购对象大多集中在非洲、中亚和拉美等地区，非洲的苏丹、尼日利亚、安哥拉，中亚的哈萨克斯坦，拉美的委内瑞拉，中东的阿曼及东南亚的印尼和大洋洲的澳大利亚等国，占据了中国海外油气上游业务的绝大部分。

现如今，中国合作市场的范围正在逐步放大。以中国石化为典型代表，在近期，中国石化的收购对象中，除了一些传统产油国企业之外，还涉及一些发达国家的油气企业。中国石化成功收购瑞士Addax石油公司和加拿大油砂开采商辛克鲁德（Syncrude）有限公司、安哥拉油气区块、俄罗斯UDM和哈萨克斯坦CIR公司等一批油气资源项目（见表14－5），形成了非洲、中东、南美、南亚太、俄罗斯—中亚、加拿大六大油气生产基地。

中国石化的这种战略转型在2011年得到了延伸，中国石化收购葡萄牙Galp巴西公司及对应的荷兰服务公司部分股权便是注脚，这既是中国石化发展到一定程度的必然选择，又是中国石化国际化步伐加快的客观需要。

表 14－5　　2011 年中国石化海外并购案例

并购案例	并购收益
收购康菲澳大利亚 APLNG 公司 15%权益	中国石化首个海外投资合作的上下游一体化 LNG 项目
收购壳牌喀麦隆派克唐公司（PCC）80%股份	中国石化在喀麦隆第一次获得油气产量
收购美国 Devon 能源公司在美部分页岩气资产权益	中国石化首次进入美国页岩油气领域
收购加拿大 Daylight 公司 100%权益	进一步拓展了中国石化在加拿大油气业务规模
收购葡萄牙 GALP 公司巴西资产 30%权益	进一步扩大中国石化在巴西资产规模

资料来源：根据《中国石化 2011 年社会责任报告》整理

通过上述一系列的海外能源投资，中国石化成功进入了南美等成熟地区的石油区块，将与合作公司共同开发巴西、阿根廷等多个南美资源丰富国家境内现有油气资源，这对中国石化实现更多地参与成熟地区油气作业的战略目标、加快国际化发展、优化油气资产组合具有重要意义。

（二）联合实力对象

一直以来如何尽快弥补上游不足，是摆在中国石化面前的一大难题。尽管中国石化在国内勘探开发上做了很多工作，但国内原油产量只有 4 600 万吨左右，要扩大产量必须把眼光投向海外。为了获得海外资源以及牵手实力强大的国际能源公司，中国石化可谓不惜重金，2010 年以 71 亿美元收购西班牙雷普索尔近 40%股份就是最好的说明。但国外实力强大的能源公司，对于合作对象的选择是很挑剔的，对于中国石化来说，抓住每个机会并积极开展与强手的合作是有积极意义的。

在海外规模较大、前景较好的高效益石油天然气田，很多是以份额的方式合作，不存在谁控股的形式。一些大的油田，可能占 30%，将来分份额油，就是很好的投资。尽管中国石化认购的股份都不是太大，参与管理的分量、控制能力等都较弱，但最重要的是中国石化在上游生产线上“走出去”了，参与了与实力对手在上游资源的竞争。从中国石化近两年来的收购案例来看，显然是抓住了不少这样的机会。收购西班牙雷普索尔也好，并购 Galp 巴西公司及对应的荷兰服务公司也罢，都是在尝试加强与欧洲实力强大的油气公司的切磋，更好地参与国际竞争。

此外，与实力强大的国际油气公司合作的另一个好处是能大大增强中国石化抗风险能力。中国石化通过加强与跨国石油公司、新兴国家石油公司以及资源国国家石油公司的合作，实现利益共享，风险共担。

（三）全面购进资源

除了油气外，LNG 来源也一直是中国石化比较头疼的问题。尽管近年来通过数次大的海外并购，中国石化在油田领域缩短了与中石油的差距，但在 LNG 领域，中国石化远远落后于中石油、中海油。据不完全统计，2002 年至今，中海油已经从国外进口 LNG

量达到 2 405 万吨，中石油达到 1 425 万吨，而中国石化仅在 2009 年 11 月与埃克森美孚签订了 200 万吨的协议，是中海油的 1/12，中石油的 1/7。

2011 年，中国石化与澳大利亚太平洋液化天然气有限公司（APLNG）签署协议，中国石化在认购 APLNG 公司 15%股份的同时，还每年采购 430 万吨 LNG，这使得中国石化的 LNG 年供应量达到 630 万吨，大大缩小了与中海油、中石油的差距。长达 20 年的合作协议和巨额收购，使得中国石化能够形成更稳定的气源并能形成一定的调峰能力，这充分说明了中国石化站在战略高度，着眼未来，逐步实施战略转移的重大决心，是实施海外发展战略的一项重大举措。

中国石化通过海外股权并购全方位地参与国际上游市场，能够在国际市场的竞争中壮大公司自身的实力和国际运作能力。

二、海外社会责任——树立企业良好形象

作为最早加入联合国全球契约的中国企业，以及全球契约中国网络首届轮值主席单位，中国石化始终坚持国际化发展与履行社会责任相结合，秉承“诚信规范、合作共赢；回报当地，为繁荣当地经济做贡献”的理念，在国际化发展过程中促进经济、环境和社会三者的协调发展，赢得了国际社会和当地各方的尊重和信任。

（一）成立专设机构

2012 年 5 月 15 日，中国石化在第五届董事会一次会议上专门设立了董事会社会责任管理委员会，中国石化也成为设立社会责任管理委员会的首家中央企业。

中国石化社会责任管理委员会成员全部由董事组成，傅成玉为主任委员，其职责为研究公司社会责任管理的政策、治理、战略、规划，审阅公司年度社会责任计划、对外捐赠计划，审阅公司年度社会责任的执行情况及可持续发展报告。

中国石化在董事会设立社会责任管理委员会，将更好地维护各利益相关者的利益，探索特大型国有控股企业履行社会责任的可行之路，同时，也为企业持续发展创造良好的外部环境。

（二）尊重当地文化

中国石化秉承“包容、团结、互助、共赢”的中国文化理念，坚持用工当地化，努力帮助当地员工发展，充分尊重项目所在国的民族信仰、风俗文化和生活习惯，积极采取各种举措推动中外员工之间的跨文化交流融合，共同组建一个个和谐温馨的国际大家庭。

中国石化立足全球视野和国际化经营，除少数外派的中方管理人员外，主要招聘使用当地人才，并注重培养当地员工。截至 2011 年年底，中国石化海外员工总数 4 万余人，其中外籍员工 27 000 多人，占比 67%，初步培养和造就了一支人员来源多元化、用工形式多样化的海外员工队伍，进一步密切了公司与当地社会的联系。

在与世界各国开展石油合作的同时，中国石化海外企业在人力资源管理中注重员工的本土化、平等机会以及多元化和包容性，唯才是用，为所有员工提供成长的机会。各公司均采取多种形式为员工提供内容全面的培训，有效地提升了外籍员工素质，为各驻

地国培养了一大批包括石油勘探开发、物探、钻修井、工程施工等各类专业人才，使许多国家石油工业走上了可持续发展道路。

（三）回报当地社会

中国石化在海外依法诚信经营的基础上，积极地关注所在国的民生和社会进步。中国石化各海外机构有意识地树立“平等友好的使者形象、诚信经营的企业形象、礼仪之邦的文明形象”，公司海外知名度和美誉度不断提高。

一方面，中国石化在国际化经营的过程中，始终积极参与当地改善民生的重大基础设施项目建设，有效地推动了当地经济发展和社会进步；另一方面，中国石化始终立足当地，坚持和谐发展的企业品格，各海外机构不断加强与当地政府、社区的合作，积极参与各项改善当地民生的捐助、援建活动以及各类抢险救灾活动，热心慈善事业，为当地社会和谐发展作出了贡献。

中国石化下属子公司大力资助的 Addax 基金会，在教育、医疗、社区关系和环境四个方面为非洲和中东的欠发达国家提供帮助。截至 2010 年年底，Addax 基金会在上述四个方面累计执行了约 140 个项目。

2011 年，中国石化向南苏丹捐助 100 万美元用于机场建设。中国石化国际石油工程公司沙特分公司捐款 30 万里亚尔，参与公益项目，旨在帮助当地超过 200 名患有唐氏综合症和自闭症的儿童进行康复治疗和持续教育。哥伦比亚子公司多次组织向当地学校捐赠学习用品的活动。中国石化炼化工程公司通过沙特东部残疾人协会聘用了 12 名残疾人，2011 年还为沙特东部残疾人协会捐款 50 万沙币，为协会解决了困难。

（四）绿色低碳发展

安全是企业的生命，确保员工职业健康和周边社区健康生活环境是中国石化海外运营过程中始终坚持的目标。在全球各地，中国石化严格遵守项目所在国法律要求，坚持实行健康、安全与环境（HSE）管理，积极推行各项环保措施，力求“零伤害、零污染、零事故”的目标，在员工健康保护、环境保护等方面取得了明显的绩效。

首先，中国石化各海外公司将“生命第一”放在首位。不断强化生产作业、施工建设、人身安全等方面的安全管理。对可能出现危险的作业，坚决不让做，针对可能存在安全隐患的工序，制定出齐全的规避措施，以确保万无一失，让所有员工从事任何作业都感觉到绝对的安全。

其次，在发展海外业务过程中，中国石化 HSE 管理，各海外业务公司严格遵守项目所在国保护环境的法律法规，最大限度地保护项目所在地的生态环境，以积极行动保护当地环境。

三、国际化人才储备保障全球战略的贯彻执行

一方面，中国石化适应国际化经营发展需要，加强海外人力资源管理工作。中国石化不断充实海外人力资源管理力量，通过深入调研，梳理加强和规范海外人力资源管理的思路，修改完善《关于加快国际化经营人才队伍建设的若干意见》等 5 个制度文件，

为加快国际化人才队伍建设提供了制度保障。另外，中国石化充分利用其事业发展平台，吸引了一批高层次、复合型人才投身海外业务，并积极引进国际员工，注重保留并购项目中的外籍员工，逐步建立了一支高端外籍人才队伍。同时，中国石化加大国际化经营人才培养力度，积极推行海外员工配置多元化，海外员工队伍建设取得了长足进步。

另一方面，中国石化围绕实施国际化战略要求，大力加强国际化领导人才的选拔培养。中国石化对其海外机构领导班子进行了考察调研，完善了境外机构领导班子的配备，并加强对国际化领导人才的针对性培训，选送具有良好语言基础和综合素质的领导人员赴哈佛商学院等国外知名院校参加国际化经营培训，提高了领导人员的国际化素质。同时中国石化强化国际化经营管理人才后备队伍管理，初步建立起覆盖不同板块、不同层次、不同专业的国际化经营管理后备人才信息库，搭建了“分散管理、统筹使用”的国际化人才共享平台。

第四节　发现与启示

一、保持与时俱进的战略革新

从之前“建设具有较强国际竞争力的跨国能源化工公司”，到如今“建设世界一流的跨国能源化工公司”；从“资源战略、市场战略、一体化战略和国际战略”的四大战略，到如今的外加“差异化战略和绿色低碳战略”六大战略，中国石化在发展过程中不断创新变革，完善发展理念和思路，在逐渐完善的战略规划指引下朝着既定的目标稳定前进。

二、坚定战略并购的国际化发展

资源类企业走向海外的方式有很多，可以通过贸易获得国外的资源供给，可以通过在海外投资设厂稳扎稳打，也可以通过战略并购实现跨越式发展。而显然，战略并购是最合适的也是最直接有效的方式。因为贸易难以保证供给的稳定性，而投资设厂的成本较高、周期较长。中国石化的国际化正是通过一次次的战略并购来实现的，或许有些并购并未带来对国外企业的绝对控股权，但无论是参股还是控股，都能使中国石化拥有一定的话语权并保证海外资源供给的稳定性，这也是为什么中国石化一直以来始终坚持通过战略并购来实现其全球化战略。

三、推进产业链延伸的战略布局

从中国石化的国际化发展现状看，中国石化不仅将目光放在上游油气资源上，还更多地关注下游的炼厂与加油站以及相关油气工程服务，这既是中国石化的国际化战略，也是中国石油、中国海油等油企的国际化战略，更是这些油企的可持续发展战略。随着主权国家对油气资源控制的加强，预计包括中国石化在内的中国油企将更多地介入服务性领域，而不是一味地寻求资源并购，通过延伸产业链赚取油田服务费。

四、抢占社会责任竞争的战略制高点

国际企业的竞争除了产品竞争外还有社会责任的竞争。中国石化作为中国最大的企业之一，从2003年起就加入了联合国全球契约组织。2011年，中国石化成为全球契约的领跑者成员。2012年，中国石化在董事会设立社会责任管理委员会，成为设立社会责任管理委员会的首家中央企业。社会责任管理委员会的成立，将使中国石化能更好地维护各利益相关者的利益，探索特大型国有控股企业履行社会责任的可行之路，同时也为企业的持续发展创造良好的外部环境。

五、亟须进一步提升国际化经营水平

根据中国企业联合会和中国企业家协会于2011年11月发布的“2011中国100大跨国公司及跨国指数”，中国石化以5 226亿元的海外资产名列2011中国100大跨国公司第一位，但其跨国指数仅为21.83%，这一数字不仅远低于2011世界100大跨国公司60.78%的平均跨国指数，也低于2011发展中国家100大跨国公司40.13%的平均跨国指数。同国际同行巨头相比，中国石化的差距则更大，国际大公司BP、埃克森美孚、道达尔的跨国指数分别达到了84%、76%和76%。可以说，中国石化现阶段的跨国经营水平相对较低，尚处于初级阶段，未来国际化发展空间和潜力巨大，亟须进一步提升国际化经营水平进而提升其国际竞争力。

参考文献

[1] 国务院发展研究中心企业研究所．中国企业发展报告2012. 2012.
[2] 李桂芳．中央企业对外直接投资报告2011. 北京：中国经济出版社，2011.
[3] 刘文炳，张秋生．中央企业并购重组报告2011. 北京：中国经济出版社，2011.
[4] 刘文炳．中央企业国际竞争力研究——并购重组的视角．北京：中国经济出版社，2011.
[5] 李雪峰．国际化背景下对中国石化管理体制的思考．石油化工管理干部学院学报，2011（3).
[6] 徐小雅，卢学英．中国石油产业大企业国际化动因研究．铜陵学院学报，2011（3).
[7] 刘鼎，陈丽华．中国石油企业国际化经营风险及防范．经济评述，2010（5—6).
[8] 赵志敏，殷建平．三大集团稳健拓展国际化经营．中国石油和化工，2007（15).
[9] 封智勇，余来文，陈明．中国石化企业国际化经营分析．化工管理，2005（11).
[10] 石油央企提升国际化运营水平．中国能源报，2011—5—23.
[11] 润滑油国际化“三步走”：中国石化海外建厂落定．经济观察报，2011—8—1.
[12] 中国石化集团总经理苏树林：把国际化列为战略重点．第一财经日报，2008—4—8.
[13] www. sinopecgroup. com，中国石化集团网站．
[14] 中国石化集团年报，股份年报，可持续发展报告，社会责任报告．

第十五章

中国石油天然气集团公司加速实施国际化发展战略的案例研究

第一节　案例现状与问题提出

一、中国石油天然气集团公司简介

中国石油天然气集团公司（以下简称“中国石油”）成立于1998年，是中国石油行业的龙头企业，是在中国油气行业占主导地位的最大的油气生产商和销售商，是中国销售收入最大的公司之一，也是中国开展海外业务的龙头企业。其主要业务包括：原油及天然气的勘探、开发、生产和销售；原油及石油产品的炼制，基本及衍生化工产品、其他化工产品的生产和销售；炼油产品的销售以及贸易业务；天然气、原油和成品油的输送及天然气的销售等。

2011年，面对复杂多变的宏观经济环境，中国石油生产经营平稳，发展方式转变加快，国内业务全面发展，海外战略成效显著，公司价值稳步提升，在世界50家大石油公司综合排名中位居第5位，在《财富》杂志全球500家大公司排名中位居第6位。由于原油、天然气、汽油、柴油等主要产品价格上升和销售量的增加，2011年，中国石油实现营业额20 038.43亿元（见表15—1），比2010年的14 654.15亿元增长了36.7%。但由于受到国内成品油价格宏观调控、进口天然气进销价格倒挂以及税费增幅较大等因素的影响，2011年，中国石油税前利润为人民币1 842.76亿元，比上年同期小幅下降2.6%。

表15—1　中国石油2005—2011年营业收入及利润情况　（百万元人民币）

利润指标	2005	2006	2007	2008	2009	2010	2011
营业收入	552 229	688 978	835 037	1 072 604	1 019 275	1 465 415	2 003 843
利润总额	185 029	189 790	192 825	161 284	139 767	189 194	184 276

资料来源：中国石油2005—2011年年度报告

二、中国石油的国际化发展现状

在国际业务方面，中国石油实施“充分利用国内外两种资源、两个市场”和“走出去”的战略方针，坚持“务实合作、互利共赢”的国际合作理念，致力于与资源国建立长期稳定的合作关系，积极履行社会责任，努力营造和谐融洽的发展环境和氛围。从1993年中国石油中标秘鲁塔拉拉油田7区项目，以油气合作的形式迈出了走出国门的第一步至今。纵观中国石油这些年从事的海外业务，其国际化方式主要包括以下两个方面：

（一）海外油气业务

中国石油最初跨出国门就是通过海外油气合作，因此，海外油气业务一直以来都是中国石油的重中之重。通过海外油气合作区建设，探索海外勘探开发一体化生产组织模式等方式，中国石油不断巩固和扩大海外油气风险勘探成果，为规模开发和扩大合作奠定了坚实的基础。中国石油按照国际公司准则，在世界不同国家合理开发油气资源，通过合作开发等形式为所在资源国探明并开发油气的年产量超过 1 亿吨。根据合作开发合同等规定，中国石油合理获得的油气权益当量产量已经达到了大庆油田曾经保持的最高水平，实现了建成“海外大庆”的宏伟目标。

进行海外油气开发 18 年来，中国石油采用特有的经营管理模式和先进的特色技术，充分发挥公司上下游综合一体化的比较优势，海外油气业务快速蓬勃发展，已经建成了非洲、美洲、中亚、中东、亚太 5 个油气合作区，作业产量和权益产量都呈逐年增加趋势，并逐步向油气并举、上下游一体化、非常规油气项目拓展，国际业务进入规模有效发展的新阶段。

中国石油积极应对复杂的国际能源竞争环境，不断扩展对外合作业务，优化海外资源配置，强化风险防范和管控能力，在海外持续推进风险勘探和滚动勘探，加大自主勘探力度，积极主动地进行海外油气开发，国际油气业务运作质量和效益稳步提升。2011 年，中国石油海外油气当量产量达到 120.8 百万桶，比上年同期增长 18.2%；海外油气作业产量实现快速增长，全年原油作业产量达到 8 938.2 万吨、天然气作业产量 170.6 亿立方米，同比分别增长 17.9%和 24.5%；海外运营油气管道总里程超过 1 万千米，其中，原油管道 6 672 千米，天然气管道 3 822 千米，全年输送原油 3 919.6 万吨、天然气 177.6 亿立方米。国际业务量的大幅增加给公司业绩带来了显著的提高。

2011 年，中国石油海外技术服务作业队伍发展到 50 多个国家和地区，总量超过 1 000 支，共完成合同总额近 40 亿美元。“中国石油制造（昆仑品牌）”出口到 71 个国家和地区，年签约额达到 30 亿美元。海外项目中方员工近 2 万人，外籍雇员 7.8 万人，员工本土化率近 80%，从而使公司的跨国指数达到 21%。

在跨国合作方面，通过滚动勘探，中国石油在哈萨克斯坦、印尼、南美等国家和地区的合作项目取得了一系列新进展。2011 年，中国石油与英国石油公司（BP）合作开发的伊拉克鲁迈拉项目进入到投资和费用回收阶段并开始提取原油，日均产量达到 119 万桶。同时，哈法亚项目进展顺利，各方面工作全面顺利展开。澳大利亚 Arrow 项目也有条不紊地进行。2011 年 9 月，中国石油签订协议收购从事煤层气勘探和开发业务的 Bow Energy 公司。

同时，中国石油与资源国在下游领域的合作也不断深化（见表 15－2），乍得恩贾梅纳炼油厂、尼日尔津德尔炼油厂等下游合资项目按期建成投产。喀土穆炼油厂、PK 奇姆肯特炼油厂等炼化项目积极优化生产方案和工艺，实现了安全平稳高效生产；公司收购的新加坡和日本大阪等合资炼厂运行平稳。2011 年，公司海外原油加工量达到 3 478 万吨。

表 15—2　　中国石油开展海外油气业务项目分布

国家	项　目	国家	项　目
阿尔及利亚	102a /112 区块 350 区块 438b 区块 Adrar 上下游一体化项目	缅甸	Bagan 项目 AD—1、AD—6 和 AD—8 三个深水区块
阿塞拜疆	K&K 油田 古布斯坦油田	尼日尔	Bilma 和 Tenere 两个勘探开发区块 阿加德姆上下游一体化合作项目
加拿大	北湍宁油田 八个油气投资区块	尼日利亚	OPL298、OPL471、OPL721 和 OPL732 四个区块
乍得	H 区块 乍得恩贾梅纳合资炼厂项目	阿曼	5 区块 Block 5
厄瓜多尔	亚马逊项目 安第斯项目	秘鲁	塔拉拉油田 6/7 区块 1—AB/8 区块 111 和 113 区块
赤道几内亚	M 区块	俄罗斯	东方能源公司 中俄原油管道
印尼	Jabung，Tuban，Salawati，Basin，Salawati，Island，Bangko，South Jambi B 和 SP 七个油气区块	苏丹	1/2/4 区块、3/7 区块、6 区块、15 区块四个上游投资项目 喀土穆炼油厂、喀土穆石油化工厂、石化贸易 1/2/4 区块、3/7 区块和 6 区块的原油外输管道
伊朗	MIS 油田 3 区块	叙利亚	格贝贝油田 幼发拉底项目
伊拉克	艾哈代布油田项目 鲁迈拉油田项目 哈法亚油田项目	泰国	L21/43 风险勘探区块和 BYW－NS 发展区块
哈萨克斯坦	阿克纠宾油气项目	突尼斯	科威特海外石油公司（KUFPEC）NK 探区及 SLK 油田
利比亚	17—4 区块	土库曼斯坦	阿姆河右岸天然气勘探开发项目 古穆达克油田
毛里塔尼亚	Ta13、Ta21、12 和 20 四个风险勘探区块	乌兹别克斯坦	咸海项目 明格布拉克油田开发项目
蒙古	蒙古塔木察格盆地 19、21、22 三个区块	委内瑞拉	陆湖勘探开发项目 苏马诺油田 奥里乳化油项目

资料来源：根据中国石油网站资料整理

（二）国际贸易业务

中国石油在大力发展海外油气业务的同时，并积极推进国际贸易业务的持续快速稳健发展。中国石油通过完善海外油气运营中心的建设，实现炼油、仓储、贸易和运输等业务的一体化发展。与此同时，中国石油还大力开拓新市场和优势资源，努力将资源优势转化为市场优势和效益优势。

2011年，中国石油国际贸易规模持续快速稳健增长，经营规模持续扩大，全球资源配置能力显著提高。中国石油积极开展石油现货、期货以及油品炼制、加工、调兑、运输、批发、零售等业务，国际贸易额持续攀升，经营效益大幅提高。2011年全年完成贸易量2.5亿吨，同比增长29.1%，实现贸易额1 921亿美元，原油、天然气、成品油贸易业务的规模效益大幅增长。

中国石油围绕亚洲、欧洲、美洲三大油气运营中心进行全球化贸易网络布局，不断丰富完善贸易手段，稳步推进仓储设施建设，国际化运营水平进一步大幅提升。在原油业务方面，中国石油着重提高市场分析和判断能力，严格控制经营风险，综合利用各种贸易方式大力提高资源掌控能力，积极筹措进口资源。在化工品业务方面，中国石油加大海外资源和市场的开拓力度，作为国内最大的中东硫黄进口商，中国石油还积极与挪威石油公司合作成功运作了首船甲醇欧亚跨市交易。中国石油化工产品出口贸易从传统的石油焦、石蜡、尿素、硫黄，扩展到混二甲苯（MX）、精对苯二甲酸（PTA）等炼化产品。在成品油业务方面，中国石油积极开拓市场资源，提高贸易运作质量，延长贸易价值链。充分发挥公司海外炼油厂的资源优势，进行美洲至远东的跨市运作。中国石油在新加坡普氏交易中的燃料油交易量连续多年处于第一位，同时启动了欧洲地区普氏交易。机场加油业务在新加坡、中国香港分别占25%和40%的市场份额，成为当地机场最大的航油供应商；船舶加油业务在新加坡、中国香港、中国台湾分别占20%、13%和37%的市场份额，是新加坡最大的船用燃料油供应商。

为在全球范围内优化配置资源，公司继续加强亚洲、欧洲、美洲海外油气运营中心建设。2011年，亚洲油气运营中心基本建成，并逐渐完善，充分发挥了贸易、加工、仓储和运输四位一体的功能，区域市场影响力明显提升，欧洲油气运营中心建设取得实质性进展。新加坡石油公司（SPC）、日本大阪国际炼油公司运营情况良好，与英力士集团建立贸易和炼油合资公司的项目顺利交割并实现平稳运营。此外，大连420万立方米国际储备库顺利投产，钦州、南沙、洋山等大型仓储库运营平稳，发挥了配套物流设施的协同效应。

同时，中国石油多个管道气资源购销项目取得了重要的进展，相继与乌兹别克斯坦、中国香港青山发电有限公司签署了天然气购销协议和管输协议等，并与国际LNG供应商建立起良好的合作关系，为大连、江苏LNG项目的成功投产和平稳运营提供了可靠的资源保障。

第二节　中国石油天然气集团公司成功实现国际化发展的关键因素分析

一、“走出去”战略方针的制定，是中国石油实现国际化的前提

1992年底，国家明确提出“充分利用国内外两种资源、两个市场”的战略方针来发展中国的石油行业。中国石油以此战略方针为指导，联系自身实际情况，经过充分的讨论研究，提出了“稳定东部，发展西部；油气并举；实施国际化经营”的三大发展战略。从此，中国石油走上了国际化发展的道路。

中国石油“走出去”战略首先从秘鲁塔拉拉项目起步，1996年，中国石油顺利拿下苏丹一二四（ABD）区联合项目，让整个石油界为之震惊。通过苏丹项目的实施，中国石油在跨国开发项目的操作经营等方面积累了丰富的经验，并培养了一批骨干队伍。1997年，中国石油又顺利签订了哈萨克斯坦阿克纠宾和乌津项目、苏丹的管道项目以及委内瑞拉英特甘博、卡拉高来斯项目等，实现了从无到有、从小到大的跨越式发展。中国石油国际化经营的能力彰显无遗，“走出去”战略进入到大发展阶段。

但是，中国石油“走出去”的国际化经营战略并不是一帆风顺的，油价的持续走低给中国石油带来了前所未有的挑战。面对着巨大的国际市场压力，中国石油海外项目积极应对，迎接挑战，采取“有所为，有所不为”的积极策略，突击完成苏丹3个项目，最终顺利渡过难关，取得了决定性的胜利。中国石油抓住低油价战略机遇期，稳步推进海外油气资源战略布局，加大与国际石油公司的合作，国际化经营规模持续扩大。同时，加强现有海外油气项目的运营管理和增储上产，国际业务对公司的贡献率逐步增大。2011年，中国石油海外油气当量产量为120.8百万桶，比2010年当量产量102.3百万桶增长了18.2%，海外业务持续健康发展。

经过多年的努力奋斗，中国石油的中亚—俄罗斯、非洲、中东、美洲、亚太五大海外油气合作区已经基本建成，亚洲、欧洲和美洲三大油气运营中心已经初具规模，西北、东北、西南和海上引进境外资源的四大油气战略通道建设快速推进，油气投资业务与工程技术等服务保障业务一体化协调发展的格局已经形成。

二、高素质人才的引进，是中国石油实现国际化的保障

一直以来，中国石油都致力于构建与综合型国际能源公司相适应的人力资源开发体系，并始终坚持以人为本的理念，注重人才的引进和员工的成长，促进员工和企业的共同进步与全面发展。为满足不断扩展的国际业务对人才的需求，公司着重加强对海外业务人力资源的管理和开发，积极推进员工本地化和人才构成多元化，营造协调、和谐的工作氛围。经过多年的跨国经营，中国石油的员工素质不断提高，形成了一支专业配套、结构合理、素质较高的对外合作管理队伍和专业技术队伍。

截至2011年年底，中国石油共有中国科学院和中国工程院院士17名；勘探开发、炼油化工、工程技术等专业领域的高级技术专家287人，主要负责为中国石油的重大项目进行技术把关、决策技术咨询等工作；同时，中国石油还有高级技能专家250人，这些技能专家均从基层一线选拔上来，由于他们平时从事具体的生产运行工作，因此，对于专业技术和经营管理都非常了解，在整个集团中发挥着关键和核心的作用，对于提高技术工人整体素质有着不可或缺的重要作用；中国石油还有高级技师3 522人、技师23 351人，这些人才都对提高公司的整体业务水平有着至关重要的作用。

为了适应中国石油的海外发展战略，公司秉承着“互利共赢，合作发展”的国际合作理念，鼓励海外油气合作项目和技术服务、工程建设业务积极为当地提供就业岗位，并注重当地员工的培养，因地制宜地为外籍员工提供经营管理、操作技能和HSE等方面的培训。在南美公司，中国石油不仅为当地带来了2万多人的就业机会，而且先后出资近200万美元，从当地大学生和本地企业中选派近百名学生和员工到中国学习石油工程技术；在厄瓜多尔公司，中国石油累计出资100万美元资助当地员工到世界各地学习先进的科技和管理知识，从根本上提高了资源国可持续发展的能力。截至2011年年底，公司海外项目外籍员工比例达到91%，充分实现员工本地化，为公司国际化道路奠定了坚实的基础。

三、海外并购的积极开展，是中国石油实现国际化的动力

海外并购是中国石油“走出去”的重要内容，在当今全球经济一体化的背景下，跨国并购几乎成为公司国际化经营活动的常态，跨国并购已成为对外直接投资的主流方式。一直以来，互利共赢、共同发展都是中国石油海外并购遵循的原则，并已取得明显的效果。

自2005年以来，中国石油的一系列海外并购举措（见表15—3）促进了中国石油国际业务未来的快速发展，为其实现综合性国际能源公司的战略目标奠定了坚实基础。中国石油相继收购了加拿大石油公司在厄瓜多尔的石油资产和管道资产；携手印度石油天然气公司收购了加拿大石油公司在叙利亚的石油资产；对在加拿大注册的哈萨克斯坦石油公司进行整体并购，交易金额达41.8亿美元。2009年，中国石油的海外并购更是达到了高峰，相继收购了印尼马都拉项目80%的股权，收购了哈萨克斯坦曼格什套油气公司48%的股权，收购了日本石油大阪炼厂49%的股权，收购了新加坡石油公司45.51%的股权，收购了加拿大两个油砂项目60%的股权。

尽管中国石油海外并购捷报频传，但是公司管理层清醒地认识到成功并购只是“走出去”的第一步，并购后如何对资产进行有效整合和管理是更加艰难的工作。因此，中国石油在选择海外并购目标时，在资源前景好、质优的前提下，还特别重视后期是否有能力进行整合管理，根据自身条件量力而行，确保了并购的成功率。

表 15—3　中国石油 2005—2011 年主要海外并购事件

年份	并购项目
2005	1. 与印度石油天然气公司联合收购加拿大石油公司所持叙利亚幼发拉底石油公司 38%的股份 2. 出资 41.8 亿美元收购哈萨克斯坦石油 PK 公司（Petro Kazakhstan）获得加拿大法院最终裁决，完成收购的全部法律程序
2006	1. 投资 5 亿美元，通过全资子公司中油国际以每股 7.55 美元的价格，购买俄罗斯石油公司（Rosneft）上市发行的 6 622.52 万股股票 2. 与哈萨克斯坦国家石油公司（KazMunaiGaz）签订股份转让协议，哈萨克斯坦国家石油公司获得哈萨克斯坦 PK 公司 33%的股份
2007	无
2008	1. 与控股子公司中国石油天然气股份有限公司就收购公司所持中油香港股权正式签署股权转让协议
2009	1. 收购阿萨巴斯卡油砂公司两个油砂项目的协议获得加拿大政府批准 2. 控股子公司中国石油天然气股份有限公司完成对新加坡石油公司 45.51%股份的收购，交易的现金对价为每股 6.25 新元，共计约 14.7 亿新元（约合 10.2 亿美元）
2010	1. 联合壳牌公司以 35 亿澳元收购澳大利亚箭牌能源公司 100%股权的交易通过了箭牌能源公司股东大会和中澳两国政府相关部门各项审批程序，顺利完成交割 2. 与壳牌公司达成协议，获得壳牌全资子公司壳牌叙利亚油气开发公司 35%的权益
2011	1. 英国英力士集团欧洲炼油厂收购交易完成交割。所属中国石油国际事业（伦敦）有限公司与英力士投资（泽西）有限公司共同设立贸易和炼油合资公司，将主要负责苏格兰格兰杰莫斯炼油厂和法国拉瓦莱炼油厂的贸易和炼油业务 2. 寰球工程公司与澳大利亚液化天然气公司签订部分股权认购框架协议，认购股份约占澳大利亚液化天然气公司配售完成后已发行普通股的 19.9%

资料来源：根据中国石油网站资料整理

四、特色企业文化建设，是中国石油实现国际化的载体

企业文化是一个企业在经营管理过程中创造的具有本企业特色的精神财富的总和，是企业长期文化建设的反映，良好的企业文化能够把企业员工的兴趣、目的、需要和行为统一起来，从而形成巨大的感召力和凝聚力。一直以来，中国石油都非常重视企业文化的建设。2001 年，中国石油将企业文化建设作为“十五”期间的十大工程之一，2003 年制定颁发了《企业文化建设纲要》，成立了企业文化部，努力建设具有鲜明时代特征和石油特色的优秀企业文化，有力地促进了企业的发展。

在国际化的过程中，中国石油面对海外特殊多变的环境和众多国际竞争对手的各种困难与挑战，公司把中国石油“艰苦奋斗”的优良传统和“爱国、创业、求实、奉献”的企业精神，与国际规范有机地结合起来，形成了具有中国石油特色的企业文化，使之成为中国石油国际化发展的重要精神支柱。

艰苦创业是中华民族的优良传统，也是中国石油工业由小到大、由弱到强发展历程

的真实写照。在不断开拓国际市场的过程中，中国石油秉承了艰苦创业、顽强拼搏的优秀品质。在苏丹项目的开采中，面对恶劣的自然条件，中国石油的职工在有“世界火炉”之称的苏丹成功地完成了一个个国际项目。同时，中国石油还积极弘扬讲求科学、实事求是的精神，坚持以辩证唯物主义的世界观和方法论为指导，尊重科学，勇于实践，开拓创新。中国石油牢固树立“科学技术是第一生产力”的思想，依靠科技进步促进集团公司的发展。鼓励技术创新，并积极把科研成果迅速转化为现实的生产力，不断提高集团公司的核心竞争力。走出国门以来，中国石油在开拓海外国际市场中先后创造出了“被动裂谷盆地油气地质理论及勘探技术”、“多层、块状油田高效开发技术”等具有世界领先优势的海外油气技术，有力地促进了海外油气的勘探开发。

第三节　中国石油天然气集团公司海外业务集中管理的特点分析

一、加强战略管理

随着中国石油国际化业务的快速发展，加强战略管理显得十分重要。中国石油一直以来都非常重视战略管理，“资源战略、市场战略和国际化战略”是中国石油的三大发展战略。中国石油的资源战略是以谋求油气资源最大化、多元化和有序接替作为战略的基点，坚持“油气并重、加强国内、扩大境外、拓展海域、增强储备、发展替代”的原则，继续加强油气勘探生产，实现油气产量快速增长，新兴能源取得突破，保持上游业务的国内主导地位，特别是加大天然气勘探开发和引进力度，继续完善天然气管网建设，参与发展城市燃气业务，不断增强公司可持续发展的基础。

同时，中国石油也非常重视市场战略，公司谋求持续的市场主导地位和最大效益，充分利用规模经济优势和上下游一体化的优势，巩固成熟市场，扩大高效市场，开拓战略市场，发展国际市场，不断增强在国内外市场的竞争能力，加快炼化业务战略布局调整和市场营销，争取在 2015 年国内成品油市场份额提高到 45%以上，努力稳定市场供应。

在国际化战略方面，中国石油侧重在世界范围内捕捉发展机遇，与资源国和国际大石油公司开展务实合作，坚持积极稳妥、互利双赢的原则，按照“引进来”和“走出去”相结合，资源、市场、技术和资本相结合的思路，以发展油气业务为主，加大国际合作和资本运作力度，扩大国际油气贸易的规模，真正成为有实力的跨国公司。

中国石油通过战略管理，能够发挥出集团的整体优势，形成公司的核心竞争力，平稳应对日趋激烈的国际石油市场竞争。通过战略方案的实施，战略措施的落实和实施得到了有力保障，有利于提高中国石油对国际石油市场经营环境变化的敏感性，大大提升了公司对国际石油市场变化的应变能力。

二、注重企业形象

企业形象是一个企业最好的名片，树立良好的企业形象才能让企业得以长远的发展。随着中国石油国际化进程的逐步深入，与国外企业之间的油气业务合作、工程技术服务也日益密切。一直以来，中国石油都秉承“互利双赢，共同发展”的能源合作理念，在海外业务中，始终坚持“将合作成果惠及资源国人民”的宗旨，不仅大大地提高了资源国的经济水平，而且也为企业树立了良好的国际形象。

在海外业务合作中，中国石油尊重所在国的宗教、文化和风俗习惯，认真履行社会责任，重视所在国社会公益事业和环境保护，促进所在地区的经济发展和社会进步，为所在国经济和社会发展作出了突出贡献，树立了中国石油良好的企业形象，赢得了所在资源国广泛的社会赞誉。据统计，中国石油在海外众多国家的跨国合作中，不仅注重通过项目发展推动所在国石油工业的发展，为所在国创造了 10 余万个就业岗位，还积极参与社会公益事业，捐建医院、道路、桥梁、学校、农场等，为当地群众提供免费医疗服务和药品。在苏丹，中国石油为公益事业投资达 3 228 万美元，有超过 100 万人受益，在合作期间，在苏丹建立学校 22 所、诊所 101 所，很大程度上改善了当地居民的生活条件；同时，中国石油还为当地人提供学习和深造的机会，共出资 150 万美元选派 35 名教师和专家到中国学习深造；还积极地投身于苏丹的基础设施建筑，捐资修建机场、道路和桥梁等基础设施。

中国石油海外油气业务十分注重环境保护和项目的可持续发展。在海外项目的实施中，中国石油始终坚持“提前预防、防患未然”与“不符合环保要求的决不立项、不符合环保要求的决不开工、不符合环保要求的决不投用”的“三不”原则，实现了能源开发与环境保护的和谐发展。中亚管道在乌兹别克斯坦境内要穿过几片动物保护区，中国石油采取“边呵护，边施工”的方针，在管道经过区域修建土桥 80 余座，作为动物的迁徙通道。在哈萨克斯坦，中国石油 PK 项目大力建设和推广天然气综合利用工程，他们的成果荣获总统颁发的环保最高成就奖“金普罗米修斯奖”，中国石油的阿克纠宾项目也荣获“最佳企业社会责任贡献金奖”。

三、完善产业链条

中国石油实施“走出去”的战略的 18 年中，充分发挥综合一体化的优势，海外油气业务从单一合作开采，到风险勘探、上下游一体化、管道建设和大型跨国并购，业务链不断完善，综合实力大幅提高。中国石油围绕“突出中亚，拓展非洲，加强中东，做大南美，推进亚太”的发展目标，已经基本形成上下游、产炼销综合一体化的格局形式。一体化格局的形成有利于中国石油建设综合性国际能源公司的发展目标的实现，更有利于集团公司发挥整体优势，降低相关成本，拓宽业务范围。

从最初在秘鲁、加拿大等国的小型油田开发和老油田提高采收率项目起步，中国石油目前已经完成多个一体化项目。2011 年 6 月 29 日，中国石油与乍得石油部合资建设的恩贾梅纳炼油厂成功投产，标志着乍得上下游一体化项目一期工程全面投入运行；2011年11月8日，与尼日尔能源部合资建设的津德尔炼油厂顺利投产，标志着尼日尔阿加德姆上下游一体化项目一期工程全面投入运行。产业链条的不断完善有利于中国石油优化资源配置，提高多专业协同作战能力，增强一体化综合能力，提高其国际竞争力。

四、加大技术支持

技术优势是企业核心竞争力的重要组成部分，面对激烈的海外市场竞争，先进的技术，特别是自主研发技术是最为重要的竞争力之一。中国石油积极鼓励员工进行技术创新（见表15—4）。2011年，公司针对制约油气勘探和炼油化工等主营业务发展的关键瓶颈技术，开展了一系列技术攻关，并取得积极进展和成果，使得公司自主创新能力进一步提升，为推进主营业务快速发展提供了有力的技术支撑和保障。

在油气勘探方面，中国石油建立了中国海相碳酸盐岩油气藏勘探开发理论，形成了12项碳酸盐岩勘探开发配套技术，有效地指导了碳酸盐岩勘探和新区产能建设；在炼油化工领域，中国石油着重开发劣质重油轻质化关键技术、大型乙烯装置工业化成套技术、大型氮肥工业化成套技术等，并取得了重大突破；在油气田开发领域，注水开采工艺技术不断完善，二类油层聚合物驱油技术实现工业化应用，研制出适合弱碱三元复合驱油体系的石油磺酸盐表面活性剂等，为大庆油田持续稳产提供了有力支撑。截至2011年年底，公司已拥有11个国家级重点实验室和研究中心，共申请专利3 026件，其中发明专利1 234件；获得授权专利2 304件，其中发明专利448件；9项科研成果获得国家级奖励。

表15—4　中国石油2008—2011年重大科技成果进展

年份	科技进展
2008	1. 中国天然气成因及大气田形成机制研究成果显著 2. 柴达木盆地油气勘探开发关键技术研究取得重要进展 3. 含 CO_2 气田开发及 CO_2 驱油技术取得重大进展 4. 特低渗透油田高效开发技术重大突破支撑长庆油田快速上产 5. 复杂地表地震工程遥感配套技术在西部地区应用效果显著 6. 多项钻井技术集成助力中国石油水平井年钻井规模突破1 000口 7. 成像测井、数字岩心、处理解释一体化技术研究获突破性进展 8. 西气东输二线关键技术重大突破有力支撑了西二线工程建设 9. 最大化多产丙烯催化裂化工业试验获得成功 10. 丁苯和聚丁二烯橡胶技术开发取得重大突破
2009	1. 渤海湾盆地歧口富油气凹陷整体勘探配套技术取得重要进展 2. 石油地质研究有效指导非洲邦戈尔盆地勘探新发现 3. 大庆油田三元复合驱技术取得重大进展 4. 松辽和准噶尔盆地火山岩气藏勘探开发技术取得重大突破 5. 中国首个超万道级地震数据采集记录系统研制成功

续表

年份	科技进展
2009	6. 应用分支井和鱼骨井钻完井技术大幅度提高单井产量 7. 多极子阵列声波测井仪研制成功 8. 输油管道减阻剂及多项减阻增输核心技术取得突破性进展 9. 高性能碳纤维及原丝工业化成套技术开发成功 10. 加氢异构脱蜡生产高档润滑油基础油成套技术工业应用成功
2010	1. 变质基岩油气成藏理论及关键技术指导渤海湾盆地发现亿吨级储量区带 2. 高煤阶煤层气勘探开发理论和技术突破推动沁水盆地实现煤层气规模化开发 3. “二三结合”水驱挖潜及二类油层聚合物驱油技术突破支撑大庆油田保持稳产 4. 超稠油热采基础研究及新技术开发取得重大突破 5. 逆时偏移成像技术突破大幅提高成像精度 6. 水平井钻完井和多段压裂技术突破大大改善低渗透油田开采效果 7. 新一代一体化网络测井处理解释软件平台开发成功 8. 多品种原油同管道高效安全输送技术有效解决长距离混输难题 9. 满足国Ⅳ标准的催化裂化汽油加氢改质技术开发成功 10. 己烯－1 工业化试验及万吨级成套技术开发成功助力提升聚乙烯产品性能
2011	1. 勘探理论和技术创新指导发现牛东超深潜山油气田 2. 陆上大油气区成藏理论技术突破支撑储量高峰期工程 3. 油田开发实验研究系列新技术新方法获重大进展 4. 复杂油气藏开发关键技术突破支撑“海外大庆”建设 5. 中国石油首套综合裂缝预测软件系统研发成功 6. 精细控压钻井系统研制成功解决安全钻井难题 7. 随钻测井关键技术与装备研发取得重大突破 8. 输气管道关键设备和 LNG 接收站成套技术国产化 9. 委内瑞拉超重油轻质化关键技术完成首次工业化试验 10. 单线产能最大丁腈橡胶技术工业应用达到长周期

资料来源：根据中国石油网站资料整理

第四节　发现与启示

自 1998 年成立以来，中国石油天然气集团公司坚持“爱国、创业、求实、奉献”的企业精神，秉承“诚信、创新、业绩、和谐、安全”的企业理念，始终致力于开拓海外业务。通过海外油气业务，中国石油进入海外市场。如今，中国石油的海外油气业务遍布非洲、美洲、中亚、中东、亚太的 50 多个国家和地区，海外油气业务运作质量和效益实现双提升，为公司带来了巨大的效应。同时，中国石油还积极参与油品国际贸易业务，围绕亚洲、欧洲、美洲三大油气运营中心进行全球化贸易网络布局，不断丰富完善贸易手段，优化资源配置，国际化运营水平得到大幅提升。

一、注重人才队伍的建设，为国际业务发展提供人才保证

为响应国家“走出去”战略，中国石油大胆实践国际化经营，为其后续成功提供了前提。人才一直是一个企业是否能够成功的关键因素之一，也是企业核心竞争力的重要体现。在经营过程中，中国石油坚持以人为本的理念，注重人才的引进和员工的成长，培养了一批具有海外业务经营和专业能力的工作团队，形成了企业的核心竞争力，保证了海外业务稳定发展。在集团内部，中国石油非常重视人才的培养和选拔，实行双向选择、公开招聘等方式，加大国内外人才的合理流动，集中能够满足国际业务需要的优秀人才，建立以集团公司内部资源为主体的国际人才队伍，为加快海外业务的发展提供人才保障。

中国石油通过民主、公开、竞争、择优的原则，坚持从内外部选拔评聘各类优秀人才，使公司人才队伍年龄、知识和专业结构得到进一步改善。此外中国石油还不断加强对员工的拓展培训，从企业培训实际需要出发，选聘了一支以院士、高级专家、科技带头人、高技能人才和企业高级管理人员为主体的兼职培训师资队伍。2011 年，公司总部组织实施培训项目 114 个，培训近 2 万人次；所属企事业单位累计培训管理人员 26.3 万人次、专业技术人员 16 万人次。①

二、加快先进技术研发，为国际业务发展提供技术保障

中国石油一直非常重视技术的开发和创新，在继续保持陆上石油勘探、油气田开发技术优势的基础上，提高工程承包中应用的油气田勘探开发技术、炼油和石油化工等方面的关键技术，开展了一系列技术攻关，并取得了积极的进展和成果，形成了系统化的有形技术，使得公司自主创新能力进一步提升。

中国石油积极制订各项技术发展规划，积极组织相关技术人才进行专业攻关，在充分发挥集团公司现有海外技术中心作用的同时，积极努力探索，在保持现有特色技术优势的基础上，调动地区公司的科研力量、核心技术服务于海外业务，形成海外技术研发和地区公司多层次技术支持相结合，互利互助，共同为中国石油的技术研发贡献力量。

三、加强体制管理创新，为国际业务发展提供机制保障

中国石油可以针对海外业务统一制定战略，充分协调现有资源，为企业量身定做一套合理的计划和方案。中国石油充分尊重所在国的宗教、文化和风俗习惯，认真履行社会责任，重视公益事业和环境保护，树立了良好的海外企业形象。在海外业务部分实行集中统一管理，制定统一的战略区域，并设置专门的管理机构，充分利用资源国的资源

① 中国石油网站资料。

优势，实现优势互补和资源共享，降低运作成本，提高运作效率，并充分利用不同国家和地区的业务差异，完善了产业链条，培养了多专业协同作战能力，一体化程度显著提升。同时，中国石油积极改进工程技术服务专业公司和地区公司，开拓海外市场管理体制，进一步推进集团公司内部各专业的资源整合，继续发挥集团公司作业队伍规模较大、服务门类齐全和具有装备制造能力等优势，充分挖掘蕴藏于工程技术服务体系各个方面的技术和人才优势，集中优势资源，开拓海外市场。

四、加强与国外交流合作，为国际业务发展开辟渠道

中国石油在积极响应国家“走出去”战略的同时，加强与资源国的合作与对话，通过外交推动、投资保护、建立多边合作机制等，以项目投资促进资源合作，为进一步的国际合作拓宽渠道。同时，中国石油还积极与国际大石油公司进行合作，通过合作关系，努力学习国外公司先进的管理方法和专业技术，并建立长期友好关系，降低跨国合作风险。

在复杂多变的国际石油市场背景下，为保障国家石油安全，发展壮大自己，中国石油开始了艰辛的国际化道路，并取得了让业界瞩目的业绩。对于众多准备走出国门的中国企业而言，应该充分学习和借鉴中国石油的国际业务经营经验，少走弯路，开创企业发展的新篇章。

参考文献

[1] 张一培，李昊鹏．中国石油与跨国石油公司国际化程度的比较．管理现代化，2008（2）：36—38.

[2] 郑海军．中国石油国际化发展之路——以中国石油天然气集团公司为例的调查．石油工业技术监督，2004（1）：47—50.

[3] 周吉平．中国石油天然气集团公司“走出去”的实践与经验．世界经济研究，2004（3）：61—68.

[4] 殷建平，周默．加强集中管理，开拓海外业务——详解中石油海外业务集中管理．中国石油和化工，2007（23）：14—19.

[5] 李金石．运筹于策，缜密于行——中国石油石化企业“走出去”的思考．中国石油企业，2010（4）：64—66.

[6] 天星．中国石油：海外交响．中国石油企业，2010（4）：48—51.

[7] 王铁夫．中国石油国际化战术演绎．中国石油企业，2007（Z1）：68—69.

[8] 中石油．特色文化演绎海外风流．企业文明，2006（9）：25—27.

[9] 滕玉芹，高平发，张在旭．从核心竞争力谈中国石油天然气集团公司的改革与发展．经济师，2003（8）：161—163.

[10] 王森．中国石油企业国际化经营战略分析．现代商贸工业，2009（20）：7—8.

[11] 叶尔扎提·艾布力汗．“引进来”和“走出去”——浅谈中国石油的国际化．中国市场，2012（2）：104—105.

[12] 李振，徐晓露．基于国际竞争力的中国石油集团海外发展战略．化学工业，2009（3）：1—6.

第十六章

中国船舶工业集团公司国际化发展的案例研究

本章对中国船舶工业集团公司国际化案例进行研究，分析了中国船舶工业集团国际化发展模式，总结出中国船舶工业集团国际化成功的关键因素以及取得的经验，最后得出启示和发现，为促进中国船舶工业企业更好地适应国际竞争环境的变化，并为中国早日发展成为世界第一造船大国提供借鉴。

第一节　案例现状与问题提出

中国船舶工业开始于20世纪60年代，中国改革开放以后，中国船舶工业积极开拓国际市场，船舶出口迅速增加。1988年的出口量仅为423万载重吨，2008年的出口量已经上升到2 107万载重吨，占全部造船完工总量的73%。30多年来，中国船舶已出口到包括德国、英国、挪威等在内的150多个国家和地区，跻身于世界三大造船国之一。2011年，全国造船完工量7 665万载重吨，新承接船舶订单量3 622万载重吨，手持船舶订单量14 991万载重吨，分别占世界市场份额的45.1%、52.2%、43.3%（见表16—1和图16—1）。

表16—1　　2011年世界造船三大指标市场份额

指标	国家	世界	韩国	日本	中国
2011年造船完工量	万载重吨	17 002	5 291	3 182	7 665
	占比	100.0%	31.1%	18.7%	45.1%
2011年新接订单量	万载重吨	6 942	2 656	289	3 622
	占比	100.0%	38.3%	4.2%	52.2%
2011年底手持订单量	万载重吨	34 610	11 070	5 315	14 991
	占比	100.0%	32.0%	15.4%	43.3%

资料来源：中国船舶工业协会网站，http：//www.cansi.org.cn/

注：本表世界数据来源于克拉克松研究公司，并根据中国的统计数据进行了修正。

一、中国船舶工业集团公司简介

中国船舶工业集团公司（简称中船集团，英文简称CSSC）组建于1999年7月1日，是中央直接管理的特大型企业集团，注册资本63.743 0亿元。中船集团是中国船舶工业的主要力量，旗下聚集了一批中国最具实力的骨干造修船企业、船舶研究设计院所、船舶配套企业及船舶外贸公司，共有约60家独资和持股企事业单位。

造船是中船集团的主业。在军船方面，中船集团研制的产品几乎涵盖了中国海军所有主战舰艇和军辅船装备，是中国海军装备建设的骨干力量。在民船方面，中船集团能够建造符合世界上任何一家船级社规范，满足国际通用技术标准和安全公约要求，适航于任何海区的现代船舶。产品种类从普通油船、散货船（其市场份额见表16—2）到具有

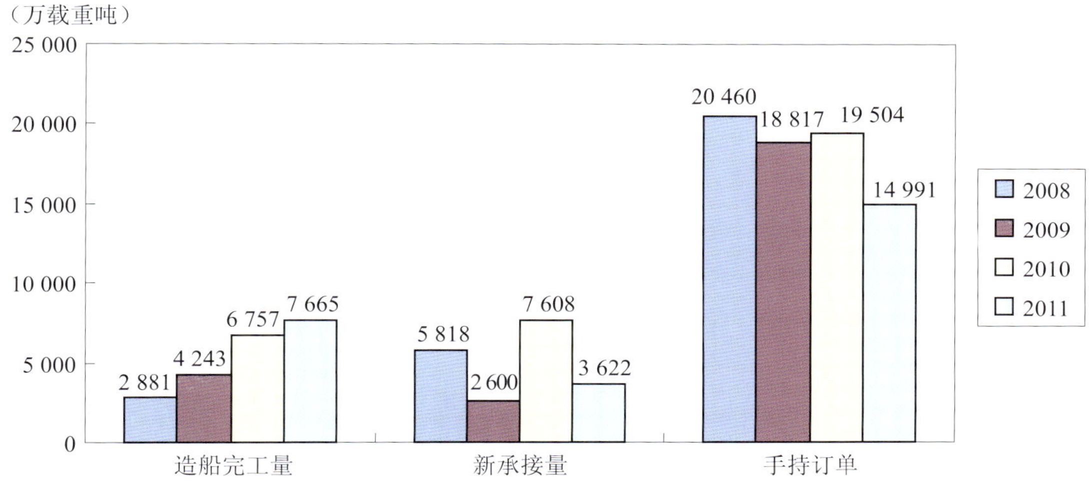

图 16—1　近四年中国三大造船指标比较

资料来源：中国船舶工业协会网站，http：//www.cansi.org.cn/

当代国际水平的化学品船、客滚船、大型集装箱船、大型液化气船（LPG）、大型自卸船、高速船、液化天然气船（LNG）、超大型油船（VLCC）及海洋工程等各类民用船舶与设施，船舶产品已出口到 50 多个国家和地区。在做大做强造船主业的同时，中船集团还积极发展壮大修船业、船用配套以及钢结构等非船业务。目前，中船集团已进入航运、航天、建筑、电力、石化、水利、环保、冶金、铁路、轻工等 20 多个行业，形成大型钢结构、冶金设备、陆用柴油机组、压力容器、B 超等一批重点产品。中船集团已发展成为在中国造船行业独占鳌头，在多个行业领域内快速发展的大型企业集团。

表 16—2　　中船集团造船三大指标船型构成

船型	造船完工量		新船承接量		手持订单量	
	2011 年	2010 年	2011 年	2010 年	2011 年	2010 年
散货船	64.2%	51.1%	73.2%	63.1%	70.6%	67.8%
油船	22.1%	31.2%	17.6%	25.5%	19.7%	21.8%
集装箱船	4.8%	6.7%	3.0%	0.3%	5.2%	6.1%

资料来源：根据《2010 中国船舶工业年鉴》、中国船舶工业集团公司网站 http：//www.cssc.net.cn/整理

中船集团成立以来，造船完工量以年递增百万吨以上的高速度增长。1999 年，中船集团成立之初造船完工仅 95 万吨；2002 年，中船集团造船完工达到 123 万吨，占世界船舶市场份额的 2.5%，排名世界造船集团第十位；2005 年，集团公司造船完工 513 万吨，进入世界造船集团“五强”；2006 年，造船完工已达 602 万吨，占世界船舶市场份额的 8%，排名世界造船集团第二位；2011 年，年造船完工量突破 1 864 万载重吨，继续稳居世界造船集团第二位，占世界船舶市场份额的 10.8%。2011 年，中船集团完成工业总产值 1 037 亿元，比上年增长 8.5%；实现营业收入 1 002 亿元，比上年增长 10.9%；工业增加值达到 177 亿元，比上年增长 8.9%；实现利润 78 亿元，比上年增长 18%。集团公

司全员劳动生产率、利润总额、总资产报酬率和工业企业经济效益综合指数等主要评价指标均居军工集团公司第一位。

二、2011年中船集团主营业务生产情况

（一）造船业务

中船集团紧抓生产技术准备工作，强化资源的统筹调配，完善管理组织体系，推进建立先进模式，确保大节点计划的按期完成。其中，上海外高桥造船有限公司顺利交船36艘/815万载重吨，造船完工总量连续七年高居中国各船厂之首，累计手持订单55艘/1 258万载重吨。由外高桥造船自主设计、全面满足PSPC新规范的绿色环保20.6万吨散货船的顺利交付，进一步巩固了世界最大散货船建造基地的地位。中船澄西船舶修造有限公司完工交付21艘/118.2万载重吨，增产2艘/12.9万载重吨，造船完工量在去年超100万吨的基础上同比增长15%，再创历史新高，效率在国内中型船企中继续位居前列。

（二）造机业务

中船集团根据各船厂计划变动情况，及时调整生产计划，狠抓技术准备、采购配套等制约性节点，着力缓解生产场地紧张、关键零部件供应紧张等困难，确保生产运行稳定可控，经济效益良好。其中，沪东重机有限公司对资源配置和生产要素进行了认真策划和详细布置，完工柴油机145台/155.10万千瓦（211万马力），超计划5台，产量首次突破200万马力。上海中船三井造船柴油机有限公司推进精细化管理，有效促进生产效率的进一步提高，完工柴油机50台/104.96万千瓦，产量再创历史新高。

（三）修船业务

中船集团针对短线船多、船期短的生产特点，精心编制生产计划，有效地保证了常规船的船期，努力提高修船效率和效益。中船澄西全年共完成了220艘船的修理和改装任务，实现产值16.71亿元，集中优势力量攻克了集修造船技术工艺于一身、高度自动化的38 000吨自卸船的改装以及浮式储油船（FSO）“塔浦索斯”轮、巴西系列改装船、畜牧改装船“娜达”轮、海洋科考船“向阳红06”轮、大型矿砂船（VLOC）“矿砂一F”轮等重点工程。广州中船远航船坞有限公司全年修理完工船舶335艘，实现产值9.72亿元。

（四）海工业务

外高桥造船有限公司圆满完成了3 000米深水钻井平台“海洋石油981”项目的建造、调试及其相关重大科技专项的结题工作。该项目的成功实施使中船集团积累了丰富的海洋工程产品制造经验，充分展示了在全球高端海工装备制造领域的实力。外高桥造船2011年还打进了国际自升式钻井平台市场，承接了两座JU2000E型自升式钻井平台，合同金额26亿元；年底又成功中标了中油海JU2000E型自升式钻井平台项目，标志着该型海工产品已逐步形成批量化、系列化，成为公司又一拳头产品。广州船坞以承接SBM公司的海工项目为契机，成功进入浮式生产储油船（FPSO）海工改装领域。

（五）非船业务

中船集团各成员企业深化现场管理，努力提高生产效率，使风塔、盾构等非船业务

持续发展，成为集团平滑船市周期、保持总量效益的有力支撑。中船澄西非船生产突飞猛进、实现“双超”，即完工吨位超过10万吨，完成产值超过10亿元，其中，完工风塔项目7.69万吨，发运风塔399套/5.43万吨，完工套数、吨位及发运量均创历史新纪录。外高桥造船有限公司组建了非船工程部，以舱口盖、铁舾装及法兰自制作为起步业务。沪东重机加大技术、生产资源对非船业务的支撑力度，在继续巩固工程机械的基础上，完成盾构机11台，GE扩散器25台，并在核电应急发电机组产品上取得突破，共实现非船产值2.72亿元。中船三井也在非船生产上有所建树，实现产值0.64亿元。

新世纪，中船集团提出了“五三一”奋斗目标，即在2005、2010年分别进入世界造船集团“五强”、“三强”的基础上，再经过5年的努力，到2015年力争成为世界第一造船集团，从而推动中国成为世界第一造船大国。2007年，中船集团吹响了“创新做强”的号角，进一步提出了“五个世界领先”的奋斗目标，即经济规模世界领先，科技水平世界领先，管理水平世界领先，人才队伍世界领先，盈利能力世界领先。

伴随着中国船舶企业国际化程度的日益加深，中船集团所面对的经营风险也不断增多，如何在激烈的国际市场中抓住发展机遇，克服自身发展弱点，提高中船集团的风险管理能力，保证在国际市场中持续、快速地发展，显得尤为重要。

第二节　中国船舶工业集团公司国际化的模式分析

一、中船集团以生产要素引进为主的内向型国际化模式

内向型国际化，主要是指企业在缺乏所有权优势的前提下的国际化，发展中国家企业的国际化多属于内向型国际化。中船集团内向型国际化的主要形式是生产要素引进，生产要素引进主要包括技术引进、资本引进和造船中间产品——船用设备引进等基本形式。

（一）技术引进是中船集团内向型国际化的主体模式

中船集团技术引进主要采取了技术许可证贸易和合作生产，与造船先进国家的企业通过建立友好合作的关系开展技术合作，以及通过委托设计和联合设计的形式引进国外先进船型设计技术等。

1. 技术许可证贸易和合作生产

中船集团通过技术许可证贸易和合作生产形式引进国外先进技术（主要是船用设备方面）项目（部分如表16—3）。

表16—3　船用设备技术引进、合作生产主要项目表

序号	项目名称	合作对象		合作性质
		国家	厂商	
1	船用油份浓度计	德国	DRJ公司	合作生产
2	双油缸驱动器	日本	中北公司	许可证

续表

序号	项目名称	合作对象		合作性质
		国家	厂商	
3	船用燃油粘度计	荷兰	VAF 公司	许可证
4	全回转推进装置	日本	新泻公司	许可证
5	船用吊车	英国	诺马林公司	合作生产
6	机舱自动化	德国	沙士基打公司	合作生产
7	船用发电机	德国	西门子公司	许可证
8	MTU 柴油机	瑞典	MTU 公司	许可证
9	船用空调	荷兰	布朗沃斯公司	合作生产
10	瓦锡兰柴油机	芬兰	瓦锡兰柴油机公司	合作生产
11	甲板机械	德国	哈特拉帕公司	合作生产
12	舵桨	德国	肖特尔公司	许可证
13	液压控制阀	德国	波尔普莱格尔公司	许可证
14	活塞环	瑞典	DAROS 公司	许可证
15	平台及船用锅炉	美国	CLATON 公司	许可证
16	船用螺旋桨铸造	日本	中岛螺旋桨公司	许可证
17	原油洗舱机	日本	山水公司	许可证
18	锚泊定位装置	美国	大陆艾姆斯科公司	合作生产
19	柴油机空冷器	德国	GEA 公司	许可证
20	造水机	丹麦	阿特拉斯公司	合作生产
21	电动液压舵机	日本	川崎重工	许可证
22	船用起重机	德国	利布赫斯公司	许可证
23	TR 锻造技术	日本	日本制钢所	许可证

资料来源：根据中船集团网站整理

2. 技术合作

自上世纪末开始，中船集团通过与日本企业建立友好合作关系的形式，引进日本企业的先进管理技术。中日船舶企业之间的技术合作的主要内容包括：中方聘请日方专家担任技术顾问或邀请日方专家来华对中方工厂的技术改造、产品设计、制造工艺、企业管理、人才培养等方面进行咨询，日方向中方提供图纸资料；中方工程技术人员分批前往日本企业实习或接受培训等（见表 16—4）。

表 16—4　中船集团与日本船厂合作项目

序号	企业名称		合作项目或领域	合作公司
1	上海船厂		造船	住友重工
2	沪东中华造船集团	原沪东造船厂	造船	三井造船
		原中华造船厂	造船	大阪造船所

续表

序号	企 业 名 称	合作项目或领域	合作公司
3	江南造船（集团）有限公司	造船	三菱重工
4	广船国际股份有限公司	造船	石川岛播磨
5	上海中船三井造船柴油机有限公司	柴油机制造	三井造船

资料来源：根据中船集团网站整理

3. 委托设计与联合设计式

由于中国在船舶设计方面与世界先进水平存在较大差距，委托国外公司设计船舶，特别是与国外公司开展联合设计一直是推动中国船舶设计水平提高的重要因素。因此，客观上也使委托设计和联合设计成为中船集团开展内向型国际化的一种补充形式。

（二）设备进口是内向型国际化的辅助模式

设备进口主要包括两个方面，即以提高生产技术水平为目的的资本属性的设备（包括硬件和软件）进口和以完成产品生产为目的的中间产品投入属性的设备进口。

1. 资本属性的设备进口

中国改革开放以来，为了提高船舶产业技术水平，与引进国外先进技术相配套，并结合企业技术改造，中船集团不断进口国外先进制造设备。例如，江南造船（集团）有限公司先后从挪威 TTS 公司引进了当时世界先进水平的平面分段流水线，通过边消化吸收、边开发、边建设，较快地进入了实船生产应用阶段。

在引进硬件设备的同时，中船集团还开展了软件技术的引进。例如，一些骨干船厂相继引进了 KCS 公司具有当代世界先进水平的 TRIBON 造船软件系统，并通过消化吸收和二次开发，实现了与国产软件系统接口，很快进入实船应用阶段，在产品创新中取得了显著的成效。例如，江南造船（集团）有限公司于在 1 021 箱高速集装箱船的详细设计和生产设计中的应用该系统，缩短设计周期两个月；沪东造船集团在 1 700 箱集装箱船管系设计中的应用，使差错率减少 80%，缩短造船生产技术准备周期 1～2 个月。

2. 造船中间产品属性的设备进口

尽管中国引进了大量船用设备制造技术，但是由于在总体上中国船用设备制造水平不高，在相当大程度上，船用设备进口已经构成了中国船舶产品出口的重要支撑力量。由于目前尚难以对船用设备进口情况作出全面的统计，我们采用国产船用设备装船率这一指标对中国船用设备进口情况进行简要考察。中国国产船用设备装船率一直处于下降状态。也就是说，中国船舶产品的产量和出口数量没有增加，但船用设备的进口呈现出急剧上升的趋势，远远超过中国船用设备的总产值。

（三）资本引进尚处于起步阶段

在采取多种方式引进国外先进技术的同时，中船集团还根据自身的具体情况，积极引进国外资本，以期实现产业竞争能力的提高，其主要项目有广船国际股份有限公司在中国香港的上市。

二、中船集团以船舶产品出口为主的外向型国际化模式

外向型国际化，主要是指企业拥有所有权优势的基础上的国际化。中国船舶企业外向型国际化，其主要形式是出口。中船集团的出口主要体现在船舶产品出口，与此相关联的是船用设备出口，而技术出口则尚处于起步阶段。

（一）船舶产品出口是中船集团外向型国际化的主体模式

自中国船舶产品首次打入国际市场后，尽管经历了初期的不稳定发展期限，但是在总体上中国船舶产品出口得到了持续发展（见图 16—2）。中国船舶出口不仅在总量上得到了持续的增长，而且经过二十多年的发展，船舶出口产品结构也有了根本性的改善。中船集团初期出口产品主要以中小型散货船、杂货船为主，而目前出口产品范围已经涵盖了大型散货船、大型油船（以 VLCC 为代表）、大型集装箱船、LPG 船、滚装船等多个具有相当技术含量的产品系列，船舶出口产品结构已有了根本性的改善。

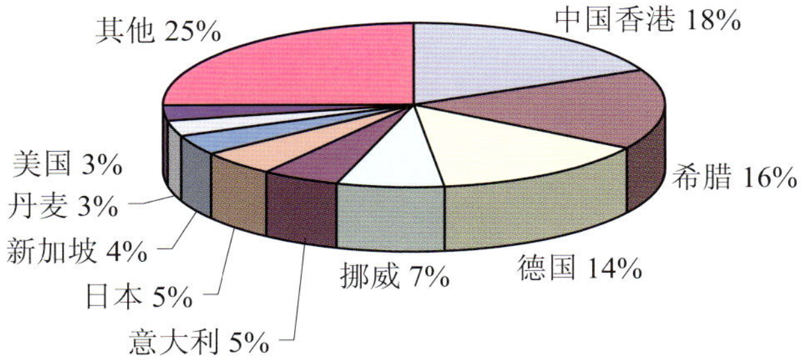

图 16—2 中船集团船舶产品主要出口国家和地区

资料来源：根据《2011 中国船舶工业统计年鉴》整理

（二）船用设备出口是中船集团外向型国际化的辅助模式

船用设备出口主要包括装船出口和单机出口两种形式。装船出口，是指国产船用设备安装在出口船上随船出口；单机出口，是指国产船用设备直接出口海外。考虑船舶总装企业与设备制造企业之间的联系和运输成本等因素，一般来说，装船出口较单机出口更容易实现。

尽管目前尚没有十分确切的统计数据，但是业内人士一致认为：

（1）自从参与世界造船市场竞争，中国船用设备就开始实现装船出口，而单机出口则起步较晚，而且直到现在对船用设备出口也只能产生较小的贡献。

（2）与中国船用设备持续大量进口相对应，在中国船舶产品持续大量出口的同时，中国船用设备出口（无论是装船出口还是单机出口）并没有实现相应的持续快速增长。

（3）在出口船用设备的产品构成上，中国所出口的船用设备主要是技术含量较低且劳动密集度较高的甲板机械、船用辅机等机械加工类产品，而技术含量较高的电子仪表类产品则几乎没有出口。

（三）中船集团技术出口尚在起步

目前，中船集团船舶技术出口基本还处在起步阶段，而且主要是以专业的设计研究

机构的一次性技术转让为主。例如，上海船舶研究设计院分别向捷克、匈牙利出口了 7 000 吨和 3 600 吨多用途船的设计技术，向巴基斯坦卡拉奇船厂出口 17 000 吨散货船的成套设计图纸等。中国船舶工业第九设计研究院为新加坡裕廊船厂设计了长度分别为 230 米、400 米的两个码头，为新加坡大西洋船厂设计了一座 5 万吨码头等。

（四）中船集团承接海外工程项目尚少

由于行业管理的原因，目前中国船舶行业承接海外工程主要由有相应资质的专业设计单位承担，其中，以中船集团旗下的中国船舶工业第九设计研究院最为典型。该院曾经承包建设了缅甸 1.6 万吨级集装箱码头、叙利亚海军下水滑道、总承包建设了孟加拉国绞车滑道、总承包建设了科威特 5 万吨级油码头项目等。尽管如此，目前在总体上中国船舶行业承接海外工程还较少。

（五）中船集团海外投资有待开拓

截止到目前，中国船舶工业集团旗下的中国船舶工业贸易公司以设立海外分支机构的形式开展了海外投资活动。该公司在海外共设有 8 个分支机构，其中，两个为分公司，6 个为办事处。

三、中船集团国际化类型特征分析

（1）根据船舶企业国际化的国际市场进入模式，可以将中船集团国际化定义为出口进入型国际化。中船集团的国际市场进入模式主要还是产品出口，而且是以船舶产品出口为主；而投资进入模式（海外投资）和合同进入模式（中国主要体现为以承接海外工程具体形式的非股权安排）只是中船集团国际化的补充或辅助形式。

（2）从企业国际化的具体内容来看，中船集团国际化属于混合型国际化。也就是企业国际化的内容既包括产品出口，同时也包括生产要素的国际化配置。中国船舶工业生产要素的国际化配置更多地表现为对国外先进技术引进和船用设备的大量进口。

（3）从企业开展国际化的动机来看，中船集团国际化兼有市场导向型国际化和生产要素导向型国际化双重特征，并具体表现为产品出口和技术引进等。

（4）从一国企业是否掌握所有权优势的角度来看，中船集团国际化具有强外向型国际化和弱内向型国际化的双重特征，也就是“走出去”能力较强，但“请进来”发展不足。

表 16—5　中船集团国际化类型特征分析

特　征	类　型
国际市场进入模式	出口进入型国际化
国际化内容	混合型国际化
国际化动机	市场导向、生产要素导向型国际化
所有权优势	弱内向型、强外向型国际化

第三节 中国船舶工业集团公司国际化快速发展的关键因素分析

一、抢市场、上能力，是中船集团国际化的前提

中船集团成立后，经过酝酿，提出了“五三一”的奋斗目标。中船集团不仅要在造船产量上成为世界第一，更要在造船水平、造船效率等核心竞争力方面成为世界第一。

中国造船业经过新中国成立以来特别是改革开放30多年来的发展，已经具备了物质基础。中国造船业继续实现较快发展，拥有一系列的有利条件，成为世界第一并非遥不可及。一是有市场，船舶工业作为重要的航运和海洋开发装备制造业，直接受益于世界经济发展，受益于经济全球化。特别是中国经济的持续稳定发展，为中国船舶工业提供了更为广阔的发展空间。二是有优势，造船中心从先行工业化国家向后起工业化国家转移，从劳动力高成本国家向低成本国家转移，是世界造船业发展的基本规律。当前，中国劳动力成本较低，工业基础较好，恰好具备加快发展船舶工业的综合优势。三是有条件，中国船舶工业参与国际竞争已经有20多年的时间，历经磨炼，积累了宝贵的经验，具有了一定的国际竞争力，完全可以抓住历史机遇，乘势而上，实现跨越式发展。

中船集团为了实现既定战略目标，主要从两方面入手：

一是抓市场，抢订单。船舶订单是船舶企业的生命线。造船产量要成为世界第一，船舶订单首当其冲，或者说船舶订单首先要成为世界第一。几年来，中船集团狠抓市场研究，加强大客户管理，积极开展市场经营，接单量迅速增长。1999年成立当年，中船集团手持船舶订单328万吨，此后接单量连年增长，2003年达到1 163万吨，2006年达到3 330万吨。2011年，中船集团手持订单量已达5 000万吨，生产任务已排至2014年，为今后5年继续保持跨越式发展打下了良好基础。

二是抓建设，上能力。上海外高桥造船基地是中船集团成立后投资建设的第一个重大工程项目。中船集团对外高桥造船基地规划和建设的要求是瞄准世界先进水平，致力于打造“世纪精品”。从开工建设起，外高桥造船基地实现了“建厂、造船、育人”三同步。经过短短3年多的时间，2003年建成当年就完工船舶50万吨；2006年交船312万吨，成为国内第一大船厂；2010年全年完工706.6万载重吨，成为中国首家年造船总量突破700万吨大关的造船企业，在世界造船企业完工量排名全球第3名。在成功投资建设外高桥造船公司之后，中船集团公司紧紧抓住上海、广州等城市布局调整的机遇，分别在上海长兴岛、广州龙穴岛争取到12.5公里岸线资源，并规划建设投资额超过200亿元的长兴、龙穴等软硬件条件具备世界先进水平的现代化造船基地。中船集团从1999年1个30万吨级大坞都没有，到拥有9个30万吨级以上大型船坞，中船集团造船能力从200万吨提升到1000万吨以上，相当于目前世界第一造船集团韩国现代重工的造船设施规模，为中船集团成为世界第一造船集团打下了坚实基础。

在抢接订单、扩大能力的同时，中船集团精心安排，精心组织生产，全力提高造船产量。经过多年的不懈努力，中船集团造船产量每年以百万吨级的高速度增长。中船集团先后提前1年和4年时间跻身世界造船集团五强、三强行列。2011年，中船集团造船产量、接单量和手持订单总量三大造船指标均居世界第二位，仅次于韩国现代重工。日本最大的今治造船集团已经被中船集团公司甩在身后，世界第一的目标更加清晰、更加明确。

二、改革管理模式，是中船集团国际化的保障

成为世界第一的目标明确以后，另一个重要问题摆在了中船集团面前，即作为自主经营、自负盈亏的经济实体，应该用什么样的管理模式来应对激烈的国际竞争，实现宏伟目标？通过学习研究国际一流大公司，特别是日、韩先进造船集团的组织体系和管理制度，要成为世界第一造船集团，必须打破原船舶总公司时期下属企业各自为政的格局，建立适应国际竞争需要的全新的集团公司管理模式，增强集团公司控制力。

中船集团是典型的外向型企业集团，出口产品占总产品的80%以上，具有市场国际化、经营国际化、标准国际化和竞争国际化的特点，要竞争过日、韩先进造船企业，就必须形成集团合力，充分发挥集团优势。中船集团管理模式改革的方向是建立集中、统一、高效的运营模式。按照这个思路，中船集团推进“四集中”管理，即对各企业经营、采购、研发和资金等业务进行集中管理。

经营集中，就是各骨干船厂不再负责民船经营，该项工作统一由集团公司开展，各单位经营人员集中到集团公司办公，彻底改变各企业分散经营、相互压价的恶性竞争局面。

采购集中，就是集团公司成立物资部，统筹管理集团公司船用物资采购工作，各企业不再设采购部门，除低值易耗品外不再开展采购业务。

研发集中，就是集团公司成立研发中心，集中研发力量，面向全集团公司，从事关系集团公司全局的关键性、具有市场开发前途的新船型开发工作。

资金集中，就是以中船财务公司为系统内资金统一管理、运作的平台，把中船集团下属的重点企业资金集中起来管理，加强对各企业的资金存贷调剂和监管，形成集团公司的“内部银行”。对于军品资金，集团公司设立专门账户，封闭管理，确保专款专用。

“四集中”在推行中难度很大。因为这几块业务涉及很多企业、部门甚至个人利益，业务的调整必然要带来利益格局的变化。为此，中船集团启动了一项规模浩大的“创新工程”，即系统内领导干部的交流与培训计划。几年来，中船集团干部交流达到数百人次，所有企业总会计师全部轮换，干部培训则全员覆盖。为推进采购集中，中船集团甚至把骨干企业采购部门全部撤销，采购人员全部集中到集团公司物资部办公，通过干部调动破除本位主义。中船集团还决定，企业主要管理者的工资由集团公司核定发放，逐步形成在集团公司调配下的“职业经理层”。此举大大促进了企业领导干部思想观念的转变。通过这些努力，集团公司企业领导干部实现了由“企业人”向“集团人”的身份和

江南造船（集团）有限责任公司拥有并实施的“区域造船总段合拢对接方法”发明专利，已连续成功地应用于公司承建的5型18艘船舶、16 000载重吨（DWT）化学品船、74 000DWT散货船、76 000DWT散货船、16 000总吨（GT）客滚船以及500吨大型液罐，年增产值约6 000万～9 000万美元，创造了显著的经济效益。

上海外高桥造船有限公司拥有并实施的“散货船燃油储放装置”发明专利，避免了船舶碰撞造成舷侧结构破坏时的燃油泄漏，充分体现了绿色环保的船舶设计理念，降低了船舶总纵向弯曲力矩，有效减轻船体结构重量，节约了能源。上海外高桥造船有限公司目前已承接的88条散货船都采用这一设计，其中32条船已交付使用。由于这一设计既环保又节能，船东对此设计很满意，使用情况良好，增强了中国大型船舶产品在国际市场上的竞争力。

上海外高桥造船有限公司和中船集团第七〇八研究所合作研制的“15万吨浮式生产储油船（FPSO）”是由原油处理工艺设施、兼顾海上采油平台的公用系统、外输油系统、储油舱区、海上生活模块和单点系泊装置等组成，是一项投资额巨大、技术综合、系统接口复杂的海洋石油开发关键项目。

江南造船（集团）有限公司研制的第五代“江南巴拿马型”散货船（即标准76 000吨巴拿马型散货船），利用计算流体动力学（CFD）技术优化线型，进一步突破原有结构设计布臵框架，结合新的国际船级社协会（IACS）关于散货船安全性的要求。目前，江南造船（集团）有限公司已承接比利时、伊朗、中国中海和中远等公司16艘76 000吨巴拿马型散货船的建造订单。

2001—2009年，中船集团共获得国家科技奖励12项，国防科技奖励169项，省部级奖励59项。获奖项目均在各自领域中取得了巨大的技术进步，推动了中船集团各企事业单位的发展，在应用中取得了很好的经济和社会效益。

江南造船（集团）有限责任公司开发的34 000吨大湖型散货船开发、设计和建造，上海船舶研究设计院等单位研制的35 000吨级浅吃水肥大型散货船（上海型、广州型）的研制，正茂集团有限责任公司研制的超大规格船用锚链制链成套设备获得1999年国家科技进步三等奖。

江南造船（集团）有限责任公司、中船集团第七〇八所研究所研制的16 500立方米半冷半压式液化气船研究开发分别获得2000年和2001年国家科技进步二等奖。

江南造船（集团）有限责任公司、上海船舶研究设计院合作完成的70 000吨大型自卸船研究、开发项目获得2003年国家科技进步二等奖。

江南造船（集团）有限责任公司参与完成的上海卢浦大桥设计与施工关键技术研究获得2005年国家科技进步二等奖。

中船集团第七〇八研究所、广州文冲船厂参与完成的先进疏浚技术装备研发及产业化获得2007年度国家科技进步二等奖。

第四节　发现与启示

船舶工业是一个国际化的产业，世界先进造船国家船舶工业发展历史表明，一个国家船舶工业发展的历程是与其国际化的进程伴生的。国际化经营既是船舶工业企业成长的重要原动力，也是船舶工业企业发展的必然历史趋势，中船集团的国际化案例为中国船舶企业国际化发展给出了启示。

一、发挥比较优势，调整优化出口产品结构

大型原油船、大型集装箱船、成品油船三大主力船型是中船集团的主要产品，而海洋工程也日益成为产品结构中的重要组成部分。我们要对现有产品进一步优化设计，形成几大类船舶的标准化船型，为经营部门承接系列化、批量化、规模化船舶创造条件。在此基础上多承接海洋工程产品等高附加值产品，同时还要做好大型集装箱船、LNG 船等高端产品的开发，提高企业的市场竞争能力。

根据世界造船市场产品需求结构，结合中国船舶工业产品国际化的基础条件，中船集团以有效适应市场和发挥中国船舶工业比较优势为基本原则，对中国船舶工业的出口产品结构进行适当调整。具体来说就是：第一，船舶产品以油船、散货船、集装箱船三大主力船型为重点，同时，加强研发与适当承接高技术、高附加值船舶如 8 000TEU（国际标准箱单位）集装箱船、LPG 船、化学品船、自卸船、滚装船、海洋工程船等，保持对高技术船舶的跟踪与把握、研发与持续开发，增强技术储备，稳步提高高技术、高附加值船舶承接的比例。第二，船舶配套产品。与船舶结构调整相适应，围绕三大主力船型发展的需求，重点发展市场急需的船用配套产品，如船用动力、发电机组、舱室机械、甲板机械、传动推进装置、船用泵阀、船舶自动化等。

二、坚持引进创新与自主创新

中国改革开放以来，中船集团走出了“出口—引进—提高—再出口”的成功道路，坚持引进创新与自主创新相结合的途径，通过技术创新机制，重点提高自主创新能力，大力培育自主知识产权的技术。以增强企业技术创新能力为核心，在船舶工业中建立以企业为主体，产学研相结合的技术创新体系和运行机制，为有限的科技投入发挥更大的产出效能提供体制和机制的保障。

中船集团本着抓住重点、带动全局的原则，首先要着重抓集团两极科技开发中心的建设，采取各种引导、扶植措施，为集团建立由研发中心和企业技术开发中的两极开发机构组成的完整技术创新体系积极创造条件。大力推进产、学、研联合，鼓励和支持企业积极创造条件，吸引研究院所、高等院校以多种形式参与企业的技术创新工作。深化科技体制改革，大力促进科技与经济的有机结合，积极引导和鼓励部分科研院所直接进入企业或企业集团，充实和提高企业科技创新的实力和水平。具体就是：

（1）明显增强高技术、高附加值船舶的自主开发能力，中船集团已经具备设计建造大型车客渡船、大型滚装船和高规格化学品船的能力，形成批量建造大型LPG、LNG船的能力。具有能自行开发设计包括豪华游船在内的大多数船型、建造世界上全部船型船舶的能力。

（2）大幅度提高常规船舶的优化设计能力。目前，常规船舶主要船型实现标准化、系列化，形成20～30种具有自主知识产权，在世界船舶市场上具有较大影响力的品牌船型。到2015年将形成30～50种标准化系列化品牌产品。

（3）扩大高技术、高附加值产品比例，建立与世界市场需求相一致的产品结构。增加高技术、高附加值船舶占全行业造船总量的比例，按吨位计算要达到15%左右，按产值计算要达到25%～30%。预计2015年，在造船总量大幅增长的情况下，高技术高附加值船继续保持30%左右的水平。

三、提高生产管理水平，向现代造船模式转变

当前，硬件投入对提高生产率所起的作用越来越小，生产管理水平才是提高效率的关键。如何向现代造船模式转变是问题的关键。转变模式是一项长期性、系统性、全面性、综合性的工程，工程内容涉及企业的方方面面。改造生产体系是造船企业转变模式的主要内容之一，改变各项生产要素在产出中的权重，从而降低在目标产量水平中的生产资源投入量，提高投入产出水平，有效地降低企业产品成本，促进经济效益的增长。持续不断地推进这种创新活动，就能突破经济资源、生产要素的瓶颈制约，变现行的投资驱动为创新驱动的经济增长方式，将使企业具有源源不断的增长后劲，促进持续快速增长。生产体系改造全面效果的实现，还有待于经济体系的改造。生产体系改造创新价值的实现，既要有相应的企业经济运行机制的保证，也需要有应对市场条件变化和规避经营风险的市场创新能力。

推广精益造船，确立“零缺陷传递”理念，控制无效时间，增加有效工作时间。采取多种措施摊薄成本，严格控制预算，推动预算管理精细化、规范化、全面化，不断降低各种成本费用。信息化建设在向现代造船模式转变的过程中起到至关重要的作用。建立设计标准、生产标准、管理标准并形成标准数据是推行企业信息化建设的基础。企业要依据设计、生产、管理的实践，形成标准周期、标准工时、标准流程等一整套标准数据体系，只有以企业自身标准数据为基础开发CIMS系统，才能使系统运行符合企业自身规律。

四、积极推动船舶工业进行海外投资与技术输出

通过改革开放初期以“引进来”为主开展对外技术合作，中船集团打下了较扎实的科技基础。一些船舶科研院所和大型造船厂的技术中心和研发机构，在某些船舶技术领域特别是中小型船舶设计技术上已达到国际先进水平。我们要利用这些科技资源，实施“走出去”战略，开拓海外市场。一方面，向技术水平不如中国的发展中国家输出技术，

以此打入他国市场，创造收益和声誉；另一方面，与技术水平高于中国的先进造船国开展联合设计和研究开发，进而跟上世界船舶科技发展潮流，利用和开发国内国际两种资源和市场。

首先，具备实力的大型企业（集团）应在充分调研论证的基础上，通过在海外设立营销网点等多种形式，大胆走出去。在提高投资进入比重的同时，促进产品出口的持续增长。其次，针对中国加入世界贸易组织后，引进外资政策的逐步放宽，中国船用设备制造企业通过许可证等传统方式引进国外先进技术必将面临更加困难的局面的现实，应主动采取合资合营等形式，积极引进国外先进企业的资本。通过引进国外资本，不仅可以有效地改善中国船舶企业内向型国际化过程中的结构偏差，同时还可以通过引进资本而最终引进技术，促进中国船舶工业特别是船舶设备制造企业技术水平的迅速提升。

五、加强适应国际化经营的人才开发和队伍建设

船舶工业是劳动密集型企业，可以为社会提供更多的就业机会。走向国际化之后，企业就必须不断扩大自身的提高就业的能力，这不仅会对社会作出贡献，也可以和目标国建立起友好的关系，缓解船舶国际化中所带来的地方保护主义和无序竞争。企业提高吸收人力资源的能力必须以技术创新为基础，企业走向国际化，生产和管理效率大幅提高之后，就会增强企业的能力。

以高层次人才队伍建设为龙头，加强人力资源开发，以能力建设为重点，营造人才辈出的环境，精干队伍主体，调整队伍结构，努力建设一支适应国际化经营的高素质人才队伍。首先，要建立与社会主义市场经济体制相适应，人才分类分层管理，不求所有、但求所用的开放的人才管理体制。其次，建立健全职工能进能出、职务能上能下、收入能增能减，有效激励、严格监督、竞争择优，能有效吸引国内外人才，充分调动员工积极性，充满生机与活力的用人机制。再次，形成一支具有履行职责所需的思想政治素质高，会经营、善管理、懂业务，熟悉国际市场运行规则的高级经营管理者队伍。最后，建立终身学习的教育培训制度，加大继续教育的投入，加快紧缺、急需人才的培养，培育一批复合型人才，提升人力资源的国际化程度和整体素质。

六、大力实施品牌战略，积极开展品牌营销

目前，在以国际贸易（或出口）为国际化经营主要特征且取得良好业绩的情况下，中国船舶工业企业急需开展品牌营销。通过实施品牌战略，树立产品形象，树立企业形象，进一步提高世界市场对中国船舶工业产品的认知程度，从品牌经营的角度促进企业国际化经营水平的提高。中国的船舶工业企业走向国际化，依靠的是资源和劳动力优势带来的低廉的船舶价格，但是日韩国家的船舶制造业则是凭借这先进的技术和良好的信誉及品牌优势占据重要位置。日韩有很多品牌船舶企业每年承接大量的国际订单，由品牌产生的价值延续为企业带来了更多的利润空间。树立国际品牌不仅指中国船舶产品还可以将中国具有实力的船舶企业发展成为国际品牌企业，比如说，中船集团和中国船

舶重工集团公司都是具备国际品牌效应的企业，中国的其他船舶工业企业也应该借鉴这两家重要企业的发展路径，创造更多国际化条件，勇于承担更多的社会责任，树立国际形象，逐渐形成国际品牌。

参考文献

[1] 中国船舶工业集团公司网站，http：//www. cssc. net. cn/.
[2] 中国船舶工业协会网站，http：//www. cansi. org. cn/.
[3] 中国船舶工业行业协会．中国船舶工业年鉴 2011，2011.
[4] 王炜．中国船舶工业集团公司高端突破引领市场．人民日报，2012—1—19.
[5] 郭强．中国船舶工业企业国际化研究．哈尔滨：哈尔滨工程大学.
[6] 中船集团：坚持稳中求进 实现破局发展．军工文化，2012（2）.
[7] 上海证券交易所．中国船舶 2011 年年报．http：//www. sse. com. cn/.
[8] 中国船舶工业行业协会．2011 年中国船舶工业经济运行分析．中国船舶报，2012（1）.
[9] 洪方智．中国船舶工业集团：进入新世纪，实现新跨越．国防科技工业，2009（6）.
[10] 杨虎林，苑化军．中国船舶工业集团公司——船业航母从这里扬帆起航．现代工业经济和信息化，2011（6）.

第十七章

中兴通讯股份有限公司国际化发展的案例研究

第一节　案例现状与问题提出

一、中兴通讯股份有限公司概述

中兴通讯股份有限公司（简称“中兴通讯”）是全球领先的综合通信解决方案提供商。公司成立于 1985 年，在香港和深圳两地上市，是中国最大的通信设备上市公司。公司通过为全球 140 多个国家和地区的电信运营商提供创新技术与产品解决方案，让全世界用户享有语音、数据、多媒体、无线宽带等全方位沟通。

中兴通讯拥有通信业界最完整的、端到端的产品线和融合解决方案，通过全系列的无线、有线、业务、终端产品和专业通信服务，灵活地满足了全球不同运营商的差异化需求以及快速创新的追求。2011 年，中兴通讯实现全年营业收入 862.54 亿元，同比增长 23.39%，增速位居行业首位。其中，国际市场实现营收 467.58 亿元，占整体营收 54.21%，同比增长 24%。中兴通讯系统设备已全面服务于全球高端市场的顶级运营商，智能终端增速强劲，已跃居成为全球第四大手机厂商。

中兴通讯坚持以持续技术创新为客户不断创造价值。公司在中国、美国、法国、瑞典、印度等地共设有 18 个全球研发机构，近 3 万名国内外研发人员专注于行业技术创新。2011 年，中兴通讯国际专利申请（PCT）量跃居全球企业第一位，国内发明专利授权量与申请量也均列国内企业第一位。公司依托分布于全球的 107 个分支机构，凭借不断增强的创新能力、突出的灵活定制能力、日趋完善的交付能力赢得全球客户的信任与合作。

早在 1995 年，中兴通讯就启动了国际化战略。十年来，中兴通讯在国际市场不断进步，从发展中国家起步，逐步向发达国家渗透，已经相继与包括葡萄牙电信、法国电信在内的众多全球电信巨头建立了战略合作关系，并不断突破发达国家的高端市场。

中兴通讯国际化发展目标是：以人才国际化为根本，市场国际化为重点，资本国际化为依托，打造享誉全球的中兴品牌，力创世界级卓越企业。

从 2001 年起，来自国际市场的业务收入占中兴总体业务收入逐年增加，从 2001 年的 4%逐渐增加到 2004 年的 22%，国际市场逐渐成为中兴拓展业务的重要市场。根据 2006 年 4 月公布的《中兴通讯 2005 年年报》，中兴主营业务收入为 215.75 亿元，纯利润为 12.88 亿元。其中，内地业务营业收入跌 16.72%至 138.73 亿元，而国际业务销售收入则上升 68%，达到 77.02 亿元，国际业务占主营业务收入比重已经从 2004 年的 22%上升到 2005 年的 36%。

二、主要产品结构

中兴通讯提供多层次的产品技术体系和客户化的解决方案。主要产品和解决方案分为运营商网络类产品、终端产品、服务及其他产品三大部分，其中，运营商网络类产品包括：无线产品、核心网产品、承载/接入产品、业务产品及配套四大类（见图 17—1）。其中，无线产品负责提供系统综合及销售主要关于码分多址（CDMA）、全球移动通讯系统（GSM）、全球微波互联接入（WiMax）、长期演进（LTE）项目及无线本地接入系统（PHS）等手机网络系统的设备。核心网产品包括移动核心网、固网核心网、IMS 系统。承载/接入产品包括 WDM/OTN、NG/SDH/MSTP、路由器、IPTN、MSAN 等产品，业务产品及配套包括增值业务、OSS/BSS。终端产品包括手机、上网卡、固定台等产品。服务及其他产品包括网络规划与建设、运维托管等。

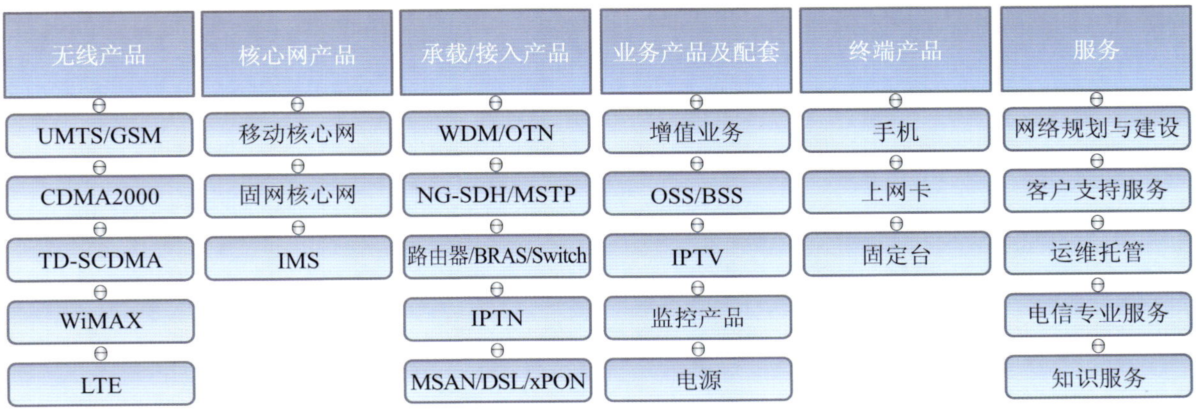

图 17—1　中兴通讯产品结构图

资料来源：中兴通讯官方网站

其中运营商网络产品是中兴通讯业务量最大的产品，其次是终端产品。2011 年，运营商网络产品的收入达到 46 522 048 元，终端产品的收入达到 26 933 508 元（见表 17—1）。

表 17—1　中兴通讯业务收入分类表

产品 \ 金额 \ 年份	2011 年		2010 年	
	收入	成本	收入（已重述）	成本
运营商网络	46 522 048	28 305 798	41 976 345	25 852 851
终端产品	26 933 508	22 843 765	17 646 398	14 295 454
电信软件系统、服务及其他产品	12 410 969	8 698 681	9 872 369	6 923 202
总计	85 866 525	59 848 244	69 495 112	47 071 507

资料来源：《中兴通讯 2011 年年报》

三、组织结构

从 1998 年起，中兴按照“集中决策、分散经营”的原则，结合自身特点将组织结构划分成若干事业部，实行准事业部制（见图 17—2）。虽然每个事业部都独立核算，并且在事业部之间形成内部市场关系，但是每个事业部并没有完全独立的财务权，所以说成是准事业部制。

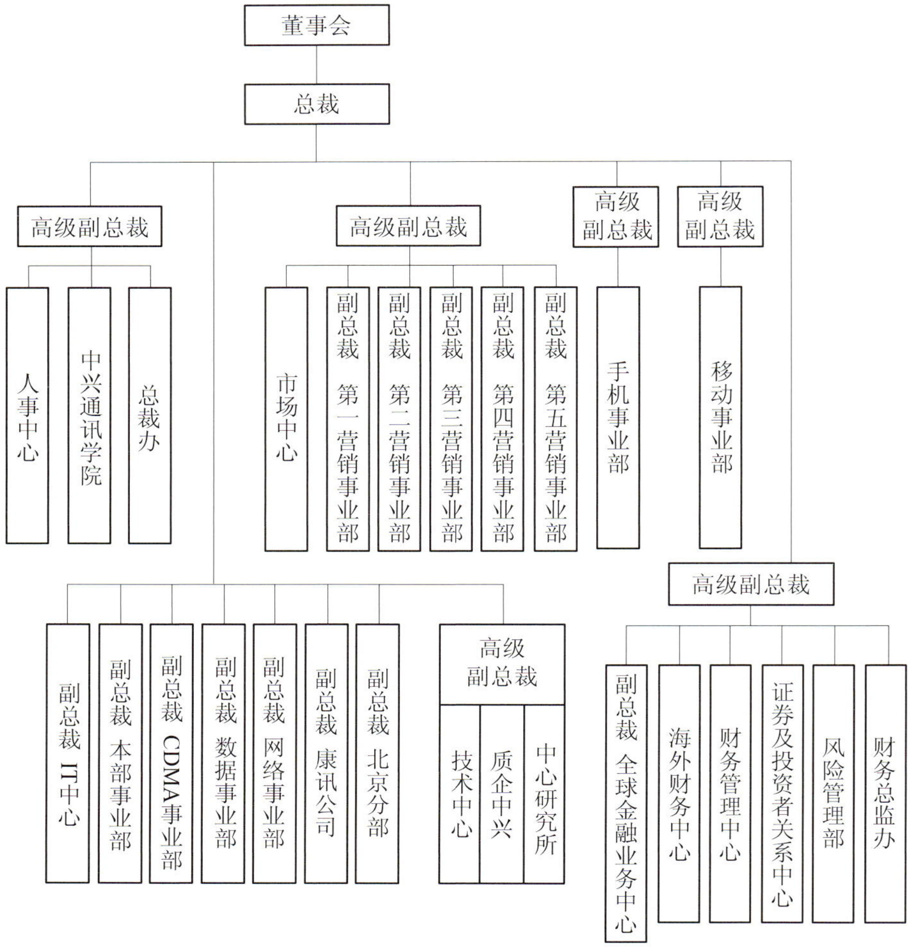

图 17—2　中兴通讯组织结构图

资料来源：袁晨．中兴通讯国际化战略研究．南京：南京大学商学院．

"集中决策"主要体现在：（1）集中控制公司人事和财务权，适度分权；（2）统一健全公司的标准制度体系，为公司的内部运作提供行为标准；（3）公司提供统一的采购、销售、支持平台；（4）建立完整的投诉体系；（5）建立统一的信息化平台，实现信息共享。

"分散经营"主要体现在：（1）产品事业部具体负责研发、生产、产品成本控制和市场推广，是公司各产品发展的责任中心，也是公司的阶段利润中心，对产品的市场占有率负有一定责任，但是产品事业部没有销售权；（2）各营销事业部分别在特定区域和针对特定的客户从事销售和维护工作，是公司共同的销售维护平台，各营销事业部相对独立核算，是公司的阶段利润中心；（3）康讯公司负责产品的生产制造，执行公司统一的技术、工艺、质量等管理规范，是中兴各产品事业部共同的部件、配套件供应平台，按照各产品事业部的滚动需求计划编制物料采购计划，根据产品事业部的订单组织供货；

（4）企业高层仍然按职能制结构进行设计。公司总部下设多个职能部门，公司总部主要负责制定公司规划和发展战略，开展基础技术和中远期技术研究，制定内部经济合作、流程、制度等，规划资产运作及财务管理，品牌经营，统一对外事务，管理公共事务，负责重大协调等。

第二节 中兴通讯股份有限公司国际化发展历程及现状

早在1995年，中兴通讯就启动了国际化战略，成为中国高科技企业最早实践“走出去”战略的企业，中兴通讯在持续10多年国际化的发展历程中，走出了一条发展中国家—发达国家的道路。先从南亚开始拓展，重点是巴基斯坦、孟加拉，还有非洲一些国家如刚果、赞比亚；之后，发展到印度、印尼和东欧一些国家，非洲的许多国家以及南美；最近，中兴通讯在发达国家，如德国、法国、葡萄牙也取得了突破。

中兴通讯的10年的国际化进程大致经历了“四个阶段”：

一、海外探索期（1995—1997年）

此阶段是中兴通讯确立进军国际市场的大战略时期，并有少量产品在海外市场实现突破。这一时期，中兴通讯开始在个别国家设立“据点”，初步了解了国际市场的一些运行规则。

1995年，时任中兴通讯副总经理的史立荣一个人参加了日内瓦电信展，可以算是中兴第一次派人参加国际展会。

1996年5月，中兴通讯国际部正式成立。1997年，通过在孟加拉的合作伙伴，中兴参与了孟加拉电信公司的投标项目，拿到了合同金额为150万美元的合同，实现了“零”的突破。这是中兴第一个正式的国际中标项目。

这一时期，中兴通讯的国际化经营，主要采用间接出口的方式，即通过立足公司本国的中间人或出口商进行出口，此时公司只与本国中间人交易，不需要对国外市场进行过多研究和投资。中兴通讯同国外市场的最初联系，主要是从偶然的、零星的产品出口开始，而且多是通过专业外贸公司代理出口其产品，公司主要是进行技术上的支持工作，对外贸公司有很强的依附性。

二、规模突破期（1998—2001年）

在此阶段，中兴通讯开始进行大规模海外电信工程承包，并将多元化的通信产品输出到国际市场。这一时期，中兴通讯陆续进入南亚、非洲多个国家，海外市场实现了由“点”到“面”的突破。1998年，中兴中标巴基斯坦交换总承包项目，项目金额为970 010万美元，是当时中国通讯企业在海外获得的最大的通信“交钥匙”工程项目。1999年4月，中兴巴基斯坦公司成立，主要负责交换机本地化生产活动，这是中兴通讯海外本地化的开始。

在这一阶段，中兴通讯开始建立自己的销售渠道，从1999年初开始，中兴通讯开始派出小批的“先头部队”进入电信市场不发达国家“蹲点”，每个国家平均下来只有1～2人，这样的国家总共有40多个，其中主要集中在非洲。

在第二阶段，中兴通讯依然是以电信设备的出口业务为主，主要还要依靠代理公司，但与第一阶段相比，中兴通讯已经开始独立安排一些国际商务活动，已经主动地、直接地寻求贸易伙伴，积极地扩大企业外向型的商务活动。在这一阶段，中兴通讯建立了专门的部门来处理和国际商务有关的事情。但是，在这个阶段的中兴通讯还是以国内业务为主，还是一个内向型突出的企业。

三、全面推进期（2002—2004年）

在这一阶段，中兴通讯国际化战略开始在市场、人才、资本三个方面全方位实现推进。这一时期，中兴通讯前后培育出印度、俄罗斯、巴西等市场潜力巨大、人口众多的若干战略国家市场，海外市场逐步进入稳定发展阶段，并为进军欧美高端市场奠定了基础。

2004年，中兴通讯股票成功在中国香港联交所挂牌上市，成为中国“A to H”第一股，共募集资金逾35亿港元，获得超过250倍的超额认购。

在第三阶段，中兴通讯在保持国内经营活动的同时，已经直接参与到国外的商品、资本、技术、生产、销售环节中去了，并且已经在国外设立了众多的常设代表机构或国外子公司。

四、高端突破期（2005年至今）

中兴通讯将2005年命名为“国际年”，在这一阶段，中兴通讯希望通过借助有效实施“本地化”战略，通过和跨国运营商全面、深入的合作，在不久的时间内，实现对西欧、北美等发达市场的全面突破。

2005年，中兴通讯的国际化进程开始“提速”。措施之一是国际市场管理平台由国内移到国外，通过成立14个海外片区，来加大对70个重点目标市场的管理。措施之二是全面加强了对于欧美发达国家的市场覆盖，目前，中兴通讯已经在欧洲成立了15个具备本地化营销咨询、技术支持和服务保障能力的代表处，实现了对英国、法国、德国等西欧市场的完全覆盖。

2005年，中兴通讯与阿尔卡特和思科签署协议，在电信设备领域进行合作。中兴通讯还与葡萄牙电信和法国电信（FT）在签署了长期研发战略合作协议，使中兴通讯的“欧洲攻略”再次向纵深迈进。

在这一阶段，中兴通讯已经将自己的战略目标从国内移向国外，国内经营活动的重要性也随着企业国际化的加深而减弱，中兴通讯已经开始转变成为以全球经营活动为出发点，在广阔的国际市场上寻求全球最佳经营效果的跨国公司。为了适应国际化发展需要，中兴通讯发展出多种形式的商务活动和技术合作；组织机构也发生了相应变化，以适应不同的经营环境，领导和控制在全球许多国家和地区进行的商务活动。

我们可以看到，中兴通讯的国际化发展是一个连续渐进、由浅到深的过程，根据阶段理论，中兴通讯对国际市场的认识是逐渐深入的。在最初阶段，由于缺乏对国际市场的了解，因此中兴通讯选择代理商进行出口活动。随着出口活动的增加，公司掌握了更多的海外市场信息和联系渠道，海外销售额逐年增加。随着市场需求的增加和海外业务的扩大，中兴通讯在海外大规模建立自己的产品销售子公司。当发展条件成熟以后，中兴开始进行海外直接投资，建立海外生产制造基地。可见，随着中兴对国际产业环境的“市场知识”的逐步理解和熟悉，中兴已经开始把触角伸向全球的各个角落。

到 2011 年止，中兴通讯的业务量仍然占最大比重，在亚洲、非洲和欧美的业务量已大幅度提高，从 2010 年到 2011 年在欧美及大洋洲的营业收入提高了近 40%（见表 17—2）。

表 17—2　中兴通讯各地区业务收入分配表　（元）

年份／金额／地区	2011 年		2010 年	
	收入	成本	收入（已重述）	成本
中国	39 164 458	26 050 064	31 850 760	21 099 265
亚洲（不包括中国）	15 587 670	11 522 377	12 638 428	8 874 790
非洲	10 669 852	5 674 103	10 617 068	5 852 404
欧美及大洋洲	20 444 545	16 601 700	14 388 856	11 245 048
总计	85 866 525	59 848 244	69 495 112	47 071 507

资料来源：《中兴通讯 2011 年年报》

注：本集团于 2011 年度向前五大客户销售的收入总额为人民币 29 096 531 千元（2010 年度：人民币 28 705 812 千元），占主营业务收入的 33.89%（2010 年：41.31%）。

第三节　中兴通讯股份有限公司成功实现国际化发展的关键因素分析

经过 10 多年的努力中兴通讯发展成为全球领先的综合通信解决方案提供商。公司为全球 140 多个国家和地区的电信运营商提供创新技术与产品解决方案。如此迅猛的国际化发展态势主要取决于诸多因素及其核心竞争力。经过分析中兴通讯成功实现国际化发展的关键因素可以总结为强大的研发力量、技术和市场紧密结合的能力以及卓越的企业文化。

一、强大的研发力量是中兴通讯国际化发展的强大动力

技术创新，特别是重大的技术创新是企业核心竞争力的关键。在高科技行业中，科

技研究占踞极重要的位置。成功的科研模式，不单要注重控制科研的成本，还要同时加快科研的速度，以求在竞争激烈的行业中突围而出。中兴通讯成立二十年来，坚持走自主创新之路，既向领先的国外企业学习，又通过重大的技术创新获得产品自主权，形成了具有鲜明特色的中国企业自主创新模式。中兴通讯坚持以市场为驱动的研发模式，进行独立自主的开发，建立层次分明、科学规范的创新体系。持续的研发投入，使得中兴通讯在技术开发领域取得一系列的重大科技成果。

中兴通讯是中国“火炬计划”重点高新技术企业、技术创新试点企业和“863”高技术成果转化基地，承担中国第三代移动通信、高性能 IPv6 路由器平台、国家信息示范网（3Tnet）等多项“863”重大专项课题，每年投入的科研经费占销售总额的 10%以上。中兴通讯在美国、印度、瑞典及国内设立了 18 个研究中心，及时跟踪全球通讯领域的最新技术。近年来，在 3G（第三代）移动通讯、核心路由器、光传输等技术领域达到国际先进水平，尤其是推出了具有自主知识产权的数字集群通信体系——GoTo，该产品拥有 100 多项专利技术，已成为改变国际集群市场格局的主流数字集群技术之一；中兴通讯有组织地、广泛地参与了（国际电信联盟 ITU）、《第三代合作伙伴计划》（3GPP）、3GPP2 等 50 多个国际标准化组织。目前，中兴通讯累计提交国际标准文稿 1 000 余篇，6 名专家在国际标准组织中担任领导职务，取得了 11 个国际标准编辑者（Editor）席位和起草权，其中 3 项国际标准已全球正式发布；累计完成国内外专利申请 6 700 项，其中，国际专利申请超过 750 项，手机专利申请 500 多项，是拥有专利申请（尤其是双模手机专利）数量最多的中国手机生产厂商。

从技术追随者，到局部领先者，再到规则制定者，二十年间，中兴通讯完成了“三级跳”，产品和技术的优势被充分挖掘，进而转化为竞争优势，使中兴通讯打开了国际市场并得以稳步发展。仅 2007 年，中兴通讯长途波分传输设备 ZXWM M900 荣获“国家科技进步奖”；ZXR10 以太网交换机系列产品凭借优异的产品品质、创新的技术实力以及成功的市场应用等优势，荣获了“2007 年中国名牌”称号；一批具有自主知识产权的 TD—SCDMA 系统和手机产品先后面世，并在运营商的招标中取得领先的市场份额。中兴通讯根据“市场优势、技术优势、人才优势”原则，在全球设立了 16 个研究开发机构：其中国内研发中心——中兴通讯核心研发机构，重点负责技术产品化工作；欧洲、美国研发中心负责前沿、核心关键技术研发；法国研发中心促进高端市场突破；印度、巴基斯坦研发中心负责客户推进、客户化定制。同时，中兴还建立了全球化合作的大平台，全面建立了和全球主流运营商以及电信设备商的业务沟通和联系，与法国电信、思科、爱立信、阿尔卡特、英特尔、微软等全球著名企业建立了战略合作伙伴关系。

除了注重科研力量的投入外，中兴通讯还特别注重科研成果在产品间的渗透。中兴的产品组成令不同产品可以共享相同科技，单一的研究带来多个产品的应用，不但起到减低成本的作用，更为公司在科研速度上取得优势，实现科研成果相互渗透，从而提高公司的整体价值。科技成果的相互渗透在无线传送与手机科技成果、交换及接入和数据通信的科技成果方面最为明显。

(一) 无线传送与手机科技成果相互渗透

制造手机，牵涉到两方面的技术，有属于手机内部的机芯技术、基频技术，也有属于无线传送中的协议软件、射频设计、信息加密等技术。无线传送中，手机和基站会分别将频率置换，这过程需要基站与手机的互相配合，而从中研发出的传送技术，能直接套用到手机的制造，使接收质量和误差比率大大减低。由此可见，无线传送的科研，与手机设备的科研有所重叠，可以起到科研成果相互渗透的效果。

(二) 交换及接入和数据通信的科技成果相互渗透

在手机之外，中兴通讯的其他两大关键产品，交换及接入设备和数据通信设备之间也有技术渗透发生。中兴通讯在交换及接入设备的主力产品是程控交换机，而在数据通信领域，产品有以太网（在局域网上进行数据传输最早建立的协议之一，目前仍在广泛使用）交换机、路由器（一种通信设备，可在网络中选择数据的传送路径）、程控交换机。以太网交换机和路由器都属于集线器的分支。它们之间的区别在于，程控交换机是广域网交换机，即应用于大型电信网络的交换机；而以太网交换机和路由器是应用于较小型的网络，如办公室中数据的传送。

1998 年以前，中兴通讯的主要产品是程控交换机。在 1999 年进入数据通信市场后，由于这几种产品在技术上的相似性，中兴通讯得以在短时间内以较低成本完成在数据通信产品上的研发。所以中兴通讯在它的主营业务中（无线通讯、手机、交换及接入、数据通信），理论上享有技术共享带来的优势。

二、技术和市场紧密结合的能力

中兴通讯的技术创新能力是毋庸置疑的。在全球热点技术，如 3G、下一代网络、交互式网络电视（IPTV）、宽带接入、数字集群等领域居于国际先进水平，并开始出现 CDMA2000、数字集群通讯系统（GOTA）等处于全球领先地位的产品。截至目前，累计申请专利 4 000 多项，其中 90%以上是高质量的发明专利。在国际标准化组织中，获得下一代网络、光传输等多个国际标准的起草权和编辑者席位，成为标准订立领域不可忽视的“中国力量”。即便如此，中兴通讯只是将技术看成是服务市场的工具，他们认为技术是一种市场能力。这个观点集中体现了技术创新以市场为导向的观点，即研究开发是为市场服务的。在这点上中兴通讯和全球最大的通讯设备制造商——思科系统公司十分类似。思科绝不搞技术崇拜，其首席执行官钱伯斯认为，技术最终将被市场击败。企业是一个盈利主体，其研发只有满足了市场需求，才能卖出钱来，否则自主创新难以为继。在核心能力的基础层面上，中兴通讯的核心竞争力就是在贴近市场和掌握核心研发技术的基础上，将市场和技术紧密结合的能力。

中兴通讯市场和技术紧密结合的能力的建立主要体现在以下几个方面：

(一) 以提升客户核心竞争力为目标的产品开发策略

在技术开发方面，中兴通讯一方面摒弃闭门造车的做法；另一方面，中兴通讯不是被动地等待客户提出需求，而是走在客户的前面，想客户所想，急客户所急，从客户的角度确定产品开发方向，以通过技术创新提高客户核心竞争力为己任。下面以中兴通讯与联通在CDMA项目上的合作为例。

在与联通CDMA项目的合作中，中兴通讯完全站在联通的角度，从联通和其他运营商进行竞争的角度出发确定产品开发方向。为此，中兴通讯一步步深入到联通市场活动的每一个步骤，及时提出解决方案。

联通建设CDMA之初为了与中国移动的GSM和联通自己的GSM网形成差异化竞争，在麦肯锡公司的帮助下将CDMA网络定位于高端客户，这样必须具备国际漫游、机卡分离、支持短消息、智能网等功能。但是CDMAIS95设备只能提供基本的话音业务，除了绿色手机、音质好、保密性能好等特点外，与GSM基本相同。在这种情况下，中兴通讯提出了“增强IS95”的概念，即基于IS95标准在以下方面进行增强：支持国际漫游、机卡分离、支持短消息、智能网等功能，支持向CDMA20001X平滑升级。这样可以达到联通差异化竞争的目标。这样增强型IS95成为联通CDMA一期网络建设的标准。与此同时中兴通讯开发了全球第一款机卡分离的CDMA手机，满足了客户的需求。

由于投入不到位，联通CDMA网络有个巨大的缺陷：网络覆盖不理想，影响通话质量。这是联通CDMA和GSM网竞争的软肋。为了解决这个问题，2002年中兴通讯为联通量身定制了一套解决边缘地区服务质量难题的方案——C++网，可以解决县、乡一级边际地区的广域覆盖，沿海地区的近海及内陆草原、沙漠和森林等特殊地域的超远覆盖，大中城市高大建筑物的深度覆盖。2003年7月，中兴通讯又以总集成商的身份帮助联通开通了位置业务“定位之星”。

联通建立网络只是第一步，运营商最终的目标是通过新网络提高效益、提高市场竞争力。中兴通讯从联通的角度思考问题，参加到联通的业务创新中去，这样中兴通讯与联通的合作关系由简单的客户关系上升为紧密的战略合作关系。在联通2001年第一期招标开始到2004年第三期招标结束，中兴通讯由当初令人不放心、无足轻重的小不点成为超过三星、爱立信的第四大合作伙伴，占市场份额的20%。

（二）以市场为导向的研发及考核机制

追求先进的技术和建立未来的标准，并为未来的产品应用进行大量基础设施的投入，目的是为了创造可能的需求，这对于有雄厚实力的大企业来讲，无疑是建立未来竞争优势的战略选择。但着眼未来可能的需求，往往会因为客户规模增长过于缓慢而导致需求不足，致使投资回收出现困难，严重影响现有市场的业务开展，并出现严重的财务危机，这是造成近年来全球几大传统电信业巨头债务剧增、销售迟缓甚至下滑的主要原因。

为了使开发项目贴近市场，中兴通讯公司有这样一条规定：主要研发人员要用50%的时间去和市场沟通，了解客户需求；同时，对研发人员的考核和市场挂钩，即对研发人员的奖励和开发出来的产品能产生多大的经济效益挂钩，杜绝了技术人员“技术唯上”的弊端。这样，研发人员在开发的过程中自然要考虑技术的先进性、工艺的可行性、配件采购的便捷性、成本等问题。为了更好地使研发、生产、销售紧密相连，1999年，中兴通讯进行组织结构调整，打破原来独立封闭的开发体系的实行准事业部制，形成交换、接入、移动、本部等多个产品事业部制，各个事业部独立考核。为此中兴通讯总裁殷一民说："你研发出来的产品，在市场得到多少应用，能够产生多少利润，这是我们给研发人员评价的最基本的一个评价点。"

与市场的紧密结合，极大地提高了中兴通讯的市场竞争力。可十多年前，中兴通讯在研制交换机时，想得更多的是国际标准是怎么规定的，并没有考虑到客户和市场的实际需求，结果新产品推出一年多以后，就由于容量不足，在市场推广中遇到了麻烦。从技术角度而不是从市场需求出发做科研，这是当时研发人员普遍存在的问题。

三、卓越的企业文化

对于国内一个规模庞大的高科技公司来说，培养独特的企业文化，是企业持续、稳定发展的基础。企业文化建设应侧重在企业员工的思想观念、思维方式、行为规范、行为方式等方面。诚信准则、顾客至上是中兴文化的几个主要特征。

（一）诚信准则：诚信是中兴通讯的立身之本，中兴人行动的第一准则

中兴企业文化手册中明确规定，对外交往、宣传以及发布公司业绩要坚持诚信务实的原则。此外，中兴通讯特别提倡企业成员之间的尊重和信任。企业文化应该是企业中每个员工都认同的一种观念、一种制度。好的企业文化能调动员工最大的能量担起责任。比如在管理上，中兴所创造的文化是"充分授权"。信任每一名员工，是将工作的主动权交给员工，给员工便利，去创造企业的利益，各级管理者是教练的身份，指导和帮助员工实现工作目标。上下级观点不一致时，我们强调通过沟通达成共识，沟通则要求以倾听作为基础，平等、开放的心态，并且下级可以越级汇报，而上级一般不允许越级指挥。

对员工的尊重还体现在奖励上。在中国，曾经奖励的唯一办法就是升职，而事实上这是不合理的。企业应接受一种观点：管理只是一个职位，因此不应成为一种奖励。企业中每个人都是平等的，权力不是来自于地位，而是能力，个人影响力来自于个人能力，而不是地位，重要的是让每个员工在适合自己的岗位上发挥最大的才干。为此，我们为员工的职业生涯的发展设计了三条跑道，员工可以根据自己的专长选择管理、业务和技术三条线来实现自己的职业发展。在中兴并非当官才是成功人士，有成就的业务和技术骨干可以享受和总裁一样的待遇，这也是留住人才的最为重要的激励机制。事业、待遇和感情，是中兴吸引、留住人才的三大法宝，三条跑道使员工与企业共同成长。企业总说要重视人才，体现在哪呢？"员工是企业最重要的资源。"企业对此几乎众口一词，但大多数员工却不以为然。我们的原则就是在企业发展的进程中，要让员工充分分享企业的成功。这一点也集中反映在我们制定的分配原则上，企业收益，先分配给员工和投资者，然后是国家和企业。

（二）顾客至上：始终如一地为顾客的成功而努力

企业是为客户服务的。企业成功的关键是客户，客户决定一切。中兴通讯的产品是由客户决定的。客户随时变化的要求就是一种市场信息，指导企业的发展方向，企业必须适应这种情况而相应变化。

建立顾客文化。永远保持对顾客的热情。同顾客做有利可图的生意，是成功企业发展的推动力。一般来讲，顾客可以自主选择供应商。因此，想留住顾客并吸引新的业务，企业必须首先争取到为顾客服务的权利。要做到这点，企业只能提供顾客想要的产品或服务，制定顾客愿出的价钱，而且要保证目标顾客明白企业所提供服务的好处所在。不仅如此，企业还要信守承诺并预见到顾客未来的需求。

持之以恒提供优质产品或服务的企业能够预期并满足顾客的要求。公司里有这种与众不同的独特氛围。所有员工都了解和支持企业目标，总能生产出顾客愿意掏钱买的产品或服务。

（三）中兴通讯多元化战略特点分析

中兴通讯的产品组合令不同产品可以共享相同的技术，单一的研究带来了对多个产品的帮助，不但起到降低成本的作用，更促使企业在科研速度上取得优势乃至科研成果相互渗透，从而提高企业整体价值。这样以产品结构战略提升研究成果利用率的渗透方式，使得中兴通讯的技术研发影响获得了竞争对手的两倍甚至更多的收获。

中兴通讯在不同时期都能弹性投入多元化的电信市场，进行稳健的投资。一个在新兴市场或行业发展初期，科研成本、市场前景等因素都令投资风险增加，当市场发展到一定成熟程度，回报的增长速度亦随之下降，其他投资者看到该市场有利可图，都会争相进入，以图分一杯羹，造成激烈的竞争，以致要降低成本以及价格去取得更多的营业额，压低利润，最后市场更有可能饱和。

中兴通讯采取的战略是根据商业的回报周期进行适当的投资。初期跟踪市场发展，密切留意市场的前景和现状；等待时机成熟时加大在该行业研发、销售上的投入，以获得市场上较高的回报；及后市场由于引进更多竞争而导致回报偏低，但中兴在市场中早已占有一定优势，所带来的冲击亦会相对较少。这些优势将令公司在海外市场布局中获得欧美等发达战略性市场的突破，为此，中兴通讯公司进行了海外市场营销架构调整，将海外分成 4 大片区，并将规模最大的单一国家印度设为直辖地区，从而形成“4＋1”布局，撤销海外 12 个区域性管理机构，建立扁平化管理体系，加快对客户反应速度。

中兴通讯的多元化战略主要体现在产品多元化战略和区域多元化战略两方面。

1. 产品多元化战略

中兴通讯品种繁多的产品都处在各自不同的生命周期，他们之间的此消彼长，交错地形成了中兴通讯总体利润的高、中、低端。这是一个进可攻、退可守的动态业务结构。针对技术和市场结合的程度，中兴通讯采取三种不同策略：（1）处于萌芽期的产品，或者尚未进入成长期的产品，中兴通讯投资的策略是不落后、不争先。比如在有线领域，以软交换为核心的下一代网络（NGN）将成为新的基础平台，可以延伸出多种成长型业务，中兴通讯在这一市场上一直与国际保持同步；数据方面，在核心路由器获得国内首张高端路由器入网许可，但没有急于打入美国市场；在 3G 领域，三大标准齐头并进。（2）进入成长期的产品，中兴通讯则采取短时间加大投入的突破则略。比如 CDMA，PHS 和手机。（3）逐步进入衰退期的产品，中兴通讯的态度是不放弃，并且将其转移到海外市场，使其产生新的活力。相对于经济基础比较薄弱的国家和地区，交换与接入、GSM等产品，依然是一种相对先进的技术。在2000年以前，中兴通讯的抗风险能力还是很低的，90%以上的业务都来自于固定网络的交换和接入产品。但从1996年开始实施的“三个转变”，使得中兴通讯进入了多种产品培育阶段。尽管几年间CDMA和PHS的系统与终端国内市场都没启动，GSM也还没有发展起来。不过2001年之后，齐全而且具备多种生命周期特征的产品结构线已经形成，这种结构的内部和理性，使得中兴通讯不大可能出现较大的经营危机。

中兴通讯能直接面对问题，将波动转化为平稳的原动力，利用其主营业务生命周期互补的特质，将总盈利增长平稳化，为中兴通讯带来了长期，稳定并且不断增加的收入。中兴通讯准确挑选市场的战略，利用不同产品的生命周期，将适合的产品进行互补，为企业创造了稳定的收入及利润增长。在这个极富成长机会的市场，为企业带来了持续的成长。具体来看，在交换及接入业务方面，中兴通讯的产品由成长期开始渐渐进入成熟期，紧随其后的是短暂的衰退，但产品得以改良，利润亦得以回升；在移动通信业务方面，一直可见中兴通讯上升的趋势，一直处于成长阶段；而数据以及光通信业务则没有更大的进展已经成长至成熟期；移动终端是导入至成长期。

从中可以明显看出，尽管每个产品的生命周期有异，但是中兴通讯能选择出适当的产品来进行融合，将利润的波动转化为平稳的原动力，令整体的生命周期融合起来，产生互补，充分发挥企业优势，从而使得企业的利润稳步上扬。

2. 区域多元化战略

从1995年起，为了分散业务风险，中兴通讯积极开拓海外业务，务求把中兴通讯打造成国际知名品牌，成为全球领导地位的设备供应商。目前，中兴通讯产品已经打进60多个国家和地区的市场。

中兴通讯的海外战略是先从发展中国家入手，其原因是在这些国家国际大型通信设备商竞争比较少。待业务逐渐成熟，在国际市场的知名度提高后，中兴通讯进一步把企业拓展至新兴地区，最终进入西欧及北美等发达市场，为未来全面近距国际市场铺平道路。

中兴通讯在已经进入的第三世界地区的收入已经占到海外业务的一半以上。但是，这些地区有一个特点，就是虽然他们的总体潜力很大，但具体到每一年的订单相对较少，而且随着越来越多的厂商进入这些市场，中兴通讯的市场份额难免会受到影响。为了保持海外市场份额的持续上涨，加强第三世界发展就显得尤为重要。

欧美日等发达经济体占据了电信市场的85%，其余的国家和地区总共才占15%，中兴通讯公司以前都是在这15%的市场里发展，要在国际市场取得更大成果，必须进入欧美日等发达市场。中兴通讯将凭借在国内宽带码分多址（WCDMA）市场的成绩，攻入欧美市场。经济放缓将使电信企业更加注重成本，中兴通讯明显的性价比和服务优势将被看重。同时由于中国金融机构的资金支持，为中兴通讯在融资能力上获得重要加分。

第四节　发现与启示

国际化是一个立体的、全面的系统工程。近年来，中兴通讯在国际化方面取得的成绩有目共睹。中兴通讯的国际化速度如此之快，步骤之稳健，让整个行业为之惊叹。纵观中兴通讯的国际化发展历程发现中兴通讯已经获得并想要持续保持国际化发展的持续竞争优势，主要从以下四个方面来构建和不断完善。

一、重视科研和不断创新，注重科研的横向渗透

价值链是一种动态的、开放的调整过程。在国际化发展中，中兴通讯通过技术创新、市场创新、管理创新来实现价值提升。企业的技术优势就在于企业自身形成持续不断的技术更新能力，而不仅仅在于一两次的研发投入。中兴通讯要想进一步缩小与世界通信巨头的差距，必须逐步走向价值链的高端，争取在核心技术方面有更多的突破，从技术跟随型向技术引导型拓展。从研发投入看，中兴通讯应该继续加大研发费用投入，保持研发费用占销售收入的比重处于较高水平；强化软件研发力量和技术服务能力的积累，提高技术整合能力。在未来发展中，中兴可以根据运营商的增量需求，为运营商提供更多的有助业务提升的差异化解决方案，实现欧美日等发达市场的突破。从企业可持续发展的要求来看，优秀的管理必将成就持续的技术领先、快速的反应以及自身完善的组织。高效的价值链管理可以降低企业的交易费用。因此，中兴通讯需要认真审视整个价值链，在上游价值链和下游价值链寻求成本降低的重要途径，通过联手电信运营商共同拓展国际市场，实现符合价值链管理的整体最优，通过建立自身和所属产业集群及其他产业之间的互动模式，延伸其国际竞争优势。

二、结合行业发展趋势，积极制定稳健的国际化战略

企业的国际化发展应该遵循总体战略，有计划、分步骤进行。从中兴通讯的国际化进程我们看到中兴通讯在国际化发展中一直遵循“稳健加务实”的经营决策理念。面对海外的通信巨头，中兴通讯意识到，只有同竞争对手一样在全球范围内配置资源，才能取得竞争的优势，国际化成为中兴通讯保持其持续发展动力的必要条件。1996 年，中兴通讯成立国际部，开始着手在海外新兴市场寻找商机。从 2005 年的 36%、2006 年的 44%，到 2007 年的 57%，中兴通讯的国际收入在主营业务收入中所占的比例逐年攀升。目前，中兴通讯的产品已进入全世界 140 个国家和地区，为 500 多家运营商提供优质、高性价比的产品和服务，海外市场的销售收入已经占公司总销售收入的 60%左右。事实证明，稳健的国际化战略为中兴通讯赢得了持续发展的动力，缩小了与跨国企业的差距，使中兴通讯在国际化竞争中获得主动权。由于之前国内通信业发展速度过快，导致近几年增长速度有所放缓，中兴通讯利用国际化战略将市场重心转移，保持了企业持续高速发展。厚积才能薄发，中兴通讯在海外拓展中始终坚持量力而行、循序渐进的原则，极

大体现了企业的战略智慧。国际市场是一个高投入、高风险的市场，企业的国际化进程只有权衡好财务风险和市场风险之间的关系，才不会被卷进资金的漩涡。中兴通讯做出稳健发展的策略，在企业实力及国际化管理经验等方面完成了足够的积累后，才渐渐将触角伸向海外市场，为公司长远发展奠定了基础。“三个国际化”也一直是中兴通讯所遵循的发展原则，市场国际化、人才国际化、资本国际化的发展思路，使得中兴通讯经历了从本土企业向国际化企业发展的蜕变。

三、技术和市场紧密结合，塑造接地气的核心竞争力

如果没有技术和市场很好的结合，一个企业很难竞争，很难发展。中兴通讯的产品扩张是以自主知识产权的核心技术为先锋的，拥有核心技术能力是中兴通讯在 20 世纪 90 年代中期以来大规模、多元化扩张成功的关键。主要表现在：（1）核心技术能力延伸了成本控制范围，增强了企业价格竞争能力；（2）核心技术能力提升了产品开发能力；（3）以核心技术为纽带，形成多个业务单元之间的关联；（4）核心技术能力支持了海外市场的开拓。

除了掌握自主知识产权的核心技术，市场也是另外一个非常重要的一个方面。中兴通讯从创立到今天，一直非常注重市场职能部门的建设，通过贴近市场，可以及时收集到客户的需求；由于掌握了核心的研发技术，所以能够将客户的需求迅速转化为定制化的产品提供给客户，满足了客户的要求，从而为客户提供了快速、定制化的增值服务。

一个优秀企业的强大发展力来源于自我否定和自我更新。中兴通讯拥有强大的适应市场环境的集体学习能力，帮助中兴通讯在发展过程中以贴近市场需要为目的，不断调整目标、获取必要资源，培养相应能力，使得中兴通讯能够在国际市场上披荆斩棘，获得良好的业绩。

四、建立和保持卓越的企业文化

企业文化对于一个企业的成长来说，看起来不是最直接的因素，但却是最持久的决定因素。资金的多少、技术的高低、优质的产品、完善的服务、精明的决策，往往依托于企业深厚的文化底蕴。企业文化作为一种组织系统，它具有自我内聚、自我改造、自我调控、自我完善、自我延续等独特的功能。对于国内一个规模庞大的高科技公司来说，培养独特的企业文化，是企业持续、稳定发展的基础。

中兴通讯的“诚信准则”和“顾客至上”的核心价值观为中兴通讯在国际化发展的过程中提供了巨大的内生力量，为中兴通讯的国际化步伐保驾护航。

参考文献

[1] 中兴通讯股份有限公司 2011 年年度年报 .

[2] 谢玉梅，段卉菲 . 中兴国际化：基于价值链理论的分析 . 江南大学学报，2008，7（5）.

[3] 袁晨 . 中兴通讯国际化战略研究 . 南京：南京大学商学院 .

[4] 雷玉新．中兴通讯国际化战略研究．上海：复旦大学管理学院．
[5] 祁陈利．中兴通讯国际化战略研究．南京：南京航空航天大学经济与管理学院．
[6] 乔磊．中兴通讯国际化战略研究．天津：南开大学经济与管理学院．
[7] 郎咸平．中兴通讯为何成功．商务周刊，2005（2）.
[8] 陈成文．以市场为导向的技术创新模式研究——以中兴通讯为例．现代交际，2011（4）.
[9] 中兴公司网站，http：//www.zte.com.cn.

第十八章

中国建筑股份有限公司国际化发展的案例研究

中国建筑股份有限公司是一家国务院国有资产监督管理委员会为实际控制人的大盘蓝筹股，业务领域涉及房屋建筑工程、国际工程承包、房地产开发与投资、基础设施建设与投资以及设计勘察。本报告研究发现，在全球经济不佳的环境下，中国建筑股份有限公司以“完善的海外经营布局”为基础，“人才培养”为前提，“技术创新”为关键，“内部控制”为保障，成功推进国际化进程。本章对其海外事业部制的海外综合经营资源一体化平台进行分析。总结中国建筑股份有限公司的国际化经验，并为中国企业提供一定政策建议。

第一节 案例现状与问题提出

2008 年起，随着美国次贷危机逐渐深化，经济危机席卷全球，为中国企业开展国际化发展带来了严峻的挑战。作为一个与经济形势密切相关的顺周期行业，国际建筑市场受到了巨大的冲击。中国建筑股份有限公司作为一个知名的国际承包商企业，成功抵御了经济危机影响，在国际形势不景气的大环境下，延续了在国际化发展道路上的快速步伐。

中国建筑股份有限公司前身为 1982 年成立的中国建筑工程总公司（以下简称“中建总公司”）。中建总公司以建筑业和地产业为核心业务，是中国专业化经营历史最久、市场化经营最早、一体化程度最高的建筑房地产企业集团之一，是拥有从产品技术研发、勘察设计、工程承包、地产开发、设备制造、物业管理等完整的建筑产品产业链条的国有重要骨干企业。

2007 年 12 月 10 日，中建总公司作为总发起人，联合中国石油天然气集团公司、宝钢集团有限公司和中国中化集团公司作为发起人共同发起设立中国建筑股份有限公司（以下简称“中国建筑”）。中建总公司以其拥有的货币资金以及与主营业务相关的实物、土地使用权及其在相关下属企业中的股权/权益等非货币资产（连同相应负债）作为出资投入到新公司，而其他发起人则以货币出资投入到新公司。新成立的中国建筑继承了中建总公司的业务和经营理念，并于 2009 年 07 月 29 日在上海证券交易所上市交易，股票代码为 601668，募集资金超过 500 亿元人民币，成为历史上最大规模的建筑地产公司 IPO。

经过了 30 年发展，公司已经发展成为以房屋建筑承包、国际工程承包、地产开发、基础设施建设和市政勘察设计为核心业务，唯一拥有房建、市政、公路三类特级总承包资质的企业，是中国最大的建筑房地产综合企业集团、发展中国家和地区最大的跨国建筑公司以及全球最大的住宅工程建造商，在房屋建筑工程、国际工程承包、房地产开发与投资、基础设施建设与投资以及设计勘察五大领域居行业领先地位。目前，中国建筑已经在全球一百多个国家和地区开展业务，经营区域主要分布于全球二十七个国家和地区，在国内除台湾外均有经营业务开展。目前，中国建筑五大经营领域包括房屋建筑工程，房地产开发与投资，国际工程承包，基础设施建设与投资和勘探业务，详细信息见

表 18—1。

表 18—1　中国建筑股份有限公司的经营领域

房屋建筑工程	房地产开发与投资	国际工程承包	基础设施建设与投资	勘探业务
• 大型公共建筑 • 高档住宅园区建设 • 新城建设与旧城改造 • 重型工业建厂 • 超高层结构物承建 • 全新特种高耸结构物承建 • 网壳索膜结构物承建 • 钢结构设计制造及安装 • 工程咨询与项目管理业务 • 项目总承包与代建制 • 工程智能监测与防灾减震 • 工程机械设计与制造 • 建筑材料生产 • 加工与采购	• 大型公共建筑 • 中高档商品住宅 • 办公楼宇 • 商业设施 • 高档酒店 • 一级土地开发 • 物业管理服务 • 海外房地产业务	• 大型公共建筑 • 国际工程项目承建 • 政府间合作项目承建 • 国际资本运作 • 项目投资	• 路桥、市政、铁路、环保投资与承建 • 城市地铁投资与承建 • 能源项目（核电、水电、风电）投资与承建 • 港口码头投资与运营 • 水务水利灌溉项目 • 资源开发项目投资与承建 • 物流管理	• 民用建筑 • 工业建筑 • 道路桥梁工程设计 • 市政工程勘察与设计 • 工程地质勘察与设计 • 建筑智能化设计与施工

资料来源：根据中国建筑股份有限公司招股说明书整理

自 1982 年公司组建到 2010 年年底，中建总公司共承接合约额 3 万亿元人民币（以下同），完成营业额 1.8 万亿元，2010 年公司的资产总额超过 3 800 亿元，是当之无愧的中国建筑业龙头企业。中国建筑成功实现国际化持续增长主要体现在以下几个方面。

（1）海外业务年度营业额稳定增长

中国建筑海外业务可以追溯到 20 世纪 50 年代的海外经援项目，1978 年后开始开展国际工程承包业务，拥有近 50 年的海外业务历史。2007 年，中国建筑成立后，遭遇全球经济危机，海外业务受到了巨大的打击。中国建筑积极执行海外业务发展战略，加大力度调整经营结构，一方面保持了传统房地产建设市场优势，另一方面，大力拓展道路、桥梁、地铁、石化、电力等基础设施项目。中国建筑抓住了海外基础设施建设良好机遇，实现了海外业务年度经营额稳中有升的态势。如表 18—2 所示，受经济危机影响，2011 年中国建筑海外业务年度营业额从 2010 年的 308.93 亿元下降到 280.69 亿元，降幅约为 9.14%。然而，从整体来看，2005 年至 2011 年，海外业务年度营业额从 174.5 亿元人民币上升到 280.69 亿元人民币，总增幅达 60.69%。

表 18—2　海外业务年度营业额　（亿人民币，%）

项目	2005	2006	2007	2008	2009	2010	2011
营业收入	174.50	203.91	232.32	251.53	298.35	308.93	280.69
同比增长	—	16.85	13.93	8.27	18.61	3.55	—9.14

资料来源：中国建筑股份有限公司 2011 年年报

（2）海外业务年度新签合同额持续增长

中国建筑的海外业务以国际工程承包业务为主，近30年完成了中国所有企业国际工程承包业务的13%左右。受经济危机影响，从2007年开始，中国建筑新签合同额出现小幅下降趋势。2011年，这种趋势已经完全逆转，新签合同金额72.8亿美元，较2010年上升20.19亿美元，增幅达38.37%（见表18—3）。

表18—3　对外承包工程年度新签合同额　（亿美元,%）

项目	2005	2006	2007	2008	2009	2010	2011
新签合同额	20.76	45.13	71	65.3	60.3	52.61	72.8
同比增长	—	117.39	57.32	−8.03	−7.66	−12.75	38.38

资料来源：中华人民共和国商务部对外投资和经济合作司

（3）知名度和品牌影响力居全球前列

自参与国际业务以来，中国建筑的知名度大幅上升，在世界各国家和地区树立了“中国建筑—CSCEC”的优良品牌形象。自1984年起，中国建筑连续入围国际权威《工程新闻记录》（ENR）评选的225家最大国际承包商。在2011年，中国建筑排名第20位，仅次于中国交通股份有限公司。自2006年开始，中国建筑成功进入美国《财富》（Fortum）杂志评选的世界500强企业，在2011年排名第147位，较2010年排名提高40位。目前，中国建筑已经连续四年被国务院国资委评选为中央企业年度经营业绩考核A级企业。

（4）产品国际竞争力强

中国建筑参与建设和承建的工程项目已经获得世界各国政府和社会组织的一致好评，成为当地的标志性建筑。根据年报资料显示，中国建筑参与建设的“香港新机场客运大楼”被国际权威组织评为“20世纪全球十大建筑”；承建的埃及“开罗国际会议中心”、阿尔及利亚“松树喜来登酒店”以及“布迈丁国际机场”在当地被誉为“友谊的象征”；承建的泰国“拉玛八世皇大桥”作为泰国标志性建筑被印在当地货币上；目前，中国建筑正在承建的“俄罗斯联邦大厦”被誉为“欧洲第一高楼”。

中国建筑在国际化道路上谱写出了令业界惊叹的篇章，为大多数中国企业国际化发展提供了榜样的力量。那么，在经济危机席卷全球的背景下，是什么因素驱动中国建筑力挽狂澜，稳步推进国际化，实现良好的公司业绩？

第二节　中国建筑股份有限公司成功实现国际化发展的关键因素分析

一、完善的海外经营布局是国际化的基础

中国建筑不仅继承了中建总公司的全部资产和企业文化，还继承了中建总公司多年

海外经营过程中建立的海外经营机构。具备了完善的经营布局，获得了宝贵的国际工程承包业务经验，掌握了当地市场法规、文化和资源等知识，为中国建筑国际化经营打下了坚实基础。

目前，中国建筑在30多个国家和地区开展海外经营业务，拥有26个海外分支机构，长期从事海外事业的高级管理和技术人员5 793人，其中中国香港、澳门地区管理人员2 245人，东南亚地区989人，北非、中东地区管理人员2 261人，北美地区管理人员100人，其他海外地区管理人员198人。在东南亚市场，中国建筑以中国香港、中国澳门、新加坡、越南为中心；在中亚市场，以俄罗斯、哈萨克斯坦为中心；在北部、中部和南部非洲市场，分别以阿尔及利亚、赤道几内亚与刚果（布）、博茨瓦纳与南非为中心；在中东市场，以阿联酋为中心。

二、重视人才培养是国际化的前提

进入21世纪，人才资源已经成为一个国家社会的软实力，成为党和国家最宝贵的财富。对于企业而言，人才问题已经成为关系到企业经营和国际化发展的关键问题。

中国建筑在其"十二五"规划中明确提出了"专业化、职业化、国际化"的"三化"人才发展策略，坚信人力资源是其持续健康发展的第一资源。公司秉承"以人为本、关注个体"的人才理念，积极营造海纳百川、追求卓越的公司氛围，广泛吸引国内外优秀技术人才，优化公司的人才队伍结构，创造了多元和谐的公司文化。特别需要提出的是，通过考核评价、职业生涯设计和教育培训三种方式，公司为员工成长提供了良好的发展平台。

据2011年年报数据显示，公司在岗员工147 856人，比上年增长19.6%，人员构成主要体现了四个特点：（1）专业构成合理化。工程技术人员占42.7%，专业管理人员占27.2%，服务和操作人员占16.7%，经营管理人员占13.4%。（2）学历层次明显提升。大学本科及以上人员占45.8%，大学专科人员占24.1%，高中、中专及以下人员占30.1%。（3）年龄呈年轻化趋势。30岁及以下人员占49.7%，31至40岁人员占25.8%，41至50岁人员占17.7%，51岁及以上人员占6.8%。（4）业务板块更加突出。房建人员占66.7%，基础设施人员占20.4%，房地产人员占7.4%，设计勘察人员占5.5%。

根据公司2009年上市招股说明书显示，中国建筑已经培养了一批具有国际工程承包经验的职业化、国际化团队，包括国内知名专家在内的专家委员会委员100人，国家有突出贡献的中青年专家5人，享受政府特殊津贴的专家215人，教授级高工710人，具有高级职称的专业技术人员9 200人，一级建造师和一级项目经理8 600人，一级注册建筑师和注册结构工程师近1 077人，英国皇家特许建造师214人，英国皇家特许测量师51人，注册建造师和注册造价工程师8 954人，注册建筑师和注册结构工程师1 077人，技师和高级技师3 200人，是中国建筑类人才最丰富、整体人员技术及专业管理水平最高的企业之一。

三、重视技术创新是国际化的关键

中国建筑始终把技术创新作为国际化发展的关键因素，坚信科学技术是第一生产力。通过对决策机制、实施体系、执行机构、资金投入、过程管理、业绩考核、人才激励等环节进行不断的建设和完善，中国建筑已经建立了有效的科技研发体系，为技术创新打下了坚实基础，如图 18—1 所示。

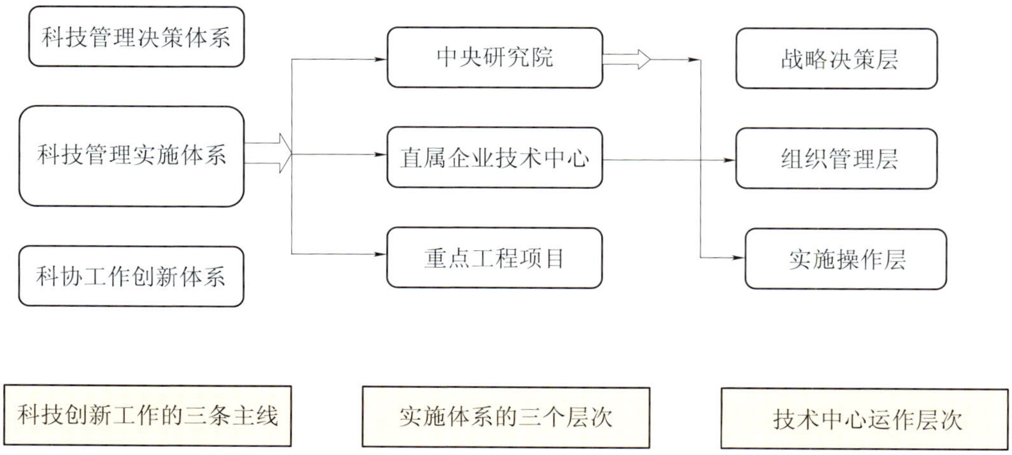

图 18—1 中国建筑股份有限公司的科技研发体系

资料来源：中国建筑股份有限公司 2011 年年报

科技研发体系以科技管理决策体系、科技管理实施体系和科协工作创新体系作为科技创新工作的三条主线。在科技管理实施体系中，中央研究院、直属企业技术中心和重点工程项目作为三个不同的技术中心分别进行技术研发。每个技术中心又再次分为战略决策层、组织管理层和实施操作层三个层次来依次开展工作。同时，中国建筑建立了五个国家重点实验室和三个博士后工作站，有效地推动行业技术进步。

在科技研发体系支撑下，中国建筑具备了行业领先的科技研发实力，在高层、超高层及复杂空间钢结构工程设计与施工技术；高耸塔类设施建造技术；大型工业设施设计、建造与安装技术；复杂深基坑与深基础处理技术；建筑病害处理和加固改造技术；高性能和特殊（清水）混凝土研发和生产施工技术；预制组合立管施工技术；复杂空间钢结构体系研究与安装技术；大型公共建筑（如现代化体育设施、机场设施、高档酒店、医院等）施工技术；中国建筑数字建造研究与应用技术；高层配筋砌体砌块结构体系关键技术等十余个领域具备核心竞争优势，并都已达到国际先进水平。

截至 2011 年 9 月，中国建筑共获得国家级工法 98 项，省部级工法 405 项，数量和质量方面都达到了业内领先水平；共获得国家科技奖 54 项，省部级科技奖励 600 余项，国家优秀设计奖 30 项；拥有专利 837 项，其中发明专利 101 项；共组织通过验收国家级科技推广示范工程 36 项，省部级科技推广示范工程 180 项。作为中国建筑业最高奖项——鲁班奖，中国建筑共荣获 163 项，获奖数量居全国同行业之首，约占全国的 12.2%。

四、强化内部控制是国际化的保障

现代公司制度产生后，股份制公司的经营权和所有权相分离，所有制和管理者之间存在信息不对称现象，由此导致公司代理问题。在集团公司中，由于集团整体过于庞大，业务过于复杂，必须要赋予子公司一定的经营权。子公司追求自身利益最大化，集团公司追求自身利益最大化，二者必然存在一定的差异，由此产生了代理问题。为了减少代理问题，集团公司必须加强控制和管理，准确地界定二者的责、权、利，保证公司的可持续发展。美国注册会计师协会（AICPA）、美国会计学会（AAA）和财务执行官协会（MAA）共同组成的资助组织委员会（Committee of Sponsoring Organization of Tideway Commission，COSO）出具的研究报告《内部控制——整体框架》指出，内部控制是指由公司董事会、经理阶层和其他员工按照相互制约、相互联系的原则，为营运的效率和效果、财务报告的可靠性、资产的安全完整、相关法律的遵循性等目标的达成而提供合理保证的过程。

目前，中国建筑共有二级子公司 57 家，三级子公司 229 家。其中，主要子公司有中国海外集团有限公司及其控股的两家香港上市公司中国海外发展（00688. HK）和中国建筑国际（03311. HK）、中国建筑一局至八局、中国中建设计集团等。随着中国建筑规模不断扩大，海外业务日渐丰富，加强公司内部控制力度既是国际化发展的需要，也是国际化发展的结果。赵新顺，李荣强（2005）指出，内部控制能有效地实现以下目标：（1）有助于管理层实现其经营方针和目标；（2）保护企业各项资产的安全和完整，防止资产流失；（3）保证企业经营管理信息和财务会计资料的真实、完整；（4）有助于避免或降低各种风险，提高经营管理效率；（5）保证国家法律、法规的贯彻执行。

2011 年年报披露，中国建筑第一届董事会第 47 次会议审议通过了 2012 年度内部控制规范实施工作方案，进一步强化内部控制建设工作，包括 7 个要点：（1）确定内部控制实施范围和内容；（2）梳理风险，编制风险清单；（3）查找内部控制设计缺陷；（4）制定内部控制设计缺陷整改方案；（5）落实内部控制设计缺陷整改工作；（6）检查整改效果；（7）按照要求披露内部控制实施工作情况。

近年来，由于中国外汇储备过大，人民币升值压力凸显，中国政府积极鼓励企业采取“走出去”战略，并采取多项措施积极支持和大力发展国际工程承包业务，这些政策优势为中国建筑的国际化道路提供了便利。同时，与国际著名承包商相比，中国建筑还具有“低成本竞争、高品质管理”的比较优势，并已经形成自身的核心竞争力，例如香港迪斯尼乐园工程、香港中环填海工程和香港东部铁路工程等一系列特大型工程都因为“工程成本更低、管理品质更高”而赢得高度评价。在国际化道路上，中国建筑积极通过兼并和收购来加快国际化步伐，1995 年，中国建筑与英国、日本、中国香港等知名承包商组成 BCJ 联营公司，共同承建了香港新机场客运大楼。2012 年，中国建筑设计研究院收购新加坡 CPG 集团全部股权，拥有了成熟的海外业务拓展平台，完善了世界建筑工程市场产业链条。

第三节　中国建筑股份有限公司海外综合经营资源一体化平台的特点分析

中国建筑成功实现国际化发展从本质上要归因于其组织结构上的突出优势。为进一步实施“大海外”战略，加快“走出去”的步伐，中国建筑积极搭建海外综合经营资源一体化平台——海外事业部。2008年，经过调整后的中国建筑海外事业部正式运营，全面统领公司的海外业务，充分整合资金、技术、设备和人力资源，发挥协同作用。

一、公司组织结构优劣特点分析

组织结构既是组织单元存在的形式，也是组织内部分工与合作关系的总和。每个企业都拥有自身的组织结构，常见的组织结构类型有直线型结构、职能型组织结构、事业部制组织结构、子公司制组织结构、矩阵式组织结构等。西方学者威廉姆森根据钱德勒的理论，将公司内部管理的组织形态分为U型（一元型）、H型（控股结构）和M型（多元结构）三种基本类型。

早期的公司都采用的U型（一元型）组织结构，包括直线结构、职能结构和直线职能结构三种具体形式。在U型结构下，企业内部根据职能差异划分为不同部门，公司管理层实行集中控制和统一管理，各部门的独立性很小。20世纪20年代末到30年代，随着资本主义社会经济高速发展，企业的规模急剧扩大，管理层领导无法全面照顾公司业务，行政机构日渐庞大，U型（一元型）组织结构弊端显现。为解决管理难题，经验主义学派的代表人物斯隆提出M型结构（多元结构），即事业部制的组织结构。这种结构随后在大集团公司中得到广泛采用。

事业部制结构（Divisional Structure），亦称M型结构或多部门结构，有时也称为产品部式结构或战略经营单位。这种结构可以针对单个产品、服务、产品组合、主要工程或项目、地理分布、商务或利润中心来设置组织结构。实行事业部制的企业，可以按职能机构的设置层次、事业部取得支持性服务的方式划分为不同的种类，常见的有产品和地区两种。

地区组织结构就是按照地区来设置事业部的一种事业部组织结构类型。这类事业部组织结构的优点是便于回应本地区客户的要求，便于协调本地区不同部门之间的工作；缺点是可能会产生地区本位主义，不利于企业整体核心能力的形成和发挥。但对于跨国的经营来说，国内外地区本身差异较大，建立海外地区事业部对企业整体核心能力影响差异不大，这种劣势较为微弱。

二、中国建筑的组织结构特点分析

中国建筑建立了完整的管理体制，共设置了13个职能部门，包括总经理办公室、企业策划与管理部、人力资源部、财务部、资金部、投资部、法律事务部、市场与项目管理部、科技部、企业文化部、审计局、监察局和老干部局（见图 18—2）。

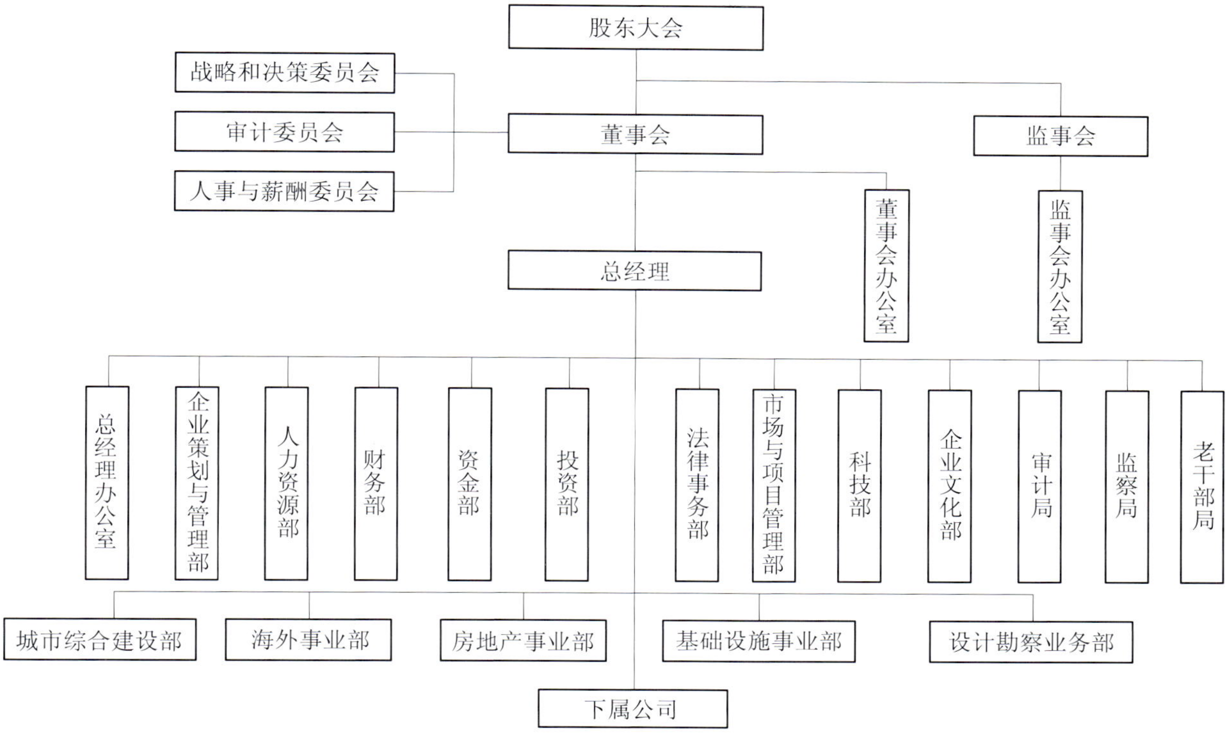

图 18—2 中国建筑股份有限公司的组织结构

资料来源：中国建筑股份有限公司 2009 年招股说明书

为了更好地适应公司发展，中国建筑进行了事业部制改革，成立了 5 个事业部，即城市综合建设部、海外事业部、房地产事业部、基础设施事业部和设计勘察业务部，如表 18—4 所示。其中，城市综合建设部、海外事业部、房地产事业部和基础设施事业部是依据公司产品差异而专门成立的事业部，而海外事业部是依据业务地区差异而专门成立的负责海外业务经营和管理的部门。

表 18—4 中国建筑股份有限公司的事业部

序号	部门	主 要 职 能
1	城市综合建设部	主要负责公司房屋建筑工程业务的经营与管理
2	海外事业部	主要负责公司海外业务的经营与管理
3	房地产事业部	主要负责公司房地产业务的经营与管理
4	基础设施事业部	主要负责公司基础设施业务的经营与管理
5	设计勘察业务部	主要负责公司设计勘察业务的经营与管理

资料来源：中国建筑股份有限公司 2009 年招股说明书

三、海外事业部制的运营特点分析

中国建筑通过建立海外事业部，下放了部分职权，实现了集团公司集权和分权的适度结合，既充分调动了海外事业部发展的积极性，又保证了集团整体发展战略目标实现。海外事业部统一制定海外业务战略，统一协调海外资源，充分调动所有集团力量，发挥协同效应，加大促进海外业务发展。

（一）管理协同

海外事业部下设总经理常务会，负责管理海外事业部的5大职能，即综合管理、资源支持和职能、成本和风险管控，业务拓展和总部直营和托管公司，如图18—3所示。

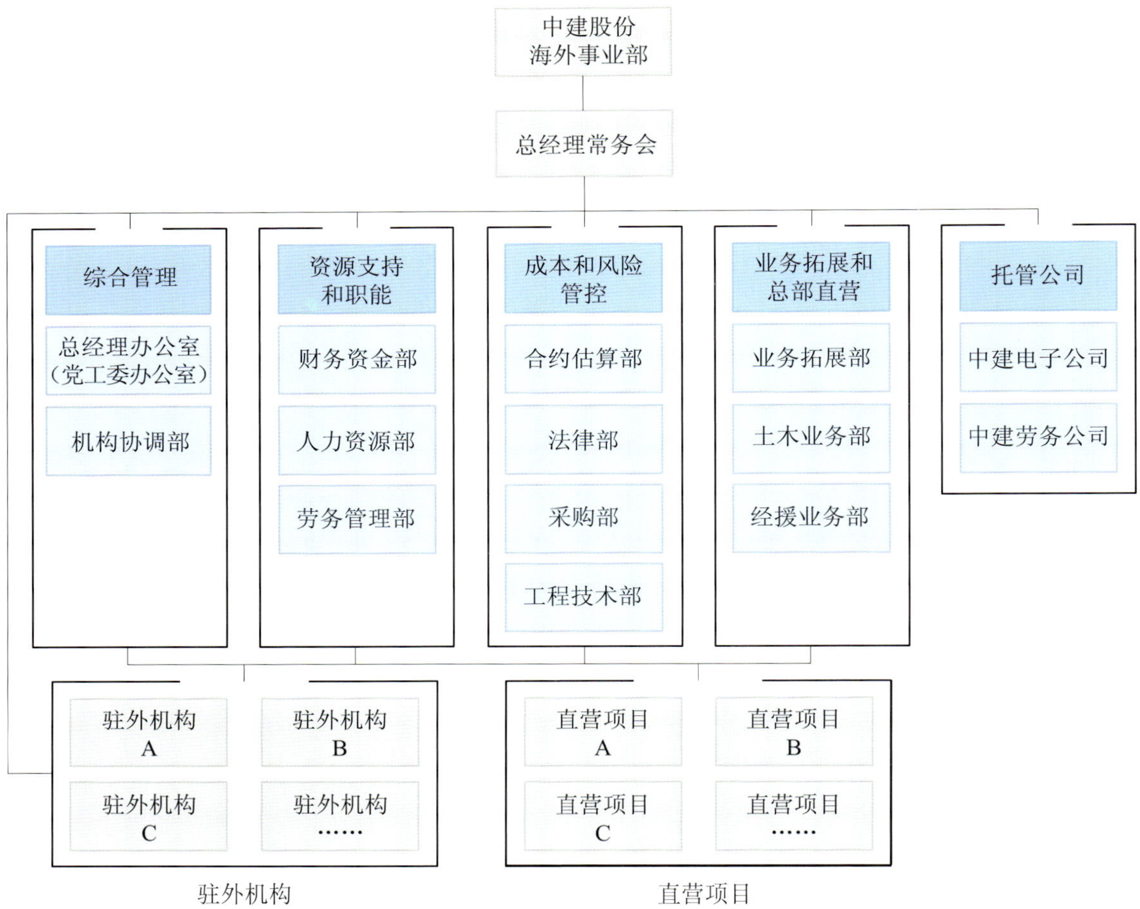

图18—3　中国建筑股份有限公司的海外事业部结构

资料来源：中国建筑股份有限公司2011年年报

总经理常务会人事结构包括一名总经理，四名执行总经理和三名副总经理，其中总经理由中国建筑副总裁兼任。通过选用具备丰富海外管理经验的七名管理层领导，统一管理海外业务的具体运作，既能够节约管理成本，也能充分发挥集团的海外管理能力，实现管理协同。

（二）文化协同

海外业务与国内业务具有极大的差异，这种差异要求企业也应该具有不同的企业文化。通过构建海外事业，中国建筑形成了适合海外经营的特有企业文化，营造了良好的企业经营氛围。

如表 18—5 所示，海外事业部的企业文化包括企业宗旨、核心理念、企业精神、经营理念、价值观、环境观和安全观共 7 点。与集团公司企业文化不同，海外事业部的企业文化更加细致，突出强调了经营过程中的竞争、利润、品质、绿色和安全概念。

表 18—5　中国建筑股份有限公司的企业文化

中国建筑的企业文化	海外事业部的企业文化
企业使命：拓展幸福空间	企业宗旨：服务社会、造福人类、建设祖国、福利员工
核心价值观：品质保障，价值创造	核心理念：追求阳光下的利润最大化
企业精神：诚信、创新、超越、共赢	企业精神：铸造精品，超越自我
企业愿景：最具国际竞争力的建筑地产综合企业集团	经营理念：竞争无情、商机无限、市场唯大、经营为先
	价值观：中国建筑，品质重于泰山，过程精品，服务跨越五洲
	环境观：建筑与绿色共生，发展和生态协调
	安全观：质量是企业的生命，安全是生命的保障

资料来源：根据中国建筑股份有限公司网站整理

（三）人力资源协同

海外事业部通过集聚具有海外经营经验和能力的人才，建立了海外人才数据库，统一调配，统一考核，统一培训，实现了人力资源的协同，培养了一支具有国际视野和较高知识敏感度的高素质人才队伍。目前，海外事业部拥有长期从事海外事业的高级管理和技术人员近 7000 人，在阿尔及利亚、阿联酋、新加坡、美国、俄罗斯等二十多个国家和地区常设有 26 个分支机构，海外业务覆盖北美、中东、东南亚、东北亚、北非、南非、中非等地区。

（四）业务协同

海外事业部业务涵盖了包括房屋建筑、制造、能源、交通、水利、工业、石化、危险物处理、电讯、排污/垃圾处理等在内的多个工程承包专业领域，形成了机场、住宅、路桥、水务、医疗设施、酒店观光、政府工程及文体设施等八大系列工程。

海外事业部可以充分地发挥各专业领域和各工程团队之间的配合、协调和支持力度，提高技术运用程度，高标准、高质量地完成各项工程工作。目前，海外事业部完成的一大批工程项目已成为了当地标志性建筑，这充分说明了业务协同的重要性。

（五）技术研发协同

针对国际业务特点，海外事业部打造了一批优秀的技术人员和专家顾问团队，与国际设计惯例接轨，专门为海外工程提供全过程的技术支持与服务。同时，海外事业部还建立了技术信息化资源库，收集整理了各方面的技术资料和国内外技术情报，并计划将以上技术信息化资源逐步实现公司内部信息交流共享。

此外，海外事业部还通过与国内多家科研院所、设计研究院、专业技术中心及省部级、国家级技术中心长期合作的方式来充分发挥国内外业务技术协同作用，为海外业务开展提供强有力的技术支持和保障。

第四节　发现与启示

伴随着中国国民经济不断发展，综合国力不断提升，一大批大型国有企业应运而生。这些国有企业通过股份制改革，首次公开发行股份，公司的经营管理能力更加专业化，实力大幅增强，实现了一次重大的飞跃。如今，国家积极鼓励大型企业和上市公司走出国门，开展海外业务经营，争取实现又一次重大飞跃。然而，对于许多企业而言，国际化经营是一个陌生的领域，错综复杂。

中国建筑的发展历程告诉我们，国际化是一个全面、复杂、长期的系统工程，需要不断地总结经验，不断学习和提高。在全球经济不佳环境下，中国建筑不断开拓，锐意进取，勇于创新，诚实守信，敢于超越，实现了国际化大发展，连续多年问鼎中国500家最大服务企业国际合作类第一名，连续27年入围美国《工程新闻记录》（ENR）225家最大国际承包商排名，并一直处于中国承包公司中的领先地位，值得所有中国企业学习和借鉴。

一、中国建筑国际化发展的发现

1. 注重国际化战略布局

中国建筑由中建总公司于2007年改组成立，承载了中建总公司几十年的海内外发展历史，这个历史是一个企业国际化不断推向前进的历史，更是一个企业不断做大、做强的历史。中国建筑国际化成功得益于中建总公司多年的历史积累，其中最为重要的就是合理的国际化网络布局。如今，中国建筑构建了以中国港澳地区、新加坡、阿联酋、美国、阿尔及利亚、博茨瓦纳、赤道几内亚、刚果（布）和俄罗斯为中心、辐射到亚洲、美洲和非洲各地区的战略布局。

对于一些刚刚步入国际市场、尚未完成国际化布局的中国企业，国际化战略布局显得尤为关键。良好的战略布局既涵盖了企业对全球经济形势的整体判断，还体现了企业对各国市场发展进行选择的独到智慧。国际化布局一方面为企业提供了巨大成长空间，另一方面为企业抵御国际市场动荡提供了可能。

2. 注重人才培养和技术创新

在国际市场上，企业之间拼的永远是自身的核心竞争力。江泽民同志指出，一个没有创新能力的民族，难以屹立于世界先进民族之林。同样对于一个企业而言，一个没有创新能力的企业，难以立足于国际化舞台。

中国建筑十分注重企业人才培养，在技术创新方面屡获佳绩，这是中国建筑能够在国际工程承包市场上获得业务的重要保障。企业要获得业务和业绩，必须要依靠强有力的竞争优势，而人才培养和技术创新是获取竞争优势的关键途径。纵观所有成功国际化的中国企业，人才培养和技术创新都是它们的共同特征。

3. 注重公司治理制度建设

随着企业规模不断扩大，业务日渐繁杂，如何管理好公司变得越来越重要。20 世纪 80 年开始，英美学者提出了公司治理研究后，该难题逐渐成为了世界性的热点问题。李维安，武立东（2002）指出，公司治理是一个多角度多层次的概念：从狭义上看，指所有者、主要是股东对经营者的一种监督与制衡机制。即通过一种制度安排，来合理地分配所有者与经营者之间的权利与责任关系；从广义上看，则不局限于股东对经营者的制衡，而是涉及广泛的利害相关者，包括股东、债权人、供应商、雇员、政府和社区等与公司有利害关系的集团。

近年来，中国建筑积极开展公司治理制度建设，对内部控制制度进行了更为全面的强化，这是所有正准备国际化的中国企业必须学习的。攻城易，守城难。完善的公司治理一方面保证公司管理行为符合国家法律法规、政府政策、企业的规章制度，如章程等，保证公司信息记录的正确真实，保证各方面当事人对公司的经营，另一方面保证了公司财富最大化的追求目标实现，保证国际化持续发展。

二、中国建筑国际化发展的启示

1. 建立海外业务经营一体化平台

海外市场具有特有的法规、文化、习惯和资源特色，与国内业务具有极大的差异。如果国内国外一套人马，统一管理和经营，既不合理，也不可行。中国建筑建立海外综合经营资源一体化平台统领所有海外业务，一方面能有效地避免管理层同时处理国内业务和海外业务产生的冲突和矛盾，另一方面也培养了一批专业的海外业务管理团队和业务人员。

2. 选择合适的组织结构

中国建筑作为国有企业转型的代表，其国际化发展历程告诉我们，采取何种组织结构对海外业务经营一体化平台十分关键。当前，比较常见的公司组织结构包括 U 型（一元型）、H 型（控股结构）和 M 型（多元结构）三种基本类型。结合国外业务的特殊性，采取地区型的事业部制结构（海外事业部制）最为适合中国大型企业开展“走出去”战略。海外事业部制能及时有效地满足海外客户要求，便于协调本地区不同部门之间的工作。

通过建立海外事业部，中国建筑将部分经营和管理权下放到海外事业部，对海外业务进行全面的战略部署和规划，统一管理和开发，有效地发挥海外业务经营一体化平台作用。同时，海外事业部统筹了集团公司的海外业务专业人才资源、机构和子公司实体，集中了海外业务竞争优势，充分发挥资源协同作用，促进了海外业务高速发展。

3. 重视公司综合实力

国际化并不是目的，国际化是一个路径。只要实现了公司整体实力持续提升，那么国际化道路也会变得更加平坦。近年来，中国建筑积极实施“专业化、区域化、标准化、信息化、国际化”的战略举措，提出了“一最两跨、科学发展”的战略目标，即“成为最具国际竞争力的建筑地产综合企业集团，在2015年前跨入世界500强前100名，跨入全球建筑地产集团前3名”。可见，中国建筑始终坚持国内和国外业务同发展，通过建造“高、大、精、尖、新”工程，实现公司整体实力大幅增强，品牌形象大幅提升。公司整体实力和品牌形象进一步增强海外业务竞争优势，加快国际化发展步伐。

对于正准备和正处于国际化道路的中国企业，一定要牢牢把握国际化发展本质，将公司综合实力提升作为发展目标。伴随着全球经济转暖，我们相信越来越多的中国企业会迎来国际化发展的良好契机。我们希望看到越来越多像中国建筑一样的优秀企业，为国内企业树立榜样，提供更多借鉴价值，加快国内企业的国际化进程。

参考文献

[1] 赵丽，赵鹏．基于吉利收购沃尔沃战略的SWOT分析．特区经济，2010（11）：289—290.

[2] 赵新顺，李荣强．企业内部控制理论与实务．北京：中国市场出版社，2005.

[3] 杨玉凤．内部控制信息披露：国内外文献综述．审计研究，2007（04）：74—78.

[4] 梁先明．集团企业内部控制的重要性探析．财经界，2010（03）：112—113.

[5] 谭辉，谭跃，孙国平．企业集团内部控制存在的问题及对策建议．中国集体经济，2008（01）：54—55.

[6] 郭艳．关于联想、海尔、华为、TCL国际化道路选择的启示—中国企业国际化道路的思考．经营管理者，2009（24）：124—125.

[7] 李维安，武立东．公司治理教程．上海：上海人民出版社，2002.

[8] 柳传志．危机之后再看联想国际化．中国经济和信息化，2010（05）：27.

[9] 洪斌，郭自云．中国企业国际化的模式分析和战略新思维．中国商贸，2010（01）：86—87.

[10] 杜尚义．“海尔”、“TCL”、“格兰仕”国际化模式比较分析．经济与管理，2008（07）：53—59.

[11] 陈华庚．对中国企业跨国并购的思考—以TCL、联想集团并购为例．经营管理者，2009（23）：109.

[12] 中新．车企并购不能急于求成．时代汽车，2009（10）：91.

[13] 梁海山．海尔的国际化经营与价值链整合，中国质量，2004（10）：29—31.

[14] 关辉，谢颖．品牌国际化概念和内涵的界定及模式分析．黑龙江对外经贸，2006（10）：52—101.

[15] 王开卉．家电企业跨国经营的发展策略研究．企业家天地，2006（03）：79—80.

[16] 陈玲，肖继新．联想并购案战略思考．特区经济，2010（06）：285—286.

第十九章

上海电气集团股份有限公司建设世界级企业的案例研究

作为中国发电设备制造的三大基地之一和国家计划单列的57家企业集团之一，上海电气集团股份有限公司着力打造设备总成套、工程总承包和提供现代装备综合服务的国内国际领先优势，目前上海电气旗下的发电设备制造集群已经成为世界最大的火电设备制造单元。在中国“走出去”战略指导和中国制造业产业结构调整经济形势下，上海电气突破“重硬件、轻软件，重厂房、轻装备，重规模、轻能级”的陈规，践行科学发展观，积极开拓国际市场的“蓝海”，走出了一条“依靠技术进步、依靠管理创新、实现科学发展”的国际化道路，成为中国制造业企业国际化的主要推动者和成功实践者。在经济一体化和全球经济不断融合的背景下，上海电气集团国际化的发展路径将能够为中国企业尤其是大型国有制造企业成功走向世界、参与国际分工、分享国际市场利润提供宝贵的经验和有价值的借鉴。

第一节　案例现状与问题提出

一、上海电气集团概述

上海电气集团股份有限公司（以下简称“上海电气”）是中国装备制造业最大的企业集团之一。自20世纪90年代以来，销售收入始终位居全国装备制造业第一位。根据公司年报，截至2011年年底，拥有总资产规模1 067亿元，营业收入683.02亿元，实现利润总额47.31亿元，是中国三大能源设备制造商中规模最大的一家①。在“亚洲品牌500强”评选中，上海电气为亚洲机械类品牌排名第五名，中国机械类品牌第一名。上海电气正在成为一个主业突出、优势明显，可持续发展的现代化、国际化大型装备集团。

图19—1展示了2006—2011年上海电气主要财务指标的变化趋势，可以看到，2006—

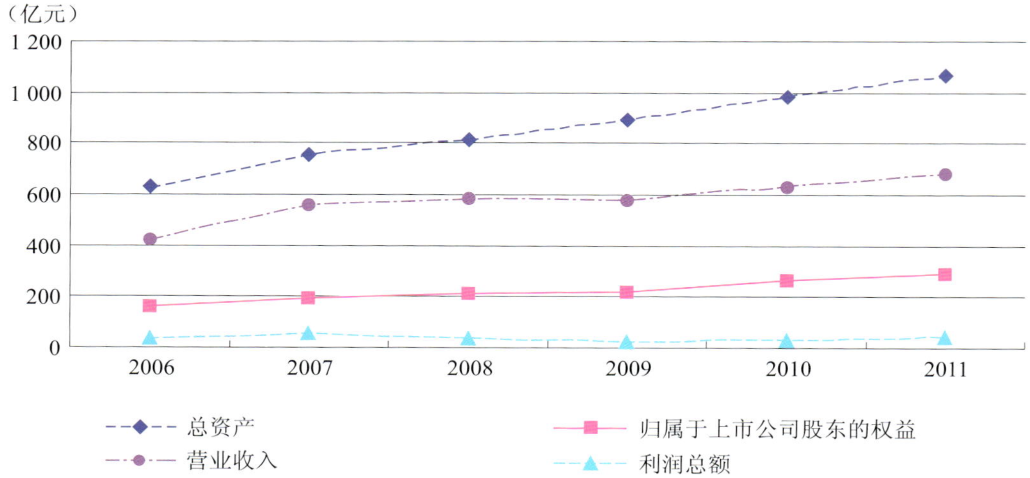

图19—1　2006—2011年上海电气基本财务信息

资料来源：上海电气集团股份有限公司2008、2009、2010、2011年年度报告

① 另外两家分别是东方电气和哈尔滨电气。

2008 年期间，世界经济不景气、国内需求萎缩导致公司总资产、股东权益以及营业收入增长缓慢，利润总额甚至出现了负增长，2009—2011 年能源、电力市场逐步复苏，上海电气积极应对金融危机，及时调整经营策略，实现了集团业务的平稳较快发展，核心业务实现了持续增长。2011 年，公司资产总额比 2010 年增加 8.66%，营业收入增长 8.11%，营业利润大幅增长 35.85%，利润总额增长 26.34%。

比较中国另外两家能源设备制造商——东方电气和哈尔滨电气——的财务状况，如图 19—2、图 19—3 所示，分别列出了 2006—2011 年两家公司四个财务指标的增减变化。从规模来看，上海电气的资产规模要高于东方电气和哈尔滨电气，几乎是两者之和，例如，2006 年，东方电气的总资产达 314.3 亿元，哈尔滨电气的总资产为 374.45 亿元，而

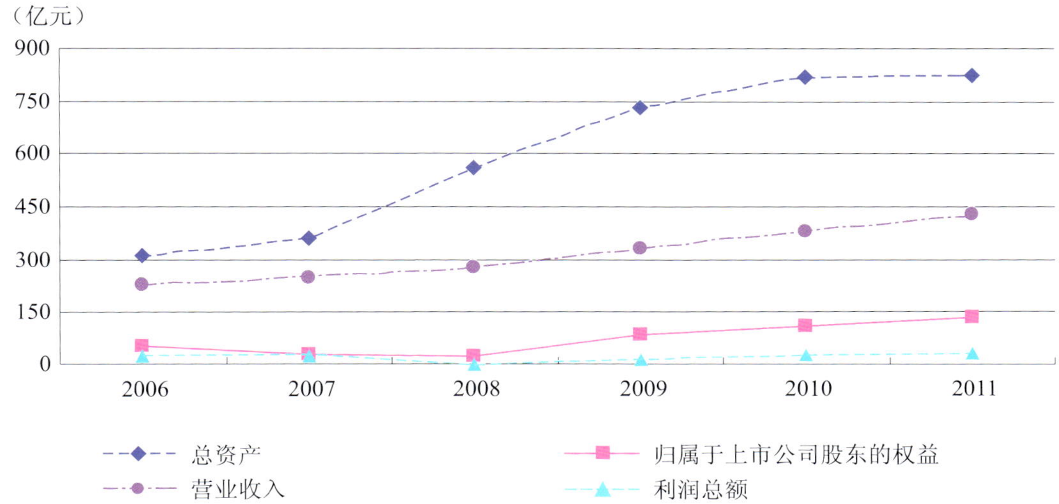

图 19—2　2006—2011 年东方电气基本财务信息

资料来源：东方电气股份有限公司 2008、2009、2010、2011 年年度报告

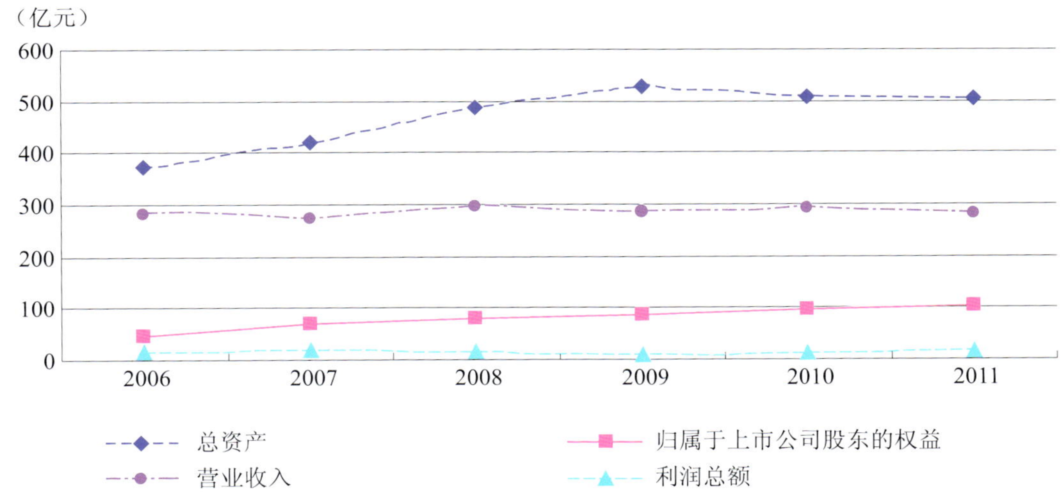

图 19—3　2006—2011 年哈尔滨电气基本财务信息

资料来源：哈尔滨电气股份有限公司 2008、2009、2010、2011 年年度报告

当年上海电气的总资产高达 634.05 亿元。截至 2011 年年底，东方电气的资产总额为 824.43 亿元，哈尔滨电气的资产总额为 503.96，而上海电气总资产为 1067.15 亿元；从盈利能力来看，上海电气的利润额也远远超过另外两家，尤其是在 2008 年金融危机和汶川地震双重打击下的东方电气。

1. 发展历程

上海电气集团的前身是上海重工业局、上海第一机电工业局、上海机电工业管理局，由上述三家单位改制成为上海机电控股（集团）公司。1996 年上海机电控股集团与原电气集团联合重组，成立了上海电气（集团）总公司。

在发展过程中，上海电气先后创造了四个“中国第一”：1954 年制造了中国第一台 6 000 千瓦发电机；1958 年研制成功第一台双水内冷机组；1961 年建造了第一台万吨水压机；仍在秦山核电站安全运行的中国第一台 30 万千瓦核电机组。

不同于东方电气和哈尔滨电气，上海电气的投资主体呈现多元化。2004 年，上海电气开启了大型国有企业集团的改制重组的序幕，引入民营资本和境外资本，上海电气从国有企业集团改革为混合所有制的大型企业集团。实际控制人为上海市国有资产监督委员会，其拥有上海电气（集团）总公司 100%的股权，总公司对上海电气股份有限公司拥有 58.03%的所有权（见图 19—4）。其他的股东包括香港中央结算（代理人）有限公司（23.3%）、丰驰投资有限公司（7.08%）、申能（集团）有限公司（3.82%）、西部建元控股有限公司（0.81%）、云南省城市建设投资有限公司（0.44%）、汕头市明光投资有限公司（0.40%）等。

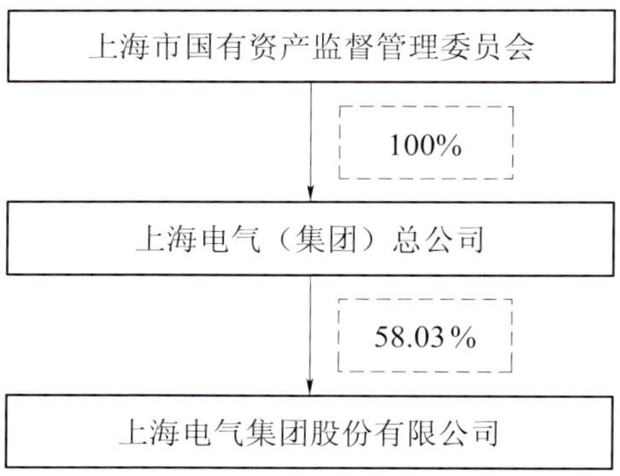

图 19—4 2011 年上海电气集团公司产权及控制关系

资料来源：上海电气集团股份有限公司 2011 年年度报告

图 19—5 展示了上海电气的股本结构，可以看到，在 12 823 626 660 股股本总额中，有限售条件的国有股占 57.78%，2005 年在香港上市，2008 年在 A 股上市[①]，上市后的流通股占股本总额的 42.22%，其中人民币流通股 19.04%，境外流通股 23.18%。上海电气产权多元化改革增强了企业在市场经济中的主体作用，逐渐形成集团的国际竞争力。

① H 股代码为 02727，A 股代码为 601727。

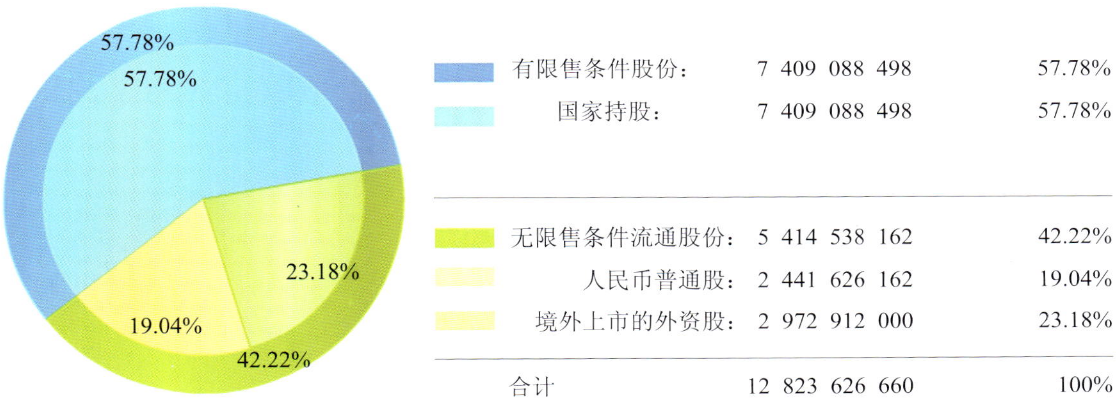

图 19—5　上海电气公司股本结构

数据来源： 上海电气集团公司网站 http：//www. shanghai-electric. com/cn/Pages/default. aspx

2. 主营业务

2010 年之前，公司的主营业务分为六大板块：电力设备、机电一体化设备、重工设备、交通运输设备、环保系统和财务业务。2010 年后，集团公司对主营业务板块进行了调整，分为新能源、高效清洁能源、工业装备和现代服务业四个板块（见表 19—1）。

表 19—1　　上海电气四大主营业务板块

板块名称	具体业务内容
新能源	风电、核电
高效清洁能源	火电、输配电
工业装备	电梯、机床、船用曲轴、印刷包装机械、电机、轨道交通
现代服务业	电站工程、输配电工程

数据来源： 上海电气集团公司网站 http：//www. shanghai-electric. com/cn/Pages/default. aspx

新能源装备和高效清洁能源是上海电气集团的核心业务，两种能源装备占销售收入 70%左右（见图 19—6、图 19—7）。公司的主导产品主要有 1 000MW 级超超临界火力发电机组、1 000MW 级核电机组，重型装备、输配电、电梯、印刷机械、机床等。

上海电气的收入比例约呈现“四三二一”分布，即高效清洁能源板块（火电机组、燃气机组、核电常规岛和输配电设备等）收入约占总收入的四成；工业装备板块（电梯、数控机床、电机、印刷包装机械等）收入约占总收入的三成；现代服务业板块（涵盖 EPC 工程承包、金融服务、国际贸易等）收入约占总收入的两成；新能源板块（核电核岛、风电机组）收入约占总收入的一成。

从四个主要业务板块的毛利率指标来看（见图 19—8），高效清洁能源的毛利率以及增长率近两年平均来看是最高的，是集团公司主要的收入和利润来源。新能源以及现代服务业板块由于技术和市场尚处于初始大规模投入阶段，毛利率稍低。各板块 2011 年中报的营业利润，对上海电气净利润增长贡献最大的是高效清洁能源板块，营业利润同比增长 30.1%，约占公司营业利润的 46%。所以火电板块利润崛起是公司截至 2011 年中

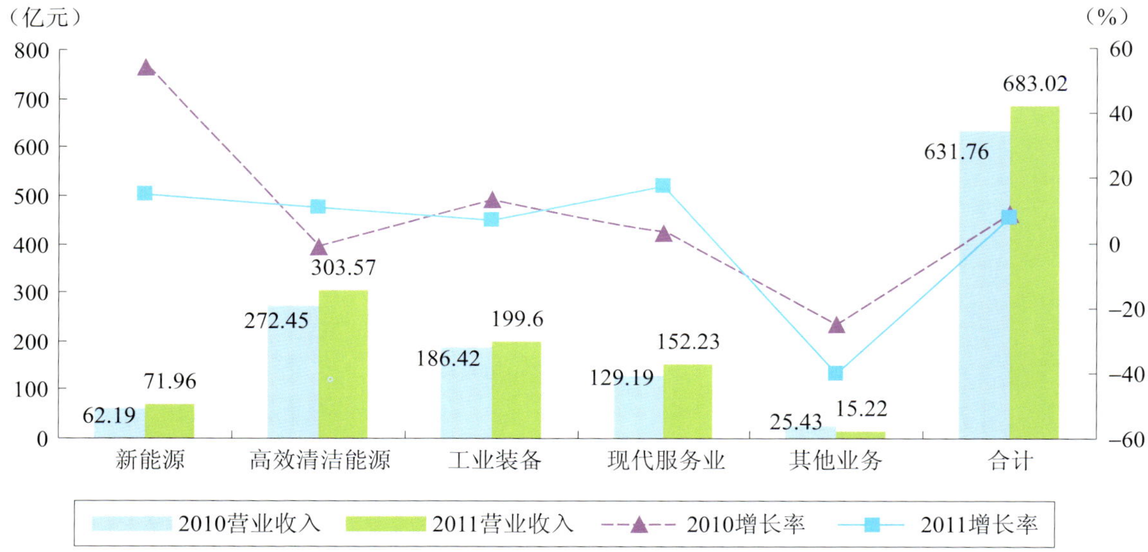

图 19－6　2010—2011 年上海电气主营业务收入额及增长率

数据来源：上海电气集团股份有限公司 2010、2011 年年度报告

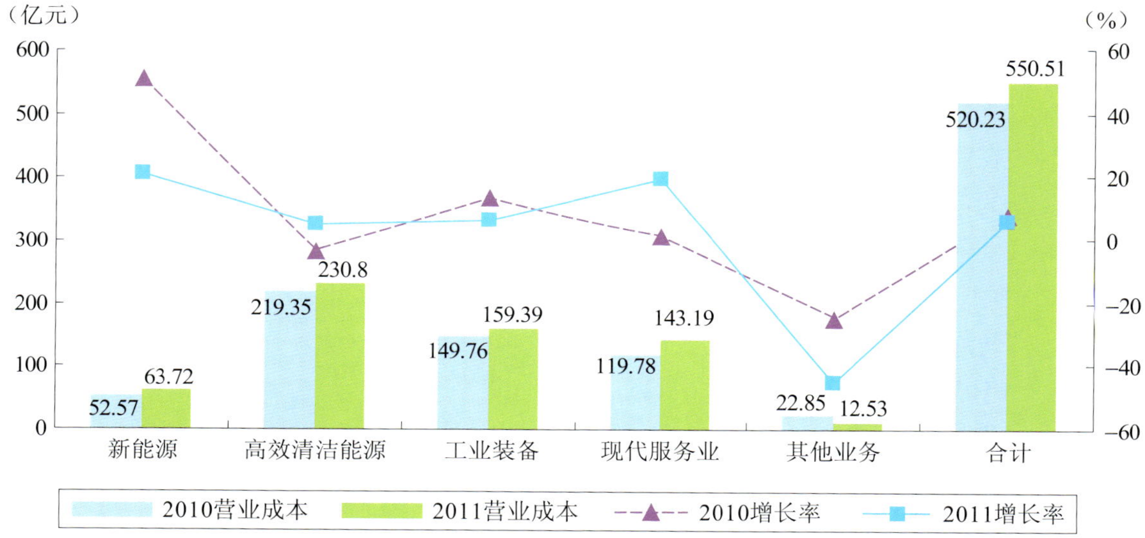

图 19－7　2010—2011 年上海电气主营业务成本额及增长率

数据来源：上海电气集团股份有限公司 2010 年、2011 年年度报告

业绩快速增长的最大原因。

上海电气截至 2011 年年底的订单总量略有增长，但结构有所变化。下降量最大的是核电常规岛和火电订单，反映了所受国内核电审批停止和火电审批大幅下降的影响。风电和燃机订单较 2010 年有较大幅度上升，前景看好。

3. 行业内上海电气的竞争优势分析

(1) 体制优势

相比较能源装备行业里的其他国有企业，上海电气的体制改革走在了行业前列，多

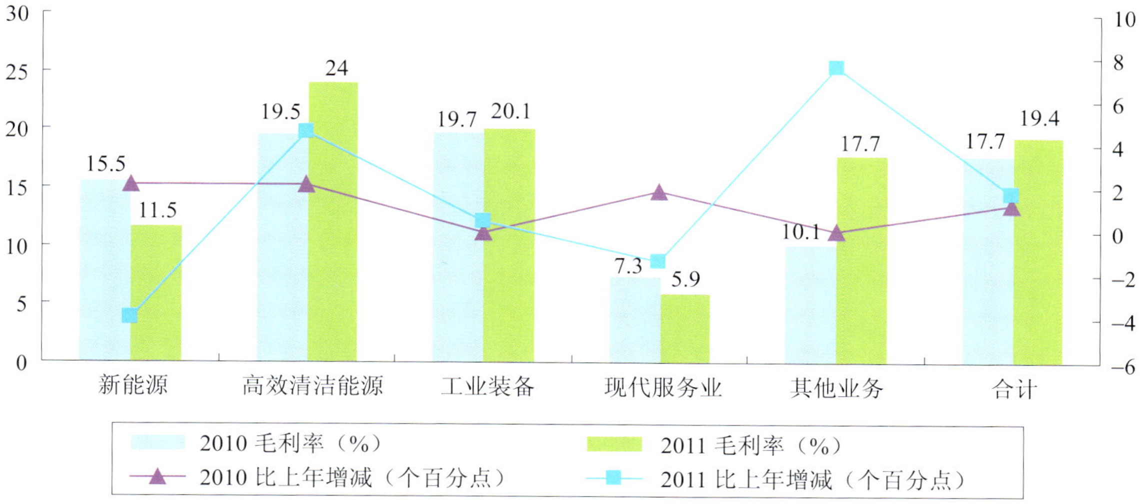

图 19—8　2010—2011 年上海电气主营业务毛利率以及增减百分点

数据来源：上海电气集团股份有限公司 2010 年、2011 年年度报告

元所有、多个股东的产权性质使得改制重组后的董事会的组成更合理、更规范，治理架构更追求效益和可持续发展，对重大事项的决策更加注重市场因素，注重市场经济的要求。在管理上也吸纳了更多的国际惯例和科学的理念，遵从市场规律。

（2）产业优势

上海电气在海上风电和核电装备市场上相比其他两家具有较强的比较优势。

风电市场的潜力巨大。根据 2011 年国家能源局召开的全国海上风电工作座谈会上的信息，中国海上风电的发展目标是：2015 年达到 500 万千瓦，2020 年达到 3 000 万千瓦，到 2020 年，中国有望成为全球海上风电第一大国。“十二五”和“十三五”期间，装机容量年复合增长率将分别达到 145%和 57%，远高于陆地风电的增速。上海电气进入风电行业较晚，但是开始起点非常高，与其合作的西门子集团是欧洲海上风电的先驱。2011 年年底，两者合资虽然成立上海电气风能有限公司（主要业务为风电设备销售）与智翔风力发电设备（上海）有限公司（主营风电设备生产与研发）。目前，上海电气中标了江苏东台项目，装机规模 20 万千瓦，由上海电气提供自主研发的 3.6MW 海上风机，目前已经交货 1～2 台，客户正在测试当中，中标此项目相当于取得 20%的海上风电份额。未来，依托西门子的成熟技术平台，上海电气后来者居上的可能性较大，有望与华锐和金风一决高下，形成三足鼎立的市场格局，瓜分快速成长的中国海上风电市场。

核电方面，上海电气是第三代核电 AP1000 技术消化吸收最好的厂家之一，作为中国骨干装备制造企业，正式获得了 AP1000 反应堆主泵、反应堆压力容器、蒸发器、爆破阀等核岛 15 项关键设备的设计和制造等相关技术的使用权，在核岛设备方面具有垄断优势。核电审批有望在 2012 年重启，最新完成的《核电中长期发展调整规划》将 2020 年核电装机目标调整为 80GW，普遍高于预期 60～70GW，显示中国未来核电市场的空间仍然非常广阔。

（3）创新管理优势

在外部环境日益复杂的背景下，上海电气不断优化管理，通过加强财务管理、质量管理、信息化管理等，向管理要效益。上海电气相继聘请 BBK、罗兰贝格、安库格等著名管理咨询机构对旗下电站集团三家骨干企业实施管理诊断，就解决库存与物流、战略采购、供应链优化等方面提出了诊断建议书，管理效果逐步显现。例如，集团所属上海三菱电梯有限公司荣获第十一届“全国质量奖”，上海锅炉厂荣获上海市市长质量奖，集团两家核电制造企业上海发电机厂和上海电气核电设备有限公司也荣获中广核颁发的 2011 年质量管理奖。同时，信息化管理体系也在有序推进，规划了符合集团管理要求的纵向三级贯通、横向业务协同的全业务运营流程，搭建了一体化信息平台（ERP），进一步强化集团垂直管控的能力，提高集团整体运作水平。

二、上海电气国际化的历程与现状——从“引进来”到“走出去”

如上海电气（集团）总公司董事长徐建国所说，“30 多年来，上海电气发展的过程就是一个不断扩大对外开放、提高开放水平的过程，也是一个不断解放思想的过程，更是一个不断提高国际合作能力的过程”。上海电气国际化的路径展现了从“引进来”到“走出去”的发展过程。

20 世纪 80 年代，上海电气国际化的重点是引进技术，进入 90 年代后，合资合作成为上海电气对外合作的重点，先后曾与西门子、ABB、三菱等跨国公司组建了 80 家合资企业，其中与世界五百强合资的企业将近 30 家。

进入 21 世纪后，在“聚焦国家战略，打造国际化企业”战略框架下，上海电气坚持“引进来”和“走出去”相结合的战略，包括产品的“走出去”和服务的“走出去”。2009 年确立打造“世界工厂”战略，上海电气确定将重型机器厂、汽轮机厂、电机厂、发电机厂、锅炉厂、三菱电梯、无锡叶片厂、上海日立及临港基地，作为“世界级工厂”建设的主体，这“8+1”在整个集团中是“关键的少数”，其人员合计虽只占集团总人数的 24%，但销售额却占集团的 52%，利润占 64%。2009 年，公司的电梯产品销往世界 60 多个国家，电梯产品出口额达 5 000 多万。

2005 年，上海电气集团公司达成战略共识，即在传统的电气电站设备制造业务之外，发展以 EPC（工程总承包，Engineering，Procurement and Construction）为核心的服务业务，试图由一个设备制造企业向电气电站领域的承包、服务提供商进行战略转型，即由单一的设备制造向“设备+服务”转型。EPC 业务相比单机享受，是一种高附加值的包括产品和服务在内的“交钥匙”工程，其盈利能力要显著高于单纯的产品销售。对国外的客户，上海电气除了电站建设、设备供应外，还提供电站改造、运行服务、融资租赁、备件销售、检修服务等。2009 年，公司成功承接了非洲博茨瓦纳 2 台 660 兆瓦火电工程项目，订单金额达 19.56 亿美元，是迄今为止公司承接的最大单个海外项目订单。同时，公司的电站海外工程开始进入中高端市场的新阶段，2009 年年末，海外工程在手订单约合人民币 500 亿元，已进入世界电站工程产业的前列。根据麦克劳 · 希尔公司

(McGraw-Hill)发布的2007年度ENR全球最大225强国际承包商排名，上海电气位列第148位。上海电气集团公司下属的上海电气电站集团承包的海外工程项目见表19—2。

表19—2　上海电气电站集团海外承包工程列表

建成海外工程项目	伊朗萨汉德电厂2×325MW燃煤机组 印度玛尔珂电厂3×25MW燃煤机组 孟加拉巴库电厂2×125MW燃煤机组 泰国东帝士自备厂(PTA)55MW燃煤机组 印尼東壁电厂6MW燃煤机组 越南木州110kV变电站 伊朗德黑兰地铁
在建海外工程项目	
东南亚片区	越南广宁项目一期2×300MW燃煤机组 越南广宁项目二期2×300MW燃煤机组 越南永新项目二期2×622MW燃煤机组 印尼公主港项目3×350MW燃煤机组 印尼雅加达项目2×30MW燃煤机组
非洲片区	博茨瓦纳玛玛布拉项目2×660MW燃煤机组
中东片区	伊拉克华事德项目2×300MW燃煤机组
工程前期准备项目	昌德拉蒲项目2×300MW燃煤机组 阿迪帕拉项目1×660MW燃煤机组

数据来源：上海电气电站集团网站 http://www.shanghai-electric.com/cn/pg/Pages/default.aspx

2011年上海电气继续加快国际化进程。按照“以我为主”的方式积极参与全球产业分工与合作，不断扩大公司的控制力和影响力，掌握发展的主导权。深化与西门子战略合作，推动西门子火电设备产能转移；寻求风电领域的对外合作，尽快形成大型海上风机的技术优势；加快推进电站服务领域的合资合作，大力培育电站服务产业；继续推进与日本三菱电机战略合作，开展节能示范改造，推进工厂智能化系统建设。

2008—2011年的公司年报提供的数据来看，如表19—3和图19—9所示，上海电气海外市场的发展要远远好于国内市场，2008、2010、2011年均保持了两位数的增长率。境外市场收入对公司的贡献份额也在逐渐增大，2008年为15.08%，2011年增长到23.26%。

表19—3　2008—2011年上海电气境内外营业收入及增长率　(亿元,%)

项　　目	2008	2009	2010	2011
境内营业收入	500.23	485.08	513.29	524.14
增长率	−2.80	−3.30	5.80	2.10

续表

项　目	2008	2009	2010	2011
境外营业收入	88.86	92.82	118.47	158.88
增长率	92.50	4.5	27.60	34.10
合计营业收入	589.09	577.9	631.76	683.02

数据来源：上海电气各年度报告

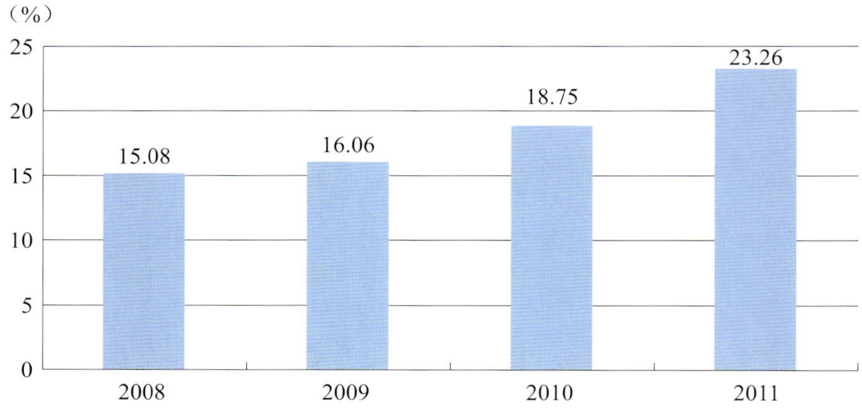

图 19—9　2008—2011 年上海电气境外收入占比

数据来源：上海电气集团股份有限公司各年度报告

第二节　上海电气集团股份有限公司国际化的战略特点

一、国际化管理成功推动海外并购

2002 年 2 月，上海电气（集团）公司与其合资伙伴晨兴集团共同出资 3 000 万美元收购了世界胶印机行业前六位之一的日本秋山印刷机械制造株式会社（并购后改名为秋山国际），是中国企业首次收购日本企业。收购当年秋山国际即扭亏为盈，实现盈利 150 万美元；第二年销售收入增长了 50%，秋山国际的销售收入超过 8 500 万美元；2005 年年底，秋山国际在三大类型产品中都拥有国际领先的持续自主创新能力。

上海电气在总结跨国并购经验时认识到，实施国际化的管理是并购后管理整合成功的关键。国际化管理意味着按照国际企业管理的准则办事，发达国家法规对企业的约束性很强，信用是企业的生存基础，上海电气严格遵守并购目标企业所在国家要求诚信经营的法律法规。国际化管理的另一层含义是实施属地化管理，在成立秋山国际后，上海电气对属地化管理的分寸把握得非常准确，只委派时任上海电气光华机械有限公司董事兼总经理的胡雄卿任秋山国际社长，而日本人几乎担任全部管理职位，采用附合日本国情的管理方式。属地化管理在短时期内获得了日本员工对中国资本的认同，也赢得了日本主流社会的承认。

二、谨慎评估风险，着眼重点区域

上海电气布局全球的决策依据是海外市场的风险高低。欧洲、美洲风险低，但是市场已趋于饱和，南美洲、非洲等地市场风险高，市场空间亦有限。因此，上海电气将设备服务“走出去”的重点放在周边的东南亚（如越南、印尼、泰国）以及印度。下面就上海电气重点开拓的印度和越南市场进行详细分析。

1. 布局印度市场

从十四年前开始谋划进入印度，到承建多个电站，如今，上海电气集团已经成长为全球最大的火电设备供应商之一，在印度新增电力设备市场占了20%的份额。随着业务的拓展以及项目的完工，印度市场的销售收入已经成为上海电气产业板块中不可或缺的资金来源。为了更好地实现国际化管理，2012年3月5日，上海电气印度公司正式宣告成立，主要提供配套的售后服务。目前印度成为上海电气最大的海外市场，已完成或正在执行的装机容量达2万兆瓦，拥有12个电站建设项目，占到中国出口印度电力设备的一半。未来30年到50年，印度将成为继中国之后发展潜力最大的国家。

上海电气印度公司将采用本土化的运作方式，兼具售后服务、市场营销、项目协调和当地分包功能。市场营销方面，未来上海电气印度市场的销售平台会转移到印度，做大印度分公司辅助性的服务。

2. 开拓越南市场

从20世纪90年代开始进入越南市场至今，上海电气首先从了解当地文化入手，掌握适合企业属地化运作的模式，努力推广自我品牌，如积极加入当地中国商会、统一产品品牌、主动参与投标等。2005年，上海电气与越南签订广宁火电厂一期总承包合同，合同金额4.52亿美元，二期工程金额4.18亿美元，2009年6月一期工程正式并网发电。为了更有效地管理越南市场的业务，并进一步深入发展越南市场，2010年建立上海电气（越南）有限公司，实现越南本地化经营和运作，主要业务有售后服务、市场营销、项目协调等，并具有投资功能。上海电气开拓越南市场的策略主要有：

（1）扩展融资渠道策略。越南本国电力发展资金匮乏，电站项目大多使用外国贷款或国内各个商业组织贷款，针对这一情况，上海电气拓展融资渠道，申请商业银行的出口信贷或者与国际上资金实力雄厚的企业合作融资，针对越南效益好的重点项目还可使用中国政府优惠贷款，从而可以提出有竞争力的报价，在争取越南电站市场份额中占据优势。

（2）工程总承包和电站设备成套策略

越南的各电站项目基本上聘请西方国家公司进行设计咨询，并按照西方国家的产品进行设备选型，因此上海电气在工程总承包招标中处于劣势。基于此，上海电气不断提高电气设备成套、工程成套能力，目前电站设备制造业作为上海电气成套能力做强的产业，已率先进入电站服务业，成为电厂的备品备件中心、技术服务中心和员工培训中心。

（3）联盟合作策略

上海电气先后与阿尔斯通（2011年5月成立锅炉合资公司，双方各占50%股权）、西门子（合资组建上海汽轮机厂）、施耐德电气等国际公司开展合作，实行强强联合，以应对国际市场中与欧美、俄罗斯、日本等的强势竞争。

三、深耕制造业，拓展服务业

在国际市场竞争领域，上海电气在原有制造业基础上，提出“制造业推进服务业、服务业促进制造业”的思路，深耕制造业，追求“极限制造”，加强对“微笑曲线”两端的研发和服务的参与和竞争力。2011 年 2 月，上海电气与三菱电机合资成立菱电节能公司，致力于工厂耗能管理；2012 年 2 月 17 日，上海电气与施耐德电气（中国）共同设立上海电气建筑节能有限公司，成为上海电气进军“合同能源管理”服务的重要一步。

1. 深耕制造业

上海电气清醒地认识到公司的产业定位：作为以制造为核心的企业，最主要的还是做强主业，服务是在主业做强的基础上延伸出来的，而不是纯粹的为服务而服务。设备做强了，承包能力做强了，现场服务就是水到渠成的事情。如何做强制造主业，上海电气选择的是极限制造，即传统机械加工领域的产业升级，是特大、重型、超限的先进品种研制和生产。这类产品往往达到目前生产装备能力及规格范围的极限，或者对产品性能和尺寸精度等有严苛要求，技术难度和工艺风险高，但成功的收益也更高。目前上海电气符合“极限制造”能力的主要产品包括大型铸锻件、核电核岛设备、船用半组合曲轴以及冶金和矿山设备等。

2. 拓展服务业

2011 年，上海电气现代服务业收入超过 200 亿元，并计划到 2015 年实现服务业收入超过 300 亿元，占总收入的 1/4 的目标。上海电气从三个方面来发展现代服务业并引导其“走出去”（见图 19—10）。

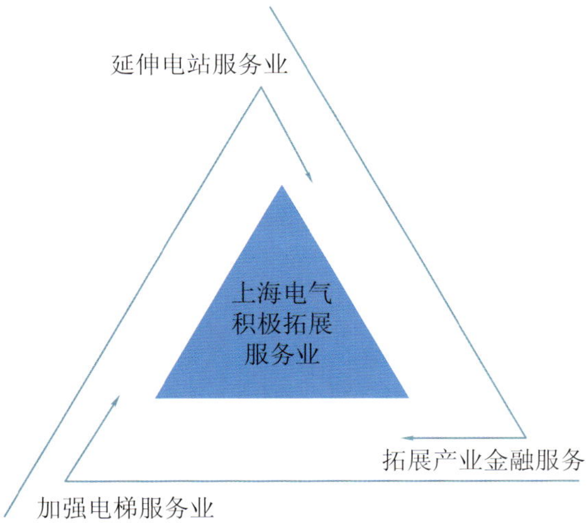

图 19—10　上海电气积极拓展服务业

资料来源：孙玉敏．上海电气发力服务业．上海国资，2012（3）：62—64.

（1）延伸电站服务业

2006年，上海电气电站工程总承包（EPC）项目初创，目前已初具规模。2011年，电站集团主营业务收入405.7亿元，其中电站工程产业收入贡献达120.6亿元，目前上海电气电站设备海外工程的在手合同已超过167亿美元，有32个海外工程项目正在施工。EPC项目打通了整个电站工程产业链的各个环节，有利于充分发挥其整体效率。从产品结构上看，EPC项目有非常强的带动效应，出口核心产品的同时，可拉动相关配套企业系列产品的出口；从成本上看，EPC项目整体配套，减少了不同环节产品的磨合周期和后期的维护成本。对上海电气来讲，合理整合了内部资源，发挥综合成本优势。

（2）加强电梯服务业

上海电气子公司三菱电梯自1999年开始探索由单一的电梯生产企业向生产性服务企业转变，电梯维修保养成为主要的利润来源之一。2008年电梯服务业收入首次突破10亿元，利润超过1亿元，2011年服务业收入猛增至18亿元，占公司总销售收入的15%，共安装电梯3.2万台，维修保养9.5万台，成为国内同行业中电梯安装量、维保受控量最高的电梯企业。此外，三菱电梯还注重开发服务产业化新产品，如楼宇自动化服务管理系统、电梯远程监控系统、小区智能管理系统等，提升全方位的服务水平。

（3）拓展产业金融服务

2011年和2012年，上海电气分别与三菱电机和施耐德电气合资成立菱电节能公司和建筑节能有限公司，开拓工厂耗能管理、楼宇节能管理等新业务。未来公司将继续发挥上海电气财务公司在资金管理、并购重组、证券融资、项目融资、保险经纪、融资租赁等方面的专业优势，推进产业与金融的融合发展。按照集团公司规划，到2015年，金融服务业实现净利占比将达到10%。

第三节　上海电气集团股份有限公司国际化道路成功的关键要素梳理

上海电气集团是中国装备制造业最大的企业集团，凭借其雄厚的技术实力，创造了多项国际一流，国内第一的骄人战绩。成功的企业背后总有成功的推动要素，因此对上海电气的成功要素进行梳理显得尤为必要。

一、三大战略确立明确的发展思路

上海电气的成功归功于目标明确的三大战略：产业集聚战略、信息化带动战略和成套突破战略。

1. 产业集聚战略

近年来，上海电气集中智力、财力、物力等战略资源，改变“散而不惊”的产业格局，重点发展电站及输配电产业、机电一体化设备产业、轨道交通及船用设备产业、环保设备产业等四大核心产业板块。

2. 信息化带动战略

上海电气正在努力，以工业自动化为主攻方向，大力提高产品的自动化、信息化、智能化水平，进一步提升上海电气产业能级。通过研究中心这一平台，组织产学研联合攻关，积极孵化远程监控系统、PC平台系统、嵌入系统等装备制造业关键技术和建设“8+1”数字化工厂，上海电气正在全力打造SEC品牌，实现一体化经营、一体化管理、一体化供货、一体化服务体系。目前，上海电气已经搭建了一套研、产、供、销、服全过程、一体化的信息平台。部分下属企业已经实现了同一平台上的统一运行管理，部分工厂、上下游企业已经实现了工作协同。

3. 成套突破战略

成套是现代装备制造业综合实力的重要标志。近年来，上海电气以系统集成技术为基础，以成套公司为载体，以重大项目为依托，以复合型人才为保证，以服务为延伸，不断提高上海电气设备成套和工程成套能力。上海电站设备制造业作为上海电气系统成套能力最强的产业，目前已领先一步，率先进入电站服务业，成为电厂的备品备件中心，技术服务中心和员工培训中心。

二、立足创新，以科技提升产业升级

1. 重大技术装备扎实推进

2008年，公司自主创新的600MW超临界火电设备机组完成出口，自主创新的800MW超临界火电设备机组也计划推向市场，自主创新的2MW级风机成功下线，3.6MW级海上风机进入第二设计阶段。此外，海水淡化、IGCC（整体煤气化联合循环发电系统）、空冷、余热锅炉等产品技术均取得了新的进展。自主设计制造1.65万吨油压机成功研制并已投入生产，提升了公司在大型铸锻件领域的极端加工能力。公司自主研制的城市轨道交通A型车取得阶段性突破，牵引系统、制动系统、车门和动力学全部试验项目均已完成，已进入运营线路试验阶段。公司启动临港核电制造基地二期工程，竣工后将形成年产4～6套蒸汽发生器、压力容器和稳压器，8～10套堆内构件和控制棒驱动机构的能力；公司参与了华能绿色煤电天津IGCC电站示范工程，将建设中国第一台250MW等级IGCC发电机组，首台1 000MW超超临界抽汽汽轮机机组

2. 产学研结合，形成具有自主知识产权的核心技术

上海电气集团与中科院优势互补，开展了三批36项科技合作项目，解决了集团产品创新中的一批关键和共性技术问题，形成了一批具有自主知识产权的装备产品。新技术覆盖的产品销售合同达100余亿元，取得了令人瞩目的技术经济效益。通过合作形成了磁悬浮列车、循环硫化床等多项技术专利。同时，集团利用产学研联合创新途径，借助高校与研究机构的科技力量，加快了实现新型工业化道路的步伐。例如，“变电所综合自动化系统合作”项目由上海继电器有限公司和中国科学院沈阳计算技术研究所承担，采用先进的计算机技术，有机结合监视、保护、远动、管理等因素，用于新建或改造变电站，使综合自动化系统达到国际先进水平。

3. 加快技术进步，提升核心竞争力

科技创新和技术进步一直是集团工作的重中之重。在新能源领域，大型铸锻件技术攻关取得了重大突破，世界首套 AP1000 稳压器的全套锻件和高温气冷堆压力容器的全套锻件已由上海电气成功交货；堆内构件核级不锈钢锻件已经形成批量交货能力。在高效清洁能源领域，自主研制的大型核电汽轮机 1.7 米长叶片通过了上海市高新技术产业化项目验收。超超临界高中压转子实现批量生产，标志着上海电气已拥有成套百万级核电常规岛主设备制造能力；完成了国家首台整体煤气化联合循环（IGCC）示范工程中的燃机和气化炉技术开发工作，并已进入安装和调试阶段。燃机研发能力的提高将为满足未来日益增长的市场需求提供良好的技术支持。在工业装备领域，电梯业务持续领跑中国电梯市场，其承担的上海市高新技术产业化项目“高速电梯及大提升高度自动扶梯研发及产业化”项目也取得阶段性研制成果。

三、现代服务业与先进制造业双轮驱动

上海电气采取“两手抓，两手都要硬”的方针，通过“制造业推进服务业，服务业促进制造业”的路子，提升上海电气的服务业水平。上海电气通过大力拓宽 EPC 项目和三菱电梯维保服务项目确立了“制造业＋服务业”的产业格局。从而成功实现了企业转型从“生产经营型”向“企业服务型”转变。以 300MW 火电机组为例的全生命周期服务流程为例（见图 19—11），上海电气电站服务贯穿全生命周期。

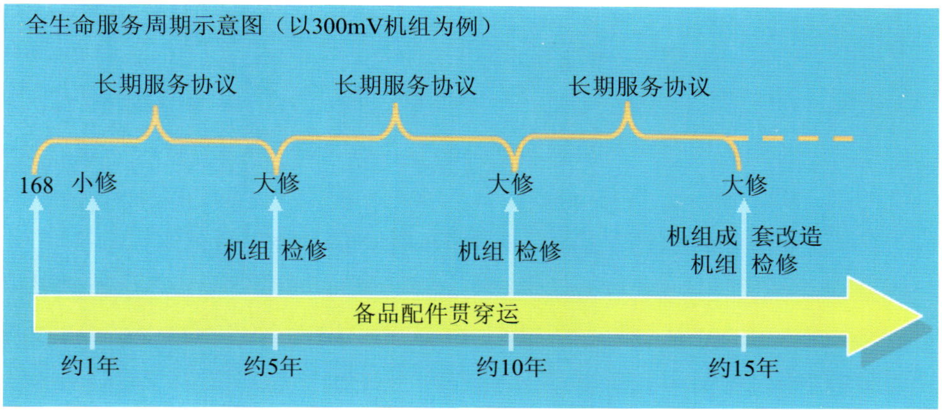

图 19—11　电站全生命服务周期

资料来源：上海电气集团公司网站 http：//www. shanghai-electric. com/cn/Pages/default. aspx

四、精细化管理

管理只有做到精细化才能出效益。上海电气在生产管理、人才管理、财务管理、风险管理等方面都取得了一些成功的经验。

1. 精细化的生产管理

生产管理做到从分散到集中，实现资金、采购和物业集中管理；产品制造从粗放生

产到精益生产。以上海重型机械厂为例，2011 年上海重型机械厂的能源费用达到 5 亿元，能耗高，节能空间大，因此实施了节能可视化项目，对能源利用效率进行了检测和分析，挖掘节能潜力。建立降本项目负责制度，精细成本节点控制，围绕冷加工技术、热加工技术、节能、质量、采购、材料、设备、基建、库存、财务等十个专项开展降本增效工作，提高企业的运行质量和盈利能力。

2. 精细化的人才管理——人才强企战略

上海电气更新人才观念，创新人才工作，以前瞻性、主动性、系统性、创造性的战略人力资源管理，适应和推进上海电气的战略发展：研究战略发展期内经济发展总量，包括销售规模、利润规模以及与发展战略目标相适应的产品结构、技术标准、生产组织形式以及生产方式、组织结构等；研究人力资源的总量目标、结构目标、效能目标以及人力资源的现状，找准目标与现状之间的差距和突出问题；研究缩小现状与目标之间差距的具体措施，特别是在“紧缺人才加快引进、高端人才加快培养、青年人才加快锻炼、后备人才加快储备”上下工夫。另外，加强与高校合作培养人才，派遣技术骨干赴国外学习，与国内外知名科研机构形成研发中心，利用项目合作实现“项目出人才，项目出成果”的双向双重效应。

3. 精细化的财务管理

上海电气集团股份有限公司作为一家 A＋H 两地上市公司，积极适应境内外上市监管和自身内部管理对财会工作的要求。借助 IT 工具和平台跟踪、控制项目整个推进过程中的成本目标。以制造成本为目标，对任务进行分解和管控。2011 年 12 月 25 日，由中国总会计师协会和《中国总会计师》杂志社主办的第八届中国企业经营与财务战略管理高峰论坛在北京人民大会堂举行，上海电气集团股份有限公司获得“2011 年度最佳财务管理团队奖”。

4. 创新环境下的风险管控体系

（1）引入战略投资者，融资发展风电核电等新能源产业，分散经营风险；

（2）通过与金融、代理等中介机构合作，转移海外市场风险，发展电站工程总承包；

（3）通过产学研合作，共同投入基础性、前瞻性、攻关性研发项目，形成创新成果共享、风险同担机制；

（4）通过优化投资组合和优化业务组合，对冲新产品新产业的投资风险。

5. 强化资本经营，推进企业结构调整

（1）盘活存量，调整产业结构，逐步实现资源的优化配置；

（2）兼并控股，建立新的增长点；

（3）以合资为契机，盘活存量，为公司注入新的活力。如上海电气与美国西屋公司合作，成立上海汽轮机有限公司，总投资达到 3.7 亿美元，解决了资金困难，同时提升了技术水平。

第四节 发现与启示

上海电气成功的国际经济合作实践，在海外工程项目承包和跨国并购方面，为中国企业“走出去”提供了宝贵的借鉴经验。

一、慎重选择、谨慎经营海外项目

1. 海外投资项目的选择应围绕企业发展战略

上海电气选择收购日本秋山公司，是由于在“走出去”方面有一个清晰的战略构思：为逐步提高国际竞争力，必须使上海电气由原来的粗放型、低附加值产品出口，逐步转向集约型、高附加值的境外收购办厂。

2. 海外投资项目的选择应充分发挥企业的比较优势

上海电气的印包机械企业具有国内市场占有率高、仿制能力强、拥有一定外销网络等优势，而日本秋山的强项是拥有世界一流的开发能力，产品的技术水平及其品牌在国际上处于领先地位，两种优势实现了很好的互补和融合。

3. 海外投资和经营需要培养优秀的专业人才

以跨国并购为例，整个过程涉及尽职调查、组建并购小组、选择收购方法、法律障碍规避、申报再生方案和可行性分析报告、决定方案并完成再生程序等主要步骤，其中每一步都需要由不同专业知识的人才进行操作，因此迅速培养一批通晓国际业务流程和程序的专业人才实现专业化分工十分必要。

二、科技创新是竞争优势源泉

根据海默（1960）的垄断优势理论，知识、技术等垄断优势是国际化经营的企业在东道国市场获利的条件。而创新是企业获得可持续竞争优势的手段，拥有强大的创新能力，才能在激烈的国际竞争中把握先机、赢得主动。上海电气一直在创新领域不懈努力，并把推进高新技术产业化作为工作的主旋律。

对企业来讲，完善的科技创新体系组织框架包括：（1）技术创新决策层，负责确定集团科技创新体系建设和完善的重大问题；（2）中央研究院，负责整合、集聚集团内各类科技开发资源，围绕主导产业开展共性技术、关键技术、超前技术的开发研究，形成开放式科研设计网络体系；（3）企业技术中心，围绕集团科技发展规划，解决关键技术的生产瓶颈，在集团核心业务中形成一批具有自主知识产权的技术和产品；（4）企业与高等院校、科研院所结成科技联合体，实现创新共享、信息共享、人才共享。

三、精细化管理累积国际竞争优势

上海电气的产品创新、服务创新、管理创新等成功实践表明，企业传统的“粗放型”管理已经无法适应新的国际竞争要求，走资源“精细化”道路将是中国企业实现国际化的必然选择。

1. 内部流程的精细设计与优化

最佳流程应能实现低成本、高安全性、高士气。打造扁平化、柔性化组织结构，力促公司内部职能部门与市场接触方式能进行动态转化；系统性地改造企业内部的业务流程体系，找出关键流程，进行端到端的设计，剔除不必要的流程环节；对流程中的各个环节要明确授权，流程的执行要能够受到有效监督和考核。

2. 合作伙伴的精细整合与互联

树立“构建生态型产业链”的理念，注重与合作伙伴建立良好的合作关系，推动和促进双向交流，共同提高过程的有效性和效率，达到双赢的目的。通过召开例会、座谈会等多途径、全方位的交流，通过实体渠道、服务渠道、电子渠道等方式，充分了解合作方的需求、意见，听取其建议，建立无缝沟通机制，以保障长期、稳定的合作关系。

3. 精细控制财务成本

通过精细化的财务管理将成本控制在最优，可从两个方面入手：一是建立以全面预算管理和费用目标管理为主体的动态财务管理控制模式，细化财务监控的细节作用，界定各项经营服务活动的费用限额，将财务控制延伸到采购、营销、评估等各项环节，有效降低企业的经营风险；二是重视经营信息分析工作，对重点业务和重要财务的变动情况进行跟踪，定期或不定期地提出分析报告，从而使财务管理不仅成为评价财务状况、衡量经营绩效的重要依据，而且还使其担当挖掘潜力、改进工作的重任。

四、企业应树立全面的国际化意识

国际化的过程同时也是在整个公司内部树立国际化意识的过程，每一个细节都要国际化。它反映的是企业整体素质包括高管素质、员工素质、研发水平、文化理念等的综合提高。企业在“走出去”过程中应该审视自己是否具备了国际化的人才，企业整体建设方面是否达到了国际标准。因此，实施国际化经营的企业应加强外向国际化人才的教育与培训，使其熟悉国际标准和规范，具备国际化意识和视野，锻炼创新思维及能力，依托全球合作，打造高端团队，实现“全员国际化”。

在全面国际化过程中，企业将不可避免地在研发、营销、技术保障、资金保障等方面，存在人才短缺的问题，因此，国际化的企业既要坚持人才自主培养开发，又要适应形势变化，积极引进海外人才和海外智力。统筹开发利用好国内国际两种人才资源，这是新形势下公司做好人才工作的重要内容。统筹开发利用两种人才资源，关键是树立全球发展的眼光，加强人才战略布局，坚持整体开发方针，把自主培养开发人才和引进海外人才结合起来。一方面立足国内人才的选择、培养和使用，重点培养拔尖创新人才、急需紧缺人才、战略性后备人才，实现产业经济各类人才队伍协调发展；另一方面，积极联络、合作、引进海外人才，重点引进各产业的拔尖人才，特别是掌握关键技术、带动新产品、新市场发展急需的战略领军人物，积极开展人才开发的国际交流。

参考文献

[1] 上海电气集团．上海电气集团股份有限公司年度报告. http：//www. shanghai-electric. com/cn/Pages/default. aspx.

[2] 东方电气集团．东方电气集团股份有限公司年度报告. http：//www. dec-ltd. cn/.

[3] 哈尔滨电气股份有限公司．东方电气集团股份有限公司年度报告. http：//www. chpec. com/.

[4] 水丰．打响产权多元化改造第一炮——记上海电气集团推进集团层面的改制重组．上海企业，2004（2）：5—8.

[5] 申桦．国有控股集团改革的新突破. 上海工业，2004（2）：4—5.

[6] 中国电力企业联合会．全国海上风电座谈会召开. 2011 年 6 月 27 日，http：//www. cec. org. cn/.

[7] 凤凰网．上海电气：关于与西门子（中国）有限公司成立风电合资公司的公告［EB/OL］. http：//finance. ifeng. com/stock/gsgg/20111212/5257124. shtml.

[8] 蔡晓铭．上海电气：核电、风电业务进入快速增长阶段. 财智视点，2010（19）：23.

[9] 徐建国．国际合作数十年的几点心得．中国机电工业，2011（10）：84.

[10] 崔荣会，侯闯．上海电气大战略．中国制造业信息化，2009（6）：21—23.

[11] 王玉，翟青．上海电气集团借并购实现技术升级．企业管理，2006（11）：48—49.

[12] 刘晓翠．上海电气掘金印度. 上海国资，2012（4）：40—41.

[13] 谢守红，陶氏梅芳．上海电气开拓越南市场粗略分析. 商场现代化，2012（4）：32—33.

[14] 三菱电机（中国）有限公司．三菱电机与上海电气集团成立节能与自动化控制技术合资公司合作协议正式签订. 电机与控制应用，2011，38（3）：69.

[15] 孙玉敏．上海电气发力服务业. 上海国资，2012（3）：62—64.

[16] 马新生．上海电气的三大战略. 上海工业，2003（9）：12—14.

[17] 王玉，等．产学研创新的成功路径——上海电气集团实践的启示. 上海企业，2006（1）：60—61.

[18] 黄迪南．上海电气转型发展路径. 上海国资，2012（3）：65—68.

[19] 徐建国．加快振兴装备制造业与上海电气人才战略. 中国高等教育评估，2007（4）：45—47.

[20] 汪浩．构建在创新环境下的风险投资和风险管理体系. 电气工业，2010（4）：36—41.

[21] 吴恩．强化资本经营，推进企业结构调整. 上海企业，1997（9）：25—28.

第二十章

上海纺织集团有限公司在转型中走向国际化的案例研究

纺织业是中国传统制造业之一，中国纺织业的发展历史悠久。但是作为劳动密集型行业，当前中国纺织工业正面临来自发达国家在产业链高端、发展中国家在产业链低端的双重竞争。在国外要遭遇来自欧美市场的各种贸易摩擦，在国内要面临劳动力的结构性短缺，同时，建设“两型社会”的发展战略对纺织工业节能减排和淘汰落后产能也提出了更高的要求。在上述严峻形势的挑战下，国内纺织企业应该如何通过转型升级获得更好更快的发展，本章所研究的上海纺织（集团）有限公司就做出了成功的典范。这家有着130多年发展历史，总资产超过200亿元，拥有190家企业，总员工数量接近2万人的大型国有企业曾经也经历发展瓶颈，但是集团通过科技创新、体制创新和文化创新将传统产业与新兴产业相结合，成功打造了与上海国际大都市相匹配的现代纺织服装业。本文希望通过深入剖析上海纺织（集团）有限公司转型成功的关键要素，为国内其他传统制造企业提供宝贵的经验和有价值的借鉴，共同推动中国制造国际竞争力的提高。

第一节　案例现状与问题提出

一、公司概述

上海纺织（集团）有限公司的前身是1878年由清政府创办的上海机器纺布制造局，它被视为近代中国第一家以机器工业技术进行大生产的棉纺织厂，宣告摆脱了数千年来中国纺织传统手工生产的落后状况。

新中国成立后，作为上海纺织行业的领头羊，上海纺织集团累计向国家上缴利税840多亿元，为国家实现创汇约280亿美元，居各系统之首。在全国纺织工业中，上海纺织集团以占全国5%的棉纺锭，创造了占全国纺织10%的产值、11%的出口交货值和17%的利税，而且行业最高时吸纳了55万就业人员。然而，就像所有的国有企业一样，20世纪90年代起，由于企业长期以来产出高、投入少、贡献大、回报小，装备陈旧，今非昔比，各种负担沉重，上海纺织的经济效益严重滑坡，发展陷入了困境。与同时代其他国企面临的困境不同，上海纺织集团还遭遇了多重挑战。一方面，当时社会各界普遍将纺织行业视为夕阳产业，拒绝将其纳入上海经济发展重点扶持行业的名单；另一方面，纺织行业在当时被划入了竞争性行业，属于国有资本要逐渐退出的范围，所以，上海纺织集团在20世纪末经历了一场惨痛的变革。据不完全统计，20世纪最后十年里上海纺织集团利润下降幅度接近30%，以棉纺织为代表的初级加工业产值从90年代初占行业产值超过30%下降到90年代末的15%，集团压缩棉纺锭130万锭，减员总数接近27万人。直到2003年年底，上海纺织集团下属的亏损企业总数仍然超过60家，而且亏损额持续上升，集团转型发展迫在眉睫。

生存的压力促使上海纺织集团主动求变。调查发现，地处长三角的苏、浙两省每吨纱的生产成本要比上海本地便宜1 000元以上，而且纺织业也是上述两省的传统优势行业。与此同时，中国外贸政策对纺织品出口税率也进行了调整，采取的是从量税的计征办法，即强调出口产品的“量”而非“价”，这也是出于鼓励企业更多出口高附加值产品，提升贸易的档次考虑。鉴于当时的情形，上海纺织集团将产业转型的方向确定为“走高端产品研发、生产之路”，将传统纺织升级为科技纺织、绿色纺织、品牌纺织和时尚纺织。

通过在实践中探索，上海纺织集团成功完成了转型，目前它将自己定位为以科技为先导、以品牌营销和进出口贸易为支撑、以先进纺织制造业和时尚产业为依托，拥有较完整产业链、集科工贸服务为一体的现代纺织大型企业。“十一五”期间，上海纺织集团营业收入增幅接近70%，突破360亿元；利润额翻了5倍，达到6.54亿元；国际贸易翻了一倍，达到41.71亿美元。这反映出集团的盈利能力和成长能力都处于良好的上升期，彻底摆脱了过去长期亏损的局面。

图20—1统计了2004—2011年连续八年上海纺织集团营业收入的变化情况，从图中可以清晰地看出，2004—2007年期间集团刚刚开始转型，营业收入缓慢上升，增幅较小；2008—2009年期间，国际金融危机的爆发对外向度较高的上海纺织集团造成了压力，集团出口产品数量受到了压制；2010—2011年的后危机时代，集团积极主动出击，加快了海外布局和对外联系。以2011年广交会为例，集团共设150个展位，近500名外贸业务员参展，是公司参展历史上规模最大的一次，企业整体形象进一步得到提升。过去两年中，营业收入实现了大幅增长，连续突破300亿元和400亿元大关，为企业实现“十二五”发展目标开了好头。

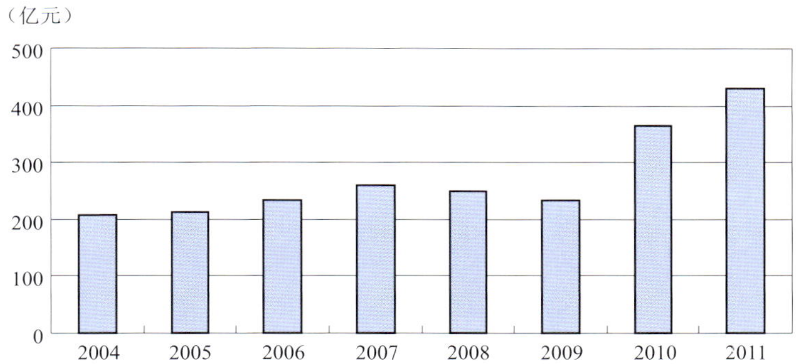

图20—1　2004—2011年上海纺织（集团）有限公司营业收入统计图

资料来源：根据上海纺织集团网站公开数据绘制

表20—1统计了过去五年上海纺织集团资产规模和对外贸易的变化情况，目前集团的总资产基本保持在200亿元以上的规模，而净资产正朝着“十二五”期间突破100亿元的目标前进。对外贸易方面，目前上海纺织集团的外向性程度相对较高，近年来大体维持在80%左右，彻底扭转了转型之前集团产业结构中制造业和贸易“55∶45”的传统比例，也与上海外向型经济的城市风格相符合。

表 20—1　　上海纺织（集团）有限公司 2007—2011 年经营情况

经营指标	2011	2010	2009	2008	2007
总资产（亿元）	233	227	202	193.7	206
净资产（亿元）	87.5	81.8	73.63	104.7	56.6
进出口总额（亿美元）	50.8	41.71	24.06	27.3	26.85
出口创汇（亿美元）	38	31.7	21.44	24.3	23.31

资料来源：根据《上海年鉴（2008—2012）》数据整理

经过多年的建设，目前上海纺织集团在国内同行中的整体竞争力不断提升，各项排名持续攀升。表 20—2 列举了过去三年（2009—2011 年）上海纺织集团在国内三个主要排行榜中位置的变化，截至 2011 年年末该公司在中国企业 500 强中排名第 220 位，在中国制造业 500 强中排名第 111 位，在中国纺织服装业 100 强中高居三甲。此外，由商务部和中国对外经济贸易统计学会主办的“中国对外贸易 500 强企业论坛”发布了 2011 年中国对外贸易 500 强企业排名。上海纺织（集团）有限公司以 41.7 亿美元的进出口额排名第 54 位，排名比 2010 年上升了 24 位。

表 20—2　　上海纺织（集团）有限公司 2009—2011 年各类排名情况

排行榜名称	2011	2010	2009
中国企业 500 强	220	256	231
中国制造业 500 强	111	128	121
中国纺织服装业 100 强	3	3	5

资料来源：根据互联网相关数据整理

目前上海纺织（集团）有限公司是一家综合性的大型国有企业，其股权构成中上海国有资产监督管理委员会是绝对的控股人，持股比例高达 78.58%；其余的股份被四大国有资产管理公司所持有，分别是东方（11.35%）、华融（7.24%）、信达（2.65%）和长城（0.18%）。目前公司下属主要成员单位有 40 家，其中包括两家上市公司（申达股份 600626、龙头股份 600630），集团按照功能不同将下属企业划入了不同的板块内，图 20—2 清晰反映了目前上海纺织集团的公司组织架构。

作为上海乃至全国纺织行业的领头羊，上海纺织集团拥有国内一流的研究团队和机构，中央研究院就是决定其技术升级的核心部门。目前该机构拥有两位中国工程院院士，自成立以来多次获得国家级和省部级技术进步奖，还获得过中国纺织工业协会颁发的科技进步一等奖。机构每年都积极申报各类专利，目前申报总数已经超过了 2 000 项，其中发明专利超过 150 项，并有数十项科技成果获得了上海高新科技成果转化认定。上海纺织集团的技术专利对中国载人航天工程作出了重要贡献，公司生产的用于神舟飞船的返回舱引导伞面料以及主降落伞面料等高科技产品都获得了国家的嘉奖。

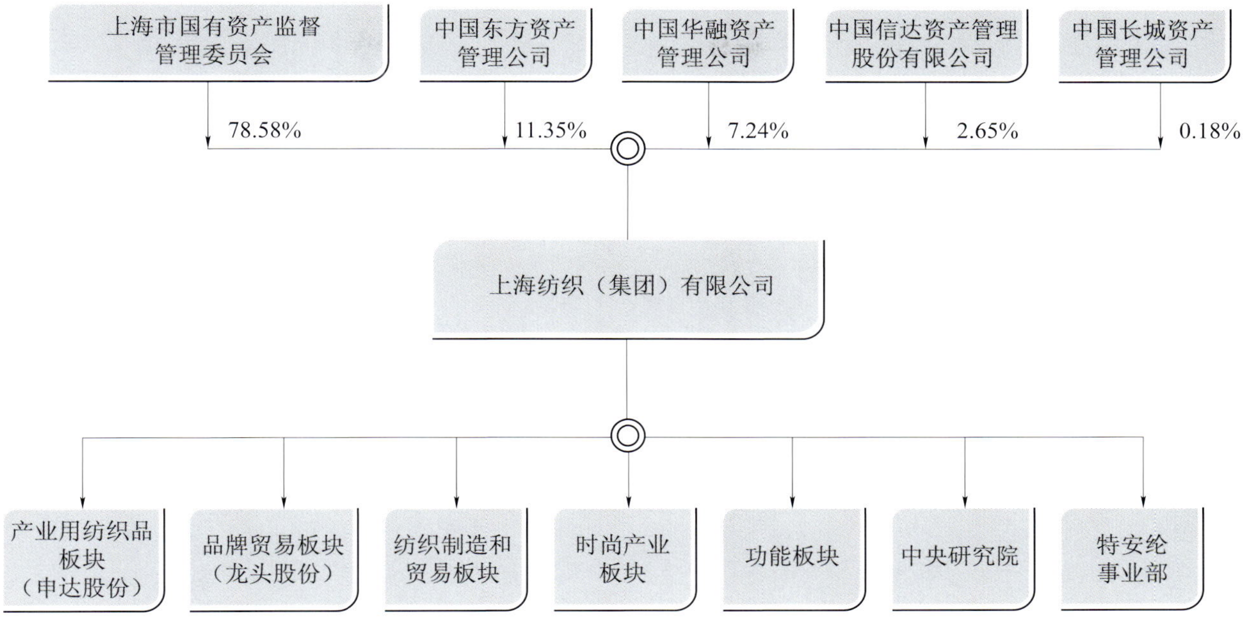

图 20—2　上海纺织（集团）有限公司组织架构图

资料来源：根据上海纺织集团网站企业组织架构绘制

二、公司主营业务评述

目前上海纺织集团拥有三项主营业务，包括新型功能性化纤及材料制品、品牌纺织品制造及贸易以及时尚产业（见图 20—3）。

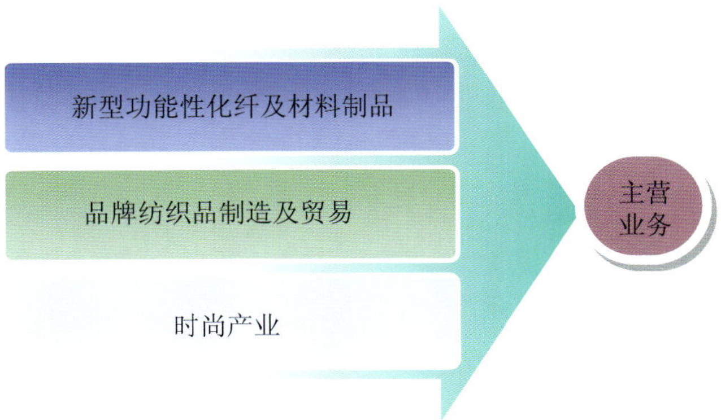

图 20—3　上海纺织（集团）有限公司主营业务构成图

资料来源：根据上海纺织集团网站企业组织架构绘制

经过多年的建设，上海纺织集团基本拥有了纺织行业的完整产业链，旗下的合成纤维研究机构代表了目前国内化纤行业的最高水平，由公司独立研发的芳砜纶首次打破了国际垄断，该项目目前产能超过 1 000 吨，拥有广阔的市场前景；“葆莱绒”超细中空纤维同样是公司力推的另一款拥有自主知识产权的新产品，目前在国内外市场上已经获得了较高的满意度。另一方面，上海纺织集团生产的汽车内饰纺织品产品被国内多家汽车厂商所接受，公司生产的汽车地毯市场占有率高达60%以上；服装品牌方面，三枪产品多年来一直为国人所喜爱，屡次荣获上海本地的科技进步奖，并获得了出口免检的资格，此外，菊花、海螺等多个品牌也在市场上具有良好的口碑。目前公司在全国各地铺设了超过6 000个销售网点，国际营销学家摩根·斯坦利称赞三枪的销售网络为“中国内衣市场最完善的营销渠道”。除了经营自主品牌，上海纺织集团还主动与外商合作开发新品牌，例如与法国鳄鱼、美国迪斯尼、日本丸红等国际知名公司都有深入的合作。目前公司的产品出口量在行业内处于领先位置，对上海本地纺织品服装出口额的贡献度超过一成。

纵观世界五大时尚之都（法国巴黎、日本东京、美国纽约、意大利米兰和英国伦敦），曾无一不是纺织业发达的城市，之后它们都经历了纺织业向时尚产业的转型。上述宝贵经验自然为同为外向型城市的上海提供了参考，当地拥有发展时尚产业的诸多优势，纺织科研和教育在全国都名列前茅，中西交融的海派文化中一个很重要的外延就是服饰文化，“东方巴黎”的城市文化也提升了上海成长为时尚之都的底蕴。基于上述有利因素，上海纺织集团将发展时尚产业作为了转型的重要突破口，构建了从研发、营销、制造、设计和加工的完整产业链，并重点宣传每年一次的上海国际时装周和上海国际时装节。

创意文化园区是上海纺织集团进入21世纪以来全力打造的工程，它打破了一家一户打造园区的模式，在空间、规模和功能上进行整合、集聚，提升了园区内涵，构筑产业化、品牌化的运营格局。所有园区建设都紧紧围绕品牌的核心价值展开，从单体打造、自主运作向协同合作、发挥整体优势转型，有计划、有步骤地对现有园区进行资源优化和功能定位。目前，上海纺织集团旗下已经建成开放了八个园区，它们都选址于集团的老工厂，在已废弃的厂房和土地上进行重新设计和施工，实现了传统制造业向现代服务业的过渡。表20—3详细列举了八个园区的基本信息。

从表20—3中可以看出，八大创意园区定位各异，首次开发时间从2005年3月到2007年5月，这段时期也是公司重新确立发展方向和转型战略的重要关口。八个创意园的位置都曾经是上海纺织集团旗下年代久远已被废弃的老工厂，例如上海春明粗纺厂、上海鸿新色织厂、汉森织造手帕厂和上海织袜二厂等。与国内其他城市的发展思路不同，上海纺织集团没有将上述已经停产的厂房或土地出售，而是有效挖掘了其蕴藏的价值。事实上，位于北京的798艺术区前身也是国营798厂等电子工业老厂区，2001年当地开始有意识地开发这片土地，如今798已经成为北京都市文化的新地标。上海纺织集团的转型思路或许也从中受到过启发，目前首钢集团也在思考在原址上推动后工业旅游，发展打造创业产业区。

表20—3　　上海纺织（集团）有限公司旗下主要时尚平台分布

名称	首次开放时间	简　介
M50	2005.4	目前苏州河畔保留最完整的民族纺织工业建筑群，是上海创意产业的发源地和领头羊之一，前身是上海春明粗纺厂

续表

名称	首次开放时间	简　介
尚街 LOFT	2006.8	园区目前拥有约 40 家时尚买手店、20 家设计师店及多家国际著名的时尚类门店，前身是上海三枪制衣厂厂房
西郊·鑫桥创意产业园	2005.3	它是上海市经委第四批授牌的“创意产业集聚区”，是闵行区第一家创意产业园，前身是上海金兔羊毛衫总厂
汇智创意园	2007.5	园区的功能定位为以文化传媒、设计、IT 产业为核心主题的时尚科技创意园，前身为上海鸿新色织厂
汇丰创意园	2006.11	园区是以居家设计、展示为核心主题的时尚科技创意园，现已成为徐家汇区域地标性的示范园区，前身是上海新丰制毡厂
西岸创意园	2006.8	园区地处上海商业文化中心徐家汇核心 CBD 的延伸腹地，以时尚产业为主导，以时尚、文化、现代为特征，前身是汉森织造手帕厂
卓维 700 创意产业集聚区	2005.4	上海市首批 18 家创意产业集聚区之一，目前已吸引美英德意等国近 60 户客商入住，前身是上海织袜二厂

资料来源：根据上海纺织集团网站资料整理

第二节　上海纺织集团有限公司实现成功转型提升国际化的路径分析

上海纺织集团经历过辉煌，也遭遇过失败，但是作为传统制造行业，该集团仅仅用了不到十年的时间就完成了“凤凰涅槃”，再次成为上海乃至全国纺织行业的领头羊，其成功可以归纳为顺利完成了三大转型。

一、向高端制造业转型

纺织业属于传统劳动密集型制造业，技术含量低、人工成本高、市场竞争激烈，且国有企业居多。20 世纪 90 年代，随着中国计划经济向市场经济的转变，国内纺织行业陷入了大面积亏损的局面，上海纺织集团的发展同样遭遇了瓶颈。

经过痛苦的思考，集团意识到转型的必要性，以转型求生存、以转型求发展，并提出了“顺应大势、以退为进”和“保留精华、集中做优”的发展方针。一方面，公司确定了发展重点，即向科技纺织、绿色纺织和高附加值纺织升级，结合国家提出的建设“两型生活”的目标，集团将发展新产品的重心放在了汽车内饰等系列产品，通过产品创新和市场开拓，与包括宝马、奔驰在内的多家高档轿车建立了合作关系，为后者提供配套产品。此外，集团创新的成果之一芳砜纶纤维以及 Lyocell 竹纤维属于独创性产品，打破了国外大公司的技术垄断，在国际上赢得了良好的口碑。而传统产品打底衫和保暖内衣等由于加入了新的面料材料在广交会、华交会上获得了客户的青睐，成为公司新的赢利点。另一方面，上海纺织集团积极向上海周边地区拓展空间，由于历史的原因，长三角地区一直是中国纺织行业的集聚地，浙江和江苏等地拥有各类规模的纺织加工厂，以及丰富的原料。集团通过新建和投资入股等方式大幅提升了产能，经过多年的努力已经建成了金山园区、奉贤园区等一批有技术含量、有效益、代表高端纺织形象的制造基地，目前已形成上海纺织产业大丰园区一期项目和二期项目。

二、向现代服务业转型

由于身处被誉为“东方巴黎”的上海，上海纺织集团必须充分适应当地现代服务业的发展速度，而且制造业向服务业的转型目前也成了大势所趋。经过多年的建设，上海纺织集团已经基本拥有完整产业链，为产业转型提供了坚实的基础。“十一五”期间上海纺织集团努力推动产业重心向后续服务的价值链延伸，强调国际贸易、品牌营销和时尚产业的重要性，到“十一五”结束时，集团服务业的比重已经大幅提到80%以上，基本完成了产业转型。例如，申安纺织公司过去只是单纯接收订单进行生产，赚取少许的加工费，完成产业转型后，该公司目前主动协助客户设计产品，并通过集团的中央研究院研发新产品向高端客户推荐，由此拓展了市场空间，企业利润也得到了大幅提升。

国际贸易业务目前已经成为了上海纺织集团的主营业务，甚至超过了国内业务。为了降低海外市场波动对企业利润的冲击，上海纺织集团多年来努力建立海外公司，实现内外贸联动，并加快从分散客户向信誉度好的大客户的集中。上海纺织集团进出口规模不到五年的时间翻了一番，而且在金融危机后实现了大幅增长。

时尚产业是上海纺织集团向服务业转型的重要途径，通过聘请专业设计团队，利用集团原有的厂房，按照不同的定位要求打造了包括M50和尚街LOFT在内的八大创意产业园区，实现了上海纺织集团的品牌增值。此外，上海纺织集团着力推动了上海国际服装文化节和上海时装周两大活动的开展，以此为平台向海内外客商推广集团的产品。经过上海纺织集团的不懈努力，目前上海时装周已经正式升格为国家级商贸文化活动，其影响力和规模得到了进一步提升。

三、向市场化运作转型

作为一家拥有数十个子公司，总资产超过200亿元的大型国有企业，上海纺织集团在推动业务转型的同时也加快了管理职能的转变，从传统的行政化监管向市场化运作过渡。目前集团将自身角色定位为管控型和服务型的核心部门，主要为下属企业提供业务支持，具体包括为企业提供法律事务、信息系统、财务结算、资金融通、设计研发、新品展示等共享服务；加强与商会、海关、出入境检验检疫、银行等的战略合作，为企业的稳健发展提供了信息、通关、检测、资金等多方面的服务。共享服务平台的搭建增强了总部对各业务单元、业务群组的支撑作用，获得了协同效应、规模效应。

纵观发展历程，上海纺织集团能够获得今天这样的市场化程度也经历了两次转型的痛苦。20世纪90年代末的第一次转型，上海纺织集团敲响了全国压锭的第一锤，面对全国各地市场经济转型的大背景，上海纺织集团主要通过减产和裁员的手段来应对，结果公司在上海纺织行业总产值的比重从20世纪末的60%下滑到21世纪初的22%，但仍然未能摆脱亏损、不盈利的惨淡局面。直到2004年开始了第二次转型，集团从一开始起就明确了方向，以市场化的手段来推动改革，逐步减少行政干涉，鼓励下属企业向市场求发展、以创新谋出路。正是有了这样的指导思想，才有了今天的新上海纺织集团，这家百年老店才重新焕发了生机。

第三节　上海纺织集团有限公司国际化道路成功的关键要素梳理

纺织业作为传统的劳动密集型产业，曾经被视为夕阳产业，20世纪末期，国内多家纺织企业遭遇了亏损、停产甚至破产，上海纺织集团曾经也遭遇转型的阵痛，但是目前它再次焕发生机，将传统产业的发展带到了一个新的高度，在2011年全国出口企业100强名单中名列第44位，位居行业第一。其成功的因素可归纳为以下三点。

一、重视科研投入、推动品牌整合建设

“十一五”期间，上海纺织集团加大科研投入力度，积极开发申请专利的新产品，实现向高端制造业进军的目标。目前集团拥有自主知识产权的葆莱纤维派丝特系列（常温可染聚酯）、全球首创的里奥竹纤维、芳砜纶耐高温纤维等3个重点项目：葆莱纤维派丝特系列已经成功开发了打底衫、保暖内衣、时尚休闲衫等针织产品，吸引了消费者的广泛关注。派丝特色织衬衫、休闲裤和T恤衫在近几年的广交会上赢得客户青睐，休闲裤已实现批量出口。派丝特棉混纺袜子产品得到了日本客户好评，产品已顺利进入日本市场。里奥竹纤维的市场拓展已取得显著成效，里奥竹汗布系列、罗纹系列、拉架弹力系列产品以及里奥竹家纺产品均已实现批量生产推向市场。而芳砜纶防护产品也已顺利进入美国及欧洲市场，而且年产1 000吨芳砜纶耐高温纤维的关键技术及产业化项目获上海市技术发明一等奖，并在法国、德国、西班牙三个国家获得发明专利授权。

在新产品开发方面，上海纺织集团不断适应市场需求，在最短时间内开发出迎合消费者喜好的产品，集团目前形成了以汽车内饰纺织品为主体、新型膜结构材料为代表的业务群，在市场占有率等方面处于领先地位。企业生产的汽车内饰及配套用品市场占有率不断提高，公司的汽车配套业务已成功嵌入社会整车制造的大产业链中，下属的长春旭阳毯业、安徽尚唯汽车饰品、太仓汽车安全带生产基地和嘉定新纺联汽车内饰件公司等在“十一五”期间相继建成并投入生产。公司的新材料板块也继续保持了良好发展势头。由上海申达科宝新材料有限公司、上海新纺织产业用品有限公司、申达无纺布制造有限公司以及上海金熊造纸网毯有限公司、上海三带特种工业线带有限公司等构成的新材料生产企业，主要产品涵盖了PVC柔性复合材料、经编无纺布和土工合成材料、造纸网毯等。

二、扩大外贸市场、积极“走出去”

当前上海纺织集团的国际贸易业务占据了企业收入的主力，中国纺织行业也将加快出口贸易转型列入了“十二五”期间的重要任务。由于国际局势变化容易对外向型企业的盈利能力造成冲击，上海纺织集团从很早就开始研究这个问题，并采取了一系列有效措施：在海外搭建服务机构和运作平台，主要用于帮助企业开展国际贸易的结算业务，同时与当地企业加强沟通和联系。例如集团总部与中国信保上海分公司扩大合作范围；与日本丸红株式会社签署了经济贸易合作协议，深化双方在原料、新材料及纺织品服装方面的合作；与上海海关签订共建合作伙伴关系谅解备忘录，关企合作进一步加强。同时，集团总部还进一步加大政策扶持力度，支持外贸企业参加广交会、华交会等专业展会，广泛接触客商，扩大外贸渠道。针对市场银根收紧、企业资金普遍紧张的不利局面，集团总部还帮助外贸企业积极解决融资等问题。为了规避国外针对中国企业的贸易壁垒，上海纺织集团有限公司目前已经在柬埔寨、马来西亚等地开设了多家企业，通过当地生产、当地销售的方式顺利地避开欧美市场对中国纺织品的限制。

上海纺织集团实施“走出去”战略的另一条重要途径即创立海外公司，搭建海外接单平台。自 2008 年起，集团下属的申达股份外贸事业部通过控股、参股、收购等方式，在美国设立了 3 家海外公司。另外在申达外贸公司内成立上海办事处，以跟单、出货为主。海外公司和上海办事处确立了权责明确、收放自如的格局。2011 年，出口额达 1 000 多万美元，同比增长 101%，实现利润同比增长 13.5%。2010 年年底，申达股份的外贸事业部收购了美国 CROSS RIVER 公司 25%的股权，这使得申达外贸进军美国酒店用品市场的业务有了实质性进展。

三、加快信息化建设、提高集团管理效率

上海纺织集团目前是总资产超过 200 亿元，员工总数接近 2 万人，下属企业超过 40 家的大型国有企业，为提高集团的运营管理效率，保证集团制定的各项政策能够顺利执行，公司近年来加快了信息化建设的步伐，突出了优化管理流程，强化了软性系统（包括企业管理运行系统、科研系统、设计系统、内外销营销网络系统、财务管理系统、人力资源系统、客户管理系统、品牌管理系统、土地房产资源系统等）的建设投入，提出了“三个适应”（适应上海纺织产业形态的转型、适应上海纺织企业文化建设的需求、适应管理模式的发展变化）的建设目标。

办公自动化管理系统和对外贸易信息化管理系统是上海纺织集团从 2009 年开始在公司内部推广的管理工具，通过上述软件的运行，集团可以更加准确地考核下属的工作进度，而且能够以预算控制实现战略意图落地，以资金上的协同压缩公司整体财务成本，以集中核算统一财务基础，从而进一步提升总部的集约管控能力。目前集团财务管理信息化系统（GFIS 项目）的核算模块、报表模块、预算模块已实现了正常运行；下属各企业的财务信息化上线并通过了验收，各核算主体已利用模板生成单体月度财务报表，两

家上市公司内的所有企业报表合并模块上线，还实现了 7 家外贸企业、7 家子公司的 14 个独立账套的核算凭证等数据每天上传数据中心，数据接口实现了必要财务政策的管控，核算的规范化和信息的透明度大大提升，为后续的管控措施实施提供了基础数据平台。

第四节　发现与启示

上海纺织集团作为一家拥有上百年历史的传统制造企业，面对动荡的国际市场环境和紧迫的国内转型压力，通过整合内部资源、提高管理效率、开发新产品和打造创意产业等途径成功完成了传统制造产业向现代服务产业的转型，也为国内其他企业的转型之路积累了经验。本节将该集团的成功经验归纳为以下几点。

一、技术创新是推动传统产业转型升级的重要途径

中国纺织业的发展历史久远，但直到上海纺织集团的前身上海机器纺布制造局成立才宣告数千年来中国纺织传统手工生产的落后状况被机器工业技术所取代，这是第一次技术创新的成功，它极大地提高了行业生产力，造就了该行业的繁荣。但到了 20 世纪 90 年代末期，由于国内丝绸产品供过于求，各地纺织行业均陷入了大面积亏损、减产停产的境地。作为全员人数最高时超过 50 万的大型国有企业、上海纺织行业领头羊的上海纺织集团也不可幸免。进入 21 世纪之后，集团下属的中央研究院应运而生，事实证明它是上海纺织集团焕发生机的原动力。由于历史和文化的原因，上海当地从事纺织科研的人数相对偏多，东华大学、上海工程技术大学以及上海纺织科学研究院等都是重要的研究机构，事实上，除中央研究院自行从事产品研究外，近年来上海纺织集团还主动与东华大学等纺织院校和研究所进行合作研究，成功开发了多款被市场广泛接受的产品。

目前国内很多传统制造企业都面临着残酷的市场竞争，由于研发所需投入的资金、精力和人才等成本过高，缺乏长远考虑的企业往往倾向于薄利多销，大打“价格战”，最后造成全行业亏损的恶性循环局面。事实上，上海纺织集团的研发成功也经历了数年时间，并非一蹴而就。但是即使在持续亏损的时候，上海纺织集团也没有改变过以创新促转型的决心，通过关闭部分销售网点、压缩管理成本等方式，保证研发的资金充足。正是有了这样的投入，集团的营业收入才能在“十一五”期间呈现井喷式增长，并成功申请了多项技术专利，它们构成了集团未来持续、健康发展的基础。

二、将新兴产业与传统产业融合，为传统产业转型寻找新方向

将纺织业与创意产业融合发展，打造风格迥异的创意文化园区是上海纺织集团独具匠心创出的一条新路，目前正被国内其他城市的纺织企业所学习和模仿。这种独特转型思路的出台既有受被誉为“东方巴黎”的上海的城市文化影响，也离不开国际社会对创意文化和创意经济的推崇，上海纺织集团管理层高瞻远瞩认识到了夕阳产业纺织业和朝阳产业创意产业的内在联系，积极着手运作才有了今天的成功。上海纺织集团下属多个

创意产业园的建设其实也是企业扬长避短、激活存量资产的有效手段。通过近十年的成功探索和创新实践，上海纺织集团盘活了近百万平方米的旧厂房、旧仓库。通过邀请专业设计团队参与，确保了全系统创意产业园区独具业态特色，高度错位发展，处于高效有序与系统化营运管理之中。目前，上海纺织集团昔日的“老厂房”都成为如今创新转型发展的“新地标”，集团也成为上海本地创意产业的一面旗帜。

产业融合目前已经成为一种发展趋势，传统产业尽管盈利能力相对较弱，但是它往往具有完整的产业布局和齐备的生产资源，新兴产业尽管市场前景良好，但又面临生产管理等运营经验不足的缺陷，因此，如能找到两者内在的结合点，实现新老产业顺利融合，必然有助于全行业整体竞争力的提高，并创造出新的就业岗位和经济增长点。

三、加快“走出去”实现海外布局是通往国际型企业的重要手段

多年来，国际市场对中国生产的纺织制品一向比较推崇，只是由于制作工艺和产品创意等因素影响，国内纺织企业的出口量始终增长缓慢。上海纺织集团作为集科工贸服务于一体的现代大型企业，转型后将内部制造业和贸易“55∶45”的传统比例改变为贸易收入贡献率达到80%的格局。集团积极响应国家“走出去”的号召，加强在中国香港和美国等地服务机构的建设、大力推动海外运作平台的构建，并与日本丸红株式会社等国际知名企业签订贸易合作协议，与上海海关和中国信保上海分公司等国内外贸相关机构也建立了良好关系，这些举措都有助于集团对外贸易和海外业务的顺利开展，促进企业继续保持行业出口第一的排名。

此外，在海外就地组织生产和销售也是上海纺织集团经过多年实践得出的宝贵经验。随着欧美国家针对中国出口企业“两反”调查案件的逐年增加，企业除了常规的向WTO争端委员会申请仲裁外，还应当主动求变，避免这类案件的发生，毕竟仲裁委员会的调查耗日长久，会直接影响企业的日常运营和资金调配。

四、重视维护品牌声誉是提高企业无形价值的有效途径

上海纺织有着上百年的发展历史，几代人的心血铸就了集团在上海乃至全国纺织行业的良好声誉。20世纪末期，上海纺织集团旗下的“三枪”、“菊花”、“民光”和“海螺”品牌曾被誉为上海纺织行业“四大花旦”，它们与上海本地的“大白兔”、“永久”和“冠生园”等一起成为当时国人眼中的民族知名品牌。尽管遭遇了外资品牌的入侵，上海纺织出于战略整合考虑曾雪藏过部分品牌。但随着集团转型成功，那些带有一代人记忆的品牌重新进入市场，并重新被赋予了不同的人群定位。以四大“花旦”为例，“三枪”针织内衣已经连续12年荣列中国市场同类产品综合占有率第一和销量第一，该品牌多年来坚持创新，陆续开发了舒绒莱卡内衣、男士商务内衣、女士打底衫、针织睡裙等一批新品，吸引了多层次的消费群体；“菊花”将目标人群锁定为中老年客户，它有针对性地采用长绒棉进行高支数编织，生产出既柔软又轻薄的圆领老头衫，在老年人中颇受欢迎，目前的年销量达2 000多万件；“民光”既保持了中式床上用品的传统特色，又开发了赛

尔芙系列床单、葆莱绒全套系列等一大批极具科技含量的抗菌、保暖产品。另外，“民光”定位为走实惠型路线，在普通市民中颇有口碑；专注做衬衫的“海螺”则在功能上做文章，推出的“易打理”衬衫使得职场男士不小心泼溅到的葡萄酒、酱油渍等都可以较易清洗，产品推出不到半年，销量达到6万件。

一方面保持传统品牌的顾客忠诚度，另一方面积极开发新品牌，上海纺织的品牌整合战略正在发挥功效。它既针对不同人群有选择地开发品牌，同时也注意了品牌间的差异化，这必然会极大提升上海纺织在市场中的知名度，也为企业通往国际化的目标铺平了道路。

参考文献

[1] 张志炎. 百年老产业转向新时尚——上海纺织转型发展纪实. 上海企业，2011（6）：17—19.

[2] 林民. 打造服务平台、铸造时尚之都——访上海纺织控股（集团）公司总裁朱勇. 上海经济，2010（11）：28—29.

[3] 龙文. 打造国际大都市的时尚纺织——专访上海纺织控股（集团）公司董事长席时平. 上海国资，2010（7）：55—57.

[4] 董锡健. 担纲发展上海时尚产业重任——上海纺织率先组建时尚产业集群. 上海企业，2010（2）：45—47.

[5] 朱匡宇. 上海纺织：改革解困的成效和举措. 中国工业经济，1998（2）：21—23.

[6] 舒慕瑜. 上海纺织：科技与时尚比翼双飞. 东方企业文化，2010（5）：26—27.

[7] 欧阳潇. 上海纺织：绿色产品提升竞争力. 纺织服装周刊，2011（11）：33—34.

[8] 司仪. 上海纺织“十二五”：打好时尚牌. 上海资本，2010（12）：50—51.

[9] 梁莉萍. 上海纺织：走科技、绿色之路. 中国纺织，2011（11）：76—77.

[10] 董锡健. 上海纺织创意产业优化升级实现“三级跳”. 新观察，2012（3）：32—34.

[11] 李晓慧. 上海纺织控股：信用令“老字号”永葆青春. 纺织服装周刊，2010（7）：14—15.

[12] 王道军. 上海纺织新跨越——对话上海纺织控股（集团）公司总裁朱勇. 上海国资，2011（3）：66—67.

[13] 王建发. 上海纺织要夺行业出口第一. 纺织装饰科技，2011（2）：20—21.

[14] 林永廷. 上海纺织浴火重生. 上海国资，2005（7）：28—29.

[15] 司仪. 新品牌、蝶变起舞：上海纺织集团探索时尚产业发展新战略. 上海国资，2010（11）：56—57.

[16] 朱勇. 以集团信息化推进上海纺织战略转型和管理创新. 上海企业，2010（4）：43—46.

[17] 董锡健. 在创新中探索、在探索中创新：上海纺织创意产业的新思路. 新观察，2010（11）：36—37.

[18] 郭黎阳. 主营业务收入超180亿：2011年上半年上海纺织服装组织企业经济运营状况. 纺织服装周刊，2011（8）：66—67.

[19] 王天凯. 坚持产业转移和升级密切结合. 中国纺织报，[2012—05—18]. http：//info.texnet.com.cn/content/2012—05—18/398618.html.

[20] 纺织工业“十二五”发展规划. [2012—01—20]. http：//www.china.com.cn/policy/txt/2012—01/20/content_24456823.htm.

第二十一章

中国广东省丝绸纺织集团有限公司国际化发展的案例研究

第一节　案例现状与问题提出

第二节　广东省丝绸纺织集团有限公司的国际化历程分析

第三节　广东省丝绸纺织集团有限公司成功实施国际化持续增长的关键因素分析

第四节　发现与启示

参考文献

第一节　案例现状与问题提出

中国丝绸业是具有五千多年历史的传统产业，从西汉时代开始，一条后人称之为“丝绸之路”的陆地商贸古道，横贯亚欧大陆；几乎在同时，以广东为主要出发地的“海上丝绸之路”，从海路打通了中国与欧洲、非洲的经济与文化往来。中国丝绸以其舒适优雅、雍容华贵的独特魅力征服了世界，成为东方灿烂文明的象征。广东省作为古代“海上丝绸之路”的发源地，是中国茧丝生产主要产区和丝绸出口重要口岸之一，为广东出口创汇和经济发展作出了重要贡献。

地处改革开放前沿阵地的广东省丝绸纺织集团有限公司（以下简称“广东丝纺”）是经广东省人民政府批准组建、广东省国资委直接监管的有限责任公司，是一家集贸、工、农、研发和资本经营于一体的大型国有企业。前身是广东省丝绸（集团）公司，以经营茧、丝、绸、纺织品服装为主，成立于1952年。1982年5月组建贸工农、产供销一体化的广东省丝绸公司，1993年4月成立集团公司。1997年8月，进入广东省83家重点扶持的大型企业集团行列。2000年5月成为省属23家国有资产经营公司和国有资产授权经营的大型企业集团之一。2007年9月，经广东省人民政府批准，以广东省丝绸（集团）公司为基础，整合广新外贸集团有限公司旗下的轻纺（控股）公司组建成立广东省丝绸纺织集团有限公司。广东丝纺历经60年风风雨雨，特别是改革开放30多年来，积极推进体制改革，枝繁叶茂，硕果累累，形成了贸、工、农一体化产业链；规模不断扩大，搭建了横跨“广东、广西、湖南、海南”四省区的南中国茧丝绸产业带，联结带动130万户600多万农业人口脱贫奔小康；进出口规模和销售收入连续13年位居全国丝绸纺织行业首位，拥有遍及省内外40多个市县和国外的全资、控股、参股企业91家（部分企业名称见图21—1）。已从一个传统的外贸企业逐步转型成为主业突出、适度多元化的现代大型企业集团。

广东丝纺集团公司主要经营范围包括：茧丝绸、纺织服装产品以及轻工机电、文体用品、医药保健品的生产和经营、自营和代理各类商品和技术进出口。公司旗下拥有“丝丽（SILIQUE）”、“庄姿妮（GIORGIO GIULINI）”和“雅迪斯（ARTIS）”、“宝路”、“圣甸奴”等国家重点发展的出口品牌及广东省著名商标。集团以进出口贸易为龙头，以工业实业、蚕桑基地为基础，目前总资产超过100亿元，销售收入和进出口规模连续13年稳居全国丝绸纺织行业首位，连续10年位列中国企业500强。2011年进出口贸易总值已达49.3亿美元，与全世界180多个国家和地区建立了贸易联系，销售总额达320多亿元人民币，居中国企业500强第271位，中国服务企业500强第87位，广东省大型企业竞争力50强第27位。

2007年3月，俄罗斯“中国年”国家展上，广东丝绸集团的产品作为中国丝绸纺织行业的唯一代表，与三峡工程、青藏铁路、神舟六号等八大行业代表进入国家展中心展区，展示着中华锦绣的光荣与梦想。近年来，集团先后获得全国总工会、中共中央组织

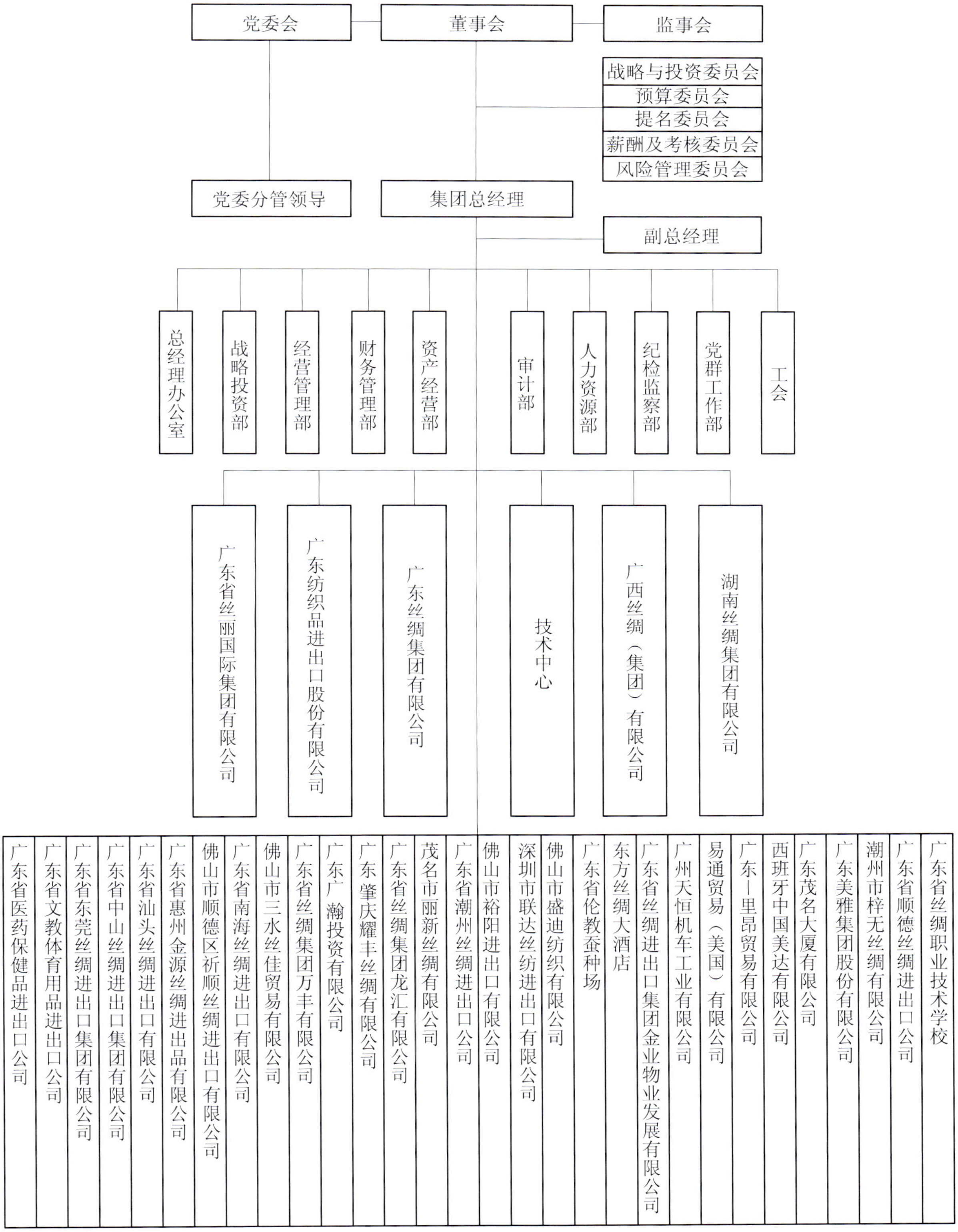

图 21—1　广东丝绸纺织集团有限公司组织构架图

资料来源：广东丝绸纺织集团有限公司网站 http：//www. silique. com

部、中共中央宣传部、国务院国资委、国家商务部、中国企业联合会、广东省人民政府等授予的“全国五一劳动奖状”、“2007 年全国国有企业十大典型”、“全国国有企业创建‘四好’领导班子先进集体”、“中国外贸企业信用体系指定示范单位”、“全国外经贸质量效益型先进企业”、“广东省先进集体”、“广东省连续十年守合同重信用企业”等荣誉称号。

特别值得一提的是，2008 年，金融风暴席卷全球，中国纺织服装业陷入经营困难，然而，广东丝纺集团却一枝独秀，在萎缩的国际消费市场仍然完成 33 亿美元的出口订单，较上年增长 10%。而且截至目前，广东丝纺进出口规模已连续 13 年稳居全国丝绸纺织行业首位，广东丝纺集团公司靠什么能够成功走上国际化的道路，并在面对国际金融风暴时显得游刃有余?

第二节　广东省丝绸纺织集团有限公司的国际化历程分析

广东丝纺的国际化历程可以大体分为三个阶段。

第一阶段是自 1952 年成立至 1982 年，作为一家单纯的贸易公司参与国际化。

1952 年中国蚕丝公司广东省分公司正式成立，原土产公司蚕丝绸贸易科和营业部由该公司接管。公司接受省商业厅和中国蚕丝公司的领导，对外贸易业务和蚕茧、丝绸收购业务分别接受中国蚕丝公司的领导。1954 年 5 月 2 日，中国蚕丝公司广东省分公司改名为中国丝绸公司广东省分公司，业务和财务核算统归中国丝绸公司管理，行政归中南特派员办事处管理，后归“广东省外贸局”管理。1955—1956 年，对资本主义工商业进行改造，原广州的丝绸行业的私营进出口公司、顾绣（即广绣）行业以及从事丝绸内销业务的 35 家丝绸商店与广东省丝绸公司合并，组成一个以出口为主兼营国内销售的广东省丝绸公司。1961 年 1 月，中国丝绸进出口总公司同中国杂品进出口总公司纺织业务合并，成立中国纺织品进出口总公司，广东省丝绸公司相应改名为中国纺织品进出口总公司广东省分公司，业务经营范围不变。1968 年，广东省纺织品进出口公司、工艺品进出口公司、畜产品进出口公司及广州市轻工业品进出口公司、纺织品进出口公司大合并，成立广东省轻工业品进出口公司，统称大轻工，丝绸业务被划分在该公司业务组经营。1970 年 12 月，纺织品（包括丝绸）进出口业务从广东省轻工业品进出口公司分出，成立中国纺织品进出口总公司广东省分公司，负责经营管理纺织、丝绸及化纤产品的进出口业务。1981 年，广东省纺织品进出口公司划分为广东省纺织品进出口公司和广东省丝绸进出口公司，均受中国纺织品进出口总公司和广东省对外贸易局的双重领导。

第二阶段是 1982 年至 2000 年，实行贸工农一体化经营之后、获授权经营之前的阶段，曾严重亏损、举步维艰。

1982 年 3 月 4 日，农、工、商、贸一体化的广东省丝绸公司（对国外称中国丝绸公司广东省公司）正式成立。公司的机构体制由广东省农业厅（蚕桑科）、一轻厅（丝绸科）、商业厅（省纺织品公司丝绸科）和外贸局（省丝绸进出口公司）四个部门的茧丝绸企业、事业单位及管理机构合并组成，并执行上述四个部门对茧丝绸产供销业务和行政管理职权。自1982年实行贸工农一体化经营以来，以传承丝路文明为己任，依托体制优势，广东丝纺成功地组织了蚕桑基地从珠江三角洲向粤西、粤北、西江流域等贫困地区的战略转移；建立了贸、工、农、科、教相结合，产供销一条龙的比较完整的运作体系。

1983年8月，省丝绸公司与法国布诗雅公司合作在香港开设合营公司转销广东绸缎。1986年12月5日，国务院宣布撤销中国丝绸公司，丝绸进出口业务成立中国丝绸进出口总公司经营管理，各省、市丝绸公司的经营范围和隶属关系由各省、市政府自行决定。据此，公司挂广东省丝绸公司和中国丝绸进出口总公司广东省分公司两块牌子，一套人马。

1992年8月，设立广东丝绸（澳大利亚）有限公司。同月，省丝绸公司与香港泰兴制衣实业有限公司在顺德合资经营广东省宏业制衣厂有限公司，合资期限10年。同年10月，成立广东省惠州丝绸进出口公司。1993年1月8日，广东省丝绸公司改称广东省丝绸（集团）公司和广东省丝绸进出口（集团）公司，两个牌子一套人马。1999年1月，公司成立香港EASY-FACT COMPANY LTD（易发有限公司）。但是由于当时国有企业普遍存在的体制问题，当时的广东丝绸集团旗下85个并账单位中竟有84家亏损，利润总额为负的1 732万元。

第三阶段是2000年至今，获授权经营之后，公司的国际化如虎添翼。

2000年5月，广东省政府对广东省丝绸（集团）公司实行国有资产授权经营，从而为丝绸集团的发展壮大提供了一个广阔的发展舞台和融入世界经济一体化的无限空间，这一重大举措也进一步使广东省丝绸集团公司如虎添翼。

获授权经营以来，广东丝绸集团抓住加入WTO以及CEAP、泛珠三角经济合作的机遇，大力推进体制创新、管理创新、科技创新，通过资产重组和产权制度变革，获得了持续、快速的发展，有力地提升了集团的综合实力与市场竞争力。广东省丝绸纺织集团迅速抓住泛珠三角区域合作的历史机遇，通过资产重组等多种形式，先后组建广西、湖南、海南丝绸集团公司等多个茧丝绸贸工农一体化的省际合作企业，搭建了横跨"广东、广西、湖南、海南"四省区的南中国茧丝绸产业带，联结和带动产业链中下游企业的发展，形成产业核心竞争力。集团以国际贸易为龙头，主要涉及茧丝绸、纺织服装产品以及轻工机电、五金化工、土畜产、陶瓷工艺、文体用品、医药保健品的生产和经营，自营和代理各类商品及技术的进出口，系历年中国进出口500强和出口200强企业。2011年进出口贸易总值已达49.3亿美元，与全世界180多个国家和地区建立了贸易联系，销售总额达320多亿人民币。

2000年12月，对外贸易经济合作部发布《2000年中国进出口额最大的500家企业》，广东省丝绸（集团）公司（以进出口总额76 501万美元）排名第54位；《2000年中国出口额最大的200家企业》（以出口总额62 144万美元）排名第25位，位居广东省第一名。2002年4月，广东省丝绸（集团）公司品牌SILIQUE被国家对外贸易经济合作部列入重点支持和发展的名牌出口商品。2006 年 1 月，广东省丝绸集团公司列 2005 年中国进出口额最大 500 家企业第 67 名，中国出口额最大 200 家企业第 34 名。2006 年 8 月 24 日，广东丝绸（集团）公司和广东佛山市人民政府在佛山签订合作备忘录，据此，广东丝绸集团在佛山建立珠三角区域总部，目标是把珠三角培育成公司自主创新、自主品牌和国际化经营的重要基地。2006 年 9 月，商务部组织“品牌海外行”，广东省丝绸（集团）公司的“SILIQUE”品牌参加了世界著名的五大时装周之一的“米兰时装周中国日”活动，与国际名牌同台竞技，极大地提高了 SILIQUE 品牌在国际市场的影响力。2006 年 12 月，根据中国纺织品进出口商会统计，广东省丝绸（集团）公司 2006 年纺织品服装出口 178 962 万美元，在全国同行业中排名第一位。

2007 年 3 月 26～29 日，俄罗斯莫斯科举行“中国国家展”。广东丝绸集团公司作为中国丝绸纺织行业的唯一代表进入中心展区，与三峡工程、青藏铁路、神舟六号、联想、海尔、一汽、远洋等八家单位一道，作为国家改革开放以来，国力与经济发展成就的突出形象代表的集中展示，受到胡锦涛主席和普京总统的高度赞扬。

2007 年 5 月 31 日，十届 114 次广东省政府常务会议讨论通过组建广东省丝绸纺织集团有限公司。根据《省政府常务会议决定事项通知》（粤会办函〔2007〕35 号），广东省丝绸（集团）公司更名为广东省丝绸纺织集团有限公司，广东省广新外贸集团属下的广东省广新外贸轻纺（控股）公司产权无偿划转至省丝绸纺织集团。

2008 年，金融风暴席卷全球，中国纺织服装业陷入经营困难，然而，广东丝纺集团却一枝独秀，在萎缩的国际消费市场仍然完成 33 亿美元的出口订单，较上年增长 10%。

2010 年 11 月 17 日，广东省丝丽国际集团有限公司实施“走出去”战略，建设“俄罗斯（广东）商贸城”，该项目被列为省外经贸厅重点跟踪境外投资项目。2011 年 3 月 15 日，集团俄罗斯（广东）商贸城项目在莫斯科正式启动。

目前，广东丝纺拥有沃尔玛、Target（美国第三大零售商）、Cater's（美国顶尖童装品牌）、Otto（全球最大邮购商）等一批世界著名零售商客户，与 Target 的年贸易额已达 8 000 万美元。

第三节　广东省丝绸纺织集团有限公司成功实施国际化持续增长的关键因素分析

随着不断的发展改革，广东丝纺集团公司已走上国际化的道路。广东丝纺集团公司靠什么能够成功走上国际化的道路，并在面对国际金融风暴时显得游刃有余？

一、坚持“公司＋基地＋农户”经营模式，实行贸工农一体化

广东丝纺集团坚持贸工农一体化，大力推进资源整合，着力优化产业布局，搭建了横跨华南多省区的南中国茧丝绸产业带，联结带动 130 万农户 600 多万农业人口，为促进“三农”工作、服务地方经济社会发展、振兴丝绸纺织行业作出了突出贡献。

广东丝纺通过抓点带面、以企带村、以工促农，狠抓集约经营，依靠延伸产业链，实施“公司＋基地＋工厂＋农户”的生产经营模式，形成以茧丝绸纺织服装为主业，从育苗、制种、种桑、养蚕、收烘、缫丝、织绸、服装生产到进出口的产前、产中、产后配套服务的生产流通体系和科研、教育、加工、出口一条龙的经营管理格局。在蚕桑主产市县建立了茧丝绸贸工农一体化的平台，一批蚕桑生产专业镇、村相继涌现，在粤西、粤北、粤东和西江流域建设了近 80 万亩新的蚕茧基地，搭建了 27 个市县贸工农一体化经营平台，带动 18 个基地县、6 600 多个自然村、35 万农户、150 万农业人口种桑养蚕。在东莞、中山、顺德、惠州等地建设了一批高端产品加工基地、外贸出口基地和优质品牌的生产基地。在珠三角、东西两翼和山区各层次经济发展区域建立出口生产基地，兴建了一批茧丝绸纺织服装的加工基地。充分发挥了龙头企业的带动和辐射作用，促进县域经济的发展，实现了农民致富、企业增效、财政增收“三赢”的效果。对于广东丝纺集团的贸工农一体化的发展模式，中共中央政治局委员、国务院副总理、原省委书记张德江同志曾多次对公司工作作出批示，指出：“省丝绸集团走出了贸工农一体化新路子，其经验十分宝贵，其意义十分深远，应鼓励和支持。”广东省副省长刘志庚在庆祝广东省丝绸纺织集团成立 60 周年大会上指出，广东省丝纺集团充分发挥传统产业优势，加快企业改革步伐，走出了一条贸工农一体化的发展新路。

二、深化产权制度改革，为企业发展注入活力

2000 年之前，当时的广东丝绸集团旗下 85 个并账单位中有 84 家亏损，利润总额 －1 732 万元。2000 年，广东丝绸集团开始根治国企的“致命硬伤”，强力实施下属企业的资产重组和产权制度改革，逐步用主体重组、整体改制、抵押经营、整合重组、破产重组、建新租旧、关闭破产等 7 种模式进行改革，形成了公有制为主体，国有控股、参股、混合型所有制的格局。改制后的子公司国有持股比例一般为 35％～60％，经营班子、骨干和员工各占有一定股份，实现了产权多元化的同时，也将经营班子成员、骨干和员工与公司彻底“ 绑定”，公司的兴衰和全体员工的命运被紧密连接在一起，一盘散沙变得同心同德。广东丝绸纺织大力推进体制创新、管理创新，通过资产重组和产权制度变革，获得了持续、快速的发展，有力地提升了集团的综合实力与市场竞争力。

三、并购整合国内产业，打造中国丝绸纺织业航母

在国内通过产业重组做大做强是实施国际化的重要基础。获授权经营以来，广东丝纺集团在省属企业中率先实施产权制度改革，成功推进了属下 85 家子公司产权多元化改制资产重组的经验和做法基础上，依托贸工农的体制优势，抓住加入 WTO 以及 CEAP、泛珠三角经济合作的历史机遇，挺进泛珠腹地，组建广西、湖南、海南丝绸集团公司等多个茧丝绸贸工农一体化的省际合作企业。

2007 年 1 月 29 日，由广东省丝绸（集团）公司控股、广西丝绸进出口有限公司经营班子和员工共同出资组建的产权多元化的股份制企业——广西丝绸（集团）有限公司在

南宁挂牌成立。广西丝绸（集团）有限公司前身为广西丝绸进出口公司，成立于 1985 年，为广西壮族自治区工信委直属企业。2007 年 6 月 9 日，湖南省丝绸集团有限公司正式成立。广东丝绸集团占股权的 50%、湖南省国资委占 28%、湖南丝绸进出口公司经营者骨干占 22%。2011 年 9 月，经报海南省人民政府批准，海南省丝绸集团有限公司正式注册成立，海南作为集团实施“南中国茧丝绸产业带”战略的重要组成部分，标志着集团横跨广东、广西、湖南及海南四省区的贸工农一体化平台正式建立。从此横跨“广东、广西、湖南、海南”四省区的南中国茧丝绸产业带形成，实现产业对接，完善产业集群，形成了以资本为纽带的跨省区管理格局，联结和带动产业链中下游企业的发展，形成产业核心竞争力，在国内做大做强，为在国际市场上成功竞争奠定坚实的基础。

四、借助中华丝绸文化的举世影响力实施自主品牌战略

广东丝纺集团作为以生产经营茧丝绸为主业的贸工农一体的老牌外贸公司，进出口总值由当初的几千万美元快速增长到几十亿美元，经过几十年的积累，加上中国数千年丝绸文化的举世影响力，已完全具备创立自主品牌的条件与优势。广东丝纺集团公司旗下包括“ 丝丽”、“庄姿妮”等十余个品牌在国际上名声显赫，金融危机影响的是其他代工企业，而“丝丽”这样的品牌在全球金融风暴之中毫发无损。在 2007 年，仅“丝丽”一个品牌，出口额就高达 7 000 多万美元，已成为国际市场的知名中高档品牌。

1993 年，集团公司开始策划创造以进入和占领国际市场为目标、代表中国丝绸产品高贵特征的中高档丝绸产品品牌，为了使品牌符合现代设计理念，顺利进入国际市场，实现与国际市场接轨，公司利用到美国考察的机会，寻找合作伙伴，洽谈合作事宜。经过艰苦努力，于 1995 年聘请了美国著名的 Silqel & Gale 公司进行 CI 计划设计工作。公司提出的设计目标有三项要求：一是要以广东丝绸贸工农一体的大型企业为背景；二是要充分体现中国文化特点，体现丝绸两千多年的历史和丝绸深厚的文化底蕴；三是要根据丝绸产品柔和、流畅、雅致、凉爽、艳丽、昂贵、能触知、有活力的特征，反映以朴素、清晰、易读、现代、独特、适用于消费者习惯、适用于流行范畴等要求进行设计。Silqel& Gale 公司历经一年设计与筛选，最终确定了“SILIQUE”为集团的商标名称，并先后在国内、中国香港及欧共体、美国等 15 个国家和地区进行了注册。1997 年春交会上，“SILIQUE”品牌正式亮相，在白天鹅宾馆国际会议厅举行的品牌新闻发布会上，通过模特表演，将“SILIQUE”品牌服装 5 个系列 100 多个品种及广东丝绸产品高雅时髦、艳丽脱俗、引人入胜的特征演绎得淋漓尽致，受到与会中外客商的好评。时任中国丝绸进出口总公司副总裁的孙永新评价说，中国服装尤其是丝绸服装，在创名牌方面，广东已走在了前面。港澳及内地媒体对此也给予了很高评价。经过广东丝纺人长期不懈的努力，“SILIQUE”品牌为丝绸产品铸造了一个精品品牌，同时也为集团创造了一个光芒闪烁的司标，在国际市场上享有很高的地位，成为中国十大名牌。

由于实施自主品牌战略，广东丝纺巩固了外贸出口在全国同行业的领先地位，保持了外贸出口连年大幅增长的好势头。集团进出口总值从 1999 年 6.9 亿美元增长到 2011

年的49.3亿美元，自主品牌出口从2 000万美元到5亿多美元，出口国家从108个到183个，省内桑园面积从25万亩到80万亩，带动农户从10多万户到35万户。目前，广东、广西、湖南三省所在区域共发展桑园面积占全国的1/3，蚕茧总产量占全国总产量的1/3。在俄罗斯“中国年”莫斯科“中国国家展”中心展区，广东丝纺集团“SILIQUE”（丝丽）品牌代表中国丝绸纺织行业，与三峡工程、青藏铁路、神舟六号、联想、海尔等八大行业代表同台亮相，受到中俄两国领导人的高度评价。

广东丝纺集团公司旗下“丝丽”、“庄姿妮”等十余个品牌之所以在国际上名声显赫，和历史悠久的中华丝绸文化有非常密切的关系。历史是一种智慧之源，广东丝绸集团在向外商营销其精美的产品之时，不但不忘传播悠久的丝绸文化，而且借助历史悠久的中华丝绸文化提升公司自主品牌的影响力。对于国外消费者来说，未识中国先知丝绸。数千年的中华丝绸文化就是广东丝绸集团取之不竭用之不尽的无形资产。借助民族文化提升品牌影响力是一种成功的品牌策略：在广东丝绸集团官网的五大板块中，丝绸文化被置于第一视觉范围内，广东丝纺集团对文化传承的自觉不言而喻。

五、兼备实力和风险防范意识

始于2008年的国际金融海啸的蔓延带来的不仅仅是国际消费市场“蛋糕”变小，而且还让出口风险空前加大，也就是说，卖出产品后可能货款无法收回。这需要国际化的企业具备风险防范意识，同时更需要强大的实力。因为市场相信的是实力，拥有超强实力的企业在国际市场上才永远拥有主动权。由于同时具备实力和风险防范意识，所以这些风险并没有给广东丝绸集团带来困扰。任何客户，无论之前的信誉有多好，但要想从广东丝绸集团拿出产品，必须先将货款打入广东丝绸集团账户，“广东丝绸集团不相信赊销”。此外，广东丝绸集团的每一笔业务都购买有出口保险，基本上消除了货款无法收回的风险。同时，广东丝绸集团还对国内的代工工厂进行监控监督，严防预付资金被挪用，对代工工厂、物流、客户等进行全面梳理，重新进行风险评估。

面对金融危机，时任集团董事长的蔡高声胸有成竹：“金融海啸是大浪淘沙，淘汰掉的是缺乏竞争能力的企业，而广东丝绸集团只会精钢淬火，锋芒更利。世界经济形势的跌宕起伏有其内在必然的规律。从某种意义上讲，广东丝绸集团无力改变这种恶劣的经济气候，广东丝绸集团唯一能改变的就是让自己更强大、更有实力”。在当时广东丝纺集团的生产车间，全部生产线仍在满负荷运转，看不到金融危机给这家企业留下任何印迹。

由于具备实力和风险防范意识，面对未来，广东丝纺集团非常自信，公司将致力于提高企业市场竞争力和规模效益；致力于充分发挥对广东省丝绸纺织产业和种桑养蚕业的龙头带动作用，推动广东省丝绸纺织服装业结构调整和产业升级；致力于积极参与经济全球化分工，努力成为外贸进出口居全国前列、技术装备达国际先进水平、品牌国内外知名的具有国际竞争力的大型企业集团，为广东经济建设作出新贡献。集团2011—2015年战略规划期间的奋斗目标是：把集团打造成为集贸易、工业、农业、科研、金融和房地产为一体的卓越大型企业集团，与2010年相比，力争到2015年实现规模、效益和净资产翻番的目标，员工的收入同步增加，主业更加突出，结构不断优化，“两翼”加快发展，多元化初具规模，发展方式明显转变，管控能力不断增强，经济效益不断提高，综合实力继续保持全国行业前列。

第四节 发现与启示

一、贸工农一体化的经营模式是广东丝纺成功国际化的重要“内功”

企业要成功国际化，必须先修炼好“内功”。而广东丝纺集团成功进行国际化的重要内功是贸工农一体化的经营模式。广东丝纺通过贸工农一体化推进资源整合，抓点带面、以企带村、以工促农，狠抓集约经营，依靠延伸产业链，实施“公司＋基地＋工厂＋农户”的生产经营模式，建设了一批高端产品加工基地、外贸出口基地和优质品牌的生产基地，形成以茧丝绸纺织服装为主业，从育苗、制种、种桑、养蚕、收烘、缫丝、织绸、服装生产到进出口的产前、产中、产后配套服务的生产流通体系和科研、教育、加工、出口一条龙的经营管理格局。这种贸工农一体化的经营模式如同日本的国际商社，使得广东丝纺产业链完整，货源有保证，成本容易控制，利于保持强大的竞争力，为成功国际化奠定了基础。

二、深化产权制度改革是成功国际化的制度基础

广东丝绸集团通过深化产权制度改革和资产重组，建立现代企业制度，推进体制创新、管理创新，建立和完善收入分配的激励机制，为企业的发展注入了活力，获得了持续、快速发展的动力。通过强力实施下属企业产权制度改革，广东丝纺成了公有制为主体，国有控股、参股、混合型所有制的格局，经营班子、骨干和员工各占有一定股份，实现了产权多元化的同时，也将经营班子成员、骨干和员工与公司的命运紧密连接在一起。广东丝绸纺织通过产权制度变革，有力地提升了集团的综合实力与国际市场竞争力，为成功国际化奠定了良好的制度基础。

三、对国内产业进行整合是成功实施国际化战略的关键

企业要成功实施国际化战略，要先通过国内产业重组整合做大做强。广东丝纺集团在总结在省属企业中率先实施产权制度改革的经验和做法基础上，依托贸工农一体化的体制优势，抓住加入 WTO 以及 CEAP、泛珠三角经济合作的历史机遇，挺进泛珠腹地，组建广西、湖南、海南丝绸集团公司等多个茧丝绸贸工农一体化的省际合作企业，形成横跨“广东、广西、湖南、海南”四省区的南中国茧丝绸产业带，实现产业对接，完善产业集群，形成产业核心竞争力，为在国际市场上成功竞争奠定坚实的基础。

中国企业在实施国际化进程中，不会因忽视国内产业整合而盲目实施国际化带来巨大损失的案例，上海汽车集团并购韩国双龙汽车失败就是一个典型案例。2004 年 7 月，

上海汽车公司收购韩国双龙汽车 48.92 %的股权，支付价格接近 5 亿美元。2009 年 2 月 6 日，韩国首尔法院接受双龙破产保护申请的决定，根据法庭的判决，上海汽车将放弃对双龙的控制权，付出了将近 40 亿元的代价。中国汽车业大大小小的汽车厂有好几十家，但同时拥有核心技术并上产能规模的却几乎没有。上汽并没有进行国内产业重组整合，而是通过并购韩国双龙汽车盲目实施国际化，但是由于国内产业整合能力欠缺，其对被并购企业的先进技术和管理能力不能掌控自如，最终出现以付出了将近 40 亿元的惨痛代价而告终的局面。

四、中华传统文化的影响力可以为某些特定行业的企业实施国际化战略提供“软实力”

借助民族传统文化提升自身品牌的国际影响力，对实施国际化战略的特定行业的企业来说是一种成功的品牌策略，数千年的中华丝绸文化的举世影响力为广东丝纺实施自主品牌战略提供了巨大的“软实力”，也因此成为广东丝纺成功实施国际化战略取之不竭用之不尽的无形资产。

品牌实质上代表着一种民族文化，就像“同仁堂”、“全聚德”这些品牌在国际上之所以声名远扬和中国历史悠久的传统中草药文化和饮食文化密不可分一样，广东丝纺集团公司旗下“丝丽”、“ 庄姿妮”等十余个品牌之所以在国际上名声显赫，和中国历史悠久的丝绸文化也是密不可分的。对于国外消费者来说，可能通过领略中国丝绸文化而接受广东丝纺集团公司旗下“ 丝丽”、“ 庄姿妮”品牌。由于成功实施自主品牌战略，广东丝纺成功实施国际化战略，巩固了外贸出口在全国同行业的领先地位，保持了外贸出口连年大幅增长的好势头。

五、只有兼备实力和风险防范意识才能在国际化的惊涛骇浪中“稳坐钓鱼船”

在经济全球化的大背景下，企业在国际化的进行中，不可避免地会遇上像 2008 年的国际金融危机那样的惊涛骇浪。不少企业在国际金融危机中的洪流中倒下了，而为什么广东丝纺却“任凭风浪起，稳坐钓鱼船”？因为广东丝纺具备风险防范意识，同时更具备强大的实力。由于同时具备实力和风险防范意识，广东丝纺始终把握市场的主动权，所以这些风险并没有给广东丝绸集团带来不利影响。任何客户，无论之前的信誉有多好，但要想从广东丝绸集团拿出产品，必须先将货款打入广东丝绸集团账户。此外，每一笔业务都购买有出口保险，基本上消除了货款无法收回的风险。正是这种以强大的实力做后盾，加上必备的风险防范意识，使得广东丝纺没有在国际金融危机中受到重创，而在国际化的惊涛骇浪中“稳坐钓鱼船”。

参考文献

[1] 广东丝绸纺织集团有限公司网站，http：//www. silique. com.

[2] 传承丝绸新文化，打造丝绸新王国——记广东省丝绸纺织集团．中国纤检，2009（3）.

[3] 迎难而上．化危为机，努力开创集团创新发展新局面——柯惠琪总经理在广东省丝绸纺织集团

2009 年度总结表彰会上的讲话．广东蚕业，44（1）：1—7.
[4] 奋力迎挑战，争当排头兵——柯惠琪总经理在广东省丝绸 集团公司 2004 年度工作总结表彰大会上的讲话．广东蚕业，39（1）：1—7.
[5] 加强产业链建设，提升我省茧丝绸业市场竞争力与可持续发展能力——广东省丝绸纺织集团公司柯惠琪总经理在全省茧丝绸产业化工作会议上的讲话．广东蚕业，41（4）：9—13.

附录

2011年中国企业国际化发展大事记

1 月

1 月 10 日，巴西贸易保护局函告中国驻巴使馆，称巴西 CSN 冶金公司申请对进口自中国的涂镀平轧钢进行反倾销调查。巴西贸易保护局认为该申请符合立案条件。

1 月 18 日，土耳其对原产于中国的空调作出反规避终裁：对自印尼、巴基斯坦、菲律宾、越南进口的涉案产品加征 25%的关税。

1 月 18 日，东盟一中国经济贸易促进会在曼谷成立。该协会由泰国、中国以及东盟国家社会与商界人士联合筹建并在泰国商务部登记注册，总部在曼谷。协会旨在促进和加深东盟与中国间的经济贸易合作与交流。

1 月 20 日，中国投资有限责任公司多伦多代表处建立，这是继中投公司 2010 年 11 月在香港成立中投国际（香港）有限公司后设立的首家境外代表处。中投公司多伦多代表处将在加深与加方企业的长期合作、探索新的合作机会和领域中发挥重要桥梁和纽带作用。中投公司将充分利用多伦多金融中心的有利地位，以及加拿大开放、宽松、透明、稳定的投资政策环境，积极拓展在加的投资业务。

1 月 28 日，中国—瑞士自贸区谈判在瑞士达沃斯正式启动，中国商务部部长陈德铭和瑞士经济部部长阿曼出席启动仪式，并签署了《关于启动中瑞自贸协定谈判的谅解备忘录》。建立自贸区得到中瑞两国领导人和产业界的高度关注，也是两国关系史上的一件大事。推进自贸区建设，将进一步增强中瑞双方的政治互信，大大提升双边经贸合作水平，为双方合作注入新的实质性内容。

2 月

2 月 5 日，中日韩三国签署旨在保护外企知识产权和促进投资自由化的投资协定，三国将于 5 月举行首脑会谈之际最终就此达成协议。随着直接投资行为日益活跃，三国希望进一步放宽对外国企业的管制，改善相互投资环境。投资协定主要就如何处理投资者和国家之间的纠纷和保护知识产权等问题作出规定，而自由贸易协定通过减免关税和简化通关手续以期实现广泛的自由化。签署投资协定的门槛相对较低，但这是中日韩首次签署三边投资协定。

2 月 7 日，美国国际贸易委员会终裁决定对从中国出口到美国的石油钻杆和钻铤征收反倾销和反补贴（“双反”）关税。这是美国近期针对中国钢铁产品的又一起贸易救济案。

2 月 7 日，美国国际贸易委员会决定对华分娩模拟器及相关系统生产企业发起 337 调查。美国一科技公司此前提出立案申请，指控中国企业对美出口、在美进口或销售的涉案产品侵犯其在美注册的有效专利，并请求发布普遍排除令与禁止令，中国上海两家企业涉案。该案为美国国际贸易委员会今年发起的第 2 宗涉及中国产品的 337 调查，另外 3 起涉及中国产品的 337 调查申请正在审查之中。

2月9日，烟台万华发布公告，烟台万华控股股东万华实业集团有限公司与匈牙利化工公司宝思德（BorsodChem）签署最终股权转让协议，以12.63亿欧元的交易总额正式收购宝思德96%的股权，这成为中国企业目前在中东欧地区最大的并购投资项目。

2月10日，美国国际贸易委员会对中国金属镁（Magnesium）反倾销案作出裁定，认为如果取消对中国输美金属镁的反倾销税令，有可能导致在合理可预见的时间内实质损害的继续或再度发生。根据该裁定，对中国输美金属镁产品所适用的反倾销税令将继续有效，税令实施期限仍为5年。

2月14日，中国商务部部长陈德铭率领的中国政府经贸代表团开始访问赤道几内亚。访问期间，中赤共同签署了两国政府经济技术合作协定和刺绣培训项目第二期技术合作立项换文。

2月23日，华为公司起诉摩托罗拉和诺基亚西门子两公司一案正式作出裁决，颁发初步禁止令，禁止摩托罗拉向诺基亚西门子转移华为的保密信息。

2月24日，美国国际贸易委员会对中国搪瓷厨具产品反倾销案作出日落复审裁定，对中国输美搪瓷厨具产品所适用的反倾销税令（税率为66.65%）将继续有效，税令实施期限延长5年。

2月26日，比利时中国东台欧佳公司在布鲁塞尔以南30公里的瓦夫尔工业园内成立，是中国企业在比利时投资的第一个实业公司。

2月28日，俄罗斯最大私营发电公司欧洲西伯利亚能源公司与中国长江电力股份有限公司的全资子公司中国长电国际（香港）有限公司（简称长电国际）24日宣布成立合资公司YESEnergo。YESEnergo在香港注册，注册资本为600万美元，欧洲西伯利亚能源公司及长电国际各占50%股权。

3月

3月1日，中航通用飞机有限责任公司（以下简称“中航通飞”）已与小型飞机制造美国西锐飞机工业公司（以下简称“美国西锐”）的股东签订协议，将以公司合并的形式，收购美国西锐公司100%的股权。

3月15日，安全软件供应商奇虎360科技有限公司向美国证监会（SEC）提交上市申请。由此，奇虎360迈出了中国互联网企业2011年海外上市的第一步。

3月19日，中兴通讯公司与马来西亚主要的通信运营商UMOBILE签署协议，将在马来西亚建设一个覆盖马全国的高速无线通信网络。

3月24日，韩国知识经济部下属贸易委员会宣布，韩国决定将针对中国产浮式平板玻璃实行的反倾销措施期限延长3年，将继续对其征收12.04%～36.01%的进口关税。韩国对中国产浮式平板玻璃实行反倾销会给部分进口中国浮式平板玻璃的韩国产业造成损失。

3月28日，中地海外建设集团公司与喀麦隆国家自来水公司签署了旨在改善喀麦隆

10个重点城市供水状况的合作意向书。中地海外目前正在实施喀麦隆杜阿拉城市供水项目二期工程。该项目一期利用中国进出口银行提供的优惠贷款，建成日处理能力7.5万立方米的现代化水处理系统，使杜阿拉市饮用水供应率提高了近80%，缓解了当地严重缺水状况。二期项目完成后将彻底解决杜市城市生活和工业用水需求。

4月

4月1日，中国石油化工集团公司与沙特阿美石油公司签署建立伙伴关系谅解备忘录。双方同意共同投资在沙特阿拉伯西海岸城市延布建设一座世界级深度加工炼油厂项目——红海炼油公司，并分别持有红海炼油公司37.5%和62.5%的股权。

4月2日，172辆金龙客车在福建厦门现代码头正式交付欧洲顶级运输服务集团ARRIVA。全部车辆将于2011年7月投入马耳他公交线路运营。马耳他公交项目合同金额超过1 500万欧元，这是近年来中国客车出口销售最大订单之一，也是中国客车向欧盟国家单一批次出口金额最大的订单。

4月6日，巴西贸易保护局公布巴西发展工业和外贸部外贸秘书处决定对原产于中国的柠檬酸及柠檬酸盐开启反倾销调查。巴西贸易保护局将以哥伦比亚作为替代国确定本案被调查产品正常价格。

4月10日，(墨尔本总领馆经商室消息）中国五矿集团子公司五矿资源发布公告称，公司已收到澳外资审查委员会（FIRB）的书面通知，表明澳政府不反对其收购资源公司Equinox。这只是五矿资源完成收购目标的第一步，这一总价值高达65亿美元的收购案仍存在很多变数。

4月19日，欧委会发布公告，对中国豆蛋白发起反倾销调查。这是欧盟今年以来对中国发起的第三起贸易救济调查。

4月18日，巴西发展工业和外贸部外贸秘书处公布公告，决定对原产于中国、澳大利亚、墨西哥、韩国和印度的涂镀板发起反倾销调查。这是巴西今年对我发起的第二起反倾销调查，涉案金额逾3亿美元，为巴西历史上对我发起的涉案额最大的反倾销案。

4月20日，美国商务部发布公告称，应美国Accuride公司和HayesLemmerz国际公司申请，正式对我钢制轮毂产品发起反倾销和反补贴合并调查，这是输美汽车零配件产品遭遇的第一起“双反”调查，也是美国对我发起的第27起“双反”调查。

4月20日，中国航空技术国际控股有限公司（以下简称中航国际）宣布，中航国际已与美国德立达技术公司在美国阿拉巴马州莫比尔市完成了收购美国大陆航空活塞发动机公司（以下简称大陆发动机公司）的股权交割，此举标志着中航国际正式完成了全部的收购程序，拥有了大陆发动机公司及维修服务公司的100%股权。

4月27日，华为公司印度研究所所长陈家在班加罗尔表示，华为今后5年将在印度投入20亿美元发展研发、销售、售后和制造业务，其中用于研发的投资保守预计将有5亿至6亿美元。

4 月 29 日，美国国际贸易委员会（ITC）6 名委员就对华铝挤压材（Aluminum Extrusion）反倾销反补贴调查损害终裁结果进行了投票。6 名委员一致认为中国输美铝挤压材对美国内产业造成了实质损害，但其中 4 名委员认为制成散热器产品（Finishedheatsinks）不属于同类产品，应被排除在征税范围之外。据美方统计，2010 年中国向美出口制成散热器产品 11.7 万短吨，占全部被调查产品对美出口量的 58%。

5 月

5 月 1 日，欧盟发布《化学品注册、评估、许可和限制法规》（REACH）新规定，凡被列入高度关注物质（SVHC）超标的，须在 2011 年 6 月 1 日前向欧盟化学品管理署通报，未进行通报的涉及产品将无法进入欧盟市场。REACH 新规将对中国纺织服装业出口形成新的壁垒。新规的申报和测试将增加中国纺织服装出口的成本，对中小企业出口造成很大阻力。

5 月 6 日，中国人民银行与蒙古国中央银行在乌兰巴托签署了金额为 50 亿元人民币的双边本币互换协议，协议有效期 3 年，经双方同意可以展期。

5 月 11 日，美国 Norris Cylinder Company 向美国商务部和美国国际贸易委员会提出申请，要求对原产于中国的钢质无缝高压气瓶启动反倾销和反补贴合并调查。根据调查程序，美国商务部将于收到申请后 20 天内作出是否立案的决定。

5 月 12 日，中国商务部部长陈德铭在阿根廷访问时表示，中阿两国要挖掘互补优势，扩大互利合作，在相互竞争中实现共赢，共同改善在国际竞争中的处境。

5 月 14 日，欧委会就对华铜版纸反倾销反补贴案做出终裁，裁定对中国企业征收 4.3%～12%的反补贴税和 8%～34.8%的反倾销税。这是欧盟对华第一起反倾销反补贴案。

5 月 15 日，美国国际贸易委员会公布对中国钢制轮毂产品反补贴与反倾销损害调查初裁结果，裁定被指控获得补贴且以倾销价格在美国销售的中国钢制轮毂产品给美国国内产业造成实质损害或实施损害威胁。

5 月 18 日，欧盟日前对中国大豆蛋白产品发起反倾销调查。近年来，中国输欧大豆蛋白并未出现数量激增和价格剧降的现象，欧盟恐借反倾销调查之机进一步掌握中国大豆蛋白行业的发展程度，进而开展对于全球大豆蛋白产业布局的战略性行动。

5 月 24 日，土耳其外贸署照会我驻土耳其使馆经商处，称已收到土国内产业对我强化木地板和壁挂式空调配件进行反倾销调查的申请。外贸署初步审查后认定立案申请符合相关法律要求，决定接受土国内产业申请。一旦正式立案，土方会将申请书非保密部分及立案公告在网上公布，并送达有关利害关系方。

5 月 25 日，韩国贸易委员会决定，将对中国产瓷砖反倾销税征收期限延长 3 年。

5 月 27 日，如家酒店集团宣布以 4.7 亿美元价格收购莫泰 168 国际控股公司 100%股权，根据收购协议约定，其中 3.05 亿美元以现金支付，其余以新发 815 万股如家普通股形式支付。收购完成后，如家的市场占有率将从17%提高至25%，进一步扩大其领先优势。

6月

6月1日，《复合木制品甲醛标准法案》的甲醛限量标准将大幅度提高。以刨花板为例，中国现行国家标准是参照欧盟限量标准制定的，其甲醛释放量不得超过90mg/kg，而美国新法案规定的刨花板甲醛释放量为不得超过0.09mg/kg，整整高出中国标准1 000倍。

6月3日，新西兰商务部公布对华铁钉反倾销调查终裁公告。该公告认定9家被抽样调查中国企业中3家不存在倾销，其余6家倾销幅度为5%～110%，未被抽样调查企业倾销幅度为6%。该公告称，尽管自中国进口的涉案产品只有30%存在倾销，但仍对新西兰国内产业造成了实质损害，因此，除3家不存在倾销的中国企业外，其他中国企业向新出口涉案产品将被征收与其倾销幅度相等的反倾销税。

6月5日，中国为巴西里约热内卢研制的首列EMU（电动车组）地铁车辆日前在中国北车长客股份公司下线。这批地铁将服务于里约热内卢举办的2014年世界杯和2016年夏季奥运会。这也是“中国制造”电动车组首次成功进入南美市场。

6月13日，中国人民银行与哈萨克斯坦共和国国家银行在哈萨克斯坦首都阿斯塔纳签署了金额为70亿元人民币的双边本币互换协议，旨在加强双边金融合作，便利两国贸易和投资。协议有效期3年，经双方同意可以展期。

6月10日，意大利经贸合作交流会日前在罗马举行，期间，TCL集团与意大利多媒体、通讯、家电3大领域9家客户共签署近3亿欧元的经贸项目。这也是TCL集团2004年正式进军欧洲市场以来，在意大利市场所获得的最大一笔订单。

6月27日，美国商务部公布对华多层木地板反倾销初裁税率的修改决定。中国3家强制应诉企业中的两家继续适用零税率，另外一家税率由10.88%降至零，其他应诉企业税率由10.88%降至6.78%，未应诉企业税率由82.65%降至27.12%。此案于2010年10月2日立案，美国商务部在今年5月20日公布了反倾销调查初步裁定。

6月24日，美国国际贸易委员会对华钢质高压气瓶反倾销和反补贴调查作出损害初裁，认定中国输美钢质高压气瓶产品对美国国内产业造成实质损害。美国商务部将继续就本案的补贴和倾销问题进行调查。

7月

7月13日，亚洲最大的风电企业中国国电龙源电力集团股份有限公司收购加拿大一个100兆瓦风电项目，此举意味着龙源电力正式进军国际风电市场。

7月15日，世贸组织上诉机构发布报告，最终裁定中国在与欧盟关于紧固件的贸易争端中胜诉。中国商务部条约法律司负责人16日对裁决表示欢迎，并称此案中方胜诉具有重大意义。

7月20日，欧盟将启动“史上最严苛”的《玩具安全指令》，所有进入欧盟市场的玩具必须贴附CE标识，且制造商在取得该标识前必须开展“安全和符合性评估”。中国玩具出口企业将面临生死考验。

7月19日，北京汽车集团有限公司在俄罗斯乌里扬诺夫斯克市与俄AMS汽车集团宣布成立合资公司。

7月27日，美国国际贸易委员会经日落复审裁定继续维持对我输美重锻造手动工具的反倾销税令，税率为15.02%～50.81%，税令实施期限仍为5年。

7月28日，欧委会正式对原产于中国的编缝玻璃纤维布发起反倾销调查，涉案产品为编织或针织的纤维织物以及针织的连续玻璃纤维纱。

7月28日，中国海尔集团与日本三洋公司达成基本意向，日本三洋公司将其在日本本土的洗衣机和家用冰箱业务以及在东南亚4国的白色家电业务出售给海尔集团。

8月

8月1日，《中国—哥斯达黎加自由贸易协定》经中哥双方友好协商并书面确认，正式生效，此协定成为中国达成并实施的第10个自贸协定。

8月1日，欧盟对来自中国的自行车及瓷砖实施贸易壁垒。欧盟执委会计划对中国出口瓷砖课征5年惩罚性关税，最高税率达69.7%。

8月2日，经国家发展改革委员会、山东省国资委等主管机关批准，兖州煤业公司将以2.025亿澳元（约合人民币14.29亿元）对价收购澳大利亚新泰克控股公司与新泰克Ⅱ控股公司100%股权。

8月10日，中国长江三峡集团公司下属的全资子公司中国水利电力对外公司日前在非洲喀麦隆签署“隆潘卡尔”水电站施工合同。

8月20日，吉利汽车计划在印尼投资20亿美元，建立出口至东南亚以及澳大利亚、新西兰的制造基地。

8月25日，中国新兴际华集团和中国五矿集团在位于印度卡纳塔克邦戈巴尔的新印度钢铁有限公司工厂举行仪式，宣布年产80万吨铁矿石球团的工厂正式运营生产。

9月

9月1日，中国铌业投资控股有限公司收购巴西矿冶公司（CBMM）15%股权的交易完成交割，收购价格19.5亿美元。中国铌业投资公司是由太钢集团、中信集团与宝钢集团等共同出资为此次收购设立的公司。巴西矿冶公司是铌产品生产商，其产量约占世界总产量的85%。

9月1日，印度海关近期发布公告对我PVC胶膜正式征收反倾销税，征税时间自

2010 年 7 月 30 日起，为期 5 年。

9 月 5 日，中国国家发改委核准了秦皇岛市中信戴卡轮毂制造股份有限公司收购德国 KSM 公司全部股权项目。该项目总投资 2.58 亿欧元，是目前秦皇岛市单笔投资金额最大的境外投资项目。

9 月 16 日，澳大利亚海关和边境保护署，正式立案对进口自中国的碳钢焊管产品启动反倾销反补贴调查。

9 月 16 日，中国企业在俄罗斯最大的商贸类投资项目——莫斯科格林伍德国际贸易中心开业。该贸易中心耗资 3.5 亿美元建成，是俄罗斯联邦最大的商业园。

9 月 19 日，加拿大边境服务署发布通知，决定对原产于或出口自中国的铝型材的正常价值、出口价格以及补贴量进行重新计算。

9 月 20 日，中工国际与老挝公共工程与交通运输部签署了老挝川圹机场和老挝瓦岱国际机场扩建项目商务合同，金额合计为 1.19 亿美元，约合 7.6 亿元人民币。

9 月 27 日，欧委会发布官方公告，称应欧盟产业申请，开始对原产于中国的塑料袋进行反倾销日落复审调查。

10 月

10 月 9 日，加拿大石油和天然气生产商日光能源公司宣布，已与中国石化集团国际石油勘探开发公司达成协议，后者将以 22 亿加元（约合 21.3 亿美元）收购该公司所有普通股。

10 月 13 日，美国商务部公布对华多层木地板“双反”案终裁决定。在反补贴调查决定中，上海伟佳家具有限公司的税率为 1.5%，浙江裕华木业有限公司和浙江良友木业有限公司将免于征税，未合作企业的税率均为 26.73%，其他中国企业的税率为 1.5%。

10 月 16 日，五矿集团向加拿大上市公司 Anvil 矿业公司（下称“Anvil”）发出 13.3 亿加元的“现金收购要约”，约合人民币 81.8 亿元。五矿资源公告称，希望以每股 8 加元收购 Anvil 全部普通股。

10 月 17 日，中国化工集团全资子公司中国化工农化总公司以 24 亿美元成功收购以色列非专利农药生产商马克西姆一阿甘公司（Makhteshim Agan Industries）股权。根据收购协议，自收购之日起，马克西姆一阿甘公司的属性转变为私人公司，中国化工集团将持有其 60%的股权，马克西姆一阿甘公司原最大股东以色列 IDB/库尔集团保留 40%的股权。这是迄今为止中国在农用化学品领域最大的一宗海外并购案例。

10 月 27 日，美国商务部宣布，初步决定对中国输美钢制车轮征收最高达 193.54%的反倾销税。

10 月 27 日，加拿大边境服务局对原产中国或从中国出口的一些不锈钢水槽展开反倾销和反补贴调查。

10 月 30 日，汪和罗石油控股有限公司成功收购美国 Tempo 油田，成为目前在美国收购油田面积最大的民营石油企业。

11月

11月2日，作为世界第三大液化天然气进口商，苏伊士环能集团与中国投资公司签下一笔涉及23亿欧元的大单，并与中国海洋石油总公司签署一项关于液化天然气的新协议。

11月3日，美国国际贸易委员会经日落复审裁定，继续维持对我输美螺旋形弹簧锁垫圈产品的反倾销令，税令实施期间仍为5年。

11月8日～10日，中国—瑞士自由贸易区第三轮谈判在瑞士举行。双方就货物贸易、服务贸易、知识产权、原产地规则、动植物检验检疫和技术性贸易壁垒、争端解决机制、贸易救济措施、竞争政策等多项议题进行了深入讨论，达成众多共识，谈判取得实质性进展。

11月9日，美国国际贸易委员会作出肯定性终裁，认定中国输美复合木地板存在倾销和补贴行为，对美国相关产业造成实质性损害。

11月11日，中国石化集团宣布，旗下全资子公司国际石油勘探开发公司与葡萄牙Galp能源公司签署股权认购协议，通过认购增发股份和债权的方式，以35.4亿美元的价格获得Galp巴西公司及对应的荷兰服务公司30%的股权。

11月14日，国信威通信产业集团在莫斯科与俄罗斯尼利特公司签署成立合资企业协议，协议投资总额达40亿美元。

11月14日，加拿大国际贸易法庭就有关短节反倾销反补贴作出初裁，裁定原产于或出口自中国的油管短节对其国内产业造成损害。

12月

12月7日，中国海洋石油总公司发布公告称，其全资子公司（CNOOC Luxembourg S.à r.l）已完成收购加拿大公司OPTI的交易，该交易总价约为21亿美元。预计收购可以令公司储量和产量分别提升5.3%和1%。

12月12日，中铝公司旗下的中国稀有稀土有限公司和苏威集团旗下的罗地亚经营管理公司日前签订战略合作意向书。根据协议，双方将本着“优势互补、互惠互利、共同发展”的原则，在稀土产业链的原料供应、技术、资金、服务等方面展开全方位的战略合作。

12月16日，美国国际贸易委员会通过一项投票，决定对中国海尔集团和中国台湾瑞轩科技旗下Vizio公司部分包含互动电视节目指南和家长控制技术的产品发起“337调查”，以确定它们是否存在专利侵权行为。

12月23日，中国石油化工集团公司下属子公司国际石油勘探开发公司与加拿大Daylight能源公司就Daylight公司100%股权收购项目进行了交割，成功完成项目收购工作的最后一步。